国家自然科学基金重点项目“城市交通治理现代化理论研究”（71734004）资助

面向未来的交通出版工程
城市交通交叉学科系列丛书

新常态下城市交通理论创新

陈小鸿　汪光焘　著

同济大学出版社
TONGJI UNIVERSITY PRESS
·上海·

图书在版编目（CIP）数据

新常态下城市交通理论创新 / 陈小鸿，汪光焘著.
上海：同济大学出版社，2025.4. -- ISBN 978-7-5765-1437-7

Ⅰ. U12

中国国家版本馆 CIP 数据核字第 2024NZ6202 号

新常态下城市交通理论创新

陈小鸿　汪光焘　著

丛书策划　高晓辉
责任编辑　陆克丽霞
责任校对　徐逢乔
封面设计　唐思雯

出版发行　同济大学出版社　www.tongjipress.com.cn
（地址：上海市四平路 1239 号　邮编：200092　电话：021-65985622）
经　　销　全国各地新华书店、建筑书店、网络书店
排版制作　南京文脉图文设计制作有限公司
印　　刷　常熟市华顺印刷有限公司
开　　本　787mm×1092mm　1/16
印　　张　15.25
字　　数　361 000
版　　次　2025 年 4 月第 1 版
印　　次　2025 年 4 月第 1 次印刷
书　　号　ISBN 978-7-5765-1437-7
定　　价　88.00 元

前言 PREFACE

“新常态”概念始于2014年，源于对中国改革开放以来三十余年经济高速增长之后、进入新阶段发展模式及特征的判断：经济发展从高速增长转为中高速增长，经济结构不断优化升级，发展动力由要素驱动、投资驱动转向创新驱动。

一个国家的经济活动在城市化区域高度集中，而城市交通是社会经济发展的派生需求。在经济发展新常态下，必然会产生城市交通的新特征、新问题、新要求和新挑战。与经济发展阶段相呼应，我国已步入新型城镇化发展的新阶段：城镇化水平大幅提升，城市从空间与设施扩张阶段转向以存量更新为主的高质量发展时期。在此背景下，城市交通理论体系需要顺应时代变革，转变传统研究范式，更加关注人本需求与社会发展需求，对持续涌现且对经济社会发展影响愈加显著的城市交通问题作出反应，支撑科学决策与治理现代化要求，为城市交通问题提供中国方案。

城市交通理论变革的必然性还在于其体系建构所处的时代背景与技术环境。城市交通研究与城市交通规划理论体系成型于20世纪60年代，当时以城市化与机动化为背景、以大规模交通设施建设为第一驱动力，融合系统论、控制论、经济学、运筹学、社会学等思想方法，构建起以出行需求、系统能力、供需均衡为核心的分析方法及技术体系。由此形成的技术逻辑与方法论，既有其面向交通系统布局建设阶段的针对性与适应性，又有其针对交通系统长期运行与持续优化的局限性。从交通供给层面来看，城市发展从空间扩张为主转向存量更新阶段；技术进步特别是信息技术的广泛应用，不仅为基础设施赋能，也产生了前所未有的交通服务模式。从出行需求层面来看，城市人口结构变化与其移动性产生了新的空间活动形态，信息技术推动城市生产和生活方式变革，人们对交通服务的要求也日益多样化和多元化。这些变革使得既有理论方法难以适应城市交通各个层面的巨大变化。

为此，自2012年起，国家自然科学基金委支持了一系列城市交通理论的系统性研究与方法探索，包括：我国城市交通公交优先发展战略研究（2012年主任基金应急研究项目）、新常态下城市交通理论创新与发展对策研究（2016年应急管理项目）、城市交通治理现代化理论研究（2018年重点项目）等。本书之“新常态”下城市交通理论创新，既是回应社会经济在快速增长后进入稳定发展常态、城市基础设施在集中建设后从增量到存量发展常态过程中出现的一系列问题，也是试图摆脱“以交通系统供应来满足交通需求增长”的路径依赖，探索技术创新赋能交通系统、革新城市交通研究范式，从而构建适用于城市交通治理现代化的理论与方法体系。

城市交通学是城市科学的重要组成部分，强调并坚持以多学科思维和系统论方法研究城市与交通的协调可持续发展。同济大学创设城市交通交叉学科，在城市交通理论与应用研究过程中，联合国内多家研究单位，将研究成果凝练整合，形成了由理论体系、法律体系、实践体系和政策体系构成的“城市交通交叉学科系列丛书”。该丛书规划十余册，本书与已出版的《城市交通学导论》《城市交通学总论——兼论城市交通学的基础问题》《城市交通治理现代化理论及应用》共同构建起城市交通学的理论与方法体系。本书在自然科学基金课题“新常态下城市交通理论创新与发展对策研究”基础上，结合近年来的研究成果，解析城市交通网络构建与运行内涵，探索并构建新的城市交通分析框架，提出融合供应端多模式网络构建与运行、需求端行为分析及调节干预的技术方法。全书分为三个部分：第 1 章与第 2 章回顾并梳理城市和城市交通发展的脉络、城市交通的特征与城市交通理论研究的历程；第 3 章和第 4 章在梳理城市交通理论的适应性和创新需求基础上，提出基于适配性和可调节性的交通网络构建与运行体系框架；第 5 章到第 8 章则分别从供给端与需求端介绍多模式复合交通网络构建与计算的具体方法，以及面向个体行为的城市交通需求管理体系设计与需求调节方法。各章的主要内容如下：

第 1 章介绍城市交通的阶段性特征，包括新型城镇化对城市交通提出的要求，信息化给城市交通服务与治理带来的转变，以及新常态作为未来相当长时期城市交通的定位、目标、问题与应对的技术和政策环境。第 2 章系统回顾欧洲、北美城市与城市交通交互发展的脉络，剖析城市交通理论与方法的演进过程，尤其是城市发展各个阶段的技术需求；同时，系统梳理了我国城市交通问题的演变、城市交通研究既引进方法又针对中国城市特色有所创新的发展历程。第 3 章基于城市交通既有理论体系对新常态下城市交通治理的适应性分析，提出城市交通理论创新与变革方向：重构基于活动的出行行为与需求分析理论、面向服务提供的复合交通网络性能分析理论，以及异质混合交通的交通流运行管控理论。第 4 章在探讨城市交通基础理论内涵基础上，界定城市交通学研究的空间与实体对象，阐述城市交通网络构建与运行的整体概念，从服务人与物流动过程中物理空间、网络空间、社会空间的融合特征出发，提出城市交通网络构建与运行的科学问题和理论体系。第 5 章进一步介绍以“构建与运行”为整体的城市交通复合网络的构成，界定交通各子系统功能与相互关系，建立城市交通复合网络定义、量化描述与模型构建方法，以及城市交通复合网络性能效益评估、网络计算方法、构建与运行优化的实现途径。第 6 章介绍多模式复合交通网络计算模型构建方法，即将传统的单一方式网络集成为多模式可计算复合交通网络的建模方法，并基于多模式出行有效方式组合及路径判定，提出针对复合网络组合出行的动态用户均衡求解算法。第 7 章围绕大数据条件下城市交通需求管理框架，介绍出行需求挖掘的技术方法、管理政策制定思路及多维综合评价指标与评价模型，面向道路拥挤缓解、替代公交服务水平、直接与间接用户损益等多重目标，给出交通需求管理绩效的分析案例。第8章应用主动交通需求管理的概念，基于长周期连续轨迹数据建立乘用车使用模式识别与活动特征提取方法，证明并界定家用小汽车出行的可调节性，提出基于路径选择行为的家用小汽车出行调节方法。第5章至第8章所建构的理论方法，为解析城市交通网络构建与运行、交通供给—需求双向调控，实现城市交通所依托的物理设施形态稳定、服务需求与治理能力动态且精准调节的“新常态”，奠定了基本的理论框架与方法体系，并指明了持续优化与完善的方向。

本书的出版将为城市交通学理论框架与方法构建的探索画上一个分号。由衷期望来自不同学科领域的读者通过本书能对城市交通学有更深刻的认识，对城市交通理论有更具体的了解，并更有兴趣加入到城市交通理论研究与实践探索中，共同为推动城市交通学的发展而努力，为打造更人本、更高效、更智慧的城市交通以及更健康、更安全、更宜居的城市做出贡献。

这是“城市交通交叉学科系列丛书”中研究历程最长的一本书，跨越疫情三年，沉淀了更多思考。在此，衷心感谢为本书内容奠定了良好基础的中国城市规划设计研究院殷广涛、北京交通发展研究院郭继孚、北京工业大学陈艳艳等专家学者，恕未一一提及。感谢参与研究和本书撰写工作的同济人学叶建红、张华、单肖年、涂颖菲、田田甜、孙超、范乃孚、邓吉浩等。感谢同济大学出版社对本书出版工作的大力支持。

陈小鸿　汪光焘

2025年2月

目 录 CONTENTS

第 1 章 城市交通新常态的特征与缘起

1.1 城市交通发展的阶段特征:新旧问题交织

1978—2022 年,我国城镇常住人口从 1.7 亿人增加到 9.2 亿人,净增 7.5 亿人;城镇化率从 17.9%提升至 65.2%,年均增长约 1 个百分点。2000—2015 年,大城市数量增长较快,从 69 个增长到 90 个。同时,这 90 个大城市的平均城镇化率达到 75.4%,已经与发达国家的城镇化水平不相上下。此外,大城市流动人口数量占全国流动人口的三分之一,这说明大城市的吸引力远超中小城市。

经过 30 多年的快速发展,我国主要经济社会发展指标已达到中等收入国家水平。同时,机动车保有量持续增长,民用汽车由 1985 年的 136 万辆增至 2022 年末的 3.19 亿辆,增长超过了 200 倍。截至 2022 年 9 月,全国有 82 个城市的汽车保有量超过百万辆,其中,北京、成都、重庆、苏州、上海等 21 个城市的汽车保有量超过 300 万辆。

随着我国城镇化、机动化进程的不断推进以及交通现代化建设速度的日益加快,城市交通需求和交通结构发生剧烈变化,交通需求成倍增长,居民出行距离也迅速增加。北京市 2010 年的居民平均出行距离、出行总量和出行周转量相比 1986 年分别增长了 1.46 倍、4.40 倍和 6.43 倍;上海市 2015 年的居民出行距离、出行总量和出行周转量相比 1985 年分别增长了 1.60 倍、2.50 倍和 4.00 倍(图 1-1)。同时,交通需求呈现多样化的发展趋势,生活类、商务类等非通勤出行的比例明显提升。交通拥堵从特大城市、沿海城市向中小城市蔓延。交通供需不均衡、供需结构的错配,以及多样化、个性化、高端化的需求难以得到满足等,是这一时期城市交通面临的突出矛盾。

由于城市建设用地限制和建设模式改变,我国城市交通进入转型发展期。供需失衡、效率低下、公平性不足、负外部性明显以及信息化新技术冲击传统交通等已成为突出的现实问题。

1.1.1 供需失衡及效率低下

面对持续增长的交通需求,城市交通系统的承载力明显不足,时间、空间这两个维度上的

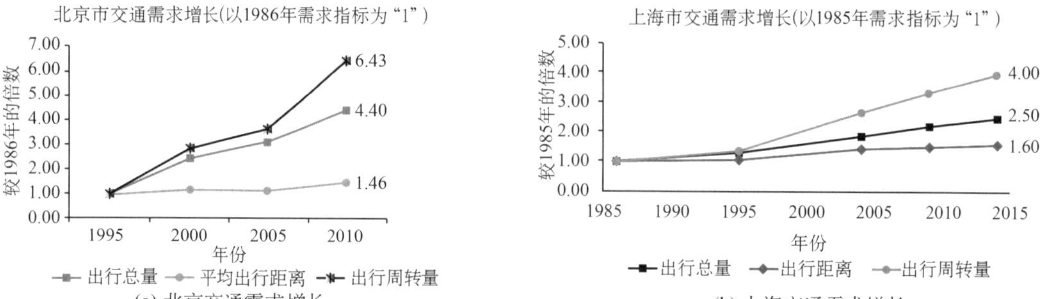

(a) 北京交通需求增长　　(b) 上海交通需求增长

图 1-1　北京、上海交通需求增长情况

交通设施与运量不匹配;市民对交通的需求与城市交通系统综合承载能力之间存在矛盾;就业岗位、基本公共服务等优势资源的强中心布局加剧了廊道和局部片区的交通压力;相对扁平化的服务供给与多样化的需求之间存在错配;城市交通网络在供给形态上已呈现复合化,但因交通各子系统间缺乏协调,交通需求组织仍处于相对割裂的状态。

随着城市经济、交通的不断发展,出行目的日益多元化。总体上,通勤出行呈下降趋势,生活类出行呈上升趋势。但北京市最新调查结果有所反转(图 1-2):2010 年以前,通勤类出行比重持续下降,生活类出行不断上升;2014 年的调查结果显示,通勤类出行上升 14.2%,生活类出行下降 12.4%。分析其原因,可能是在交通出行总时耗基本不变的情况下,通勤时耗增加导致生活类出行减少。这是城市出行环境恶化的一种表现。

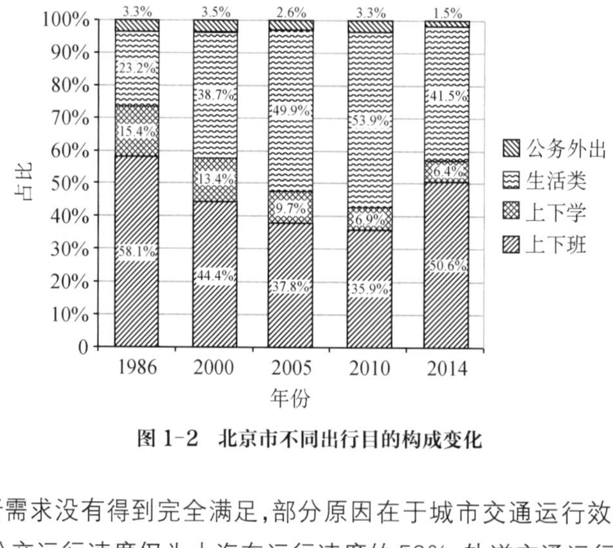

图 1-2　北京市不同出行目的构成变化

多样化的出行需求没有得到完全满足,部分原因在于城市交通运行效率低下。以北京为例(图 1-3),地面公交运行速度仅为小汽车运行速度的 56%,轨道交通运行速度仅为小汽车运行速度的 79%;同时,地面公交出行效率低、换乘不便,完成一次公交出行约需 65 min,其中 61.2%为车上时间,24.8%为步行时间,14.1%为等车换乘时间。

从全国范围来看,轨道交通“门到门”的平均速度为 13.7 km/h,公交“门到门”的平均速度仅为 10.3 km/h,相当于自行车的骑行速度。特别是在轨道加密、成网背景下,公交车的分担率

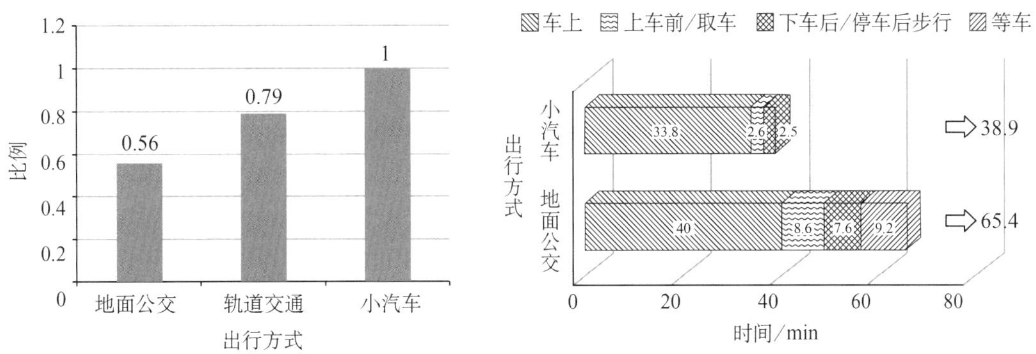

(a) 速度比例　　(b) 出行时间

图 1-3　北京各类出行方式速度及时间比较

或客运量下降已是普遍现象(图 1-4)。

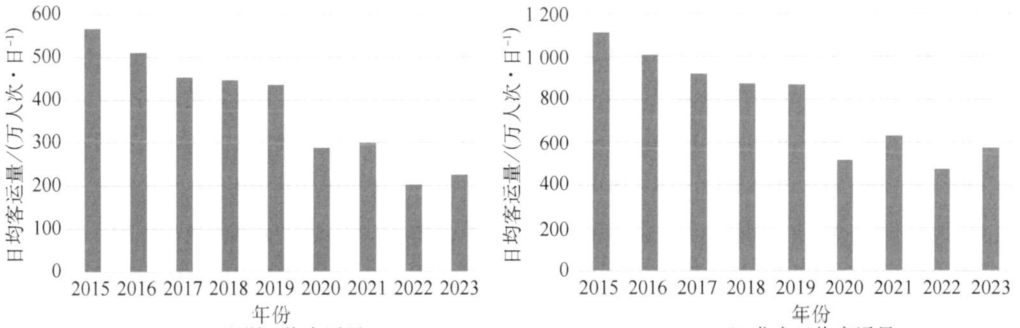

(a) 深圳日均客运量　　(b) 北京日均客运量

图 1-4　深圳、北京公交车日均客运量变化情况

居民出行效率普遍不高,机动化出行中公共交通出行效率远低于私人机动化方式,公交优先尚未转化为公交优势。北京市公共交通补贴和客流变化如图 1-5 所示。

基础设施投资过度超前的情况普遍存在,这使得政府在建设投资方面的负债不断增加,运营补贴也难以为继。不仅如此,过度超前投资所带来的社会效益并不显著,甚至还引发了挤出效应。

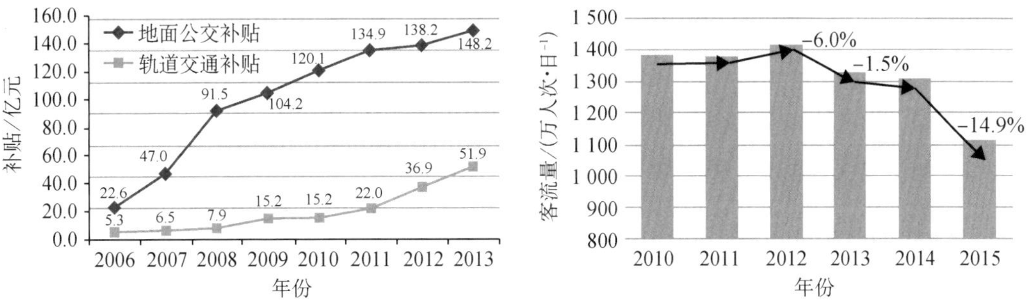

(a) 公共交通补贴　　(b) 客流量变化

图 1-5　北京市公共交通补贴和客流变化

1.1.2 公平性与服务均等性亟待提高

城市交通拥堵状况不断加剧的同时，较为普遍的现象是地面公交出行比例徘徊不前，电动自行车出行比例大幅增加。公共交通、步行、自行车出行环境的恶化，是导致这一现象的重要原因。过去30年，小汽车迅速普及，在机动化快速发展的压力下，过分重视机动车交通需求，"以车为本"思想长期占据城市道路系统建设中心地位。城市道路里程和面积不断增加，城市道路的尺度越来越大，给选择其他交通方式的出行者带来极大不便。

街道尺度大导致步行者出行距离，特别是过街距离增大。这不仅客观上助长甚至诱使步行者违规过马路，还给其他交通方式的出行者带来极大不便(图1-6)。

图1-6 大尺度道路导致过马路困难

由于缺乏稳定的机动车拥有和使用政策导向，交通外部性愈发严重，不同交通方式在人均能源消耗和环境污染责任分担方面的公平性始终受到质疑。图1-7为各种交通方式单位周转量能耗。

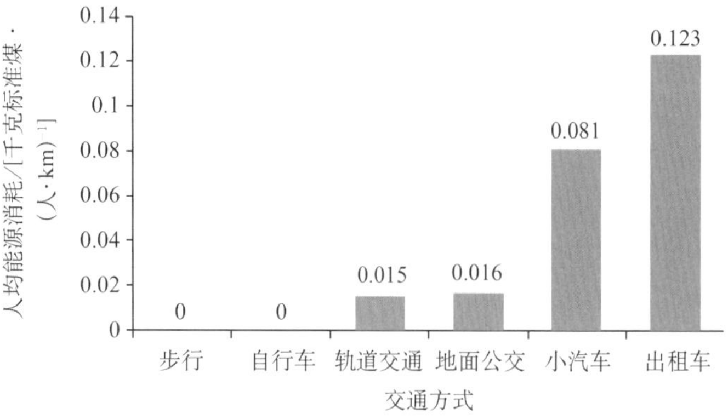

图1-7 各种交通方式单位周转量能耗

除了不同交通方式在占有公共资源方面存在公平性问题外，空间公平性以及不同运营模式在使用资源时的公平性问题，均已成为新阶段凸显的新问题。在都市圈范围内，不同圈层到达中心城核心功能区的可达性均等化程度有待提高;城市客货运输行业中,针对出租车、租赁车、网约车等不同业态的管理公平性问题均需有效应对,这样才能引导其有序竞争,避免产生社会矛盾。更为重要的是,只有将城市空间资源向保障性、集约化公共服务倾斜,才能保障并促进社会公平。

此外,为控制城市交通拥堵而采取小汽车限行、摇号等措施是国内城市较为普遍的交通需求管理政策。从民法典等规定来看,限行构成了对公民财产权利的侵犯;摇号则违背宪法所规定的公平权,因为只有满足条件的人才拥有摇号资格,这是立法不平等的体现。

在我国城市交通发展的新时期,建设公平、可持续的交通环境已逐渐成为大家认可并支持的目标。但目前,我国对城市交通公平性的重视程度还远远不够。

1.1.3 交通带来的负外部性问题严重

城市交通运行对环境有一定的负外部性。空气质量堪忧,人居环境可持续发展形势不容乐观,这些都与交通有着不可忽视的关系。尤其是小汽车交通,在运行中引发了交通拥堵、环境污染、噪声污染、能源短缺等诸多问题。

高品质、高效率的交通出行环境的缺乏,制约了城市、城市群软实力与核心竞争力的提升。而这些负外部性在小汽车使用过程中并没有对应的成本支付。经济学家的研究表明,小汽车的保有、使用成本分为内部成本和外部成本,细分多达18项,其中大部分是外部成本(图1-8)。经测算,如不进行政策干预,小汽车使用者直接支付的货币成本占比仅为30%左右,这种情况极易引发过度需求。随之产生的外部成本会严重损害无车人群的利益。与小汽车使用者相比,合乘车和公交乘客占用的道路资源很少,却不得不忍受同等程度的拥堵和时间损失。

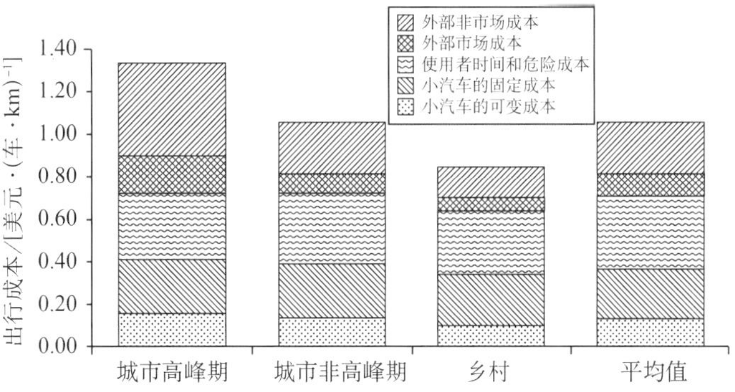

图1-8 不同地区出行成本分析

1.1.4 经济发展和现代信息技术的挑战

经济发展成为交通出行目的多样化的驱动力,交通矛盾从工作日通勤时段向更大范围扩展。中国城市正处空间重构、功能调整的过程中,随着土地有偿使用制度的建立以及住房市场化的不断完善，居住郊区化现象日益明显，国内城市逐渐出现职住远离、空间错配的情况，居民的通勤距离和时间明显增加。北京近几年中心区的出行强度还在不断提高，强中心格局仍然没有改变，职住不平衡现象进一步加剧，导致进出市区的交通拥堵加剧的困境，居民上班出行时间占据了生活时间的极大部分。北京市六环内全方式平均工作出行时耗 41 min，除步行外为 52 min，其中轨道出行时耗最高，达到 74.8 min。同时，城市人口增量向外围扩散，而就业扩散速度相对较慢，交通出行向心趋势仍然十分突出。

在现代电子商务和移动支付蓬勃发展的背景下，相当比例原本前往实体商店购物所产生的出行转向网购。此类活动由客运需求转化为货运需求是客观存在的现实，这就要求设施供给与管理逐步完善以适应变化。同样的情景也发生在分时租赁等新的交通服务模式对于传统家庭小汽车使用模式的替代方面。但是，现有的制度储备、设施布局与技术体系框架难以及时应对新业态带来的挑战。虽然，大数据技术已经在交通领域发挥作用，但在数据共享、融合方面仍面临制度壁垒。

1.2 新型城镇化对城市交通的要求

在城市发展的不同阶段，人们对于城市交通的关注点有所不同。关注点不同所展现出来的是城市交通主要矛盾的具体表现形式变化，但其根本是供给与需求之间的矛盾。需求不仅体现为空间移动的次生需求，还表现为基于不同个体价值取向以及人们对获得交通服务在数量和质量方面的要求。

1.2.1 中国新型城镇化的交通挑战

中国正在经历世界上最大规模、史无前例的城镇化、机动化进程。相比西方国家上百年的城镇化进程，所产生问题的积累速度和矛盾尖锐化的程度都是前所未有的。

1978—1999 年，中国从农村向城镇迁移的人口占城镇人口增长总量的 75%。2020 年的“七普”数据显示，全国流动人口总量达到 3.76 亿，比 2010 年“六普”数据增长了 69.7%。2023 年底，我国常住人口城镇化率为 66.2%，户籍人口城镇化率仅为 48.3%。中国城镇化率每增加 1 个百分点，就有近 1400 万的农村人口转变为城镇人口。

在人口快速增长的背景下，城市规模也大幅扩张，城市建设用地迅速增加。1991—2000 年，城市用地增加了 0.92 万 km^2。2001—2010 年，城市用地增加了 1.56 万 km^2。2011—2020 年，城市用地增加了 1.65 万 km^2。同时，城市居民出行特征也发生了明显变化，出行时空分布更加不均衡，出行距离的急剧增长导致人们对小汽车的依赖性增强。随着人们生活水平的提高，我国机动化程度快速提升。由于房价持续走高，人们的居住区位逐渐向城市外围扩展，通勤距离增大使得人们出行机动化的需求也不断增加。

“城市病”问题日益突出。全国约 2/3 的城市在高峰时段出现交通拥堵，一线城市的拥堵现象尤为严重，且这种拥堵逐渐向二、三线城市蔓延。数据显示，一、二线城市的通勤距离分别为 17 km 和 14 km，通勤时间分别为 50 min 和 30 min，通勤速度分别为 24 km/h 和 23 km/h。城市病带来的交通拥堵、环境恶化等问题，加剧了城市负担，给市民工作和生活带来诸多不便，降低了人们的幸福感。据统计，2016 年北京空气质量未达标天数为 168 天，重污染天数为 39 天，年 $PM_{2.5}$ 平均浓度是 73 μg/m^3，超出国家标准 109%。城市交通引导着城市发展，而“城市病”无疑给城市交通的发展带来了重大挑战。

城市扩张性发展所引发的资源环境问题已成为世界各国城市面临的共性问题，未来的城市必将趋向集约、低碳和可持续的发展模式。联合国第三次住房和城市可持续发展大会通过的《新城市议程》再次确认了城市发展在可持续发展中的主导地位。城市交通需要引导城市发展，人们对资源和环境的新认识，对人居环境的新要求，对保护生态环境的更高愿望，直接关系到对城市交通时效性、安全性的要求，同时也促使人们更加重视对交通工具所带来的环境污染的防治。

“服务于人的需求，组织城市高效可持续运行”是城市交通的永恒主题。在城市发展的不同阶段，由于环境、文化、科技水平的变化，人们的生活方式也在不断改变，相应地，对城市交通的诉求也会发生变化。城市发展、人的需求演变与城市交通紧密相连。

1.2.2 城市发展阶段决定城市交通研究内涵

回顾城市交通发展路径，分析信息化时代人的需求变化，并依据城市可持续发展对城市交通的要求，可进一步界定城市交通研究内涵。

城市交通发展路径和交通模式演变呈现出不同的脉络。在欧洲城市，自行车交通经历了“发展—衰落—复兴”的过程；在东亚城市，公共交通走过了“发展—优先—成熟”的发展阶段；而在北美地区，私人小汽车交通经历了“力求减少—缺乏约束—积重难返”的过程。城市交通呈现出从以车为本向以人为本转变的发展态势：

(1) 既关心交通系统效率，也关注人的公平出行，通过规划、财政甚至立法来保障老人、残疾人、低收入群体出行的基本权利。

(2) 既关心城市的环境保护与资源集约，也关注人的出行环境改善，普遍提出了让出行更加安全、便捷、愉快的发展目标。

(3) 既关心公交优先发展、慢行交通保护，也关注慢行交通与公共交通衔接，着力于限制核心区小汽车的过度使用。

我国已经形成以城市群为主要发展形态，以轴线上城市群和节点城市为依托、其他城镇化地区为重要组成部分，大中小城市和小城镇协调发展的“两横三纵”城镇化战略格局。京津冀、长江三角洲、珠江三角洲三大城市群，以约 5% 的国土面积集聚了 30% 的人口，创造了近 50% 的国内生产总值，成为带动我国经济快速增长和参与国际经济合作与竞争的主要平台。实施以人为核心的新型城镇化，推进大中小城市和小城镇协调发展，在国家经济社会运行中起到了越来越重要的决定性作用。

城市规划建设管理的总体目标是实现城市有序建设、适度开发、高效运行，努力打造和谐宜居、富有活力、各具特色的现代化城市，让人民生活更美好。从农村进入城市的劳动力已成为我国产业工人的主体，被统计为城镇人口的2.34亿农民工及其随迁家属，未能在教育、就业、医疗、养老、保障性住房等方面享受城镇居民的基本公共服务，给经济社会发展带来诸多风险隐患。在以城市群为主体形态的新型城镇化发展背景下，城市群交通在以中心城市及其都市圈为核心，促进大中小城市和小城镇协调发展，提高城市群区域协同发展，提高城市群综合竞争力和包容发展，促进社会公平正义协调中发挥重要作用。因此，城市群交通已成为研究城市交通不可或缺的内容。

讨论城市群交通问题时，要统筹考虑都市圈交通和城市交通，既不能简单运用综合交通运输的方法，也不能简单扩展都市圈和城市交通的方法，而是应当研究其规律性、阶段性。以战略眼光解决现实问题，摆脱仅以工程范畴来研究的局限，运用多学科的思维，针对要实现的区域发展目标，考虑交通设施运行的效益与财政能力，创新城市交通的理论和方法。

为了使城市交通适应以城市群为主体形态的发展阶段要求，必须在功能定位、发展目标、建设方式、交通结构和管理政策等方面进行反思、转变和突破。

城市交通在通行功能之上，还应体现人对交往空间和场所功能的需求。城市空间组织服务于相互独立的生产(工作)设施场所或者居住场所，存在以下一系列问题：城市道路设计和改造过于关注机动车，导致步行和自行车出行存在较高的危险性；城市主干路过宽，阻碍了行人过街，抑制了零售业的活力；大院式住宅密集，支路系统缺失，丧失邻里感；等等。从根本上看，城市的发展带来更加美好的城市生活，城市交通为市民提供更高质量的出行服务和出行环境，但是在具体实践中，城市交通的发展却并不能体现个体的需求。

城市交通的发展目标应当转向以人为本。传统的城市交通发展目标主要是基础设施里程、运输量规模等供应侧指标，而无法体现安全、可达、可靠、舒适等以人为本的指标。在新常态下，以人为核心的发展理念强化了城市交通的公共服务属性，城市交通已然成为改善城市民生的一项重要内容。因此，城市交通的发展目标要通过探寻制度层面和技术层面的变革，最终实现以人的需求为归依。

城市交通的建设方式要进行系统性转型。摒弃需求追随型的建设方式，将工作重点从单纯的设施扩张转向服务质量和管理水平的提升。采取系统性、综合性的建设模式，避免相互冲突的粗放式做法。改变我国一些城市在交通发展中，一方面高呼优先发展绿色交通，而另一方面却将建设投资集中在为小汽车服务的设施上，忽视公共交通、步行和自行车出行的建设要求的情况。

城市交通要注重从总体结构优化到个性化服务与调节。绿色交通优先发展已成为基本共识，且在城市交通总体战略层面得到了充分体现，但是在具体应用和实施环节还存在难以适应差别化、个性化需求的局限，这种不适应在新常态发展背景下会更加突出。新常态下城市交通结构应更加注重多方式的协同发展，从功能和服务的视角、而不是技术经济视角，重新认识城市交通各种方式之间以及各方式内部不同等级之间的服务定位和功能协调。城市交通系统优化从扩大面上覆盖、建设大网络转向特定节点和走廊的优化。随着城市发展的集聚和分工两种趋势的演进，城市交通要更加注重对特定节点和特定走廊的发展支撑。通过走廊和节点的功能定位，识别出行目的、方式、距离、时效要求等需求特征，提供差异化的交通服务，以智慧交通推动满足个性化需求的城市交通组织。充分利用互联网和大数据技术，可识别人的个性化出行需求，设计更具有针对性、更加灵活的交通组织方案和服务供给方式，合理匹配供求，优化配置资源。

城市交通系统要更加关注社会、经济、政策属性的外延和整合。城市交通的发展思路要从关注交通专业本身转变为加强多专业整合，深化对城市交通系统与社会、经济、政策之间紧密关联的认识，进而从更广阔的领域研究和规划城市的交通系统。

1.3 城市交通新常态的基本特征

1.3.1 世界城市新一轮发展规划呈现的转型发展趋势

以公认的全球城市纽约、东京、伦敦以及公认的公交都市香港、新加坡等为例，通过分析其最新发展动态以及新一轮交通发展规划的战略导向，可进一步明晰新常态下中国城市交通转型发展趋势。

1. 交通出行强度趋稳且呈下降态势

在城市建设边界稳定、城市更新与建设量稳定的情景下，住房、交通等政策引导与内生的交通供需自平衡能力发挥着调节作用。纽约、东京和伦敦的人均出行次数、出行距离在近年来都呈现出稳中有降的趋势(图 1-9)。相应地，交通需求总量(人公里、车公里)也呈下降趋势(图 1-10)。

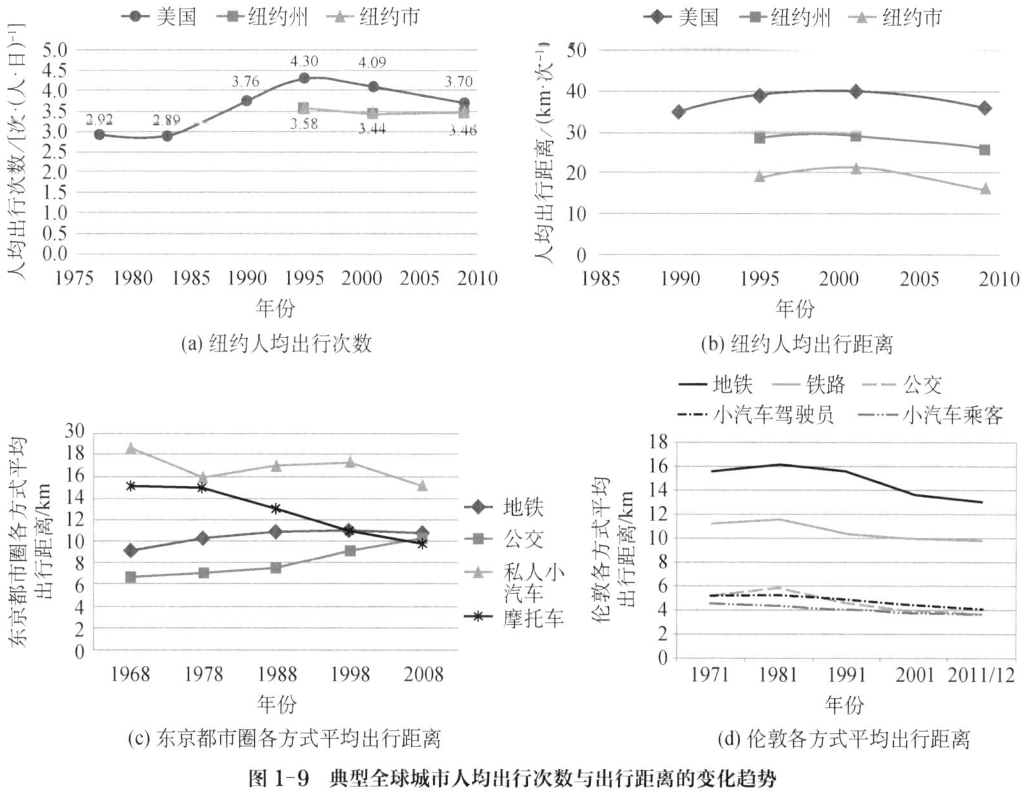

图 1-9 典型全球城市人均出行次数与出行距离的变化趋势

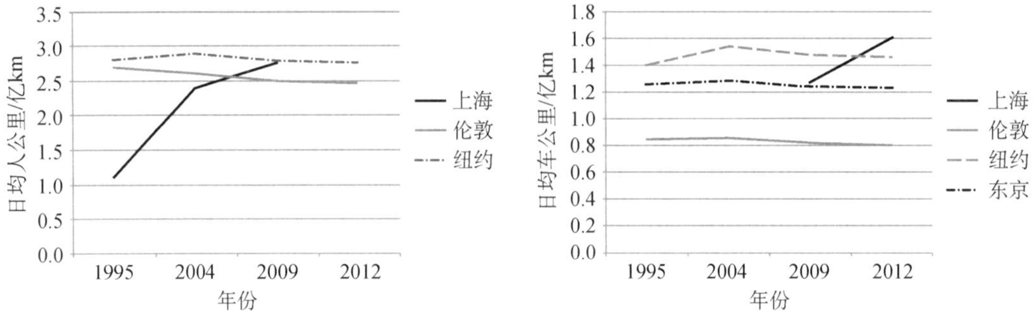

(a) 日均人公里变化　　(b) 日均车公里变化

图 1-10　典型全球城市机动化出行变化趋势

2. 对小汽车交通的依赖程度降低

除交通总需求下降外，更值得注意的是，全球城市小汽车保有量与使用量的变化趋势(图 1-11、图 1-12)。这些城市对小汽车交通的依赖程度也呈下降趋势，机动化交通发展模式

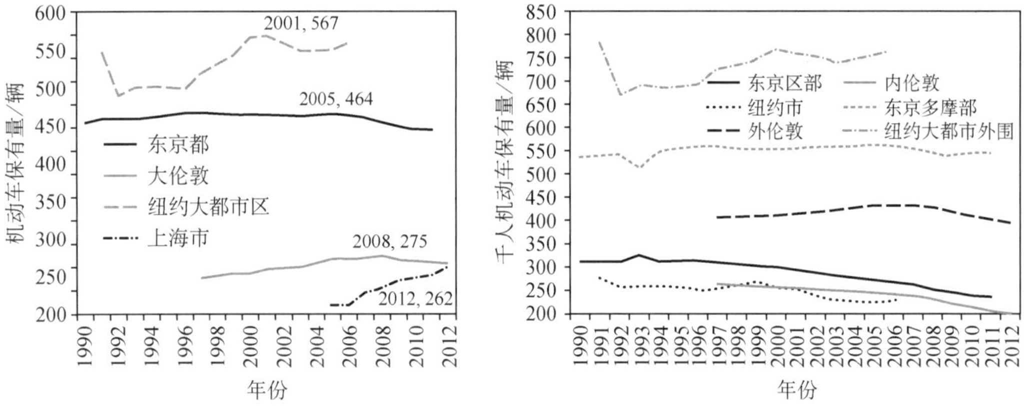

(a) 机动车保有量变化　　(b) 千人机动车保有量变化

图 1-11　典型城市机动车保有量变化趋势

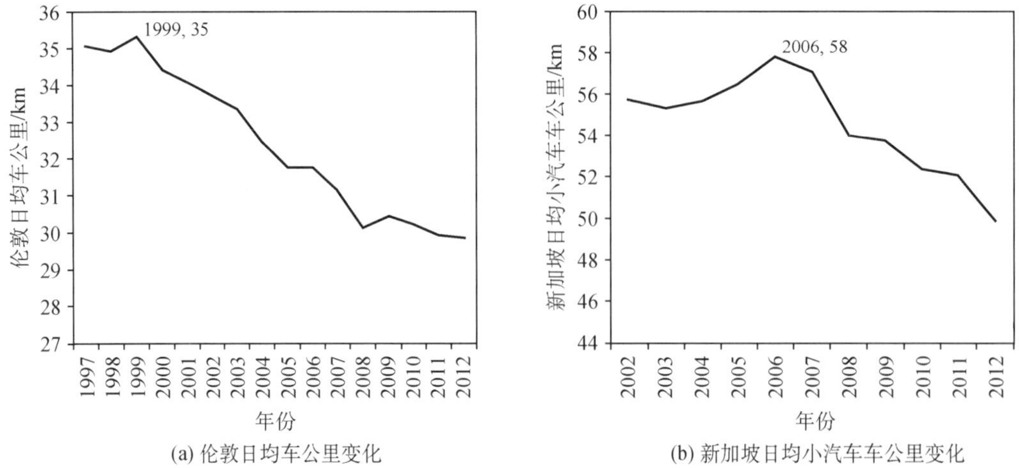

(a) 伦敦日均车公里变化　　(b) 新加坡日均小汽车车公里变化

图 1-12　典型城市机动车使用量变化趋势

逐渐趋于理性。

3. 交通发展目标的转变

推动上述全球城市客运交通特征转型的一个重要力量是交通发展理念与价值取向的转变，进而带动了交通发展目标的转变。总体上，全球城市交通发展目标正由早期重点关注机动车移动速度、效率向当前更关注交通安全、低能耗、低排放、社会公平及最终的生活质量转变（图 1-13）。

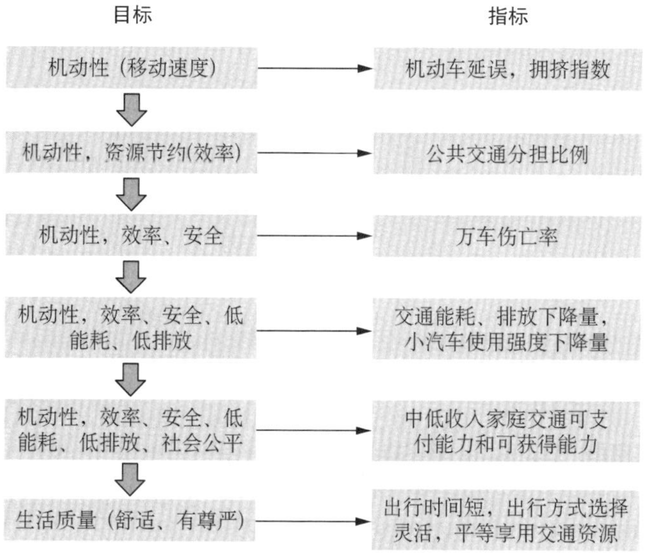

图 1-13　全球城市交通发展目标演变

对应上述交通发展目标的演变，以下归纳了一些典型全球城市在编制 2030 年、2035 年交通发展规划时所设定的目标与指标体系。

首尔 3 个“30%”目标：首尔在编制面向 2030 年的交通发展愿景与策略时，提出了以“人”“共享”“环境”为导向的交通发展目标，并通过 3 个“30%”的具体量化指标来体现对未来交通发展的引导与控制，即小汽车出行减少 30%，公共交通通勤时间减少 30%，绿色交通（包括步行、自行车和公交）使用增加 30%。

新加坡“75-80-85”目标：新加坡在制定新一轮 2030 年交通发展战略时，提出了“75-80-85”目标，即 80% 的家庭居住在离轨道交通车站步行 10 min 范围内，早晚高峰时段公共交通出行分担率达到 75%（2020 年达到 70%），85% 的 20 km 以内公交出行（20 km 几乎涵盖了新加坡空间上任意一点到市中心的距离）时间（门到门）控制在 1 h 以内。

旧金山“3E”目标：旧金山湾区在编制 2035 年综合交通体系规划时，提出了交通系统的“3E”发展目标，即经济（economy）、环境（environment）与公平（equity）。并设定以下主要度量指标使“3E”目标在具体实践中能得到落实，即人均交通延误下降 20%，机动车事故死亡率下降 15%，日人均车公里数下降 10%，$PM_{2.5}$ 排放下降 10%，PM_{10} 排放下降 45%，CO_2 排放较 1990 年水平下降 40%，交通与住房总支出比例下降 10%（对低收入和中低收入居民）。

4. 资源环境约束进一步倒逼城市交通发展模式转型

安全、促进经济发展和降低环境影响，成为全球城市及典范公交都市在新一轮交通发展规划中共同关注的三大目标。这些城市将减排总目标量化分解到交通系统中，以此引导交通系统实现转型发展(表 1-1)。

表 1-1　全球城市交通节能减排的量化目标

城市	交通系统减排目标
纽约	2030 年汽车交通温室气体排放较 2005 年下降 60%；到 2050 年减少约 700 万 t 个人及商用车出行碳排放
旧金山	2035 年 $PM_{2.5}$ 排放较 2006 年下降 10%，PM_{10} 排放较 2006 年下降 45%；CO_2 排放较 1990 年下降 40%
巴黎	2030 年交通活动产生的碳排放量将较 2005 年减少 60%，到 2050 年碳排放量将减少 80%，可再生能源和回收能源使用将占总能源的 60%
伦敦	承诺到 2041 年伦敦道路、铁路和航运的碳排放减少 72%；到 2041 年，总体交通量减少 10%～15%；到 2050 年，实现 80%的出行由步行、自行车或公共交通承担
波特兰	2035 年轻型车交通温室气体排放由 2005 年的 4.05 t/人下降到 1.2 t/人

1.3.2　信息化条件下居民就业与生活方式转变

信息化、“互联网 +”对城市交通供给和需求产生了极为深远的影响。根据《中国移动互联网发展报告(2023)》，截至 2022 年底，我国移动互联网用户数达 14.53 亿户。互联网信息技术的广泛运用，使人类的生活方式、生产方式及思维方式等都发生了革命性变化。这一变化不仅改变了人们的交通行为，也提高了人们对交通信息服务的要求。

互联网在打破供给和需求之间壁垒的同时，也进一步提高了城市基础设施的利用效率。例如，导航软件的利用在帮助小汽车避开拥堵路段的同时，还提高了其他可选道路的利用率，这有助于交通基础设施资源的再分配。停车诱导系统有助于优化城市停车空间布局，提高停车场的使用效率。“互联网 + 停车”为解决城市停车难题提供了新的方法和思路。

互联网交通信息系统的建立正逐渐对出行结构的调整产生作用，甚至还会对服务业的布局和城市布局造成影响。网上购物、互联网生活服务、远程办公、网络教育、社交平台、共享经济等新业态的出现，正在改变城市居民的就业和生活方式，进而引发客流与物流的变化。

1.3.3　新技术催生交通出行新业态、新服务

《国务院关于积极推进“互联网 +”行动的指导意见》(国发〔2015〕40 号)将“互联网 + 便捷交通”列为“互联网 +”战略的重要行动领域之一，要求加快互联网与交通运输领域的深度融合，推进基于互联网平台的便捷化交通运输服务发展，显著提高交通运输资源利用效率和管理精细化水平，全面提升交通运输行业的服务品质和科学治理能力。

随着移动互联网、智能手机的广泛普及与相关技术的不断突破，共享经济与“交通＋互联网”战略得以快速推进。近些年，共享单车、分时租赁、定制公交、共享车位、网约车等一系列具有共享特质的交通服务新业态不断涌现并快速发展，这些新业态不仅对传统客运组织方式带来了挑战，也为交通运输服务的变革与创新提供了新的机遇。

共享交通的发展有效缓解了中国城市出行难的问题。借助移动互联网能够在更大范围内对传统交通资源进行调度，从而有效弥补城市现有交通资源覆盖区域的不足。利用大数据对现有资源进行更高效的分配，可以显著提高人们的出行效率。

在共享单车兴起之前，随着城市的发展和人们生活方式的变迁，全程机动化出行以其便捷性成为城市出行模式的首选，但其对环境造成的破坏也不容忽视。以北京市平均出行距离 13.2 km 为例，全程选择私家车出行将制造 2.1 kg CO_2 排放；如果选择公交车出行，而以共享单车作为短途衔接，CO_2 排放量将降至 0.15 kg；如果全程选择共享单车出行，将不会产生 CO_2 排放。有关数据显示，2017 年第一季度，共享单车累计完成近 6 亿 km 行驶里程，若替换成私家车出行方案将耗费 4 150 万 L 汽油，排放 CO_2 130 956 t。随着共享单车的兴起，自行车已成为城市居民短途出行的重要选择和长途出行的有效补充，不仅有效地解决了“最后一公里”难题，也推进了城市生态环境的重建。

多类新技术、新服务、新业态井喷式发展，一方面给城市居民提供了更加多元化、更便捷的出行服务；另一方面，也给城市交通研究提出了一系列新的问题，集中表现在以下几个方面：

(1) 共享交通服务的功能定位不清晰，无法支持具有引导性和前瞻性的城市交通政策制定。政府、企业、消费者等共享交通相关利益主体的权益与责任如何明确，如何构建多利益主休的价值-信任-合作关系?

(2) 缺乏支持政策制定的评价方法，影响决策的科学性。自动驾驶、共享交通对交通系统时空资源占用及产出效率如何度量；新型交通服务模式与传统交通服务(尤其是公共交通)之间是竞争、互补、替代还是其他关系；共享交通在整个城市交通服务谱系中占据什么地位?

(3) 对共享交通发展特征与基本规律的把握积累薄弱，管理对策与措施缺乏针对性。共享交通取得成功的基本要素和外部条件是什么，如市场规模、覆盖密度、土地利用、其他交通方式的可获得性等；各类共享交通发展的规模效应以及与功能定位相匹配的合理“终极规模”应如何确定?

1.3.4 城市交通的功能和需求转型

1978 年改革开放以来，尤其是 1993 年住房改革以及 2001 年加入 WTO 之后，我国城镇化进入快速发展期。在这一时期，城市交通基础设施新建或扩建十分显著，成为引导城市边界扩张和城市新区建设的核心手段。扩张的主要依据是对城市未来发展 10～20 年的交通需求的预测，在运行和控制阶段，则以小汽车交通的单点优化或通道协调控制为核心(图 1-14)。

随着我国新型城镇化规划的实施，北京、上海、广州等特大城市进入人口规模控制期，城市建成区的交通基础设施网络边界基本稳定，且这种状态将在未来长期保持，交通基础设施网

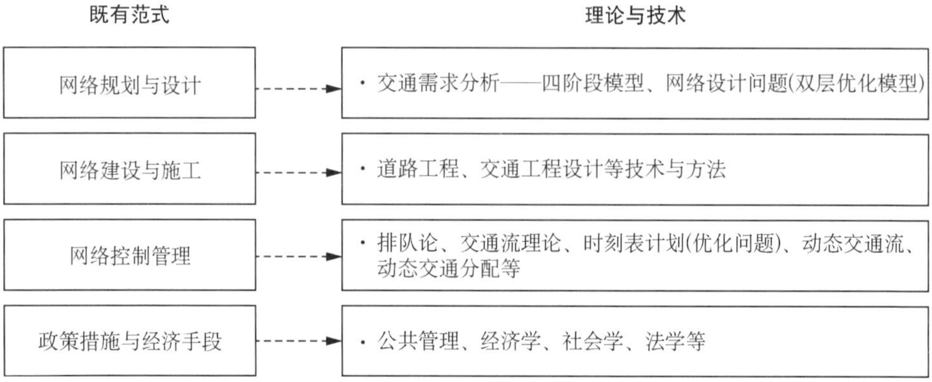

图 1-14 我国城市交通网络扩张期的发展模式

络的功能也从引导城市有限期建设向支持长期性运行转变。以上海外滩所在的中山东路为例,与 20 世纪 80 年代的外滩相比,2015 年的外滩不存在设施网络的规模扩张,但承担的运行功能已经发生了巨大变化,交通需求已经从本地居民的通勤交通占绝对主导转变为通勤、商务、旅游等各类群体的多元化出行需求;运行的交通方式也从公共汽车、自行车、步行转变为公共汽车、出租车、小汽车和步行等(图 1-15)。展望未来,新的交通工具和交通服务不断创新,但承载交通运行和服务的设施载体却保持不变。因此,如何使得既有设施适应城市持续变化的运行需求是未来城市交通研究的核心问题。此外,政府和民众对交通功能、交通公平性和交通外部性的认识不断加深,对城市交通的关注焦点也从基础设施规模增长、设施通行能力和机动车交通流状况(以交通拥堵为核心),逐渐向更加强调高品质交通服务(service)、提高生活质量以及保障社会公平性的交通移动(mobility)能力转变。

图 1-15 城市交通设施网络需要适应城市运行需求

第 2 章

城市发展与城市交通研究的进程回顾

2.1 欧洲城市与交通发展脉络

2.1.1 古代欧洲城市与交通网络

在古希腊时期，崇尚小国寡民、精神富足而生活简朴的城市文化。那时的城市街道普遍较为狭窄，最窄的 1.5 m，平均 4.5 m，足以适应人的通行。大多围绕集会广场修建，以便于人们活动交流，如图 2-1(a)所示。到了古罗马时期，城市被赋予重要的军事防御功能，同时也成为统治阶级权力的象征，全社会倡导并追求物质生活享受，“城墙 + 环城道路”成为城市空间的典型格局。城市道路大多为网格状，宽度为 6～12 m，便于军队快速调动，如图 2-1(b)所示。

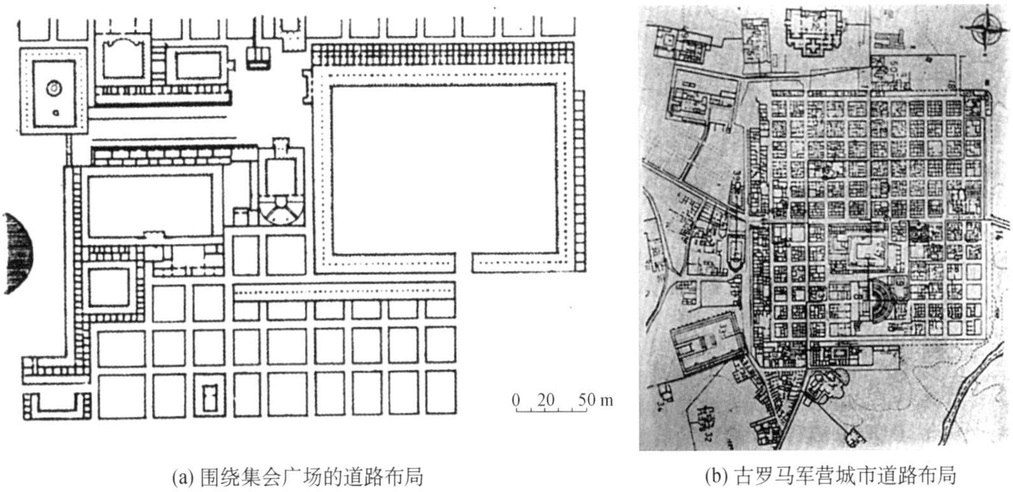

(a) 围绕集会广场的道路布局　　(b) 古罗马军营城市道路布局

图 2-1　古代欧洲城市道路布局

公元476年，随着西罗马帝国的覆灭，欧洲进入了长达千年的中世纪。在中世纪的前五百多年里，城市发展遭受了毁灭性打击，几乎看不到任何城市发展的新迹象，古罗马时期建立的殖民城市、四通八达的道路网络日渐颓败，最终消失不见。直到公元10—11世纪之后，地中海商业贸易复活、欧洲城市开始再度发展。这一时期，城市的本质是集聚与服务，一切活动围绕商业利益展开，城市空间的分配也着重考虑商业价值，形成了体现宗教、交易、防卫三大功能的教堂、市场、城墙这三大城市要素。城市的交通格局也充分体现了城市的功能需求，出现了以市场为道路汇集点的蛛网状道路布局。同时，为了便于商业交易，对罗马时期的网格式街道进行了加密和缩窄处理，并普遍形成市场侵街的状态，原本规则的道路网也逐渐变得不规则。

中世纪后期，文艺复兴和宗教改革活动进一步推进，“个人精神”受到崇尚，民族国家开始崛起。作为君权的象征，城市建设强调浮华、夸张，开始大兴土木，对中世纪遗留下来的狭窄城市道路、广场等进行重新规划和改建，如图2-2所示。城市道路按直线向外延展，大部分活动沿交通线展开。这些改建一方面是满足轮式车辆交通运输需求，如图2-3所示；另一方面也赋予了道路、广场作为阅兵场所的新功能。城市道路作为城市公共空间而承载交通以外的功能，是城市道路异于城市间道路的特征之一。

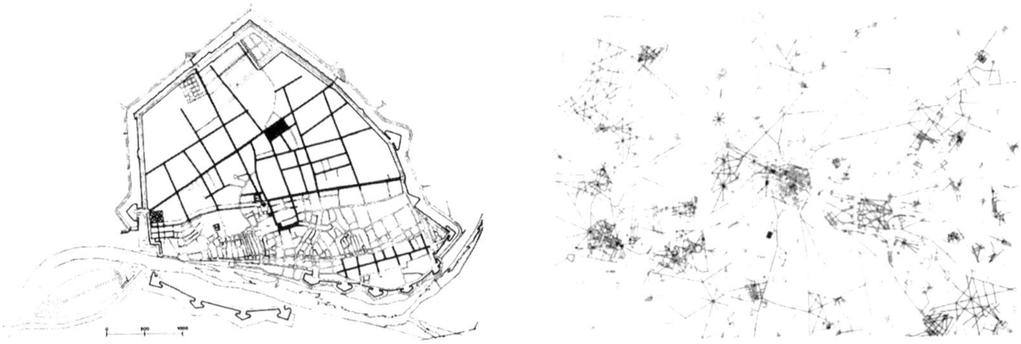

(a) 费拉拉城　(b) 巴黎城

图2-2 中世纪后期典型城市道路布局

(a) 马拉车1　(b) 马拉车2

图2-3 马拉车辆的使用

2.1.2 近代工业化时期欧洲城市与交通发展

1. 城市与交通发展及面临的问题

18 世纪 60 年代后第一次及第二次工业革命带来机器大工业的生产方式，导致生产与居住的集中化，近代城市空间组织发生了翻天覆地的变化。工厂企业迅速积聚，城市地区人口规模急剧膨胀。城市空间扩张和城市发展之快、变化之大超过了历史上任何一个时期。近代西方国家城镇化率如图 2-4 所示。

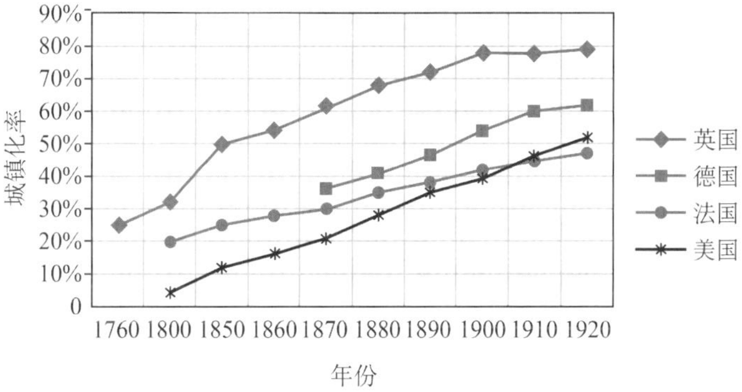

图 2-4 近代西方国家城镇化进程

然而，以工业生产效益和经济发展为主导，城市发展缺乏系统的规划，这一时期的城市建设呈现以下特征及突出问题。

(1) 城市空间围绕单一的城市中心向外生长，形成高密度、集中式、外延型、“摊大饼”式扩张格局，如图 2-5 所示。

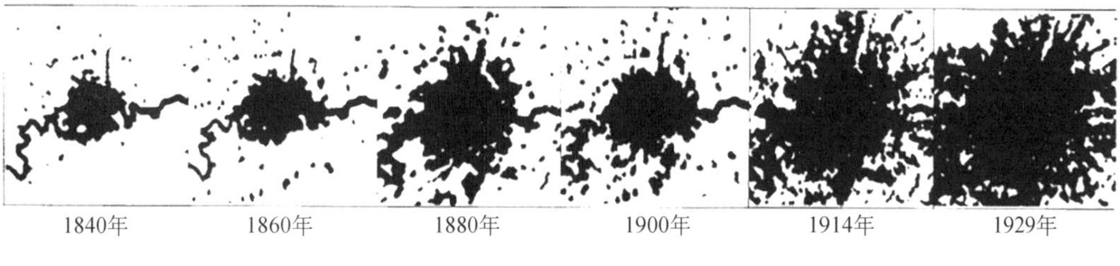

图 2-5 1840—1929 年伦敦城市空间扩展

(2) 城市土地私有，土地利用功能混杂，空间布局混乱，一切都是为了适应经济快速发展，无暇考虑任何公共性设施。

(3) 城市社会隔离突出，穷人住市中心集体住宅、中产阶级住外围区独立住宅、富人阶级住郊区高级别墅的格局基本形成，如图 2-6 所示。

(4) 工业化主导下城市变成大工厂，污染严重，卫生条件差；城市空间拥挤（住房私有化），基础设施不堪重负。

为了支撑城市空间的快速扩张，工业化时期交通工具也发生了革命性变化：1830 年第一条蒸汽机铁路在英国问世，如图 2-7(a)所示；1863 年伦敦开通世界上第一条城市地铁，如图 2-7(b)所示。1881 年第一条城市有轨电车在柏林开通，1886 年汽车问世，1901 年第一辆无轨电车投入使用。另外，1852 年，电梯出现，为高层建筑与高密度开发提供了竖向交通保障。为了加速城市扩张，城市道路大多采用简单、实用的方格网布局，并加大了对既有城市道路的改造，以适应新的机动化交通工具的使用。

图 2-6　英国极端化的城郊住宅

(a) 1829年"火箭号"机车模型

(b) 1863年伦敦地铁

图 2-7　蒸汽机车模型及世界上第一条城市地铁

人口与产业的快速集聚导致这个阶段城市空间布局混乱、污染严重、生活质量下降、城市景观遭到破坏、社会矛盾尖锐等问题集中爆发。正如刘易斯・芒福德(Lewis Mumford)所总结的："有史以来，从未有如此众多的人生活在如此残酷而恶化的环境中。"

2. 城市与交通布局研究

一系列城市问题的出现，拉开了城市与交通研究的序幕，近代城市规划理论应运而生，以寻求更好的空间组织模式。早期的探索成果包括空想社会主义城市、田园城市、工业城市、带形城市等城市空间布局理论，之后又相继形成了以勒・柯布西耶(Le Corbusier)为代表的城市集中主义理论、以广亩城市和有机疏散为代表的城市分散主义理论，以及以盖迪斯(Patrick Geddes)为代表的区域协调规划理论等，如图 2-8 所示。

城市空间形态研究也带动了交通系统布局的研究，形成了早期的"骨干交通引导城市发展"理论以及"道路分级"理论。"田园城市"理论提出田园城市组群中各城市与中心城市之间采用快速交通连接，如图 2-9(a)所示；"带形城市"理论提出沿"脊椎"道路布设一条或多条电气铁路运输线，如图 2-9(b)所示；"工业城市"理论提出用最先进的交通方式连接城市各个分区，并将城市街道按交通性质进行分类，且每类道路的宽度不同。

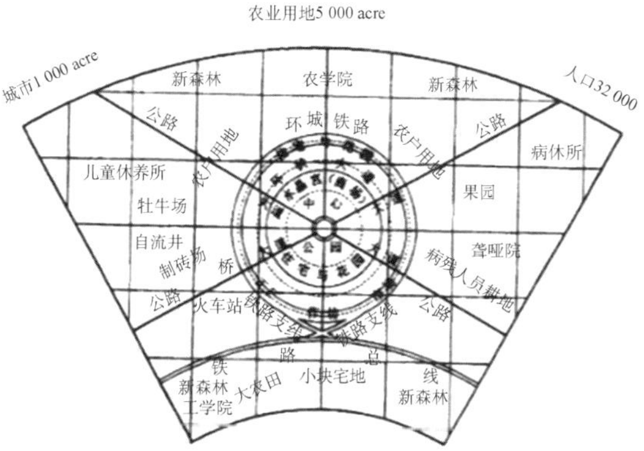

(a) 田园城市示意图

(b) 勒·柯布西耶巴黎中心区规划

(c) 广亩城市示意图

图 2-8　早期城市空间布局理论

（注：1 acre = 4 046.856 m^2）

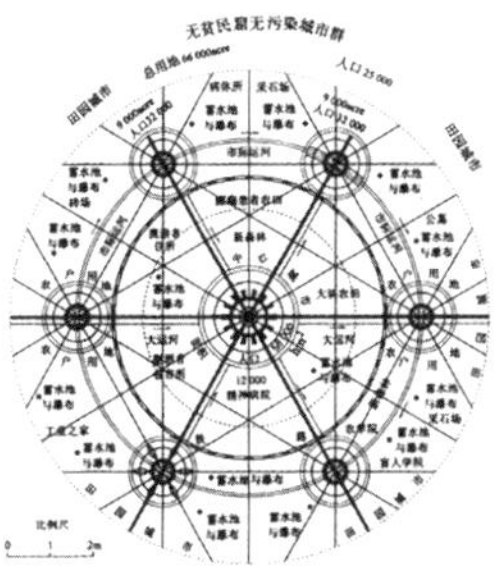

(a) 田园城市群快速交通

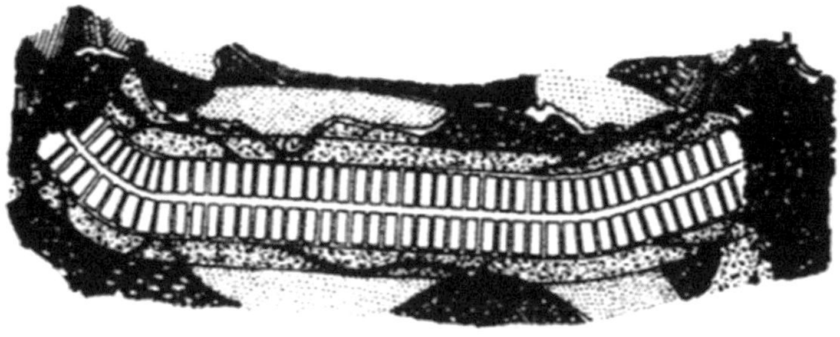

(b) 带形城市“脊椎”道路

图 2-9　早期的城市交通系统布局

2.1.3 现代欧洲城市与交通发展

1. 城市与交通发展及面临的问题

两次世界大战结束后,欧洲经济逐步复苏,新建筑运动思潮兴起。为应对战后安置所引发的大规模房荒,住房建设成为城市建设的重点。一方面,努力重塑城市中心区,改善已有城市内部环境,恢复中心区的城市活力;另一方面,为了疏散过于集中的大城市,卫星城、新城建设如火如荼。但由于土地私有制下的城市开发机制与理想的城市发展目标之间存在显著差异,市区用地仍不断向外低密度蔓延,卫星城和新城规模小、功能不完整,未达到发展预期。

随着工程技术与制造业的不断发展,特别是小汽车等个体机动化交通工具与高速公路的普及,城市发展受到了重大影响。为满足城市扩张与小汽车交通大规模使用的双重需求(二者相互推动),大城市普遍形成了"放射路+环路"的道路布局,如图 2-10 所示。城市交通出现了至今尚未能解决的难题:严重的人车冲突、长距离通勤、日益加剧的交通拥堵以及对资源与环境的破坏等。

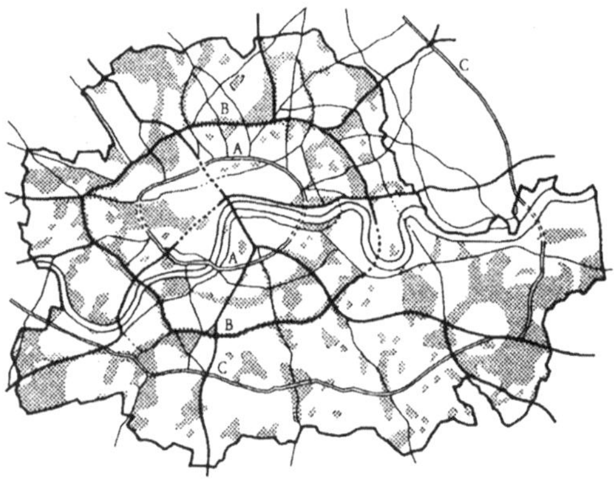

图 2-10 "放射路+环路"的道路布局

2. 城市与交通理论研究

这一时期,城市研究的理论主要集中关注两个热点:卫星城理论和区域协调发展理论。指导城市发展的两大纲领性文件——1933 年《雅典宪章》和 1977 年《马丘比丘宪章》,也在这一时期先后形成。《雅典宪章》指出,城市具有居住、工作、游憩、交通四大功能,其中交通是派生但独立的功能,支持城市基本功能的实现;城市空间按照土地类型分门别类地进行功能分区,避免相互干扰,但不同分区间通过交通网络保持便捷联系;依照机动车通行速度要求对道路进行功能分类。《马丘比丘宪章》改进了《雅典宪章》单一功能分区的思想,指出人的相互作用与交往是城市存在的基本依据,强调创造综合的、多功能的城市环境;优先考虑集约化公共交通的发展需求,减少污染,提高效率,保护城市的文化传统。

机动化交通导致的人车冲突矛盾,激发了城市交通领域关于人车分流理论与通行网络的规划设计研究，如图 2-11 所示的米尔顿·凯恩斯(Milton Keynes)人车分流系统。基于不同功能、不同宽度的道路分级与布局理论也初步形成。城市中心区、外围地区差别化发展的交通分区理论已经在部分城市得到应用，见表 2-1。

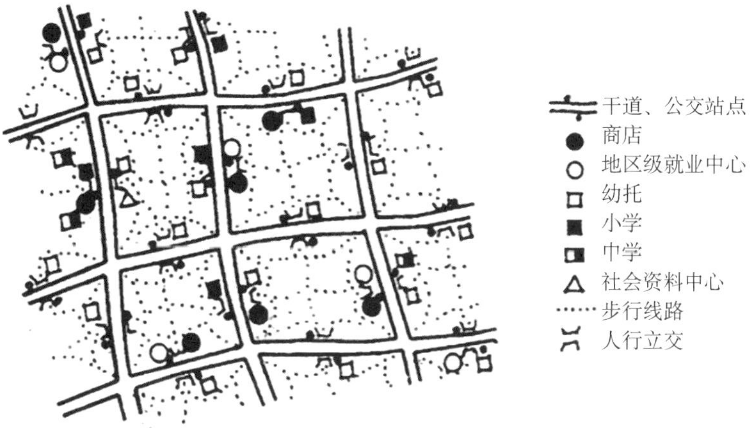

图 2-11 米尔顿·凯恩斯人车分流系统

表 2-1 汉堡市不同区域建筑密度模型

空间范围	至火车站距离/m	用地面积/hm^2	建筑面积系数(容积率)	建筑容量/人
核心区	300	28	1.3	3 500
中间区	300～600	85	0.9	14 000
边缘区	>600	不限	—	不限

为了高效支撑城市空间扩张，鼓励人口与用地向公共交通线路、站点集中发展的“公交走廊集聚”理论在这一时期得到了发展与应用。具有代表性的是 1969 年德国汉堡市的轴向发展规划，其主要特点是：汉堡市的发展通过 8 条对外区域轴线向外疏散，并规划建设 2 条城市主轴线和 4 条副轴线(图 2-12)。为实现这一目标，建筑均沿着轴线加密，并使开敞的自然空间接近市中心。每条发展轴用高速公路或主要交通干道联系，轴线上用快速电气火车联系各区中心。轴线之间的土地用于农业生产，不允许再修建其他建筑物。直至 21 世纪来临之际，来自德国的规划师仍然用这样的核心概念规划了上海东南角的临港新城核心区空间格局。

2.1.4 欧洲城市与交通发展脉络梳理

欧洲城市与交通发展脉络的简要梳理如图 2-13 所示。城市的发展脉络从古希腊时期的小国寡民共同体精神发展至现代的新城市建设，期间经历了科学与工程技术飞跃、战后城市重建等阶段。在这一过程中，城市化水平不断提升，依赖机动化交通的大城市出现。城市交通系统服务于城市功能，从古代发展至现代的综合交通体系，城市空间与尺度受惠也受制于交

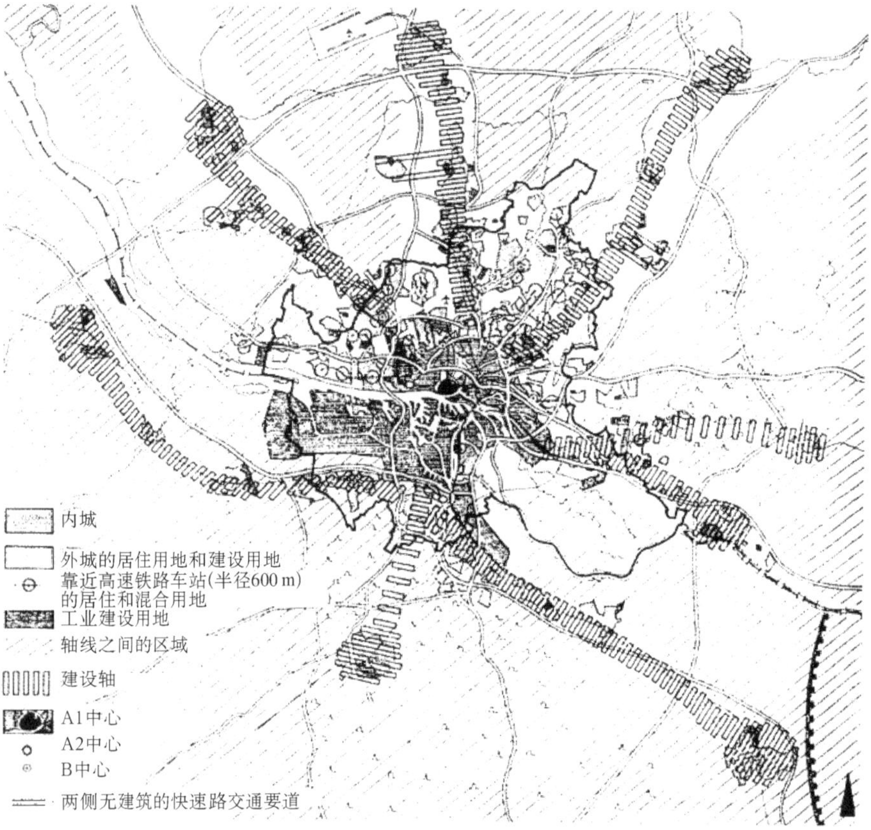

图 2-12　1969 年德国汉堡市轴向发展规划

通设施。城市交通系统的布局不断适应交通工具的变革,支持了城市空间的发展。许多城市从早期步行尺度发展到多模式交通方式共同服务的尺度,城市的不同区域呈现出差异性,城市格局与交通系统不仅具有多样性,还具有更强的可塑性。

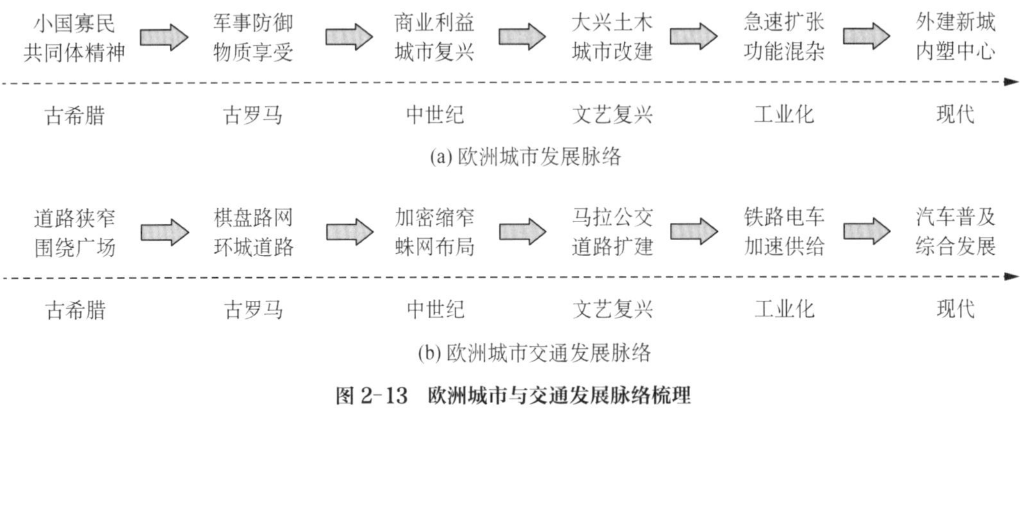

图 2-13　欧洲城市与交通发展脉络梳理

2.2 美国城市与交通发展脉络

2.2.1 殖民时期美国城市与交通发展

在殖民时期，美国城市具有以经济输送为主的商业城市特征，其主要功能是出口原材料及进口制成品。城市的选址与港口密切相关，包括沿海与内河港口。城市发育有条件按照"规划"拓展，规划基本沿袭了欧洲的传统模式，汲取欧洲城市的经验与教训，由地方政府管理土地使用及社区发展事宜。这一时期，港口成为城市和交通发展的重要支撑。重要的殖民地城市均分布在东海岸；而在城市内部，街道系统呈现出稠密的网格状分布。道路通过不同的宽度来体现等级差异。

2.2.2 工业化时期美国城市与交通发展

从1776年美国独立到1920年代是美国工业化的主要发展阶段。运河及铁路发展、西部贵重金属开采，促进人口开始不断积聚，逐步形成了美国东北部、中西部和西部三大城市发展带。这一时期，城市发展呈现出以下主要特点：

(1) 城市规模扩大，人口增长迅速；

(2) 住房短缺问题突出，卫生状况恶化；

(3) 缺乏对私有土地和房产的控制，土地投机拍卖盛行，形成网格状街道以及混杂的用地功能；

(4) 社会阶层分化逐步显现，出现城市郊区化萌芽。

尤其值得一提的是，为了便于土地的划分与买卖，加速城市扩展，在1785年提出的土地测量方法指引下，美国众多城市普遍形成了方格网状的街道布局，如纽约、旧金山等，如图2-14(a)所示。该方法是以6 mile(1 mile = 1 609.347 m)为边长的正方形构成一个镇区，每个镇区又

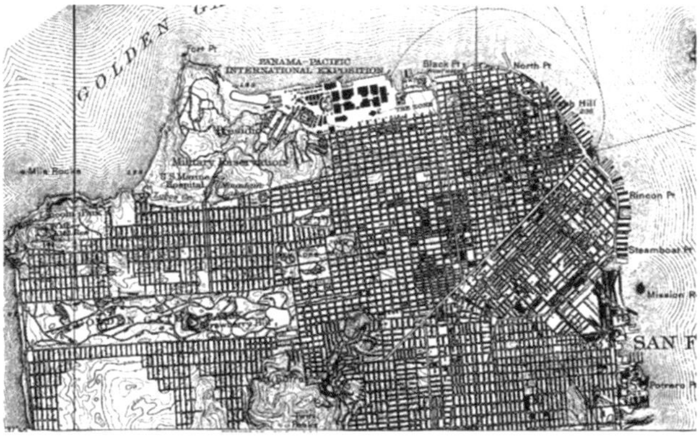

(a) 旧金山方格网状城市道路布局

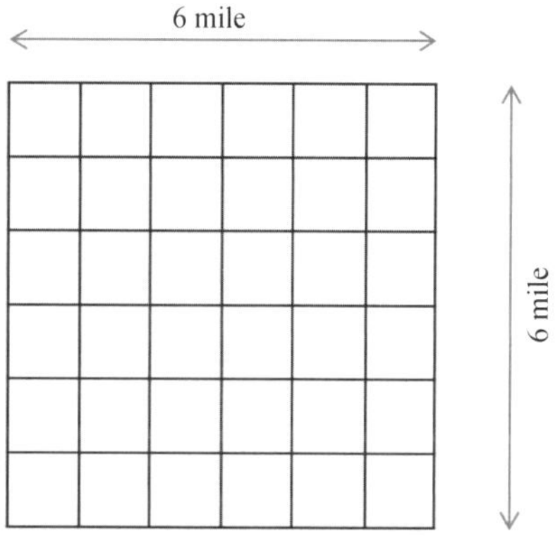

(b) 1785年土地测量方法

图2-14 方格网状城市道路布局

可划分为 36 个 1 $mile^2$ 的地块，如图 2-14(b)所示。1811 年，纽约市规划委员会就明确指出方格形的城市适宜居住。在工业化时期，运河与铁路等交通设施迎来了大发展，有力地支撑了中部、西部城市的扩张。这一时期，城市内交通主要以马车和电车为主，大多仍然是步行尺度的城市。高密度的路网因更多的街面而获得了更大的商业价值。

2.2.3 近代美国城市与交通发展

美国的城市化过程与工业化发展紧密结合。1900 年，美国 15 个大型城市，除新奥尔良外，均为全国重要的工业城市。1920 年的人口普查第一次发现生活在城市的美国人超过了生活在农村的人数，城市化水平已超过 50%。到 1950 年，约 3/5 的美国人居住在城市地区。城市化带来了更多的就业机会。随着城市的迅速发展，居住人口也不断增加，随之产生了交通、住房、卫生等一系列问题，亟须建立和健全相应的市政机构和管理体制，并提供必需的城市公共服务。为了解决城市发展过程中出现的各类问题，联邦政府陆续出台了许多城市管理的对策，并通过城市规划来管理和治理城市问题。美国在制度上不限制人口流动，而基础设施和公共服务在地区间、城市和城乡之间相对均衡发展，这对人口流动起到了关键作用，也为城市发展提供了便利条件。

在这个时期，汽车的量产从根本上改变了个人出行的便利性，使人们能接触到比以往多得多的工作机会和资源。城市交通的格局也发生了重大变化。1908 年，福特 T 型车正式量产。1913 年，福特汽车首创人类工业史上第一条流水生产线。同年，美国人已拥有超过 100 万辆汽车，或超过百人一辆拥车水平。到 1922 年，美国平均每十人就有一辆车。1950 年，汽车数量增加到近 5 000 万辆，即平均每三人一辆车。同时，受公交行业各种内部因素和外部因素的影响，以有轨电车为代表的公共交通逐渐走向衰落，美国逐步进入“汽车时代”。然而，由此带来的问题是，为马车、货车和行人修建的道路很快就变得拥挤不堪。城市基础设施，尤其是道路网络的进一步建设成为了迫切需求，以适应汽车保有量的快速增长。1940 年，美国第一条高速公路通车，自此开启了美国的高速公路时代。高速公路不仅显著提升了单位宽度道路的通行容量，也显著提升了车行速度。这类只服务于汽车的设施，与已存在的道路有本质的区别，因此改变了城市的形态、尺度以及汽车行业。

2.2.4 当代美国城市与交通发展

1. 城市与交通发展问题

两次世界大战结束后，美国城市进入了居住、制造业、零售业、办公业全面郊区化的阶段。城市中心兴起以清除贫民窟为代表的城市更新运动，城市及周边地区则兴起大都市区建设，形成各类大都市区规划组织。这一时期，城市建设呈现低密度、无序蔓延现象，早期的城市肌理遭到破坏，城市拥堵、污染等现代大城市病开始显现。在城市交通方面，小汽车在美国迅速普及。1945—1995 年，小汽车年均增长达到 3.8%。美国机动车保有量增长趋势如图 2-15 所示。与此同时，美国州际高速公路网建设全面启动和完成。公交系统逐渐退化，人车矛盾愈发突出。20 世纪 90 年代后期，随着《冰茶法案》《续茶法案》*SAFETY-LU* 等一批变革性法案的颁布，美国城市交通系统开始发生转变，美国认识到小汽车单一模式发展对社会、环境等产生巨大的负外部性，从而努力向包括公交、步行等在内的多模式交通体系转变。

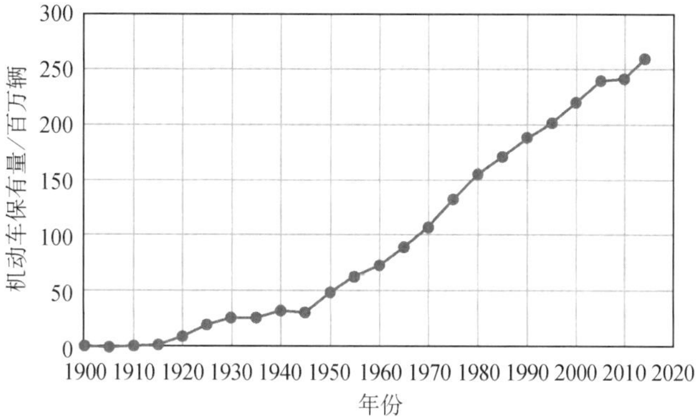

图 2-15 1900—2020 年美国机动车保有量增长趋势

2. 城市与交通理论研究

面对郊区化和大都市区的城市发展路径，城市理论研究主要集中于城市增长管理的分析，由此形成了城市精明增长理论及新城市主义理论。城市规划方法也由传统的精英主义规划向倡导性规划转变，从单纯的物质环境改造规划逐渐拓展为更具综合性的社会经济发展规划以及公众参与的规划，回归到"人"的城市营造。

交通系统研究早期聚焦于人车冲突的空间隔离，建立了邻里单位理论、雷德朋(Radbum)人车分流理论。之后，随着小汽车的普及应用，逐渐建立了独立的交通工程、交通规划学科/方向，形成了交通定量化研究的主要理论，包括交通需求预测理论、交通流理论、交通系统管理理论、交通需求管理理论等。

1991 年颁布的《多式地面运输效率法案》(ISTEA，又称《冰茶法案》)带来了重要转变，确立了城市内和城市间多模式交通的概念以及可持续发展的要求。此时，大规模道路建设已接近尾声，但交通出行需求却持续增长，城市环境和生活质量恶化、传统能源短缺。在此背景下，规划理念的改变与新技术的应用，如智能车辆公路系统(Intelligent Vehicle Highway Systems，IVHS)，成为推动城市与交通协同发展的着力点，并逐渐发展为智能交通系统。对交通发展的思考基于交通但需要更广泛的关注，城市与交通的理论研究、改善实践，因方法而分野但最终走向了重新融合。

2.2.5 美国城市与交通发展脉络梳理

美国城市与交通发展脉络梳理如图 2-16 所示。美国城市发展经历了殖民地时代城市基本功能支持、工业化时代城市伴随产业扩张、近代(20 世纪 90 年代前)小汽车增长与郊区化以及现代(20 世纪 90 年代后)以综合交通引领城市可持续发展四个时期。工业化时期城市空间扩张迅速，20 世纪 90 年代前，郊区化使得居民贫富差距不断拉大且产生空间隔离。郊区化带来的城市问题和交通拥堵问题，滋生了现代城市大都市区精明增长的发展理念。在城市交通发展方面，小汽车的普及推动了道路基础设施迅猛发展，城市交通拥堵、空气质量及交通安全问题日益严峻，绿色交通开始复兴。

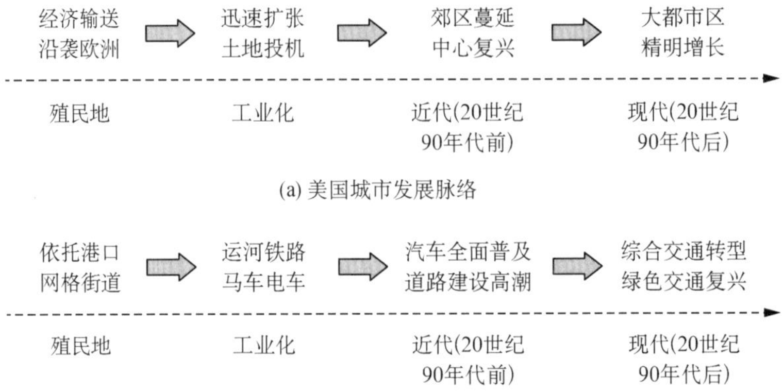

(a) 美国城市发展脉络

(b) 美国城市交通发展脉络

图 2-16 美国城市与交通发展脉络图

2.3 中国城市交通问题演变与研究实践

2.3.1 中国城市与交通发展

1. 20 世纪 80 年代城市与交通发展

1978 年以前，我国城市化进程相当缓慢。在 1950—1980 年的 30 年间，全世界城市人口比重由 28.4%上升到 41.3%，其中发展中国家城市人口比重由 16.2%上升到 30.5%，而我国城市人口比重仅由 11.2%上升到 19.4%。城市化进程严重滞后于工业化水平。由于严格的户籍制度与计划经济，形成了城乡之间相互隔离和相互封闭的“二元社会”，城乡之间制度差异巨大、壁垒森严，阻止了农村人口向城市的自由流动。改革开放初期，以农村经济体制改革为主要动力推动城市化发展，这一时期的城市化具有恢复性特征。之后，随着乡镇企业和城市改革的双重推动，以新城镇建设为主，城市化进一步发展，尤其是沿海地区出现了大量新兴的小城镇。1980 年开始，先后在深圳、珠海、汕头、厦门建立经济特区，1984 年进一步开放大连等 14 个沿海城市，之后，在 12 个沿海开放城市建立了 14 个经济技术开发区。城镇化率由 1980 年的 19.4%上升到 1989 年的 26.2%，年均增加 0.76 个百分点。但城市建成区范围几乎不变，仍然依赖于老旧的道路基础设施，城市核心区的人口密度持续增加。

这一时期，我国城市交通发展的总体特点是“人多车少，居民乘车难”。随着国民经济的快速发展，被压抑的交通需求得到释放。若干年城市交通基础设施建设基本停滞与城市人口增长导致的交通供需矛盾开始暴露。城市公共交通发展水平低下，截至 1985 年底，全国 21 个特大城市的公共汽电车总计 26 479 辆，万人公交车拥有量仅为 5.69 辆，乘车难问题十分突出，如图 2-17 所示。国家实施鼓励自行车交通出行的财政补贴政策，使得自行车交通在我国各大城市快速发展，自行车成为居民主要的出行交通工具。从 20 世纪 80 年代初期开始，我国主要大城市在通勤高峰期间已出现严重的自行车交通拥堵现象，如图 2-18 所示。当时世界银行的研究指出：在上海和广州，除步行者外，有 50% 的人骑车出门。职工几乎每人都拥有一辆自行车，自行车堵塞已成为严重的问题。“公共交通系统为数不多的老爷车挣扎于日益为自行车阻塞的街道中”。

图 2-17　20 世纪 80 年代上海拥挤的公交车

(a) 自行车出行　　(b) 自行车停车

图 2-18　20 世纪 80 年代北京自行车交通出行及停车现象

2. 20 世纪 90 年代城市与交通发展

进入 20 世纪 90 年代，中国经济增长呈现出许多与 80 年代不同的新特点：经济增长轴心与方式发生转移，形成了城市化推动型经济增长模式。1992 年邓小平南方谈话以后，我国改革开放的步伐进一步加大，各地纷纷掀起建设经济开发区的高潮，以此作为利用外资、引进国外先进科技和先进管理经验的重要载体，开发区也成为自上而下型城市化、外资加速工业化进而推动城市化的共同领域和主要场所。开发区的发展与建设吸纳了大量劳动力人口，极大地加速了城市化进程与城市空间的扩展。

经济全球化加快了资金、技术和产能的流动。1994 年,国家出台了鼓励个人购买小汽车的《汽车工业产业政策》,汽车产业成为支柱型产业,小汽车开始逐渐进入家庭。随着家庭经济收入的增加,以及城市化进程中城市空间的不断扩张,城市交通的主要方式由自行车等非机动化模式快速转向汽车等机动化模式。全国私人汽车保有量由 1990 年的 81.6 万辆增加到 1999 年的 533.9 万辆,年均增加 45 万辆以上。然而,由于城市道路、公交等基础设施建设严重滞后,出现了“30 年代的路走 90 年代的车”的尴尬局面,道路狭窄、路网残缺,“瓶颈”路段和“断头路”众多,这是很多城市面临的现实困境。同时,大量非机动化交通方式的存在,导致各类交通方式混行现象严重,降低了交通运行效率。这一时期,城市交通的典型特征是“车少路更少、行车难”。

因此,加快基础设施建设,补偿“历史欠账”成为这一时期城市交通发展的重点。以上海为例,20 世纪 90 年代提出“一年一个样、三年大变样”的城市建设口号,集中力量大规模建设了一批骨干交通设施工程,如图 2-19 所示,包括申字形高架道路、中心区三纵三横主干路,以及地铁 1 号线、2 号线等。经过 10 年高强度的基础设施建设,基本奠定了城市交通发展的格局。

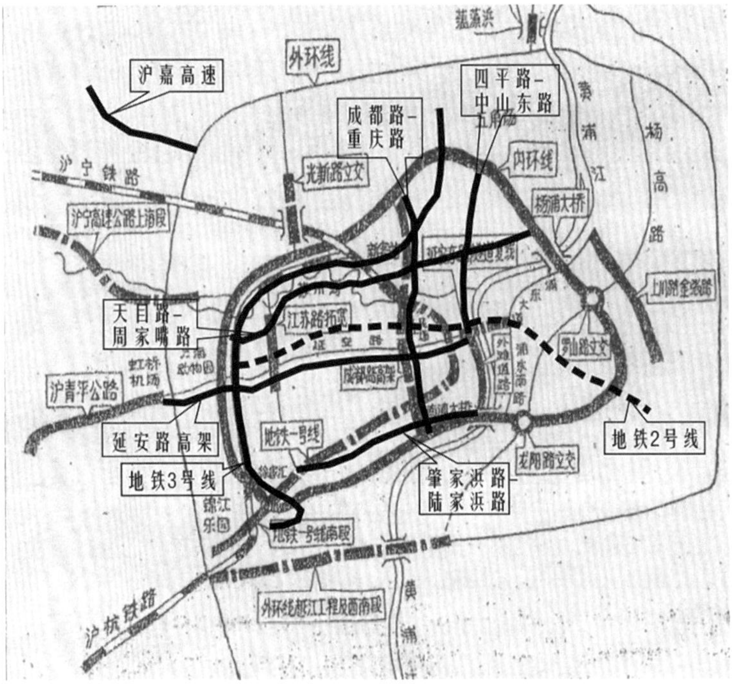

图 2-19 上海 20 世纪 90 年代骨干交通设施工程

3. 2000 年以来城市与交通发展

进入 2000 年,特别是 2001 年中国加入 WTO 后,城市建设进入飞速发展阶段。外部扩张(新区、开发区、园区建设)和旧城改造同步推进。城市建设用地面积和人口增长显著高于 2000 年之前,如图 2-20 所示。

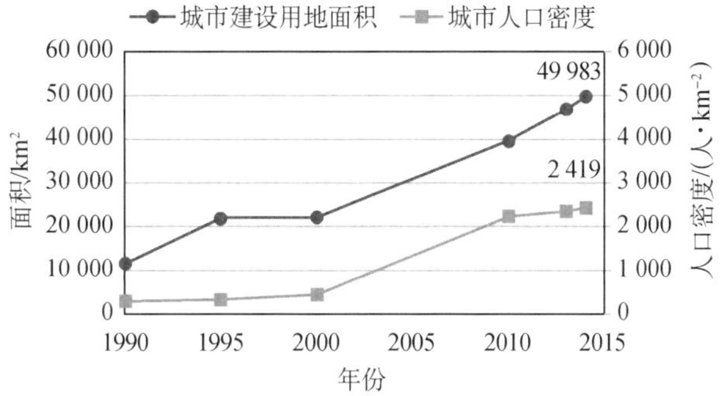

图 2-20 不同阶段城市建设用地面积与人口增长

在这一时期，国家城市建设方针发生重大调整，从"控制大城市规模，合理发展中等城市，积极发展小城市"转变为"大中小城市和小城镇协调发展"。《国民经济和社会发展第十个五年计划纲要》(2001 年)提出，我国推进城镇化的条件已渐成熟，要不失时机地实施城镇化战略。要遵循客观规律，与经济发展水平和市场发育程度相适应，循序渐进，走符合我国国情、大中小城市和小城镇协调发展的多样化城镇化道路，逐步形成合理的城镇体系。有重点地发展小城镇，积极发展中小城市，完善区域性中心城市功能，发挥大城市的辐射带动作用，引导城镇密集区有序发展。《国民经济和社会发展第十一个五年计划纲要》(2006 年)提出，坚持大中小城市和小城镇协调发展，提高城镇综合承载能力，按照循序渐进、节约土地、集约发展、合理布局的原则，积极稳妥地推进城镇化。要把城市群作为推进城镇化的主体形态，逐步形成以沿海及京广京哈线为纵轴、以长江及陇海线为横轴、若干城市群为主体、其他城市和小城镇点状分布、永久耕地和生态功能区相间隔、高效协调可持续的城镇化空间格局。《国家新型城镇化规划(2014—2020 年)》更是明确提出，发展集聚效率高、辐射作用大、城镇体系优、功能互补强的城市群，使之成为支撑全国经济增长、促进区域协调发展、参与国际竞争合作的重要平台。中国城市从空间规模增长阶段进入结构与功能优化阶段，相应地，城市空间与交通系统的规划重点也从增量转向存量。

进入 2000 年以后，城市交通发展呈现多元化、多模式齐头并进的特征。除继续加强城市道路网络建设外，公共交通网络(尤其是大城市以轨道交通为骨干的快速公共交通网络)以及步行与自行车交通网络的复兴等工作也同步推进。从 2000 年至 2022 年，我国万人拥有道路长度从 4.1 km 增加到 11.7 km，人均拥有道路面积由 6.1 m^2 增加到 19.3 m^2，万人拥有公交车辆由 5.3 标台增加至 15 标台。

在城市轨道交通方面，截至 2022 年底，我国城市轨道交通运营线路达 292 条，运营里程 9 554.6 km。其中，地铁线路 240 条，运营里程 8 448.1 km；轻轨线路 7 条，运营里程 263 km；城市轨道交通配属车辆 6.26 万辆。

但是，这一时期小汽车进入家庭的速度更加迅猛。2000 年私人汽车保有量为 625.3 万辆，2020 年达到 24 393 万辆，年均增加约 1 188 万辆。机动车保有量的快速增长使得城市交通拥堵呈现常态化。以机动车限行、限购为代表的交通需求管理理念与方法开始在诸多大城市进行尝试与实施。

值得一提的是,北京奥运会、上海世博会、广州亚运会等大型国际性活动在这一时期举办。这些活动不仅促进了城市交通基础设施的加速建设,也为城市交通的集约化规划、设计与管理提供了实践机遇。

2.3.2 中国城市交通问题演变及对城市交通研究的认识

中国各个阶段城市与交通的发展脉络及基本特征梳理如图 2-21 所示。改革开放以来,我国城镇化进程逐步推进,从小城镇建设发展至以城市群为主导的新型城镇化;城市交通发展从以偿还基础设施历史欠账转向构建多模式的综合交通体系。

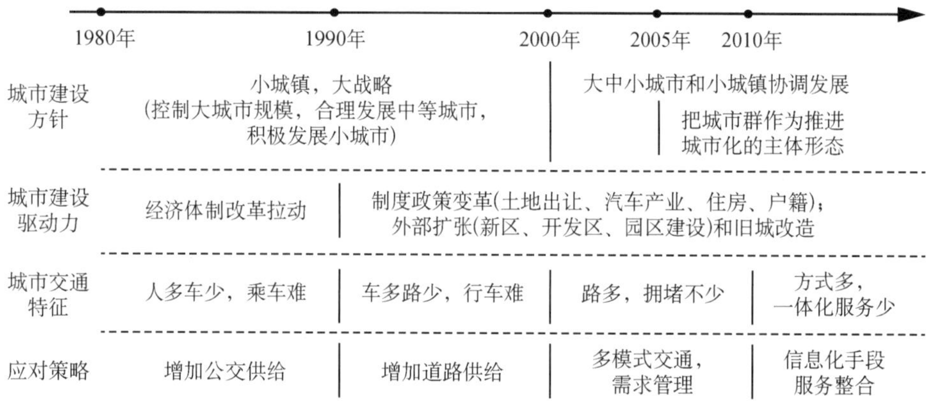

图 2-21 改革开放以来中国城市与交通发展基本脉络

中国对城市交通的认识,从中国城市交通规划学委会(以下简称"学委会")历年会议主题和关注的问题可见一斑。学委会的活动和上海市对于交通问题的不同界定可在一定程度上说明对于城市交通认识的渐变。

1. 中国城市交通规划学委会历年会议

中国城市交通规划学委会成立于 1979 年 3 月,原名大城市交通规划学组。学委会的宗旨是组织城市交通领域跨学科的学术交流,鼓励对于城市交通重大问题的调查研究、专题论证等,以促进我国城市交通规划、建设及管理等方面的理论探索与应用实践。

自 1979 年起,中国城市交通规划学委会定期召开学术讨论年会,讨论城市交通的热点、难点问题。学委会每年年会的基本成果体现了不同时期对城市交通的基本认识,概要梳理见表 2-2。

表 2-2 历届城市交通规划年会成果一览表

年份	主要成果/认识
1979 (第 1 次)	研讨了大城市交通存在的主要问题和原因
1980 (第 2 次)	形成了"关于全面规划,综合治理大城市交通的倡议书",提出:①错开上下班时间和客、货车高峰时间;②实行交叉口自动信号控制;③实行快慢车分离和人车分离;④实行交叉口渠化;⑤组织单向交通;⑥进行必要的工程建设

(续表)

年份	主要成果/认识
1981 (第3次)	①建议定期召开(一年至少一次)研究大城市交通问题的交流会;②国家和大城市要加强城市交通科研工作的领导,集中使用研究力量,在适当的时候拟成立一个协调与综合平衡的组织机构;③为了便于科研成果的进一步试验和推广应用,每年应有一定数量的试验、推广经费
1982 (第4次)	①加强对城市交通治理和交通建设的领导,采取全面规划、远近结合、标本兼顾、综合治理的方针,通力协作,发展交通事业,并大力推广科研成果和行之有效的治理经验;②积极开展交通工程学的研究,努力寻求提高道路通行能力、减少事故和降低公害的有效措施;③为城市交通治理提供一定的资金和设备,确立稳定的资金来源;④尽快改善城市道路系统,以形成合理的城市道路网;⑤优先发展公共交通,适当控制自行车的增长,以扭转自行车等个体交通增长过快的被动局面;⑥制定全国城市交通法规,建立统一的交通标志和信号,提高交通管理的现代化水平;⑦重视交通工程人才的培养,加强城市交通科研和宣传教育工作
1985 (第5次)	讨论深圳特区交通发展预测、交通规划方案和罗湖、上步区(现福田区)道路交通配套规划方案以及福田中心道路系统规划方案
1986 (第6次)	讨论了城市交通调查规划,道路新建与改建,快速轨道交通系统,交通控制系统,山城、带状城、风景城交通,现代交通对城市景观的影响,城市进出口道路交通的规划设计,小城镇过境公路规划和城市公交线路优化等问题
1988 (第7次)	①当前我国城市交通总趋势依然十分紧张,有进一步恶化的可能;②现代城市交通已经发展成为一个复杂的庞大系统,根本出路在于综合治理。要大力加强城市交通的科学研究和建设项目的前期工作;采取多种方法开辟城市交通建设资金渠道;改革城市交通建设和管理体制,实行统一规划、统一建设和统一治理
1988 (第8次)	关注:①关于城市交通结构的分析;②重视城市交通政策的研究和制定;③加强城市交通(规划、建设、管理)法规的研究;④重视新的科学技术的引进和应用以及人才培养;⑤加深对城市功能、布局、特点的认识和研究
1989 (第9次)	①交通规划与总体规划的关系;②交通与长远发展的关系;③交通规划中的经济分析问题;④自行车交通、公共交通的政策问题;⑤关于交通规划中定性分析与定量分析的关系;⑥道路交通的建设与交通管理的关系;⑦深圳机非分路方案等
1990 (第10次)	讨论了土地开发与城市客运交通间的关系、大城市公共交通客运需求量预测分析、交通分配中路阻函数的讨论、城市交通规划新理论体系研究、城市土地使用和交通协调发展的综合规划模型、轻轨交通平交路口的选择与处理等
1991 (第11次)	讨论大城市交通合理结构和新型交通运输方式研究;城乡接合部交通规划方法探讨;城市客货运输枢纽规划;城市客货流预测技术;城市交通计算机动态模型;大城市中心区的静态交通;大城市公共交通系统和轻轨交通方式的研究;大城市公交客运量预测模型研究;南昌市公共交通系统网络优化研究;CAD在城市交通规划的应用;机动车与非机动车当量换算研究等
1992 (第12次)	研讨了城市交通面临的问题和观念的转变,城市交通规划的战略问题,城市交通规划地位,城市交通问题综合治理的新概念、新技术在交通规划中的应用,城市自行车发展问题等
1993 (第13次)	城市交通问题不仅仅出现在大城市,中小城市也开始为城市交通问题所困扰。特别是随着城市的开发和经济的发展,城市交通规划面临着新的挑战,如:在城市经济高速发展、用地和人口难以确定的情况下,如何准确估计交通的发展关系到交通规划的成败;城市中心区高强度开发,带来了高密度的交通流量,中心区的建筑容量、交通建设和交通组织已成为制约城市发展的关键;小汽车进入家庭已成必然,机动车必将有大幅度的增长,如何看待和适应这种状况是交通规划和交通基础设施建设的难题;在机动车交通时代,组织和管理好自行车交通对提高道路交通设施的效率来说极其重要;中小城市在资金、人力有限的条件下,如何编制交通规划

（续表）

年份	主要成果/认识
1993 （第 13 次）	认为城市交通是一个大系统，应全面理解城市交通的概念，采用综合的观点分析研究，不能只着眼于解决局部问题。对此提出以下建议：加强交通政策和法规的研究；在城市总体规划中摆正交通规划的位置；结合研究成果和工作经验，尽快制定不同规模城市的交通规划工作程序、技术内容和方法；建成区应根据交通容量来确定建筑容量；提高规划人员的技术水平，补充经济分析方面的知识
1994 （第 14 次）	回顾了我国城市交通学科的发展，一致认为：在汽车工业作为我国支柱产业发展的同时，必须重视城市交通的发展，从政策、法规、技术等方面对城市交通规划、建设、管理、环境等各个领域进行深入的研究，对小汽车进入家庭所产生的城市布局、城市交通结构、停车、噪声、废气等问题必须给予足够的重视。解决城市客运交通问题的主要交通方式必须依靠公共交通，对公共交通的发展不仅从政策上扶持，而且在运行机制、公共交通的构成等方面进行改革，公共交通要向能满足人们多样化的交通需求方向发展。在 100 万人口以上的大城市，应采用多种方式逐步建设轨道交通，使之成为城市公共交通的主干线。城市交通已逐步形成一个学科，仅仅停留在总体规划上远远不够，区域交通研究逐渐引起重视；要重视城市交通支撑条件的研究，如方针、政策、法规、资金等；要重视国情的研究，同时要借鉴国外的经验。城市交通规划是一个综合问题，要用综合的观点来解决城市交通问题
1996 （第 15 次）	城市交通规划既是城市总体规划的重要组成部分，又有它独特的内容和要求，仅仅作为城市总体规划的一项专业规划是不够的；城市交通问题与城市的发展、市情、国情密切相关，仅仅以交通论交通已远远不够，要研究相关内容，但又不能脱离自己的主题；在城市建设中，应积极推行重大建设项目的交通影响分析研究
1998 （第 16 次）	为真正把城市交通问题解决好，必须发展城市交通这一学科体系，按照科学发展规律，建立和完善综合的、广义的城市交通工程学
1999 （第 17 次）	探索 21 世纪城市交通的发展道路
2000 （第 18 次）	归纳并提出城市交通规划学术领域 16 个方面的主要内容，包括可持续发展、私人小汽车发展、区域内城市交通方式选择、历史风貌与文化保护等
2002 （第 19 次）	讨论大城市密集区与城市间交通规划、城市综合交通换乘枢纽、交通政策与战略、停车设施、城市轨道交通、交通工程设计、交通规划技术、物流系统与规划
2003 （第 20 次）	围绕“城镇化和城市交通”的主题，讨论了城镇化进程中城市交通面临的挑战、适宜人居环境的城市交通建设、城市公共交通优先发展技术、城市交通规划理念及方法、城市交通与城市风貌保护、交通影响评价方法、交通需求预测技术等问题
2005 （第 21 次）	围绕建设节约型城市交通系统，从国家发展战略的高度，论述新时期城市交通规划形势与任务，指出要面对新情况、研究新问题，更新观念是当前交通规划的重点
2006 （第 22 次）	围绕近年来伴随小汽车高速增长显现出来的城市交通问题和应采取的对策进行研讨
2009 （第 23 次）	对我国城市交通规划事业 30 年来的发展历程进行了回顾和总结
2010 （第 24 次）	交通系统是城市系统的重要组成部分，要改变观念，从政策、规划、管理、技术和社会习俗五大方面缓解交通问题。深入讨论了应对城镇化进程中快速增长的交通需求、促进城市经济社会的可持续发展、加快推进城市交通发展模式的转变、构建城市综合交通体系的若干问题
2011 （第 25 次）	城镇化进程中快速增长的交通需求，以及由此衍生的一系列交通拥堵、能源、环境与社会公平等问题，已经在不同程度上影响了城市发展，必须转变发展思路，推动城市交通发展模式转型与创新

(续表)

年份	主要成果/认识
2012 (第26次)	围绕交通规划与土地使用、交通政策及法律保障、城市群与中小城市综合交通规划、智能交通系统建设与发展方向提出建议
2014 (第27次)	城市交通问题既是技术问题,也是经济问题,更是社会问题,要加强对经济和社会问题的研究。提出了未来研究与实践需关注的问题:①针对城镇化发展的新格局,正确把握交通系统在支撑产业发展和支撑城市功能方面的需求差异,研究支撑城市高密度发展的交通系统结构与布局,强化对城市步行、自行车、停车问题的研究;②要认真研究公交优先发展的制度设计和政策保障,正确处理好公交服务公益性和公交运营市场性的关系,要特别关注大城市增强公交吸引力的城市规划布局研究;③加强城市交通系统的精细化设计与管理,营造人与环境和谐共存的交通空间;④要充分利用现代信息技术,加强对城市交通运行规律研判,为城市和交通规划建设与管理决策提供强有力的信息支撑
2015 (第28次)	结合国家新型城镇化等发展战略,探讨城市交通与城市协同发展的重大关系问题
2016 (第29次)	结合我国经济社会发展的新常态,深入研讨新型城镇化、"互联网+"背景下城市交通面临的新问题、新变化和新趋势,推动理论、技术、政策的融合创新与综合应用
2017 (第30次)	聚焦"交叉创新与转型重构"主题,围绕"国家创新驱动、转型发展"的总体部署,紧密结合中央城市工作会议精神及城市规划建设管理工作意见,研讨新型城镇化背景下城市交通转型发展的机遇、要求与路径选择,研判城市交通与人居环境和谐发展的内涵、挑战与实践之道
2018 (第31次)	围绕"创新驱动与智慧发展"主题深入研讨城市交通、人居环境、公共服务相互交融的新时代特征,聚焦"以人民为中心"实现社会全面进步的新目标,探索新技术与交通发展深度融合的新途径
2019 (第32次)	贯彻创新、协调、绿色、开放、共享的发展理念,以推动城市交通品质建设,促进城市交通理性发展,增强交通综合治理能力为目标,以科学和务实精神研讨与城市交通发展相关的诸多领域的创新实践。会议核心内容是深度分析国土空间规划对城市交通规划的指导约束作用,深化新技术与交通发展融合的新途径,探索来源于实践的理论创新等
2020 (第33次)	以"交通治理与空间重塑"为主题,旨在共同探讨在国家交通强国发展新要求、国土空间管制体系变化和突发公共卫生事件常态化等新背景下,城市交通规划与交通治理如何适应时代而变革
2021/2022 (第34次)	以"绿色·智慧·融合"为主题,聚焦人民日益增长的美好生活需要,以多元化视角探索技术创新、学科交叉,旨在促进城市绿色发展,加快城市交通发展方式转型。会议重点关注都市圈一体化与区域交通规划、中国智能交通发展、碳中和目标下交通低碳减排、中国未来交通发展面临的挑战和对策、城市老城区交通研究及实践等议题
2023 (第35次)	以"韧性交通:品质与服务"为主题,聚焦构建高品质服务的韧性交通系统,呈现多元研究内容和思想交锋。会议重点关注应对气候变化的城市交通规划、城市更新与交通治理、交通大数据技术研发与应用、智慧交通管理实践、存量阶段交通设施品质与运营服务提升、货运发展、健步悦骑等议题

总结城市交通规划学委会对城市交通理论研究与工程实践的基本认识,中国城市交通问题与对策、研究重点与方法论的发展演变,如图2-22所示。

2. 上海市重大交通政策决策历程

上海作为人口密度高、用地资源有限、交通供需矛盾突出的国际大都市,在城市交通发展方面,无论是面临的问题、采取的对策还是解决之道,往往因领先一步而成为国内其他大城市的标杆。梳理不同时期上海市政府主要领导(市委书记、市长、分管市长)就发展城市交通所作的重要讲话(表2-3),可显现不同时期城市交通存在的主要问题、城市交通的重要性和发展目标。

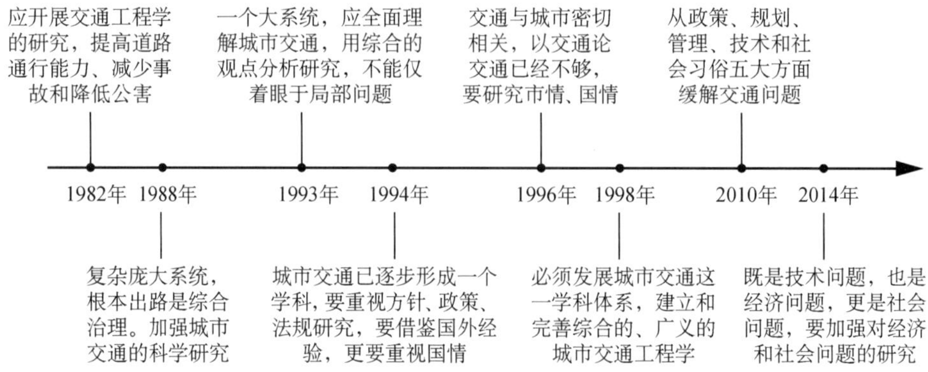

图 2-22　城市交通规划学委会对城市交通认识的演变

表 2-3　上海市交通决策导向回顾

时间	主要交通决策导向
1988 年 4 月	①交通是当前城建重点；②标本兼治、远近结合、综合治理；③重点解决三大区域交通系统（西北、西南、市中心）
1988 年 8 月	①解决交通问题已刻不容缓；②大胆利用外资，加快交通设施建设；③近期小改小革，强化管理
1991 年 10 月	①局部有所缓解，总体更加困难；②将在 20 世纪 90 年代的十年基本形成上海的道路交通现代化框架，基本缓解上海道路交通难
1994 年 8 月	①用行政、经济手段抑制车辆增加过快势头；②控制市区交通总量（牌照限额拍卖，停止发展人力货车，对自行车、助动车实施买新车、收旧车等）
1999 年 11 月	①发展交通信息化与智能化；②建立城市综合交通信息系统
2002 年 5 月	①构建枢纽型、功能性、网络化基础设施；②加快“三港两网”建设；③实施公交优先战略；④完善城市综合交通体系
2003 年 1 月	①降低商务成本；②城建重点；③加强管理，通过管理挖潜
2004 年 1 月	①上海交通具有规律性、阶段性和特殊性；②确保轨道交通建设进度；③打好“排堵保畅”战役
2008 年 5 月	①交通是建设大城市“永恒的主题”，同时又是“永恒的难题”；②上海要解决交通问题，第一要大力实施公交优先的发展战略；第二要大规模地建设地铁。政府有责任对公共交通进行大力的支持，方便市民，降低市民的出行成本
2009 年 11 月	交通问题，是城市管理永恒的主题。城市交通管理，衡量工作成效的唯一标准是结果，形式要简单，结果要有效，这样才能体现出管理水平
2013 年 4 月	在城市发展和人口规模的现实条件下，上海城市交通无论是动态还是静态，资源都面临极限。作为世界上人口最多的特大型城市之一，上海的交通管理必须采取综合措施，仅靠一两项措施不能解决长远问题
2015 年 8 月	面向“十三五”，坚持管建并举，管为本、重体系、补短板。衡量下一个五年上海城市综合交通状况的根本标尺，是全体市民的真实感受
2016 年 3 月	交通是世界上大城市共同面临的难题。解决上海特大型城市的交通问题，核心是要坚定不移推进落实公交优先战略。要充分运用云计算、大数据等信息化手段，为城市智能交通体系建设提供有力支撑

(续表)

时间	主要交通决策导向
2017年1月	加强综合交通管理、依法整治交通违法行为,事关上海城市软实力和文明程度提高
2017年6月	轨道交通是城市公共交通最重要的部分,是解决大城市交通问题的关键。要围绕建设卓越的全球城市的目标,按照城市精细化管理的要求,坚持管建并举、管理为重、安全为本、以客为先,坚持国际高标准,积极探索新机制,不断提高上海轨道交通建设运营管理水平,努力打造最安全、最便捷、最准点、最高效的轨道交通网络,为市民出行提供更多便利和更好服务,为城市交通做出更大贡献
2019年4月	要坚持规划先行,立足城市未来发展、产城融合以及区域功能定位,对标世界最高标准、最好水平,充分运用大数据等信息技术手段,制定完善总体规划、产业规划及各类专项规划。要进一步加强基础设施建设,优化交通网络体系,完善教育、医疗等公共配套设施,努力打造生态优良、宜居宜业、功能完整的综合性节点城市
2022年11月	以交通重大工程的建设,推动上海综合交通体系新突破,打造新时代国际开放门户枢纽新标杆,展现社会主义现代化国际大都市建设新面貌,着力提升城市能级和核心竞争力,更好为城市高质量发展赋能增效
2022年12月	以城市数字化转型抢占未来发展制高点,以智慧管理手段破解超大城市管理中的难点痛点问题,积极应用新技术、探索新路径、创造新经验,持续提升城市吸引力和市民群众获得感
2023年10月	要着眼超大城市综合交通体系,紧扣新城功能定位,立足新城长远发展,深化交通体系研究,切实算好综合账、效益账、品质账、便民账,推动新城与中心城区之间通行更加快捷、新城内部交通更加顺畅、新城与长三角城市之间联系更加紧密,为新城促进产业发展、加快产城融合、提升门户枢纽功能、提高宜居宜业水平提供有力支撑

3. 对城市交通问题和应对的基本共识

1) 城市交通的定位

交通是建设大城市"永恒的主题",同时又是"永恒的难题"。未来,随着工业化、城镇化的发展,以及城镇居民收入增长带来的消费升级,对各类资源和能源的需求快速增加,城市将面临更大的资源和环境压力。由于中国城市建设用地制约且人口密度较高,许多城市已面临资源、能源的瓶颈。为此,城市交通发展战略不能寄希望于设施的充分供应,必须实现向需求管理的转变,以此应对城镇化的发展以及资源、能源的约束所带来的挑战。交通的作用也发生了变化,即通过交通与城市发展的互动,交通由城市发展的配套设施转变为通过影响国家的能源、土地和环境等政策,成为国家和城市人民政府调控发展模式的重要手段,以及发展策略转变的主要体现和重点实施领域。

2) 城市交通问题的解决手段

现代城市交通已经发展成为一个复杂的庞大系统,解决城市客运交通的主要交通方式必须依靠以公共交通为导向、综合交通协同运行,根本出路在于综合治理。应坚定不移地推进落实公交优先战略,不仅要在政策上给予扶持,还需在运行机制、公共交通的构成等方面进行改革,使公共交通向着能满足人们多样化的交通需求方向发展。

要从政策、规划、管理、技术和社会习俗五大方面缓解交通问题。管建并举,管为本、重体系、补短板。同时运用云计算、大数据等信息化手段,为城市智能交通体系建设提供有力支撑。衡量城市综合交通状况的根本标尺,是全体市民对服务的感受和城市人民政府的财政保障能力。

3）城市交通研究的开展路径

城市交通问题既是技术问题，也是经济问题，更是社会问题。城市交通与城市的发展、市情、国情密切相关，是一个复杂系统，应全面理解城市交通的概念。用综合的观点进行分析研究，不能只着眼于解决局部问题。要加强对经济和社会问题的研究，强化交通政策和法规的研究。要重视城市交通支撑条件的研究，如方针、政策、法规、资金等。要重视国情的研究，同时也要借鉴国外的经验，以多学科交叉的方式研究城市交通问题。

2.3.3 中国城市交通研究实践回顾

1. 城市交通研究与实践历程

与欧美国家相比，中国城市交通研究起步较晚，始于20世纪50年代，而大规模应用推动则始于1980年代。在国外已经形成基本理论与方法的基础上，针对中国城市交通工具与交通流的构成，特别是城市空间管理与土地规划完全受控于政府的情况，通过大量实践优化城市交通管理与规划。20世纪50年代，同济大学等高校开设了城市建设与经营专业，讲授城市道路、城市运输等相关课程。随着自行车交通以及城市混合交通的出现，关于自行车交通以及交通信号控制的研究率先开展起来。1979年，美籍华人张秋先生来华讲学，推动了西方交通工程理论在中国的普及。城市交通作为一个独立的研究领域，其发展历程大致分为以下几个阶段。

1）早期探索

20世纪80年代之前，针对我国特有的自行车交通、机动车与非机动车混合交通开展了早期探索。对城市居民使用自行车的出行特征、自行车在道路上的运行特征（如北京、天津、唐山等城市交叉口自行车流量）等开展调查，重点解析自行车流量、车速、占道面积、自行车道通行能力与宽度要求，还有自行车道纵坡和坡长、交叉口设计、停车等相关问题，并建立了自行车交通规划的基本规则。

在交通控制方面，1974年，启动了中国第一个城市交通自动控制工程项目——首都自动化交通控制工程（又名北京前三门大街交通信号自动控制工程或7386工程）。该项目研制出中国第一台平交路口单点定周期交通信号机、感应式交通信号机和地磁式车辆检测器，并率先在北太平庄交叉口（当时是丁字路口）进行试验；1978年，在前三门大街的四个路口应用（图2-23）。试验证明，在当时复杂的混合交通流、车辆行驶性能差异较大以及效率低下的6种信号灯色规则（包含4个单向黄绿灯色）等不利条件下，采用计算机集中控制的交管系统仍然比人工控制显著提高了效率：车辆在路口的等待时间减少36%，全线平均旅行时间减少8.8%，平均速度提高约10%，干线停车率减少11%，交叉路口总停车率减少5%，等等。

7386工程不仅证明了城市交通自动控制在实际应用中的可行性，也为交通综合治理以及交通信号灯色规则的改进提供了思路和依据。此后，交通信号自动控制的研究和工程在全国各主要城市迅速开展起来。

2）现代交通工程理论引进与学习

1978年国门打开之后，以美籍华人张秋先生为代表的美、日、英、加等国的交通工程专家，

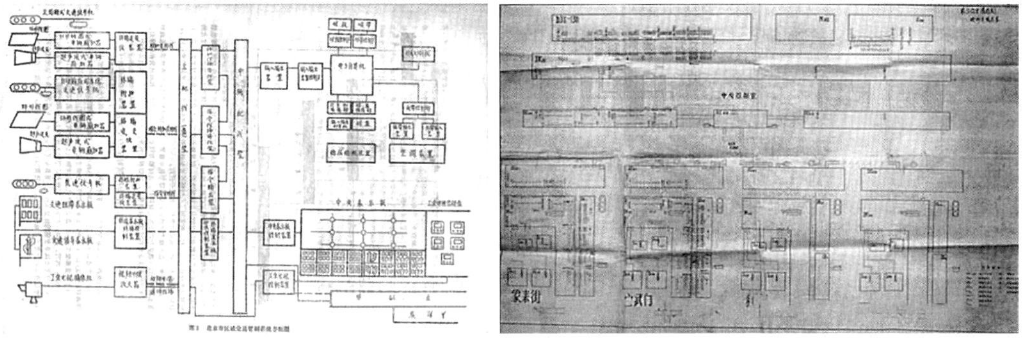

图 2-23　北京前三门大街交通信号自动控制系统方案

先后在上海、北京、哈尔滨、南京、西安等城市讲学，系统介绍了西方发达国家在交通规划、交通管理、交通控制及交通安全等方面的建设与管理经验。1979 年，张秋先生在同济大学举办了第一个交通工程讲习班，随即杨佩昆教授等人于同年成立了我国第一个交通工程研究室。国家科委及各地城市规划主管部门也着手组织开展了一系列有关城市交通规划理论与方法的研究和实践工作。通过研究，逐步认识城市交通需求的特性及规律、城市交通系统的构成及其与外部环境之间的关系。由此，我国现代城市交通规划理论方法体系的建设进入了一个崭新的阶段。

1981 年，上海开展了居民出行调查。1985 年，天津市开展了经过系统设计的居民出行调查与分析。在之后短短七八年的时间内，北京、上海、南京等几十个城市先后进行了以“居民一日出行调查”和机动车出行调查为核心内容的城市综合交通调查，并逐渐形成了具有中国城市特点的调查体系。值得一提的是，1990 年北京举办第 11 届亚运会，不仅在事前和事后进行了交通调查，还首次尝试运用现代城市交通规划的理论方法，对亚运会交通基础设施与运行组织方案进行了定性与定量相结合的评估分析，其成果为之后成功举办大型国际活动积累了经验。

这一时期，在理论研究方面取得了一个重要成果，即揭示了城市交通需求的二重性。这一理论的要点在于，既要认识交通需求的随机性以及这种随机性对城市交通系统规划、建设、运行与服务管理的制约，又要清楚地认识和把握交通需求的规律性和可控性。交通需求的二重性不仅是现代城市交通规划的理论基础，也是建立交通需求管理(Travel Demand Management，TDM)体系的理论依据。

20 世纪 80 年代中期以前，城市交通规划还没有真正建立“系统”的概念。在 80 年代中期开展的“北京市城市交通综合体系规划研究”中，提出了城市交通系统的构成及其内在关系，子系统相互作用的内在结构决定了城市交通体系的“综合”特征。现代城市交通规划通过研究各个系统之间的相互制约关系来寻求交通问题的解决方案。研究城市综合交通体系内在结构及制约(依存)关系，是现代城市交通规划理论与方法体系的核心内容之一。

在“北京市城市交通综合体系规划研究”成果中明确指出，城市交通规划不能就交通论交通，应当从城市交通系统的内在机制及其与外部环境条件之间的交互作用关系出发，分析交通症结并制定对策。该项研究还首次尝试运用系统动力学的分析方法，对我国大城市交通基础设施建设投资规模与社会经济水平的适配关系进行科学评价，并给出“合理投资规模”的建议。

从规划方法上来说，这一时期已开始运用综合交通系统理论与现代交通规划方法编制城市交通规划，基于系统规划理论的交通建模技术也逐步得到应用。1987 年，基于 1986 年的交通调查，北京市采用 TRIPS 软件构建了北京交通规划模型。同期，上海与加拿大合作建立了基于 EMME/2 软件的上海交通规划模型。其他城市如广州、深圳等也开始建立交通规划模型。这些模型的建立不仅使交通规划决策实现了基础设施布局的多目标、多方案比选，在合理确定土地利用性质、开发强度及开发进程的过程中也发挥了重要作用，而且将中长期交通战略、交通政策等纳入了城市综合交通规划。

除了城市综合交通规划研究以外，城市交通控制、交通组织设计等研究也在持续开展。依托国家“六五”科技攻关分项目“信号灯交叉口设计方法研究”、国家“七五”攻关项目“城市交通控制技术”，我国第一套城市交通信号自适应控制系统软件的研究开发得以完成。

3) 结合中国国情的自主探索

20 世纪 90 年代后期，北京、上海、广州等一批特大城市进入机动化快速发展启动期。与欧美国家城市发展进程在不同时段各有重点不同，中国的城市化、工业化、机动化并行进入快车道。伴随社会经济的快速发展，城市内与城市间人和物的流动方式、流动范围及距离都在急剧变化，交通需求总量激增，需求构成也变得更为复杂。交通供需矛盾日益尖锐，交通供给的“短缺”引发全国城市普遍的交通拥堵。城市交通的研究内容不再仅仅局限于作为运输载体的道路设施和公共汽车，而是开始关注交通发展战略、交通政策、交通发展模式等重大问题。1995 年，建设部、交通部、公安部与世界银行共同举办中国城市交通发展战略研讨会，形成了《北京宣言：中国城市交通发展战略》，提出了“五项原则、四项标准、八项行动”。同年，国家标准《城市道路交通规划设计规范》(GB 50220—1995)发布，城市交通规划逐渐步入科学化与规范化的发展道路。在以往研究与实践的基础上，明确了“交通调查—现状分析诊断—交通需求预测—交通发展战略研究—综合交通规划及专项规划”的城市交通规划工作程序和相应的方法体系。国内各大城市成立了独立运作的交通规划设计部门、研究机构，形成了一批专业队伍。这些机构在不同城市分别隶属于城市规划或城市建设等不同的管理部门，其工作内容也各有不同。但城市综合交通规划始终作为城市总体规划的组成部分，被纳入城市总体规划，而非独立的法定规划。

在基础研究领域，1996 年，国家成立了“九五”科技攻关“公路通行能力”课题组，对我国道路通行能力展开了深入研究，并出版了《公路通行能力手册》。

4) 多学科交叉，基础研究与应用研究并重

中国城市交通研究伊始就具有鲜明的量化特征，吸引了数学、力学、计算机、系统工程、地理学等多学科人员从不同角度开展交通理论研究。进入 2000 年后，城市交通的学科交叉态势愈发明显，在交通需求模型算法、交通网络性能、网络交通流动力学等基础理论方面取得了丰富且特色鲜明的研究成果。这一时期，国内外学术研究交流变得日益活跃和频繁，城市交通研究基本与国际同步开展，部分领域的研究成果具有引领和创新性。

城市交通规划理论与方法研究也取得了新的突破，主要体现在以下几方面：

(1) “人性化”服务宗旨。将“人性化”服务、“以人为本”作为城市交通规划建设的根本宗旨，合理分配与使用交通资源，满足社会多样性交通服务需求。人性化服务宗旨不仅决定了交通战略与政策的方向，同时也成为交通基础设施规划、既有交通资源分配、交通组织管理、公共客运系统运营服务等综合交通规划所涵盖领域的共同原则。

(2) “一体化”结构体系。上海市在 2002 年提出了“一体化”的城市交通发展理念，其着眼点在于适应区域经济社会一体化需要，改变城市交通与区域交通“两张皮”的传统结构模式，建立区域-城市高效、整合的一体化交通体系。北京市在 2004 年更进一步扩展了“一体化”体系结构的内涵，把区域统筹、城乡统筹及多元交通方式融合的理念用于一体化交通体系的构建，并提出“新北京交通体系”的基本架构，在交通规划、建设、运营、管理和服务全面整合的基础上，实现中心城交通与市域交通、城市交通与城际交通以及各类交通运输方式的一体化协调运行。

(3) “信息化”技术支撑体系。将全方位信息化作为城市交通发展的主要技术支撑，以求从根本上改善城市交通系统运行的稳定性和可靠性，最大限度地减少由于信息不对称而导致的交通参与者对系统运行的盲目干扰，并支持对出行者交通需求的调节和对系统运行的调节。

(4) “集约化”发展模式。将集约化作为城市交通发展的基本战略原则和推荐模式。其主要内涵是城市交通系统的增容扩展要以资源与环境承载能力为约束条件，走内涵改造为主的道路，不能一味依靠规模尺度扩充来寻求供需平衡，而是要通过系统结构改善与需求管理的途径，发挥系统整体的协同效应，寻求系统运行效率的最大化。

对智能交通研究与应用的重视是这一时期交通研究的一个突出特点。2000 年，科技部成立了全国智能运输系统(ITS)协调指导小组，并相继成立了国家智能运输系统工程研究中心、国家铁路智能运输系统工程中心、国家道路交通工程研究中心。科技部还设立了中国 ITS 体系框架、中国 ITS 标准体系等专题研究项目，为中国智能交通系统科技的发展奠定了基础。“十五”国家科技攻关设 ITS 重大专项并启动了 12 个研究项目，科技部支持在全国 12 个城市开展 ITS 示范城市建设。“十一五”国家“863”计划设现代交通技术领域和“综合交通运输系统与安全技术”专题，立项研究项目超过 100 项。2006 年，科技部启动实施了“十一五”科技支持计划项目“国家综合智能交通技术集成应用示范”，设立了 6 个课题。

5) 大数据环境下的基础理论创新研究

2000 年之后，交通监测、调查手段取得技术上的突破，各类交通数据的自动采集和分析系统在特大城市普遍建立，特别是随着大数据技术、物联网、云计算等新的数据采集与分析手段的建立，围绕大数据、信息化、智能化环境下的行为理论与决策支持理论的研究得以蓬勃开展。通过对大规模个体的长期观测来获取其行为规律，并以此为基础进行个体行为建模和预测。手机信令数据、公共交通 IC 卡数据、GPS 轨迹数据、车牌识别数据、社交媒体数据等都被广泛应用于城市交通需求识别、交通模型构建、交通政策评价等领域，这使得城市交通研究迎来了新的重大发展机遇。

总结国内城市交通研究与实践的基本脉络，如图 2-24 所示。

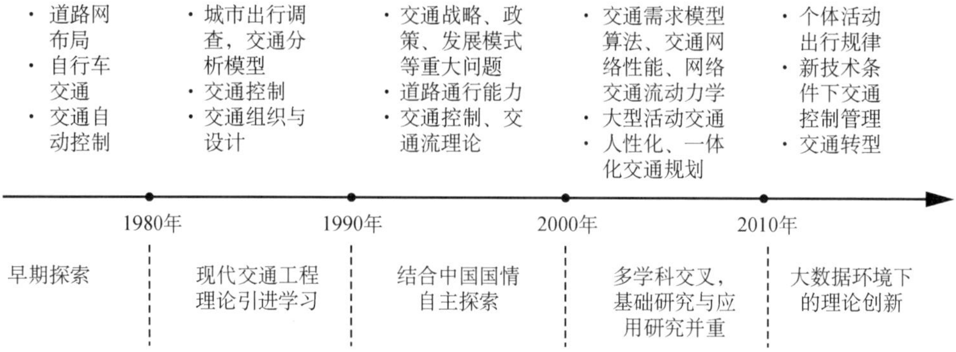

图 2-24　中国城市交通研究基本脉络

2. 针对中国城市交通特征开展基础理论研究

通过一系列重大科研计划和项目(表 2-4)，在交通行为与需求、交通网络供给、交通流理论、智能交通等方面展开基础理论研究。

表 2-4　城市交通基础理论研究代表性项目

序号	项目名称	项目类型	项目启动时间
1	大城市交通拥堵瓶颈的基础科学问题研究	国家“973”项目	2006 年
2	大城市综合交通系统的基础理论与实证研究		2012 年
3	城市交通流诱导系统理论模型和方法	国家自然科学基金重点项目	1997 年
4	可持续发展的城市交通运输系统研究		1999 年
5	城市交通流研究		2000 年
6	城市交通集成控制系统		2002 年
7	城市路网动态交通管理与控制关键理论及其模拟技术研究		2004 年
8	城市交通系统的非线性动力学特性研究		2006 年
9	城市交通网络优化与管理		2007 年
10	城市交通网络优化与管理的若干基础问题研究		2007 年
11	信息环境下的城市道路交通规划理论与方法		2008 年
12	基于系统耦合的城市道路交通网络规划理论研究		2008 年
13	基于浮动车/固定传感器城市交通数据融合研究		2009 年
14	基于多源检测数据的城市路网交通流主动式管理与控制理论研究		2012 年
15	区域综合交通系统运行管理及建模方法		2012 年
16	演变中的现代城市道路交通系统集成设计基础理论与方法		2013 年
17	现代城市多模式公共交通系统基础理论与效能提升关键技术		2014 年
18	城市交通供需结构演化机理与调控方法		2014 年
19	城市交通供需非均衡特性及调控方法研究		2014 年
20	低碳导向型城市交通系统优化与管理		2015 年
21	低碳导向下城市交通系统协同机制与优化方法:基于行为的视角		2015 年

(续表)

序号	项目名称	项目类型	项目启动时间
22	大数据环境下的复杂城市交通系统预测与控制	国家自然科学基金重点项目	2015 年
23	面向新型城镇化的城市群综合交通管理理论		2016 年
24	基于广义交通枢纽的城市多模式交通网络协同规划理论与方法		2017 年
25	交通系统中个体和群体出行选择行为的实验研究及复杂性分析		2017 年

2006 年,国家重点基础研究发展计划(973 计划)项目“大城市交通拥堵瓶颈的基础科学问题研究”从理论上解析我国城市交通需求的生成机理和瓶颈识别,研究道路交通流的非线性动力学特征,刻画交通拥堵在路网上的形成机理与传播的复杂动力学行为。通过揭示城市交通系统的时空演化复杂性与结构瓶颈的演化过程,挖掘城市交通拥堵的“病因”。在此基础上,寻求疏导大城市交通拥堵问题的组织优化和控制方法,研究智能化交通信息的融合与集成,并构建从计算实验到实际交通系统的平行模拟软件平台。为我国城市交通的发展战略规划、现代城市交通的管理与控制、现代化交通设施设计与建设提供理论依据。与此同时,2006 年同济大学与深圳市城市交通规划研究中心等共同设计完成了深圳市支持城市交通规划与运行优化的智能交通仿真平台(一期)。从数据自动采集、集成分析、城市级仿真模拟、模型更新到决策支持,形成了动态多源数据支持下的城市交通规划与运行分析的基本框架。

2012 年,国家重点基础研究发展计划(973 计划)项目支持“大城市综合交通系统的基础理论与实证研究”研究的主要内容涵盖大城市交通需求的引导理论与方法、公交主导型多方式交通网络的协同机理与耦合理论、多方式交通运行的协同组织与控制、大城市综合交通系统的运行可靠性与应急策略、综合交通系统信息感知集成与多式协同出行诱导、公交主导型大城市综合交通系统规划与运行组织,开展理论、方法、技术与系统的实证研究,从大城市综合交通系统的基础研究推动理论体系构建。

1997 年,国家自然科学基金重点项目“城市交通流诱导系统理论模型和方法”在实时动态交通分配理论研究的基础上,把先进的信息技术、数据通信技术、电子控制技术和计算机处理技术综合运用于城市交通管理体系,通过车载计算机实时引导车辆行驶在最佳路线上。研究成果包括:①动态交通信息采集与处理子系统;②交通信息服务子系统;③车辆定位子系统;④行车路线优化子系统;⑤交通流诱导系统与交通控制系统一体化;⑥城市交通流诱导系统模拟与评价。该项目结合中国国情设计了新的城市交通流诱导技术路线和实施方案,解决了该领域一系列的关键理论和实施技术难题。在理论方面,提出了准用户最优动态交通分配理论、交通信息动态预测模型、新型广义路阻理论等。在工程技术方面,开发了拥有自主知识产权且使用成本低廉的新型标量电子地图、适用于有 GPS 基准站的伪距差分和新型动态虚拟基准站自差分车辆动态定位技术等。此外,该项目还对城市交通流诱导与交通控制系统一体化和城市交通流诱导系统模拟与评价进行了研究,形成了完善的理论和方法体系,完成了城市交通流诱导系统软硬件的研究与开发,为交通流诱导系统的产业化起到了重要的奠基和示范作用。

2004 年,国家自然科学基金重点项目“城市路网动态交通管理与控制关键理论及其模拟技术研究”，针对我国城市交通管理与控制中存在的主要问题研究了以下内容：①不同单向交通组织方案对路网总交通容量、车辆总行驶时间、总交通量等指标的影响以及针对不同交通管理目标单向交通组织方案评价方法和模型体系；②机非冲突对交叉口饱和流率的影响、混合交通流情况下孤立交叉口配时参数计算模型以及交叉口间协调控制理论；③临界交通状态预测理论模型、交通瓶颈转移预测模型以及敏感区域交通拥挤预防与疏导技术；④用于交通事故现场摄影测量的相关技术等。

2006 年，国家自然科学基金重点项目“城市交通系统的非线性动力学特性研究”，深入研究城市交通系统的非线性特征，揭示了交通拥堵产生的机理和演化规律。主要成果包括：建立了基于三相流理论的元胞自动机模型，刻画了同步流的基本特征以及交通流相变；系统研究交通流宏观模型的数学理论和高精度算法；首次建立道路交通流和路网交通流的格子玻尔兹曼模型；提出考虑行人心理因素的格子气模型；从多角度研究了混合交通流，如自动巡航控制车辆与手动控制车辆的混合；新一代智能车辆多通道选择的预测反馈策略研究；从理论和数值两个方面研究非对称排它过程；采用“点边互换”方法以及复杂网络的思想，从整个城市路网的角度研究了交通系统的通行能力、控制策略以及交通拥堵的传播演化过程。

2007 年，国家自然科学基金重点项目“城市交通网络优化与管理”，面向现实需求和中国城市复杂的道路网交通现象与特征，基于现象观察与理论分析及实验科学等多种方法，系统研究了以下五个方面的内容：①城市道路混合交通需求产生机理及其分配方法，从分析交通流的组成元着手，运用自下而上的系统论分析方法，解析动态交通需求的分布和动态交通的分配规律；面向道路交通的信息化与智能化环境，研究基于实时多源交通信息的动态 OD 估计预测理论和面向实时路网状态估计预测的动态交通分配理论。②交通网络优化设计理论，重点研究了基于效率的交通网络设计、基于可靠性的交通网络设计、公共汽车交通网络设计与优化理论与方法。③网络交通流演化规律，构筑城市道路交通网络的优化模型及算法(理论)。④交通拥挤预防与缓解控制理论，包括网络交通控制理论，事件条件下的交通控制理论和公交优先控制理论等。⑤基于实验交通工程学理论与方法，建立面向交通实时数据环境的城市道路交通网络在线评价系统。研究成果可为分析复杂交通系统提供科学方法，为开发城市道路交通网络信息服务与动态管理及控制系统提供理论支持，为城市道路交通的优化管理提供理论依据。

2008 年，国家自然科学基金重点项目“信息环境下的城市道路交通规划理论与方法”，以上海市、深圳市道路交通运行状态演变和动态交通信息采集为基础，采取理论解析与实验科学相结合的方法，从基于行为和环境影响的道路交通状态演化机理解析入手，研究基于道路交通动态数据采集的状态分析技术，探索空间资源制约下城市目标与交通模式的确定方法。在此基础上提出面向实施过程的城市道路交通规划反馈控制理论以及控制策略。研究首次系统提出新的数据环境下城市交通运行分析与系统规划的方法革新，成果为系统解析交通网络的形成、演化与优化以及运行状态调控提供了理论基础和方法论，也是对交通系统分析理论体系的深入及完善。

2009 年，国家自然科学基金重点项目“基于浮动车/固定传感器城市交通数据融合研究”，针对浮动车/固定传感器所获取的城市交通数据存在彼此独立、融合度低、应用面窄、资源浪费严重等问题，研究浮动车数据与固定传感器数据的优化组合方法；交通数据与城市路网数据的一体化模型与索引；浮动车/固定传感器交通数据的融合方法；基于融合信息的行程时间估计方法。通过这些研究，旨在形成一套较为完整的基于浮动车/固定传感器交通数据处理、优化、管理、融合与应用的理论与技术体系，为提高我国现有交通信息资源利用效率与交通信息服务水平，改善城市交通状况，提供理论与技术支持。动态数据采集与分析技术成为城市交通研究的基本手段。

2012 年，国家自然科学基金重点项目“区域综合交通系统运行管理及建模方法”重点研究区域综合交通系统用户出行方式的选择行为机理，以此为基础建立多种交通方式选择模型，并提出区域综合交通网络结构优化的理论与方法；探究影响区域综合交通网络运行效率的因素及其评价方法；研究综合交通枢纽一体化运行组织理论与优化方法，建立综合交通系统一体化协调模型；最后，结合实证，提出提高综合交通系统运行效率的管理理论与方法。交通问题的研究从城市走向了与区域的融合。

2013 年，国家自然科学基金重点项目“演变中的现代城市道路交通系统集成设计基础理论与方法”，研究内容包括城市道路与交通协同设计基础理论、城市交通系统规划与设计协同理论、城市道路交通系统集成设计方法、交通设计多目标评价理论与方法。交通设计成为城市交通研究除规划、(运行)控制外独立的内容。

2014 年，国家自然科学基金重点项目“城市交通供需结构演化机理与调控方法”，研究内容包括：基于大数据的城市交通状态分析、基于均衡理论的公交政策组合优化、停车收费和停车供给的系统动力学建模、常发和偶发交通瓶颈的分析；基于家庭活动和出行链的出行成本模型、拥挤道路的交通分配模型、基于交通流分配的路网服务水平、道路养护作业与交通安全水平，以及我国城市交通中的关键问题以及对策；信息偏好对逐日路径选择行为、偏好异质的多出行者路径选择行为、考虑停车位不足的出发时刻选择研究，拥挤收费政策对交通流演化影响研究，路况信息影响下的出行行为研究，民间资本介入公共交通政策研究等。城市交通研究从集中于供给系统的优化，拓展到关注需求调节的理论与方法。

2015 年，国家自然科学基金重点项目“低碳导向型城市交通系统优化与管理”，研究城市交通系统的碳排放机理、测算方法和评估体系，基于低碳目标的组合出行理论与模型、低碳目标的多交通方式协同优化与管理以及低碳目标的智能交通系统，实现低碳出行的微观引导策略和宏观发展政策等。城市交通系统发展目标的变化，对城市交通研究提出新的命题。

除上述侧重于基础理论研究的重点项目外，2012 年国家自然科学基金还设立了侧重于政策研究的应急项目——我国城市交通公交优先发展战略研究，该项目包含 5 个子课题。该项研究梳理并回顾了我国城镇化发展以及我国公共交通服务定位、管理体制与服务特性的演化，对二者的紧密关系开展了深入分析，以国家经济体制改革历程为主线，以城镇化发展为基本脉络，分析了不同阶段我国城市以及城市交通系统的发展特征，对我国城镇化当前所处的阶段以及未来的发展方向有了更清晰的把握，从而明确提出未来城市公共交通必须在城镇化发展中扮演更加重要的角色，并对城镇化质量的提高起到更加关键的作用。研究认为，城市公交优先发展的定义与内涵是：在城市行政区域里，通过优先配置资源，构建适应市场机制的、政府调控监管的、符合当地经济社会发展阶段的、由多种类型企业等经营机构提供均等和高效的公共服务的公共交通体系，引导出行者优先选择，引导城市集约利用土地和节约能源、保护和改善人居环境。从国家和城市两个层面出发，就法律法规建设、发展与规划、投融资与建设、运营服务与管理、监督与考核以及综合配套等问题，提出了我国城市公交优先发展战略的实施建议。对城市公共交通的认知，打开了城市交通研究理论方法在学科领域的拓展要求，城市交通研究不能局限于工程技术范畴。

2.4 发展阶段与交通技术推动城市交通理论演进

交通作为城市的四大功能之一，与城市发展密不可分。随着城市规模的不断扩张、交通工具的持续革新以及人居环境改善需求的日益增长，城市交通研究体系与理论内核也在不断变化。工业化之前，城市交通供需水平低，不需要专门的城市交通研究理论。工业化时代之后，城市规模快速扩张，城市功能布局混杂，一切都是为了满足工业化生产的需要。这一时期，交通工具也发生了根本性变革，火车、轮船、有轨电车、地铁等现代交通工具应运而生。这些交通工具一方面支撑城市空间快速拓展；另一方面，也使交通问题逐渐凸显并日趋复杂。工业化时期引发的城市空间拥挤、污染严重、景观破坏、卫生恶劣等问题，推动了近代城市规划理论的诞生和现代主义城市规划理论的形成。空想社会主义城市、田园城市、工业城市、带形城市等理念的提出，成为早期城市发展模式的有益探索，区域协调、城市集中主义、城市分散主义等空间布局理论逐渐形成并不断完善，人们逐渐认识到交通对城市空间发展的引导和支撑作用，提出道路布局与功能分级，初现系统认知和分析的思想。

第一次世界大战结束以后，轨道交通、汽车等开始普及，尤其是小汽车大规模进入家庭，给城市和交通发展带来了质的变化。现代意义上的交通工程理论研究也是缘于小汽车的广泛使用。1927 年，英国率先使用信号灯管理交叉口，以解决人车冲突；1930 年，美国成立交通工程师协会，标志着交通工程正式进入理论研究阶段。将城市交通作为城市的支撑性系统，形成相对独立、完整的研究体系仅百年。

通过对欧洲、美国、中国城市交通问题及理论研究与实践探索的回顾，可以将 1920 年以来的城市交通理论研究大致分为三个阶段：理论储备期（1920—1950 年），小汽车交通研究理论形成期（1951—1990 年），多模式复合智能交通理论发展期（1991 年至今），如图 2-25 所示。现代西方城市交通研究理论萌芽于 20 世纪 30 年代，发展于 50 年代，成型于 70 年代，重点围绕“车-路”关系形成了“交通需求、交通供给、交通流运行”三套理论与方法体系。各个阶段的主要理论研究关注点如下。

（1）理论储备期。这一时期主要通过小规模抽样调查的方式来开展经验性研究，如公路交通流调查、城市出行调查等。基于调查结果，研究人员尝试建立交通流运行参数（流量、密度、速度）的经验关系，并对居民出行规律展开初步探索，主要采用统计分析方法。

（2）基于道路网络的小汽车交通理论形成期。经过 30 年的理论储备，这一时期来自经济学、数学、物理、系统工程、控制工程等多个学科领域的专业人员对小汽车交通开展了大量研究，并形成了交通流理论、交通需求预测理论、交通控制理论、通行能力分析方法、交通系统管

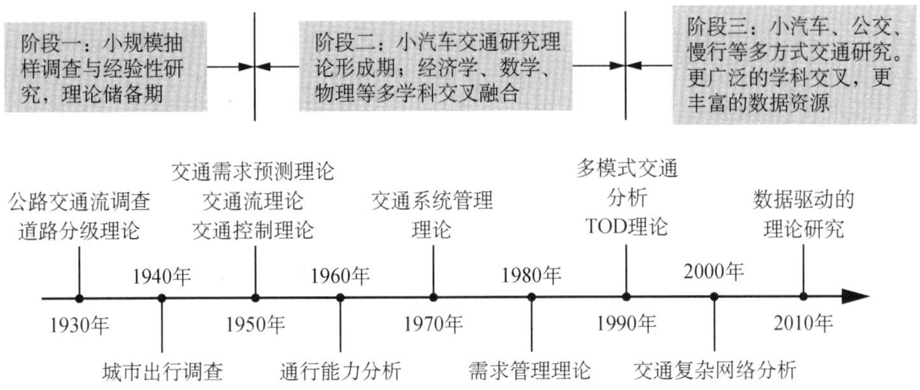

图 2-25　1920 年以来城市交通研究理论脉络

理理论、交通需求管理理论等一系列理论方法。这些研究成果奠定了城市交通理论研究的基本框架。不能以供给满足需求增长来控制拥堵，而需要以政策、经济等综合手段来调节需求。

(3) 多模式复合智能交通理论发展期。20 世纪 90 年代之后，西方发达国家逐渐认识到不能依靠单一的小汽车交通解决城市居民出行，而是需要同步甚至优先发展公共交通、步行、自行车等多模式复合交通。于是开展了包括公交导向发展（Transit-Oriented Development，TOD）、复合交通网络、交通需求管理等在内的一系列理论研究。随着交通数据来源与样本的极大丰富，以数据驱动为手段、以先进智能为导向的新一代交通理论研究正迎来重大变革期。而载运技术、服务模式的创新，也必然带来城市交通系统的变革，从而要求理论的系统创新。

中国城市与城市交通的发展有其特殊性：在一个较短时期内，城镇化、机动化交互高速增长，这既给城市交通系统规划、建设、管理带来了巨大压力，也给城市与交通协调发展的理论研究与实践验证带来了巨大机会，进而促使城市交通理论研究体系得以完善。中国城市交通发展大体可分为四个阶段：人多车少、乘车难阶段；车多路少、行车难阶段；路多但拥堵不少阶段；交通方式多、一体化服务少阶段。近 50 年来，中国城市交通研究历程也经历了 5 个阶段：早期探索阶段；现代交通工程理论引进与学习阶段；结合中国国情自主探索阶段；多学科交叉、基础理论与应用研究并重阶段；大数据环境下的理论创新阶段。在学习、吸收国外交通科学理论的基础上，结合中国城市与交通问题的特征，重点围绕缓解“城市交通拥堵”这一核心问题和资源受限条件下规划调控、政策干预，中国交通学术领域开展了大量的基础理论和实证应用研究。

基于对城市交通研究脉络的梳理，可将交通研究分为两大领域，一个是基础理论研究领域，另一个是应用研究领域（图 2-26）。基础理论研究主要针对交通系统的基本组成要素进行本源性探索，包括交通行为与需求分析理论、交通网络供给分析理论和交通流理论。应用研究则是基础理论在规划、设计、管理等应用方向的实践与拓展，包括公交导向开发理论、人车分流理论、道路分级理论、交通系统管理理论、交通需求管理理论等。

城市交通是城市发展永恒的主题，也是难题。自 20 世纪 20 年代小汽车在欧美普及使用以来，现代意义上围绕“人-车-路-环境”的交通工程学开始逐步建立起来，并指导交通设施规

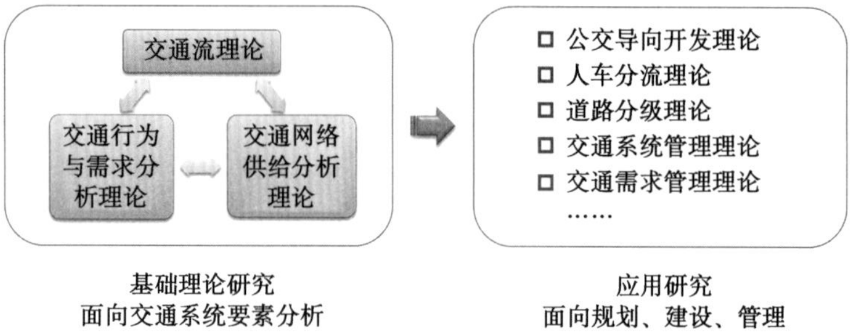

图 2-26 城市交通研究理论基本框架

划、设计、建设与管理实践。百年来，城市交通研究取得了丰硕成果，形成城市交通需求分析、供给分析和交通流分析的基础理论体系。随着数据获取与分析技术的不断提升，基础理论仍在持续拓展与更新。世界各国所面临的城市拥堵、安全、能耗、污染等交通问题仍十分严峻并将长期存在，而新技术不断涌现，交通领域的基础设施、载运工具、运输组织都将迎来重大变革，真正意义上城市发展以人为本的价值观正在发生转变，所有这些都对以“人-车-路-环境”为核心的传统城市交通理论方法提出了迫切的创新需求。

第 3 章
城市交通理论创新与变革方向

3.1 城市交通理论方法的简要归纳

城市交通是一个复杂巨系统，其基本存在形式是复合网络和交通流。本书第 2 章回顾了城市发展和城市交通理论方法的交互递进过程以及各个阶段的研究重点和突破性进展。城市交通研究的理论框架包括交通需求预测分析理论、交通网络规划与设计理论、交通网络运行调控理论和近年来兴起的复杂网络科学对网络属性的交叉研究。

城市交通系统呈现高度的非线性和复杂性，由于人群差异及行为响应，其不同于物理系统(比如电流网)，无法用确定性方程或解析方法(比如描述电流在电网中循环的基尔霍夫定律或描述物体运动的牛顿定律)进行研究。交通工程学从建立伊始就引入数学、物理、经济、心理学等相关学科的概念和方法来研究各种交通现象，所建立的相关基础理论体系就具有学科交叉的特征。交通科学早期的一些突破性进展，就是由数学家、经济学家、物理学家提出并完成的。例如，诺贝尔经济学奖获得者威廉・维克里(William Vickrey)提出的交通瓶颈模型和拥堵收费理论，诺贝尔经济学奖获得者丹尼尔・麦克法登(Daniel McFadden)构建的交通行为非集计模型，以及诺贝尔化学奖获得者伊利亚・普里高津(Ilya Prigogine)创建的气体分子动力学交通流模型，都是一些最为人熟知的典型例子。近年来，复杂系统(包括复杂网络)的兴起，为交通研究注入了新的活力。

随着城市的发展和城市交通系统建设的不断完善，再加上信息技术带来的社会生产、生活模式变化，设施供给模式、交通需求特征、出行行为机理、交通服务方式及组织等方面已经发生了根本性的变化。以小汽车交通为核心建立的交通理论体系难以适应综合交通网络的分析要求，所以需要探索新的、与综合交通服务组织相适应，且以复合网络为研究对象的城市交通基础理论体系。本章在第 2 章的基础上，基于现有城市交通理论体系及其进展进行了梳理，为城市交通理论体系的创新指明方向。

3.1.1 城市交通需求预测理论与方法

早在 20 世纪 50 年代，欧美一些发达国家为了满足大规模城市道路的规划及建设需求，开始研究城市交通需求预测技术以用于确定适应城市发展的基础设施建设规模。直至 60 年代，建立了“四阶段”城市交通需求预测技术流程，该流程包括交通生成、交通分布、交通方式划分和交通分配这四个阶段。

在交通生成预测方面，主要的模型形式有：增长系数模型、线性回归模型、交叉分类（类型分析）模型。被广泛采用的出行生成预测模型主要是多元线性回归生成模型和交叉分类生成模型，这些模型会考虑用地类型、区位以及家庭与个体的社会经济特征等。近年来，关于出行链的影响、家庭多成员活动的相互影响的研究日益增多，并出现如分割建模工具法、引用出行效用函数等新的方法。

在交通分布方面，增长系数法适用于短期预测且空间结构较为稳定的区域。而综合法包括重力模型、最大熵模型、介入机会模型和直接需求模型。

近 40 年来，我国城市交通需求分析在理论与实践方面均取得了显著进展，但也暴露出诸多问题，主要有：①各个城市应用数学模型进行定量分析时面临较大障碍，一方面缺乏完整的交通资料数据库，另一方面规划部门对多情景量化分析的认识不足；②交通调查特别是 OD 调查延续性不足，数据不公开使得模型标定与改进缺乏机会；③我国城市混合交通的状况使得数学模型的建立与应用存在困难；④不能适应多模式交通网络的需求分析要求。

3.1.2 城市交通网络规划与设计理论方法

自 1973 年 Morlok 首次提出定量的交通网络设计问题（Network Design Problem, NDP）起，网络设计成为交通规划方法体系的热点，许多学者开展了相关研究，提出了描述网络设计的数学模型及相应算法。这些研究主要围绕定性和定量的交通网络设计进行。

定性的交通网络设计问题的核心是基于路网流量预测结果提出网络设计方案并进行比选。网络优化的主要方法是“优化”而非“寻优”，其主要缺点在于方案往往基于经验提出，比选范围有限，可能得不到实际的最优方案。

定量的交通网络设计问题则是基于网络性能指标的计算得到最优解决方案，主要可分为三类：对已有路段进行改进的连续交通网络设计问题（Continuous Network Design Problem, CNDP）、在网络中新增路段的离散交通网络设计问题（Discrete Network Design Problem, DNDP），以及同时考虑改进路段和新增路段的混合网络设计问题（Mixed Network Design Problem, MNDP）。

城市交通系统既与供给侧调整措施（如新建道路、交通信号控制）有关，又会受到需求侧出行行为变化的影响，是一个典型的双层决策问题。因此，双层规划模型成为描述城市交通网络设计问题的理想工具。由于上层目标函数与下层用户行为模型存在差异，以及模型组合的不同，因此产生了丰富的模型形态和算法，这也成为城市交通规划研究持续的热点。

长期以来，城市交通网络设计问题一直被视作交通研究领域中最具挑战性的问题之一。虽然，国内外学者对于NDP的研究和探讨取得了显著进展，提出并设计了许多模型和求解算法，并且有些模型及算法在实际中也得到了成功的应用，但是基本上只考虑了如何改善现有交通网络以达到减少交通拥挤的目的，较少考虑如何减少交通的环境污染、如何保障各类交通方式利用设施的公平性、如何合理使用土地等问题，同时也基本未考虑复合网络的调节、如何提高现有道路资源利用率、城市交通网络扩展与城市空间演化的作用等诸多问题。

3.1.3 城市交通网络演变与复杂属性

城市交通系统是一个开放的系统，从城市形成到发展的漫长过程中，不断地进行着自组织演化；在自组织演化的同时又受到政策、法规、城市规划等他组织的影响。城市交通网络是一个典型的复杂网络，城市交通的物理系统与社会系统交互演变的过程是一个复杂网络的演变过程。

国内外学术界将复杂网络理论应用到交通网络分析已有多年，主要包括交通网络结构特征分析、网络流动力机制研究、交通网络演化机理和演化模型研究等。

运用复杂网络理论来研究城市交通网络的成果主要体现在城市公交网络的演化机制和演化模型上。例如，研究城市公交网络是否具有小世界特性，是否有较小的平均最短路径和较大的聚类系数，是否具有无标度特性，其点度分布是否呈现幂律分布或截尾的幂律分布等。类似的研究也拓展到城市道路与轨道网络，但在适用性和应用性方面仍存在诸多问题，并且需要延伸至多方式复合网络的分析。

在考虑城市交通网络演化时，多从实证角度对城市交通网络进行拓扑抽象，进而分析相关拓扑性质，但较少从理论角度分析城市交通网络的演化过程，尤其是对网络动力学机制即网络中主体行为的刻画缺少机理解析。针对城市复合交通网络的结构特征、网络性能和网络整体演化的研究还十分不足，现有研究大多聚焦于单一子网络（如城市道路、铁路、航空、公交和轨道等子系统）的结构特征揭示、基于统计指标的数学模拟，缺少对复合演化机理和演化过程的解析，并且网络模拟与实践发展之间缺乏对应性，在理论研究指导网络调控、交通政策制定等方面缺乏有效性。

3.2 城市交通理论的适应性

3.2.1 新常态下城市交通理论研究的新要求

当城市进入稳定发展时期，空间增长便不再是主要特征。此时，城市群协同发展成为城镇化的主要承载方式，城市进入以存量规划、城市有机更新为主的阶段。相应地，解决城市交通问题的主要途径，也从增加供给能力转变为增加供应与调控需求并重，并且重点在于调节交通系统结构。

1. 识别新时期出行需求生成规律与特征

满足人的需求是城市交通的根本目标。在新常态下，城市与交通发展模式发生转型，居民的就业与生活方式有所转变，对居住与生活质量的要求不断提升，同时新技术持续催生出新的出行业态和服务模式。这些变化都促使我们重新认识人的出行需求规律，识别并探索出行需求生成机制，特别是在新技术环境下人的出行特征。

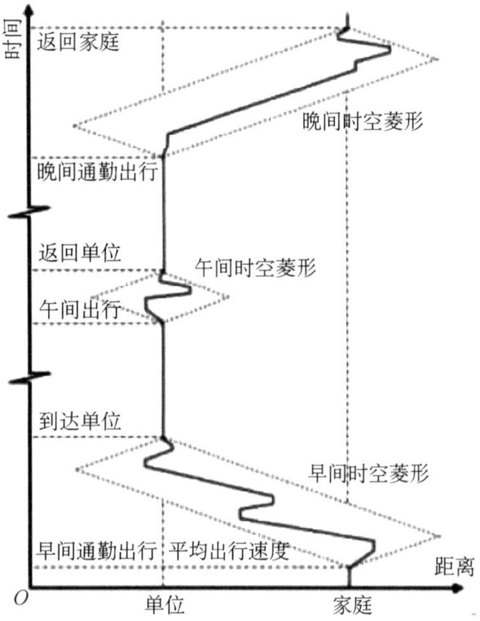

图 3-1　时空菱形

根据时空地理学，每个人都有自己的活动-出行时空菱形(图 3-1)。通过分析个体活动-出行时空菱形数据，可以揭示其活动类型、起始时刻和活动时长，以及出行时刻、出行时长、出行方式、线路、中驻点和目的地。这些数据完整地定义了个人日常活动-出行行为模式。

最重要的挑战之一是跨网络组合出行需求特征的探索。支持多模式交通的复合网络既是我国城市交通持续大规模建设的主要成就，也是未来城市综合交通系统存在的基本形式(图 3-2)。随着城市交通出行方式的多元化，跨网络(轨道网络、公交网络、步行网络、自行车网络等，图 3-3)、多方式组合出行已成为新时期交通出行的典型特征。以上海为例，在利用轨道交通的出行中，除了两端步行接驳以外，47% 的轨道出行都需要其他方式接驳，如 33% 的巴士接驳、6% 的出租车和私人汽车接驳、5% 的非机动车接驳等。

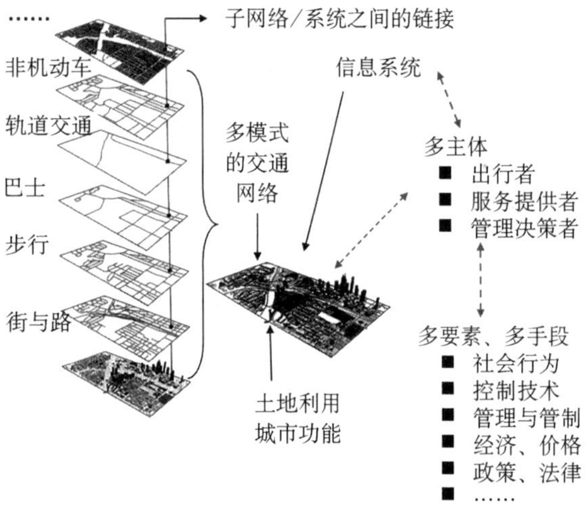

图 3-2　城市交通多模式交通网络：对象与关联

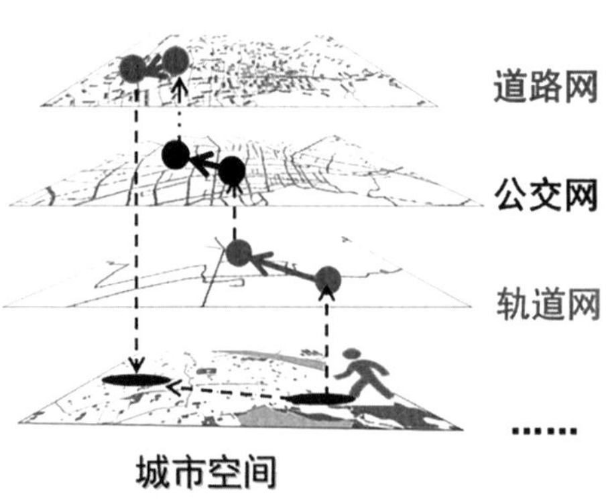

图 3-3　城市交通跨网络出行示意

2. 支撑主动式、精细化交通需求管理

新常态下城市交通大规模基础设施建设受到诸多条件的限制，特别是资源制约，而城市发展最基础的资源是土地。传统解决城市交通问题的主要思想和手段是不断增加交通供给，试图满足交通出行需求，最典型的例子是以小汽车为导向的道路设施建设与资源分配。然而，诸多城市的实践证明，这种以满足需求为导向的交通系统规划和建设理念既不正确也不切实际。交通供给的增长永远赶不上需求的增加，单纯依靠增加供给，最终必然会陷入“按下葫芦浮起瓢”、疲于应付的窘境。此外，我国人多地少的现实国情使得城市发展普遍受到土地与空间资源的约束。更何况，中国绝大部分城市建设用地的增长幅度远远高于居住人口的增长幅度。“严格控制人均建设用地增长”在新的空间规划建设用地标准中得到进一步强化。目前，北京、上海、广州、深圳等一批大城市的道路交通设施大规模建设阶段已基本结束。

在用地控制、能源节约和环境保护日趋严格的强约束下，转变传统交通发展模式实现交通系统可持续发展，成为当前中国城市交通发展亟须解决的重大问题。2020 年我国人均汽车保有量约为 200 辆/千人，达到世界平均水平。2024 年底，我国人均汽车保有量约为 250 辆/千人，与美国 20 世纪 40 年代初期和日本 20 世纪 70 年代中期的水平相当。近几年，我国机动化增速有放缓趋势，但因基数已超亿级，故机动化增长需求仍然较大。特大城市所依赖的机动车拥有和使用管制措施，其边际效应正逐渐减弱。例如，2011 年北京采取“限行 + 限购”组合政策后，对交通拥堵的缓解效果显著，但此后这种减缓效果开始下降，交通拥堵的持续时长和剧烈程度又出现反弹趋势，如图 3-5 所示。上海的小汽车牌照拍卖政策曾一度对机动车总量增长起到明显的抑制作用，但近年来，无须拍牌的新能源车辆数增长迅速，削弱了限购政策的实施效果。

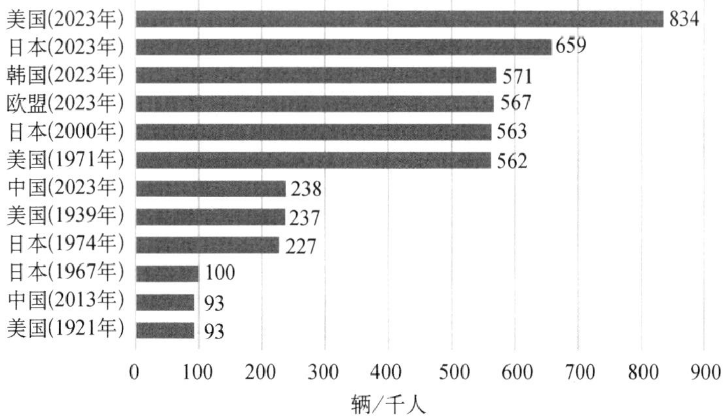

图 3-4　不同国家不同时期千人汽车保有量对比

由此可见，任何单一类型的措施短期有效并可估计，但对于长期变化的应对能力非常有限。公共交通优先与服务提升、小汽车拥有和使用管理就像一枚硬币的两面，同时还需要非机动化交通、更为灵活的共享交通等综合措施协同支持。因此，长期交通调控必须依赖稳定且明确的交通发展战略，特别是交通-土地利用、交通-环境组合政策。

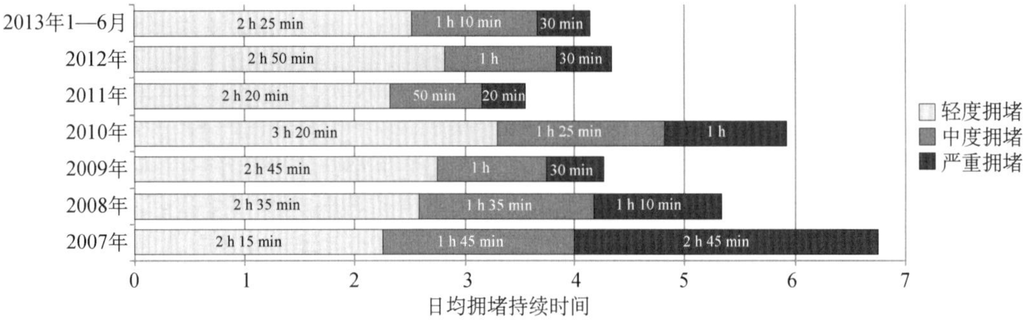

图 3-5 北京 2007—2013 年 6 月交通拥堵持续时间

21 世纪初，美国联邦公路局在总结各类交通需求管理的效果之后，提出了主动交通需求管理(Active Traffic Demand Management, ATDM)的概念(图 3-6)。ATDM 采用创新的交通管理方法，特别是借助信息化手段调节出行行为，以此缓解道路网络上的交通拥堵。例如，利用信息技术转移需求分布；或者激励出行者改变出行方式选择，以减少车辆出行需求。一系列实际应用，包括美国华盛顿特区和 2018 年北京的小范围试验等都证明，只要 ATDM 策略能影响 10%的出行者，路网的交通状况就能得到明显改善；若有 20%的出行者愿意配合 ATDM 策略，在大多数情况下，交通拥堵便能完全消除。

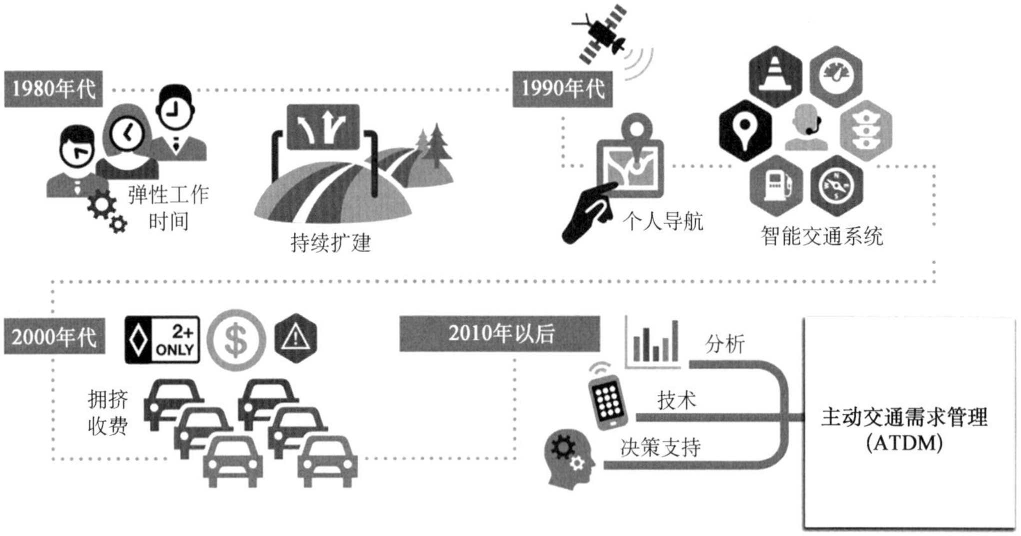

图 3-6 交通需求管理的演变

主动交通需求管理的主要特点是将收费性措施与激励型措施的结合。与通过收费及价格调整来抑制需求不同，基于奖励的(incentive based approach)交通管理策略试图通过奖励、鼓励等方式诱导交通出行者改变出行行为，甚至改变出行习惯，从而达到缓解交通拥堵的目的。这些方式包括改变出发时间、出行路径的“奖励”，与信息提供方合作的“奖励”以及放弃驾车转向合乘的“奖励”等。基于移动互联的出行预约计划就是其中一个典型案例。

主动交通需求管理的应用，在很大程度上受益于一系列新技术的普及。电子车牌、车辆定位与牌照识别(快速路全覆盖)、交通状态识别技术、通信及网络技术、云计算及大数据挖掘、个人征信系统等一系列技术的发展，使得获取、分析交通出行需求的时间与空间分布特征及规律变得更加精细化。交通管理部门通过积极影响出行者的交通需求及出行模式，可以实现从整体上优化综合交通网络的容量。传统的以行政管制手段管理交通需求的方式正逐渐转向主动引导交通需求，这使得交通需求的精准调节和精细管理成为可能。

3. 支撑城市交通综合治理创新

党的十八届三中全会提出“国家治理体系和治理能力现代化”的重大命题。中央城市工作会议也要求完善城市治理体系，提高城市治理能力，着力解决“城市病”等突出问题。

城市交通问题是“城市病”的突出体现，也是世界性难题。作为实现人流、物流空间移动的载体，城市交通与就业机会的获取、生活质量的提升等民生问题息息相关，成为体现出行权益与社会公平、公正、共享的焦点场域。尽管城市政府高度重视交通管理，但小汽车数量的增长导致交通拥堵、尾气污染等“城市病”爆发。与此同时，需求管理政策难以得到共识，城市公共交通优先发展政策推行多年却收效甚微。这些现状凸显了当前城市交通管理模式面临的困境，倒逼城市交通发展理念更新、理论重构与方法创新。随着移动互联网与智能手机等新技术的广泛普及与应用，网约车、共享单车、共享汽车等新型交通服务模式与业态不断涌现。这些新事物在改善公众出行便利性的同时，也引发了一系列新的交通与社会矛盾，如网约车不仅冲击传统的出租车行业，也模糊了拥有与使用、营运与共享的界限；共享单车不仅引发对国民素质与社会公德大讨论，还带来了公共空间使用规则、企业与用户之间的信任困境、政府与企业责任分担等新问题。

如今，城市交通已经呈现出与以往差异显著的基本特征，交通服务共建、共享、共治成为新要求和新趋势(表3-1)。提供安全、高效、公平的交通服务以满足人的活动需求是组织城市高效运行的根本目标。因此，对城市交通发展的认识，必须从提供基础设施向提供均等的公共服务转变；衡量城市交通的发展，也必须向能否满足人的需求、能否提高交通服务共建共享水平转变。过去政府包建、包管的交通管理手段，既不能解决旧矛盾，也无法应对新问题。所以，必须摆脱对传统城市交通管理路径的依赖，实现从设施建设管理、系统运行管理和行业管理范畴，向公共服务供给和社会治理的转型。

表3-1 城市交通治理转型的要求

核心关注	问题焦点	解决问题的学科知识	解决问题的核心理念与价值	解决问题的基本手段
交通资源配置	交通功能冲突	工程科学	功能合理，效率优先	政府管理
交通需求-供给匹配关系	交通政策选择	公共管理	公共选择，社会秩序	
多元交通需求间的矛盾	多元交通主体利益冲突	管理学、社会学	利益协调，公平优先	协同治理

因此，探索以交通服务为对象、以权益关系为内核、以大数据为技术支撑的交通治理现代化理论体系，可以为解决城市交通新老矛盾交织与新旧利益碰撞提供新的研究范式和实施途径。这既是解决交通“城市病”的现实需要，也是落实与提升国家及城市治理能力的战略需求

和具体抓手。

3.2.2 基于城市阶段与交通基本特征差异的交通理论适配性

本书3.1节回顾了20世纪20年代以来逐渐形成的城市交通研究理论与方法。总体而言，交通研究体系起源并形成于欧美小汽车普及使用阶段，与城市空间扩张和交通基础设施主骨架建设相得益彰。然而，通过分析中国和欧美城市及其交通发展特征可以发现，由于区域、城市发展与交通系统发展的阶段不同，技术适应性差异非常显著（表3-2）。

表3-2 中外城市与交通特征差异

项目	中国	欧洲	北美
交通发展历程与阶段	马车时代—自行车时代—小汽车时代	马车时代—铁路、公交时代—小汽车时代	马车时代—铁路、公交时代—小汽车时代
城市发展	由增量为主转向存量优化，有序建设适度开发	基本稳定，中心复兴	基本稳定
与土地开发的互动关系	土地有期限出让开发，交通服务于土地开发	土地私有，联邦及地方政府通过发展交通（资金约束）引导土地开发	
交通需求	增长潜力大，方式结构与时空分布不确定性大	趋稳，可预期	趋稳，可预期
交通供给	道路网＋轨道网＋公交网＋慢行网；资源受限	道路网＋轨道网；城市空间较为受限	道路网为主；资源丰富
交通流	异质混合交通流	机动车流＋公交流	机动车交通流

中国城镇化、机动化进程仍在持续推进，城市的“人口-空间-经济-交通”呈现出螺旋形、爆炸式的增长态势，给城市交通的未来发展带来诸多不确定因素；“城市形态-网络结构-交通方式”的交互、非同步演化，对交通生成与时空分布规律的深入探究提出需求；多模式跨网络的组合出行，以及由此产生的异质混合交通流，也使得停留在对单一网络与单一方式相互作用进行刻画、描述的西方交通研究理论，因难以解析中国城市更为复杂的交通问题而出现“水土不服”的现象。因此，中外城市与交通特征的阶段、结构差异，决定了源于欧美、成型于低密度城市独立发展时期，以道路网为载体、以汽车流为主体的同质交通网络理论与方法应用于中国城市与交通研究时存在先天的局限性和缺陷。

1. 基于出行生成机制解析需求生成的适应性

以“四步骤”模型为代表的交通需求分析理论，其核心思想是建立出行量与影响要素之间的宏观统计关系，该理论假设社会经济特征（如收入、支付能力）相近的群体有基本一致的选择行为，而不深究出行需求生成的内在机理及差异。事实上，人们的活动需求或参与活动的意愿是产生出行的真正原因，因此，需要在活动框架下解析人的出行需求，一般应遵循以下原则。

1）支配/关联性原则

出行决策受一系列活动参与行为的支配，这些活动参与行为构成了出行者一天（或多天）

的活动日程。出行者的活动日程决定着出行选择，包括时间、地点、方式和线路，同时，出行者在活动参与过程中的一系列出行行为相互关联。因此，出行决策过程必须置于整个活动日程中加以分析与模拟。

人们的日常活动一般可分为三种基本类型，一是生计(subsistence)活动，也称刚性活动需求，包括上班、上学、睡觉(基本生理需要)等，这类活动发生的地点与时间有确定约束；二是家庭事务(maintenance)活动，包括购物、去银行、操持家务等；三是自由(discretionary)活动，包括社交、娱乐、餐饮等。后两类活动具有弹性(选择性)。

早期的交通需求模型更多地体现了支配性原则。出行生成与分布蕴含了家庭由一个"主导者"决定居住地选择，使之符合活动愿望可达成和成本可接受的假设。但对于中国家庭普遍多人就业以及家长对子女就学的特殊关注情况，支配的关键要素需要重新识别，并且家庭成员活动的关联性有所增强。

2) 限制性原则

出行者的活动参与行为受到社会制度性、人际协作性和人体生理性的限制，而出行行为还受到时空物理性的限制。这些限制条件制约着出行者的日常活动安排和出行选择的决策行为。

制度性限制(authority constraints)是指与社会机构和制度相关的限制，如规定的办公或营业时间，以及公用设施的一些规章制度。出行者只能在规定的时间，并按照规章制度来安排自己的活动行为。互联网特别是移动互联网的普及，以及产业结构改变和相应就业岗位变动，使出行的制度性限制减弱。

协作性限制(coupling constraints)是指出行者的活动行为一般需要他人相伴或合作才能完成，如外出就餐一般需要厨师和服务人员合作，学生上课需要有教师和其他同学共同参与等。特别地，家庭成员之间的相互依赖关系对家庭日常活动安排和出行选择有着显著影响。这种影响的显著程度取决于家庭类别、规模，家庭成员的性别、年龄和相互关系。例如，家庭中是否有儿童在很大程度上影响着家庭日常活动安排和出行选择的决策过程。此外，协作性限制的另一层含义是指设施条件和地点的限制，如办公、商务、娱乐、道路交通等设施。离开这些设施，活动(包括出行)则无从开展。

生理性限制(capability constraints)则与人的体能相关，即人不可能不间断地参与活动。因此，每个人都需要有一个家，以便在经过一段时间的活动后，能返家休息和恢复体能。出行时间预算约束始终存在并对交通服务模式创新、载运工具技术创新起作用。

时空性限制(time-space constraints)由以上三种限制派生而来，是指出行者的日常活动行为一般在一定的时间和地点进行，日常出行也一般在一定的线路上来回，并最终以家为归宿。现实中，个人的家庭住所和工作/上学地点是相对稳定的，平时购物、娱乐、休憩等场所也是有一定偏好的，这些都决定了个人日常活动和出行的时空范围。

但这些限制在不同城市、不同阶段对城市交通理论解析能力应对的要求有所不同。需求端典型的问题是网络支持下的弹性工作制，制造业就业岗位的减少、生产性服务业就业岗位的增加。供给端主要的变化则是时段性服务和变动，例如夜间停运的公交、高峰时段的网约车，以及营运性服务在城市与区域的差异缩小，亦称为"一体化服务"。

3）规则性原则

出行者的日常活动安排和出行选择的决策过程遵守一定的规则，包括“非最佳”选择规则。日常活动安排和出行选择过程涉及许多因素，如活动的目的、重要性、前后次序、时间、地点、出行的方式和线路等，是一个十分复杂的决策过程。这一决策过程至少与三个方面的因素相关，即决策者、方案和规则。普通出行者作为决策者获取并分析信息以及做出正确决策的能力有限，但处在不断提升乃至根本性突破的过程中。当面临的方案众多且复杂时，应允许采用多种可能的规则来选择最终方案，包括仅考虑部分方案的选择、按习惯选择、适应性选择（根据情况的变化来调整选择）、基于满意规则的选择、有限的理性选择（仅针对部分方案的效用“最大”化选择）等。因此，（个人）选择的最终方案不一定是最佳方案。

既有的“四步骤”理论方法对于出行需求与人类活动之间的关系、出行需求与交通网络供给、交通运行间的互动反馈关系缺乏足够的描述能力与方法支持，在解析出行需求机理时，存在严重的不适应性。

2. 面向跨网络组合出行需求分析的适应性

以“四步骤”为代表的需求分析方法，其基本假设是出行者以可接受的成本、利用既有的各种交通服务完成所需的空间移动，这是个体活动对于多模式交通的组合选择。但其方法论通常以单一出行、单一方式为基本分析单元，为便于计算，允许将公共交通、个体机动化交通分开独立建模，从而割裂了不同交通方式间的相互关联。事实上，各出行段（链）之间存在诸多关联，包括时空关系、人际关系、方式选择关系等。例如，交通工具使用与出行时序关系：早上乘公交车上班，在后续的出行中就不太可能改为驾车方式；或者早上驾车上班，后续出行都极有可能采用驾车方式。另外，在主导出行（如上班）途中，会产生购物、接送小孩等次生出行。然而，这些出行之间的关系在既有理论方法中很难得到体现。部分针对出行链的分析，往往把出行链断解成不同的段，只考虑各段的出行方式和活动而忽略了各段之间的联系和顺序，导致出行链信息丢失，偏离了出行链调查的初衷。

中国城市面临资源、环境约束，这使得公共交通优先发展成为城市交通核心战略。各类轨道交通和公共交通发展、传统非机动车复兴以及小汽车进入家庭，使得出行方式多样、跨网络的多方式组合出行成为中国城市交通出行的重要特征。针对单一交通方式的需求分析理论，不仅难以应对我国城市化进程中出现的种种交通难题，还会导致交通政策的决策偏差，如倾向于增加道路容量以适应出行机动化需求。为此，必须发展一种既有针对性又具普适性的复合网络需求特征分析理论。

3. 对主动式精细化交通需求管理的适应性

交通需求管理是资源环境约束下我国城市交通发展的战略需求，也是新常态和供给侧结构性改革背景下城市交通发展的应有之义。现有交通需求分析理论是在区域和都市交通规划的实践中逐步形成的。但早期将其基本功能定位在对中长期交通需求干预能力的估计上，据此测试不同规划方案在规划末年的服务水平。其主要的规划应用是确定道路是否收费以及交通走廊的车道数，也有些城市根据道路网络可扩展规模来讨论小汽车拥有使用的必要性。最典型的案例是上海在 20 世纪 80 年代末，通过对交通需求与路网服务的均衡预期，确定了小汽车牌照拍卖制度以管理增长需求。但是，既有交通需求理论与方法对近期交通政策缺乏敏感响应的能力，无法量化分析诸如道路拥挤收费、停车收费、公交补贴等交通需求管理措施产生的影响。例如，某出行者以前每天早上7:30开车上班、下午5:00下班、途中购物后返家，因单位实施公交补贴，改为每天早上7:00乘公交车上班（通勤时间有所增加）、下午5:00下班直接返家，但增加了时间灵活的开车购物出行。既有交通需求分析方法和模型对于上述政策设计及行为响应导致的出行在时间和空间上转移的现象，在机理、模型、方法、计算上难以提供支持。

当城市建设从以增量为主转向存量优化，交通规划的主要任务不再是确定交通基础设施的规模与布局优化，而是针对交通行为来调节各种交通方式及乘载系统的关系。在这样的情况下，针对交通需求管理等调节方法的研究分析就显得更为重要，支持政策效果评估的活动链与出行行为分析成为交通基础理论的核心组成部分。

4. 对推动城市交通综合治理的适应性

将交通规划仅仅限定在基础设施规划层面是远远不够的，尤其是大城市与大都市的综合交通规划。如果将基础设施作为规划的目标，可能导致公共投入的浪费和系统运行的低效。交通发展的目标应该包括但不限于出行服务的安全、可靠、经济和便捷。规划的逻辑应该以服务客、货流动为导向，先制定运输服务目标，再进行运输结构以及基础设施等的规划，同时调节各类运输服务的供给水平，优化不同交通方式之间的衔接，以满足交通综合治理的要求。

网约车、共享单车、共享汽车等的出现普及以及相关争议，都凸显了面向交通综合治理进行理论创新的必要性和迫切性。城市交通研究者必须直面重要的社会治理问题——社会的阶层化、利益的市场化与不相适应的治理体制机制之间的矛盾。如果单纯研究技术解决方案，而不探讨如何推进社会治理体系的变革，城市交通研究将会越来越脱离社会实际。

总体来看，现有的城市交通研究理论主要局限于利用工程领域的体系与技术工具，以交通工程为核心理论与方法支撑，以人、车、路、环境四个要素为基本研究对象。在交通基础设施大规模建设阶段，现有的理论方法起到了很好的支撑作用。但在新常态下，中国城市交通已经由单纯设施建设转向更多的资源重新配置以及利益重新调整的阶段。与交通设施建设不同，交通综合治理面对的是多元交通需求间的矛盾，需要解决多元交通主体之间的利益冲突。因此，管理学、社会学是其理论研究的重要基础，交通理论研究的工程思维必须向包含经济、法律、管理、政策等在内的综合思维转变。

3.3 新常态下城市交通理论创新变革方向

3.3.1 城市交通研究与实践的国际前沿动向

1. 由关注交通流转向关注移动性

2014年，欧盟发布了《可持续城市移动性规划》(Sustainable Urban Mobility Plan, SUMP)编制与实施导则，作为指导新时期欧盟城市交通发展规划的纲领性文件。在经历了道路交通

(traffic)和交通运输(transportation)规划阶段之后,SUMP被视为一种全新的规划理念和规划范式。与传统交通规划相比(表3-3),SUMP的突出特点主要体现在以下三个方面。

(1) 规划视角从关注车行交通(traffic/transport)转向人的移动及活动(mobility),由此带来规划目标、规划思想、规划成果及编制和评估手段的一系列变化。尽管可达性并不是一个全新的概念,但SUMP对其赋予了新的内涵:认为公共服务与设施的可获得性(accessibility)是城市移动性规划的目的,而交通只是达成这一目的的手段。《上海市城市总体规划(2017—2035年)》特别强调的15分钟生活圈,本质就是通过均衡的交通可达性,提高公共服务提供的公平性。SUMP的一项基本原则是,使用尽可能少的交通设施、工具为城市居民提供可靠的出行服务。更少的交通,意味着更少的能源与资源消耗、更少的污染、更低的成本以及更少的交通事故等。传统的对机动车交通流通行能力、交通速度的关注,也进一步转向对可达性与生活品质的追求以及对经济活力、社会公平、公众健康和环境质量等多维度的关注。

(2) 注重多方参与和多部门决策协调。SUMP认为,人的活动需求是城市移动性规划的核心。因此,在规划编制过程中,公众和相关利益团体的共同参与尤为重要。只有公众和相关利益团体全程参与,才有可能认可并支持SUMP的理念并付诸实施。同时,SUMP着重强调了与其他相关政府部门决策协调的重要性。提出要打破基于行政管理的边界,服务于人的实际活动(尤其是通勤)空间;跳出在交通行业内部编制规划的约束,与土地利用、经济发展、环境保护、能源、公众健康等相关部门协调合作;摒弃按照单一交通方式编制规划的思路,围绕人的需求,整合各类交通方式,并将资源分配向更清洁、更可持续的交通方式倾斜。

(3) 建立定期监测、评估和报告规划实施效果的制度,适时启动规划完善程序。SUMP设定了可度量的城市移动性规划绩效目标,并通过建立一整套指标体系对绩效目标的实现程度进行监测和评估,据此对规划目标和(或)方案提出修正措施。SUMP还要求建立规划绩效报告制度,定期公布规划实施效果。如此一来,公众和相关利益团体可以及时掌握这些信息,从而更好地参与规划的编制、实施与修正过程。2019年实施的《城市综合交通体系规划标准》(GB/T 51328—2018),第6章也明确规定了城市综合交通规划评估的内容和具体要求,并将其作为规划编制的基本环节。

表3-3 可持续城市移动性规划与传统交通规划对比

项目	传统交通规划	可持续城市移动性规划(SUMP)
规划关注点	交通(traffic)	人的出行(mobility)
规划目标	交通流通行能力与移动速度	可达性与生活品质,同时注重可持续性、经济活力、社会公平、公众健康和环境质量
规划思想	分方式的独立系统	不同交通方式协同发展,并向更清洁、更可持续的交通方式转变
规划成果	基础设施建设导向	一系列整合行动计划,成本-效益高的综合解决方案
	行业内部规划报告	与相关行业(如土地利用和空间规划、公共服务体系规划、公众健康规划等)整合、互补的规划报告
	中短期实施规划	与长远目标、战略相协同的中短期实施规划
	基于行政管理边界	基于人的实际活动(尤其是通勤)空间边界

（续表）

项目	传统交通规划	可持续城市移动性规划（SUMP）
规划编制	交通工程师	多学科背景构成的规划团队
	精英规划	公众和相关利益团体共同参与
规划效果评估与调整	有限的效果评估	定期规划实施效果监测与评估，适时启动规划完善程序

在规划编制技术办法层面，SUMP设定了11个步骤、32项任务，涵盖规划准备、规划目标与方案、规划阐释、规划实施四个方面(图3-7)。具体步骤如下：①评估SUMP编制潜力；②界定SUMP编制流程和范围；③分析现状，制定发展前景；④明确发展愿景；⑤制定优先规则，设立目标；⑥形成有效方案集；⑦明确责任，分配资金预算；⑧建立规划监测与评估机制；⑨规划批准生效；⑩规划实施管理；⑪经验与教训总结。

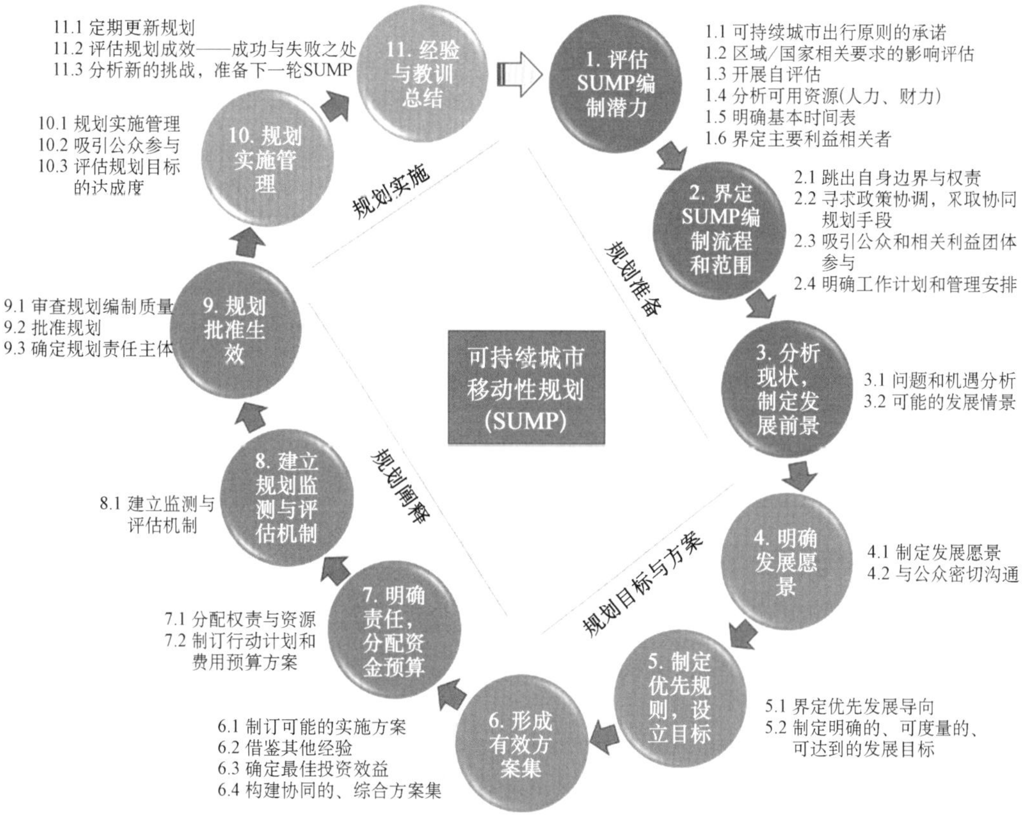

图3-7 可持续城市移动性规划流程与主要任务

2. “出行即服务”，重塑城市交通

“出行即服务”(Mobility as a Service, MaaS)被认为是近年来交通领域最重要的概念之一。芬兰ITS的CEO桑波·希塔宁(Sampo Hietanen)于2014年初第一次将MaaS引入交通领域。他认为，“出行即服务”是一种出行分包模式，用户的出行需求仅通过一个端口进行交互，实现出行的具体方案由出行服务中间商负责组织并提供。正如电信业的套餐业务，包含各种交通方式的出行服务将打包提供给消费者。随后，芬兰阿尔托大学(Aalto University)的 Sonja Heikkilä 提出更为学术化的定义："出行即服务"是一个由出行服务运营商为用户提供整体出行服务的系统。芬兰技术研究中心(Technical Research Centre of Finland)学者 Karri Rantasila 进一步指出，"出行即服务"打破了传统的出行范式——从依靠私家车或分段购买交通服务转向直接购买门到门的出行服务。

2015 年 5 月，芬兰政府开始酝酿以"出行即服务"为理念打造的"交通系统 2.0"，其目标是建立一个无缝连接、协作运营、可持续的交通生态系统，生产以用户为中心的出行和货运服务。"出行即服务"的内涵融入了社会层面的目标，并且将货运也纳入其中。同时，他们意识到，该系统的核心是数据整合，以及与公共部门、商业机构和用户的深入协作。芬兰交通部门认为，"出行即服务"本质上是提供多方式无缝连接的出行服务链。

伦敦在研究"出行即服务"的可行性时，提出支撑该系统的功能要素包括跨方式出行规划系统、预订系统、统一的票务系统、统一的支付方式以及实时信息。在探索"出行即服务"在全英国的发展机遇时，认为其核心创新要素是出行服务整合及数据共享。

"出行即服务"概念在第 22 届世界 ITS 大会上成为热点话题。同时，受芬兰政府支持，致力于以"出行即服务"为理念升级欧洲交通系统的"出行即服务联盟"在该会议上宣告成立。随后，在"出行即服务连接欧洲"项目(Mobility as a Service for Linking Europe, MaaSiFiE)中，MaaS 被定义为：通过一站式原则整合出行规划及支付，以多方式及可持续出行服务解决用户出行需求。

2016 年底，"名义上"的第一个 MaaS 服务系统 Whim(前身即"赫尔辛基模式")上线。该项目强调消除用户跨方式规划和分别付费的烦琐过程，将不同出行方式集成到移动端。此外，有日本学者将"出行即服务"系统视为连接了教育、娱乐、餐饮、医疗等所有社会服务的一种服务，这无疑是更具前瞻性的愿景。

了解"交通即服务"(Transportation as a Service)的概念有助于更好地理解"出行即服务"。"交通即服务"比"出行即服务"更早被提出，它指的是用服务要素(数据、车辆和基础设施)生产出行服务(如公共交通、汽车共享、共享单车、出租车等)，并将这些出行服务出售给消费者的商业模式。此概念代表了一次范式转变——交通提供方从提供交通工具和设施转向提供交通服务，如各大汽车厂商进入汽车共享行业就是对这一范式的实践。从此，非公有的交通方式或工具可以生产共享型交通服务，如最初的汽车共享。但这些交通服务对出行者来说依然是片段化且脱节的，需要出行者自行组合才能完成出行。显然，更进一步的发展方向应该是从消费者端将所有分段的、各自为营的出行服务整合为整体而连续的出行服务，这就是"出行即服务"所倡导的新范式转变。当然，这在可能改善出行者便利的同时，也对既有的运输服务模式、系统、从业者带来冲击。

综上所述，虽然"出行即服务"的内涵还在不断丰富，尚未形成统一而公认的定义，但基本能描述出当前业界对"出行即服务"的理解，具体如下。

从服务范式转变层面来看，"出行即服务"是在"交通即服务"基础上的进一步发展，使交通系统从提供交通工具和设施，到提供分段分方式的交通服务，最终提供整体而连续的交通服务。由此出现新的供应商，对既有客运市场产生冲击。

从目标和愿景来看,“出行即服务”希望做到只需用户提出出行需求或计划,其他环节由统一的系统来安排,此时运输组织而不是运力提供成为核心。其本质是尽可能消除用户在获得交通服务过程中的“交易成本”,加强非私有交通的吸引力。

从系统功能要素或技术层面来看,“出行即服务”须包含跨方式出行规划系统、统一的预订系统、统一的票务系统、统一的支付系统、实时信息、出行套餐,统一的用户交互端口。核心是实时信息和数据整合,以及与公共部门、商业和用户的深入协作。自动驾驶将促进系统的实现和效益提升。

图 3-8 所示为“出行即服务”系统运行逻辑示意,其中序号①—⑩是数据及需求流动的路径:①用户通过交互平台将需求传递至预订系统;②预订系统将用户请求处理后传递至跨方式行程规划系统;③该系统向共享数据库发出数据提取命令;④数据库将相关数据反馈到跨方式行程规划系统并由后者算得最优方案;⑤规划系统将方案反馈至交互界面并将方案提交给票务系统;⑥票务系统将出行方案涉及的交通方式票务请求提交至各运营端;⑦各运营端返回电子凭据至票务系统、由票务系统整合为统一票据;⑧票务系统将电子票务提交至交互平台,使用户可获得服务;⑨票务系统将方案提交至支付系统形成费用,同时用户将支付信息返回支付系统,出行结算达成;⑩票务系统将费用清分给各运营商。

实现“出行即服务”所面临的很大的挑战是如何应对交互平台公司的垄断性。基于互联网的服务整合,集中程度决定服务便利性和效率,但对于平台的监管则是全新的挑战。

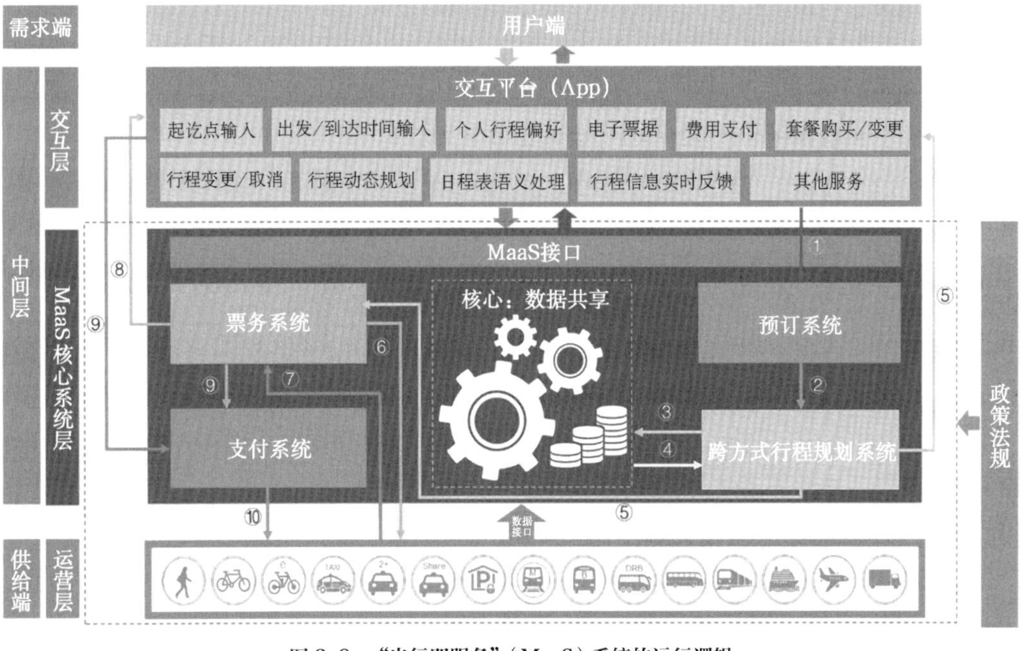

图 3-8 “出行即服务”（MaaS）系统的运行逻辑

“出行即服务”的潜在效益见表 3-4。

表 3-4 “出行即服务”潜在效益

层面	潜在效益
用户层面	实惠、个性化、无缝、易用的出行服务
商业层面	创造新业态,现有提供交通服务的公司可因此开辟新的市场
政府层面	产生经济增长,创造就业机会
社会层面	促进共享经济发展,减少私家车数量,促进交通自动化,交通系统效率及效用(质量)提升,改善空气质量,减少拥堵,减少交通设施需求; 打破各交通方式间因竞争产生的数据保护壁垒,实现数据共享; 更深入地理解出行行为,更好地指导规划
交通系统层面	创造更优出行链,增加公交吸引力,带动枢纽建设,影响居住和工业用地土地利用规划

对哥德堡 UbiGo 项目的用户调查显示,用户体验该服务后,小汽车使用减少,公共交通、自行车和步行出行增加,且对公共交通评价变好,部分用户考虑放弃购买汽车。此外,该服务对用户行为的改变不止方式转移,三分之一的用户使用 UbiGo 之后开始提前规划行程,其中出行链、出发时间、目的地的改变各占 21%,19% 改变了路径,仅有 3% 的用户对这些改变不满意。绝大部分参与者提高了出行效率或增强了出行体验,交通系统整体效率和服务质量得以提升。

但仍然存在一些需要克服的障碍,具体如下。

(1) 数据共享障碍。“出行即服务”的核心功能是跨方式出行规划,而实现这一功能的关键在于获取并融合相关数据。这里存在几个主要问题:第一,各方如何以合法的方式提供这些数据;第二,如何保证数据的质量和可靠程度,以及当异源数据出现冲突时该如何解决;第三,为了融合各方数据,需要尽快制定数据转移的格式标准,但固定的标准又会限制创新,比如一些正在开发中的系统或新的服务模式可能会被排除在外。

除了数据共享机制,还应尽早重视机制建立之后的安全问题。在“出行即服务”初创时期,各个出行段的信息分别存储于不同的出行运营商,而“出行即服务”核心功能的实现要求将各类用户出行信息进行融合拼接,这使得用户数据的安全及隐私面临重大威胁,人们对数据泄露可能产生的影响及危害程度存在严重担忧。

(2) 协作机制不确定。由哪个机构或哪类机构来主导组织运营“出行即服务”,会更利于其在市场中生存壮大并实现社会效益最优,目前仍不明确。大致可分为三大类:

第一类以某交通提供商为主导,整合其他交通方式,最终形成完整的“出行即服务”,较常见的主导者是当地公共交通部门和国家铁路部门,德国汉诺威的 HANNOVERmobil 和德国铁路 DB-Deutsche Bahn 分别为这两种模式的代表。该模式可能偏离用户实际需求,而倾向于最大化主导交通方式的使用,这一潜在问题可能导致整个商业模式不可持续。

第二类是以重要的功能提供商为主导,主要包括支付平台或电子地图商。由于这类主导者相对中立,更有可能提供以用户为导向的出行方案。但其也存在缺点,作为服务平台,有其本身主要的业务领域,但缺乏运能管控能力,是否可调用充足的人力和财力到交通领域具有不确定性,而且能否提供稳定可靠的服务也不确定。

第三类由第三方机构(不承担系统中任何功能属性)扮演“出行服务转包商”的角色。这种模式的中立性可以避免行程规划出现非用户导向的情况，但也会产生一系列问题。第一，公共交通既能为出行提供基本保障，又符合社会目标，理应成为核心服务。但问题在于，公共交通因受财政补贴而费用低廉，“转包商”无法通过大量购买服务而获得更低的价格；并且从法理上讲，政府不能直接补贴出行转包商（私企），因此，转包商获得的公共交通服务单价可能比用户平时支付的价格更高，这意味着转包商很难通过推介公共交通获利，甚至可能需要贴钱。公共交通作为核心服务却注定持续亏损，这是商业模式上的矛盾。第二，各交通服务接入转包商后，虽可能获得更多订单，但也会失去品牌曝光度，其他合作者是否愿做这样的取舍具有不确定性。第三，“转包商”可能仅收纳每种交通方式的少数甚至一个提供商，而用户有对比与选择的需求，若用户在系统外发现某种交通方式有更好的服务但未被纳入系统，会对整个系统造成负面影响。从交通提供商的角度来看，他们只想在系统中独占该类服务以得到垄断利益，所以如何平衡稳定合作与灵活竞争是一个亟待解决的问题。

(3) 协作权责分配。一站式服务不仅限于出行管理，当用户遇到问题时，也应只与唯一客服对接，这意味着“出行即服务”的责任方须承担所有交通方式的服务管理及后续事宜，而交通服务提供商则减少了理应的工作，这可能会导致分工和利益分配方面的问题。就如滴滴、优步(Uber)遇到的问题类似，通过平台组织的出租车，如果出现服务问题，很难确定应该由平台公司还是出租车公司来负责“售后”。

(4) 资金支持。从起步到实现专业化发展，服务后端的工作会变得愈加复杂，这就需要更多的资金支持。但公共部门和商业机构都对这种新型商业模式缺乏经验，他们都还没有对这种新型服务做好制度甚至概念上的准备，因此，对于该商业模式是否可以长期发展存在不确定性，这导致了吸纳资金的困难。

3. 基于人工智能与计算试验的交通研究

现有的城市交通研究体系是在观测技术和算力有限的条件下发展起来的。在研究过程中，人们习惯于将交通现象比拟为已知的自然界现象，通过数学模型和物理模型（如重力模型、流体模型等），基于“还原论”思想来研究城市交通问题。然而，现实中的城市交通是一类复杂的社会-技术系统，参与主体的行为异质性、交通组成要素的复杂关联性以及交通运行的动态变化性，使得传统研究方法与手段在面对城市交通这一开放复杂巨系统时显得力不从心。

由道路、轨道、信息等多种异质网络，出行者、运输企业、政府多个行为主体及利益相关方组成的城市交通体系，是一个以服务为本质的大尺度、多模式、多主体开放复杂巨系统。其具有复杂系统的共性，如多样性、随机性和非线性，以及骤变、震荡和自组织；也有其鲜明的个性和内在规律。其中，共性的典型体现是交通流从畅行相到拥堵相的突变，尤其是在某种特定环境下由局部堵塞到全线/网瘫痪的骤变，如2010年中秋前因降雨导致的北京市大堵车。个性和内在规律的典型体现是综合交通系统中自组织和他组织共存的现象：数以万计的出行者在广义出行费用和服务水平这双“看不见的手”的“指挥”下，自发选择出行目的地、时间、模式和路径，从而形成早晚潮汐式的出行高峰；同时，交通服务提供者（如公交企业）又用“看得见的手”（即优化线路、时刻表及票价）试图吸引更多的公交乘客。“看得见的手”和“看不见的手”共同作用，促使综合交通系统达成供需均衡，这也是自组织和他组织共同作用的结果。

在现代信息技术和移动互联网的支撑下，交通观测手段和数据获取能力发生了根本性变革，可获取的数据类型、时空间粒度、描述能力与精度都得到了大幅提升。大数据技术催生并加速了人工智能、计算实验、平行执行方法等在城市交通领域的应用。这些技术和方法被用于解析交通系统的复杂性、实时性和动态性。具体包括：应用人工系统（artificial systems）建立所有交通实体的微观模型，多采用基于多智能体建模技术；应用计算实验（computational experiments），通过人工系统有目标、系统化运行，来评估和优化交通方案；应用平行执行（parallel execution），将得到的方案应用于实际系统，并根据实际运行效果调整人工系统的模型、参数和实验方案，通过二者之间多次迭代得到实际交通系统的最优方案。有些城市及应用场景已建立一个"数字孪生系统"。

基于计算实验方法的基础是人工社会的构建。目前，在人工社会建模中，最为流行的方法是自底向上的基于 Agent 的建模方法（图 3-9）。在人工交通系统的建模中，这种方法也有多种应用。一般包括对出行个体的建模、对交通工具的建模和对外部交通环境的建模三大部分。

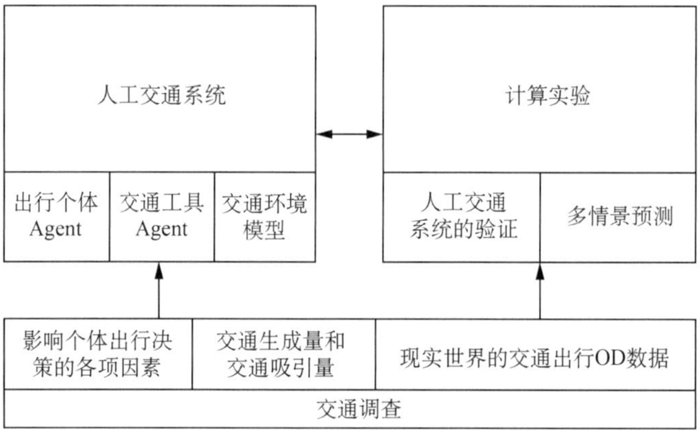

图 3-9　基于计算实验方法的研究架构示意

1）出行个体建模

由于欧美发达国家在研究出行模型初期，城市居民的主要出行方式已经是驾车，因此，大量研究都围绕"司机-车辆"结构体的行为进行建模，而针对其他形式出行个体行为的研究较少。然而，在中国以及其他国家的许多城市，出行方式中有大量公共交通和步行、自行车等，所以对出行个体的行为研究是基础。出行个体 Agent 模型至少需要包含以下模块：感知模块、决策模块、行为模块和状态转换模块（图 3-10）。感知模块实现出行个体 Agent 与公共交通工具 Agent、交通环境之间的信息交换。出行个体 Agent 可感知外部环境，如天气、交通地理信息等，同时也会接收公共交通工具 Agent 共享的信息，如车型、车上剩余空位、发车时间间隔、出行路线等。决策模块的功能是实现个体 Agent 根据个体的自身状态及出行心理知识和规则，自主推理出对出行方式及路线选择的偏好。行为模块根据推理出的决策，会执行相应的行动。例如，若个体选择的出行方式为公交车，则会前往公交站点等待；当所选车次到达该站点时，触发上车行为；当到达目的站点时，触发下车行为并离开系统。每执行一次行动，都会促使个体状态发生转变，进而影响外部环境。

在大多数基于 Agent 的研究工作中，对出行个体的建模往往采用纯数学模型。事实上，出行决策是每个出行个体根据自身已有的经验知识和外界信息，经过独立思考、自我判断后执

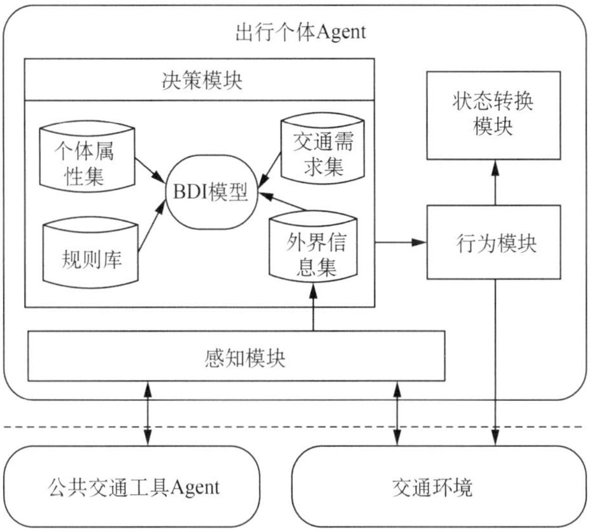

图 3-10 出行个体 Agent 模型结构

行选择行为而产生的。对不同类型出行个体的思维状态和行为反应进行建模至关重要。然而，与个体选择行为相关的个体知识、属性及外界信息，很难单纯用数字化形式表达，这就使得纯数学模型的应用受到真实性的限制。一种基于经验学习的出行个体建模方法已初步建立，但仍然缺少异质性个体在出行过程中思维和行为变化过程的推理演绎。常见的用于解决这一问题的方法有 BDI(Belief-Desire-Intention)模型。它是一种基于形式化描述的逻辑模型，由信念模块、愿望模块、意图模块和计划库组成(图 3-11)。BDI 模型对于定性与定量结合研究异质性个体出行过程中的思维反应过程具有重要作用，基于 BDI 的 Agent 建模方法在交通管理系统等领域中已有应用。

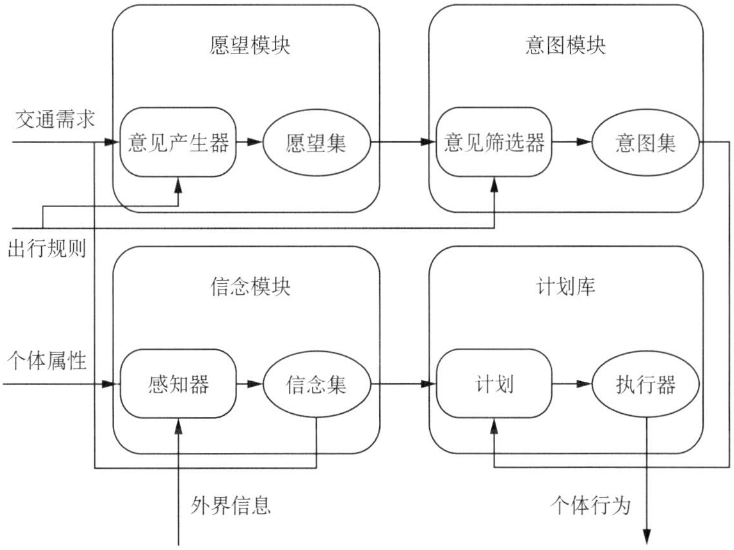

图 3-11 出行个体 BDI 模型结构

信念集是 Agent 对世界的认知，包括描述环境特性的数据和描述自身功能的数据，包含了个体在各种情况下所有可能的交通选择。感知器的作用是帮助个体获取外界交通环境信息、其他 Agent 信息和自身状态信息，并随着外界信息的变化，动态更新个体 Agent 的信念集。信念集中的各种交通选择对应的行为会被存储在计划库中待进一步选择。意见产生器会根据规则库中的规则来评估信念集中各种交通选择是否能满足个体交通出行需求，并生成在当前交通情境下，满足该类个体特定交通需求的交通出行选择，这些交通出行选择组合成个体的愿望世界。意见筛选器则是根据个体 Agent 的心理偏好程度，对交通方式或路线等做出最后的选择，出行个体对各交通选择的偏好程度(即最终选择概率)来自交通调研得到的出行规则。意图集中最终且唯一的交通选择代表了出行个体 Agent 在愿望集中所有交通选择中的最强偏好。

2) 交通工具建模

具有完整出行功能的交通工具 Agent 模型结构如图 3-12 所示。该模型包含以下几个模块：个体属性集、规则库、感知模块、行为模块和状态转换模块。交通工具的活动行为主要取决于其自身属性，例如车号、车型、发车时间间隔、乘客容量、剩余空位、服务水平、票价和行车路线，用于约束车辆何时何地发动和停止的简单规则库，以及外界交互信息。

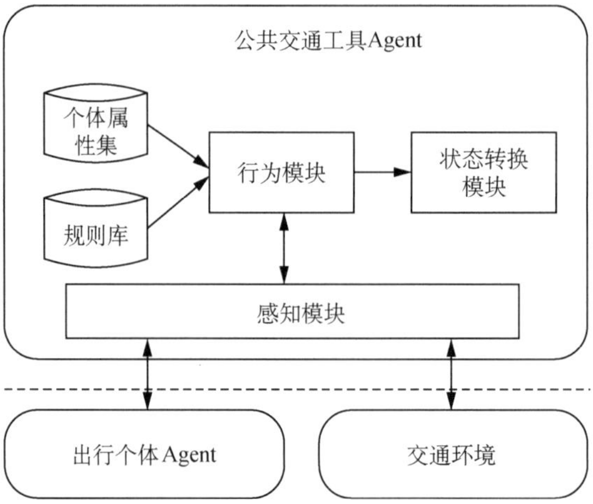

图 3-12 交通工具 Agent 模型结构

交通系统中的出行工具也因为异质性具有不同的属性。以公共交通工具为例，其 Agent 的属性集包括类型、发车间隔、乘客容量、剩余空位、服务水平、乘车费用、出行路线等。在感知模块中，公共交通工具 Agent 在出行过程中会接收到出行个体 Agent 共享的信息，包括个体 Agent 当前状态以及对出行方式和路线的选择结果；同时，公共交通工具 Agent 会实时感知交通环境的信息。公共交通工具 Agent 描述出行过程的行为包括进站、进站等候、出站、行驶，公共交通工具 Agent 会根据接收到的信息触发相应的行为。例如，当交通工具 Agent 进入站点时即进站，若存在个体处于等车状态且选择的出行方式及路线与该交通工具 Agent 的属性一致，且公共交通工具 Agent 还有剩余空位，或者车上乘客处于等候下车状态，则该交通工具 Agent 会进站等候，直到不再有乘客处于等车和等待下车状态时，该交通工具 Agent 会出站并行驶，其行为模块的每一次动作执行都会导致其状态发生转变(公共交通工具 Agent 的状态有行驶和停止两种)。

3) 交通环境建模

交通环境模型包括自然环境和社会环境两部分,如图 3-13 所示。以公共交通为例,自然环境包括公交路线网络拓扑结构、天气、空气质量、温度等。其中,公交路线网络拓扑结构由节点和路段组成,节点属性包括节点编号、坐标以及自定义属性;路段由起点和终点制定,其属性主要包括起始节点编号、终点节点编号、路段长度、路段类型、车道数以及用户自定义属性。社会环境建立在公交路线网络之上,主要描述公交站点及其附近小区的属性,包括站点名称、站点周边土地利用类型、人口密度、经济发展状况、政府对公共交通的政策、使用车辆类型、行车速度、重大活动举行情况等。

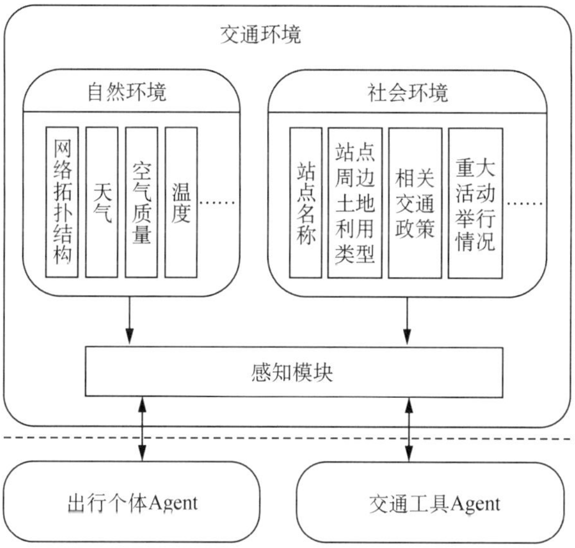

图 3-13 交通环境模型结构

自然环境和社会环境的变化都会影响出行个体 Agent 和交通工具 Agent 的活动行为。例如,当自然环境中的天气状况发生变化时,出行个体的出行交通方式和出行目的会在一定程度上发生变化;当社会环境中有重大活动举行时,地区的交通分布将会发生显著变化。

案例 基于多智能体的大规模城市出行仿真

以 MATSim(Multi-Agent Transport Simulation)为代表的基于个体出行决策和活动链模拟的大规模城市出行仿真,已在美国、英国、德国、新加坡、韩国等国家的城市交通分析中得到实际应用。例如,在英国伦敦的出行仿真中,针对 M25 高速公路内部的 940 万人建立了出行活动仿真模型;德国则实现了全境 8 000 多万人一天的活动出行模拟。

4. 前沿交通研究需要克服的技术瓶颈

无论是可持续城市移动规划、移动及服务理念的实施,还是基于人工智能与实验的交通研究,都面临着以下两个突出的问题需要解决。

(1) 个体出行活动数据的大样本(或全样本)采集与分析。个体出行活动与行为决策分析是城市交通理论研究范式转变的基础理论。然而,受制于数据的可获得性,目前,尚未能做到对城市或更大空间范围内所有个体活动的数据采集及活动链分析,这大大限制了基于个体的大规模城市出行仿真的应用效果。

(2) 计算机计算实验能力。由于是针对个体活动进行计算与仿真,当个体样本量达到千万甚至更多时,对计算机的计算能力提出了很大挑战。譬如在使用 MATSim 对伦敦 940 万个体进行模拟时,在 2012 年的计算机硬件条件下,花费 6 天时间才完成 1 次全过程迭代运算。若面向动态调度和即时组织的服务提供,算力支持仍是挑战。

3.3.2 城市交通理论研究方法的创新需求

1. 城市交通研究的空间范围拓展

回顾我国城镇化发展历程,城市空间尺度与人的活动范围的演变存在着互动关系,这种关系具体体现在城市内部和城市之间,大致可分为独立发展阶段、强核发展阶段、都市圈与城市群发展阶段。实施以人为核心的新型城镇化,推进城市群中大中小城市和小城镇协调发展,在国家经济社会运行中起到越来越重要的决定性作用。城市是城市群发展与组织的"核",城市群的区域经济实力集中体现在核心城市的运行效率上。城市交通支撑核心城市高效运行。支持核心城市对城市群辐射的机理、功能、设施布局与运输服务,是城市交通研究的重要内容。只有在城市独立发展阶段,将城市交通研究的空间范围以及城市交通模型建模区域集中在城市延绵建成区才基本可行。

城市交通最基本的特质是土地利用及由差异性决定的居住与就业、其他活动目的地在空间上的分离,由此产生了具有规律性且时空强度有差异的交通流动。城市群交通、都市圈交通、城市交通的本源在于服务特定功能的空间组织,但三者服务的对象不同、目的不同,因此需要用不同的分析方法对其分别进行研究,分析城市交通在以城市群为主体形态的城镇化发展中应起到的引导作用。城市群交通以区域网络化组织为目的,由若干个密集分布但不同等级的城市及其腹地通过空间相互作用而形成城市-区域系统。在新型城镇化发展阶段,以经济活动区域化为特点的城镇群内部的互动交流更加活跃。城市群首先是联系密切的经济圈,是相互之间有较强的产业关联、需要各类资源协同优化配置的区域。决定城市群较长距离交通需求的主要是商务出行和货物运输,城市群交通一体化发展的核心在于优化配置各类运输资源,提升区域经济活力和整体竞争力。城市群交通的格局和组织模式要有利于产业集群组织、有利于城市群空间布局优化,并服从于区域生态保护。通过构建多模式交通网络、提供多种交通方式,提高区域的可达性,满足客货运输的需求。

都市圈是城市群的一种特定模式。都市圈由一定规模以上的中心城市及与其保持密切社会经济联系、非农业活动发达的外围地区共同组成,是具有城乡一体化倾向的城市功能地域。都市圈的典型特征是核心城市与外围城市之间或相邻城市之间有稳定的通勤现象,如北京与天津之间利用京津城际铁路通勤;苏州工业园—昆山—安亭的出行强度和密度已经接近上海中心城与外围部分区域的出行分布量级,因此,沪宁高速的无锡—苏州—嘉定段呈现与城市快速路相似的高峰特征。都市圈的形成是城市化水平达到一定高度的产物,是城市功能区域化组织、职住分离诱发通勤跨行政边界分布的结果。因此，都市圈交通研究要关注城镇空间延绵、关注职住关系，注重中心城市与周边中小城镇之间交通衔接的便利性，促进中心城区与郊区实现城市功能组织的一体化，并通过选择合适的载运技术形式、交通组织方式以及服务体系来高效经济地满足交通需求。都市圈交通并非城市交通基础设施的自然延伸，它依赖于城市行政管理体制，特别是财税体制，需要建立符合各方利益的投资和运行机制。

城市交通是城市行政区划范围内各种交通方式的综合服务，其主要任务是满足城市内市民出行和货物运输的需求。由于空间范围、连接设施、服务人群的基本对应性，通过税收以公共财政投入来建设营运城市交通系统是基本方式。正是基于城市财政制度、行政管理等与城市间基础设施资金来源的差别，应关注城市交通作为一种公共服务对城市中所有人的活动提供的均等化服务，体现公平性，并满足城市生态环境的可持续性。因此，需要考虑城市群、都市圈交通与城市内、城市间交通的差异性，尝试建立与地区活动特征和合作模式相对应的交通体系。城市群、都市圈以及城市内的城市交通，要体现核心城市在城市群中对区域经济发展的带动作用，注重中心城市与所辐射城市的职住联系，满足城市行政区内的公共服务均等化要求。同时，要建立新的分析体系，识别更大范围内利益相关者及利益分配、利益补偿的机制体制和治理模式。

2. 面向出行服务化的城市交通研究范式转变

在新常态与供给侧结构性改革的大背景下，大规模交通基础设施建设进一步受到资源、环境、资金约束，城市与交通发展模式也从以增量为主转向存量优化、有序建设和适度开发。与此同时，以人为核心的城镇化，决定了交通系统建设的关注点从交通流转向交通服务。这就要求在基础设施规模、形态、结构基本稳定的条件下，继续扩大交通服务供给能力以满足人的需求。移动互联网催生新技术应用和新业态服务，绿色、共享、智慧出行从理念转向实施，不仅引发了就业与生活方式、拥车与用车行为的转变，也给城市交通的运营组织带来了新的变化。

回顾中国过去30多年的城市交通研究与实践可以发现，任何单一的对策都难以对综合交通体系甚至交通模式的结构产生决定性影响。奥运会、世博会等大型活动交通保障的成功经验表明，将多模式交通网络视为一个整体，同时通过政策和信息对交通行为、交通系统进行干预与调控，是构建和完善城市综合交通体系应遵循的基本规则，需要变革当前城市交通研究范式。变革的方向是依托多方式复合交通网络，利用交通信息化与大数据技术，从人的需求产生机理出发，建立面向出行服务体系构建的城市交通基础理论方法。改变传统的从交通设施和工具着手的研究范式，转向以服务功能和交通网络为主线来研究城市交通；借助信息化、大数据与人工智能技术，突破当前城市交通理论研究的局限。具体而言，就是以提供可持续出行服务为宗旨，以主动引导交通需求为导向，以复合网络构建与运行为核心，综合运用工程、经济、法律、社会等多学科交叉手段，依托现代信息技术和大数据分析技术，建立城市交通研究理论新范式，见表3-5。

表3-5 新常态下城市交通理论研究创新需求

要素	既有研究范式	新的研究范式
时代背景	交通设施大规模建设	由增量为主转向存量优化，有序建设，适度开发

(续表)

要素		既有研究范式	新的研究范式
关注点		满足交通工具的移动	满足交通出行者的需求
研究对象		交通流-交通设施	交通服务-交通网络
基本逻辑		被动适应需求:增加交通设施,满足交通流运行要求	适应并主动引导需求:构建、组织、调控交通网络,满足一体化出行服务要求
核心内容		交通基础设施:独立构建分交通方式的单一物理设施网络(如道路网、地面公交网、轨道网等)	交通服务体系:多方式复合交通网络(物理设施网络、运输组织网络、信息诱导网络)整体构建与运行调控
应用场景		面向中长期设施建设	既面向中长期设施建设,又面向短期甚至实时管理调控
理论需求	需求理论	基于出行统计的需求预测	基于个体行为决策的需求分析
	供给理论	单一设施网络的交通承载力	多方式复合网络的交通服务能力
	交通流理论	机动车交通流	混合异质交通流
研究手段	数据来源	小规模抽样调查	现代信息技术和移动互联网支撑下的多源大数据
	分析方法	数学解析,仿真模拟	人工智能、计算实验,平行控制
	模型支撑	宏观、中观、微观模型独立构建	宏观-中观-微观一体化模型
	学科交叉	以工程学为核心	综合运用工程、经济、法律、社会等多学科交叉手段

研究范式转变的必然性和关键内容说明如下:

(1) 时代背景:新的城市交通研究范式须适应新常态及供给侧结构性改革背景下城市与交通发展由增量为主转向存量优化、适度开发的新阶段。服务需求继续增加,设施扩容受限,而服务品质需要提升。

(2) 关注点:将关注点从交通工具转向人的出行需求,这既是新型城镇化的要求,也是城市交通服务内涵的应有之义。随着生产方式和产业结构的变化,就业模式及就业与居住的空间关系和时间约束都会发生变化。特别是新冠疫情对就业模式、交流方式以及交通工具的选择倾向产生了持久影响,也为生产与生活的活动组织提供了新模式、新理论,如健康城市的建设要求。

(3) 研究对象:研究对象从重点研究交通流与交通设施间的匹配关系(车、路关系),回到人、车、路、环境的复杂作用关系,并将"车"从简化至小汽车重新诠释为各类载运工具,进而转向研究交通服务过程链、方式链与复合交通网络间的动态链接关系。

(4) 基本逻辑:认知并认可出行需求与交通供给之间的互动关系。从通过增加交通设施来满足交通流运行要求的被动适应需求模式,转向适应并主动引导需求的双向调节模式,通过构建、组织、调控交通网络,以满足一体化出行服务的要求。

(5) 核心内容:实现从提供交通设施能力向提供交通服务的转变。为以服务满足而不是供需平衡的程度来度量交通系统的功能与性能。也就是说,将原有的针对单一交通方式独立构建物理设施网络的方法，改变为多模式复合交通网络的构建方法，即考虑物理设施网络、运输组织网络、信息诱导网络等多重网络的相互作用，通过供给、需求、运行的调控，达成出行便利和运行高效的目标。

(6) 应用场景：新的城市交通研究范式，既要面向中长期设施建设，又要面向短期甚至实时管理调控。对于基本稳定的交通网络，由于难以分隔规划、设计、建设、使用各个阶段，因此应面向城市交通设定的目标，将网络的构建与运行视为一个整体进行研究。

(7) 理论需求：为实现研究范式的转变，需要对既有的交通需求、供给和交通流运行理论进行升级改造。要建立基于个体行为决策的需求分析理论、面向多方式复合网络的交通服务能力分析理论，以及混合异质交通流运行理论。

(8) 研究手段：跳出传统工程学研究范畴，综合运用工程、经济、法律、社会等多学科交叉手段。数据来源从小规模抽样调查转变为依靠现代信息技术和移动互联网支撑下的多源大数据；分析方法从数学解析和仿真模拟转向人工智能、计算实验与平行控制相结合；定量模型支撑从宏观、中观、微观模型独立构建转向宏观-中观-微观一体化模型构建。

3. 城市交通理论与交通运输工程学的关系

交通运输学或者交通工程学一般从交通设施和工具，或是客运、货运组织等方面着手研究。在交通运输工程学体系中，通常把城市交通看作交通运输系统在特定空间的一种特殊组织体系或方式，与城市间公路、铁路、航空、内河航运、海运、管道运输处于并列地位。在交通工程学的体系中，则将人、车、路、环境作为一个统一体进行相互作用规律的研究。城市交通学研究则从城市生产与生活组织的基本空间关系出发，从活动主体的行为特征与影响规律出发，描述城市系统中因就业、居住、生活等各类活动产生的空间位移和出行需求，以及交通流与设施在加载出行需求和管理措施之后的特征及变化。其研究内容涵盖：对交通产生、分布进行分析；城市土地使用与交通系统规划(包括道路系统规划)的作用机制；交通流分析与交通工程设计、设施设计；交通对环境的影响与系统效益分析；交通运行组织与分析；交通管理与控制、交通安全分析以及交通政策的短期与长期作用；等等。

从城市交通的机理来看，无论是交通运输学还是交通工程学所建立的理论和技术框架，都不足以解析城市交通并提出系统解决的对策，二者在研究城市交通方面都存在局限性。一方面，城市交通问题不是任何一种交通工具或交通子系统的问题，不能将城市交通视为交通运输的一种方式或多种方式的简单集合。另一方面，城市交通与交通运输二者存在本质区别。城市交通更侧重于为与城市功能相关联的人的活动提供服务，而交通运输更多的是一种与经济直接关联的活动，因此，将交通运输业归为第三产业。交通运输学的研究对象、重点和方法都不同于城市交通问题的研究。前者可从人与物的移动需求开始研究，后者则必须理解城市自身的功能、空间、交通便利性及代价，以及城市与交通系统、人的相互作用关系。

城市交通源于生产、生活在空间上的组织形式，是由土地开发效益和空间利用效率等引发的人与物的活动。随着城市的发展、社会的进步、技术的革新，城市交通问题变得日益复杂。工程学解决问题的逻辑往往是基于抽象出要素之间的确定性关系来给出解决方案。然而，城市交通与人的理念、价值观、行为、政策、制度等都有密切关系，存在诸多在交通工程学中未能准确描述的要素。比如，有人选择在郊区居住以获得更大的居住空间及舒适性，这就导致上下班路途更远、时间更长,或者为了子女教育而迁移。此外,经典交通工程学和交通需求分析对人的特征、行为往往通过平均化方式加以描述,而在城市交通问题的研究中,需要充分考虑人的个体化差异,并且技术发展已经使其成为可能,这正是研究城市交通的理论与方法所面临的创新机遇。尽管交通工程学在很长一段时间内为分析交通问题尤其是道路交通问题提供了行之有效的逻辑和技术方法,但在城市发展模式转变、资源环境约束及可持续发展要求的背景下,单纯依靠工程技术手段解决问题的空间越来越有限。因此,必须转变思路、创新理念,跳出工程学的范畴,运用多学科的思维来研究和解决城市交通问题。

4. 城市交通理论研究的学科交叉关系

20 世纪 90 年代,钱学森先生在系统论的基础上提出城市学研究,强调"城市建设要有规划,要搞城市学的研究,就是说整体考虑的重要性。城市也是一个大系统,没有系统的整体考虑怎么行!",因此提出了城市科学的研究理念。

城市科学是以城市为研究对象的学科群体。城市作为城市科学的研究对象,是一种集自然、生态、科学、技术、社会、经济、政治、军事、文化于一体的社会物质存在形态,既具有自然科学属性,又具有社会科学属性。交通是连接城市的重要纽带,也是为城市发展提供人流、物流的物质载体。德国人文地理学家弗里德里希·拉采尔(Friedrich Ratzel)曾指出"交通是城市形成的力"。交通的发展与城市的兴起和演变密切相关,是城市最基础、最关键的元素。在城市现代化进程中,城市交通研究已经从单一基础设施的规划、建设、管理发展成集合了城市规划学、经济学、社会学、地理学和工程科学等多学科的综合性学科领域,是城市科学的重要组成部分。

由于城市交通问题涉及众多的主体和学科,无法用现存的任何单一的、一般性的理论来解决。城市属性决定的职住空间分离是交通产生的根源,城市空间布局在很大程度上决定了城市交通状况。城市规划理论从空间布局角度来考虑交通问题;交通工程学主要研究解决人-车-路-环境之间的关系,从工程学的角度分析和解决城市交通设施、运行管理等方面的问题。然而,无论是规划还是工程设计,都有目标年和有效期,规划学和工程学都是解决阶段性交通问题的方法论或途径,却都未能很好地回应城市持续发展的问题及要求,也未能很好地回应城市的主体——人的价值观和需求发展变化时交通系统的适应性问题。

随着机动化的不断发展以及人本思想的兴起,资源和环境约束开始越来越突出,人的需求也在不断更新。因此,必须从社会学、生态学的角度来思考城市交通问题。在通过规划和工程设计解决设施布局、建设、管理等问题的同时,应充分考虑城市交通不断变化的多元化需求,政策、制度对城市交通的作用,以及政府、企业、市场等多主体在城市交通中的互动作用,并始终遵循资源环境约束下可持续发展的要求。因此,城市交通问题必须用多学科、系统论方法进行研究。

3.3.3 城市交通理论研究方法创新的基本对策

1. 交通理论与方法重点创新领域

在新的研究范式和数据获取环境下,需要重点突破基于活动的出行行为与需求分析理论、面向服务提供的复合交通网络性能分析理论，以及面向异质混合交通的交通流运行理论。

(1) 基于活动的出行行为与需求分析理论

交通需求分析的两类基本模型，即出行模型和行为模型，它们有各自的特点和适用性。出行模型以单一出行为基本统计单元，构建基于统计关系的出行需求预测方法；行为模型则强调交通需求派生于活动，构建基于行为(决策)关系的预测方法。前者适用于中长期的需求分析，服务于交通基础设施建设；后者既适用于中长期的需求分析，也适用于短期的需求分析，服务于交通设施建设、交通政策与管理措施效果评估。因此，为适应新常态下城市交通研究范式的转变，需要重点突破基于活动的出行行为模型。其中，个体活动特征识别与机理解析是核心内容，出行链分析技术(可能涉及多个设施网络)、基于智能体的建模技术是核心手段，信息技术是支撑工具。在此过程中，需要克服分析方法的复杂性与数据获取的庞杂性。

(2) 面向服务提供的复合交通网络性能分析理论

随着多方式复合交通网络的建设，交通网络供给分析由传统的单一方式单一网络转向道路网-公交网-地铁网等多方式网络进行整体关联的复合网络交通承载力分析。该理论以提供稳定、可靠的服务为导向，既关注不同方式网络间的关联，又注重网络构建与运行调控的统一，在适应需求的同时也注重引导需求。多智能体建模、计算实验与平行执行是复合网络性能分析的核心手段。

(3) 面向异质混合交通的交通流运行理论

交通方式的多样性给交通流理论研究提出了新的挑战。微观上要求从以小汽车为主导的机动车交通流向考虑行人、非机动车在内的混合异质交通流拓展。宏观上要求不仅关注单一网络，还须考虑多方式复合网络；不仅关注静态的网络均衡，更须注重网络状态的演变，如拥堵的传播与消散，进而建立复合网络交通动力学理论、模型和方法。在此基础上，进一步探索交通网络拓扑结构的统计特性与交通网络上的出行行为，包括出行选择、自组织等，解析“个体出行者-交通网络拓扑结构-网络交通流”之间的映射机理。

2. 研究视角转变

从提供服务的视角来看，城市交通是自然科学与社会科学的交叉领域，城市交通学是城市规划学、交通工程学、统计学、社会学等的衍生，与它们既具有交叉属性，又相互独立。研究城市交通问题需要综合考量多学科之间紧密的内在联系。相关学科从不同的侧面对城市交通问题进行了研究，但都只能分析部分城市交通问题。因此，城市交通理论研究尤其要注重从传统工程思维向工程、经济、法律、社会等综合思维的视角转变，以及从学科交叉向交叉学科的转变。

3. 研究技术手段与能力提升

随着信息技术、通信技术、计算机技术等的快速发展，数字城市与智慧城市接踵而来。数字城市与智慧城市的建设促进了移动互联网、物联网、云计算等技术的发展，并直接推动了人工智能时代的来临。在交通领域，传统的数据采集方式向电子化设备与高级应用转变，这为交通大数据的形成与发展提供了助力。数据采集手段从传统的感应线圈和微波雷达等固定检测、基于浮动车的移动检测向北斗卫星导航系统、智能手机、智能穿戴设备、IC卡等新型检测手段，以及集约的交通传感器布局和稳定的多源数据融合方向发展。交通大数据为“感知现在、预测未来、面向服务”提供了最基本的数据支撑，它是解决城市交通问题的最基本条件，也是制定宏观城市交通发展战略和建设规划、开展微观道路交通管理与控制的重要保障。

依托信息化技术与大数据资源，我们可以利用智能体模拟个体出行链，建立城市交通孪生系统平台；利用计算实验开展交通系统验证与场景库分析；通过平行执行动态链接实验场景与真实运行，为基于活动的交通行为与需求分析、城市交通网络构建与运行、交通政策效果评估等提供全新的研究手段。

第 4 章
城市交通学理论方法的基本框架

4.1 城市交通基础理论与分析方法

城市交通研究已形成了以城市交通需求分析、城市交通供给分析、交通网络与交通流分析为核心的方法体系。

4.1.1 交通行为与需求分析理论

1. 基于出行行为的交通需求分析方法

交通行为与需求分析旨在解析居民出行的生成机理以及出行量在交通设施网络上的时空分布情况。20 世纪 50 年代，美国大规模建设州际高速公路及城市交通基础设施，并规定 5 万人口以上的城市均需开展综合交通系统规划，这推动了基于交通小区的出行需求"四步骤"集计分析方法的开发。该方法通过交通出行生成、出行分布、交通方式划分、交通量分配这四个步骤，对未来交通系统的供需配合进行预测和评价。该方法以数理统计理论为基础(statistically-oriented)，以单一出行作为基本统计单元，它更多地关注需求预测结果的获得，而不注重解析产生结果的内在原因(但这也许正是这种方法得以推广应用的主要原因)，其基本逻辑如下。

在出行生成阶段，根据出行率这一统计指标来分别"集计"(aggregate)各个交通分区的出行发生量和吸引量，以此建立用地性质、开发强度与出行量的关系。这一集计过程主要采用回归方程、交叉分类(cross-classification)等统计分析方法。

在出行分布阶段，任一特定分区的出行发生量依据其他分区的出行吸引量分配，表达为空间两个特定分区之间的出行联系量。两个交通小区之间的出行特性也是用一组统计特征值——平均出行阻抗来描述。出行分布模型表达了城市内居住-生产-生活在空间上分离而形成流动的机理，移动所需要的时间是主要代价。

在交通方式划分阶段则使用以各种统计手段所得的比例系数(factors)来估计各种出行方式所承担的出行量份额。交通方式划分模型试图解析出行者选择不同交通方式完成空间移动的决策过程。早期的交通方式划分重点关注公共交通与私人小汽车的竞争关系，通过经验统计来表达城市人口规模、交通方式成本差异与分担率之间的关系。后续研究发现，尽管成本决定个体出行对交通方式的选择，但出行成本因人而异，而且不同出行成本的差异可以通过政策及管理手段进行调节。由此可见，交通行为才是交通需求理论的基础性问题。

以上是"四步骤"理论方法估计出行需求及其空间分布的三个关键阶段。值得注意的是，交通系统特别是交通网络及其运行特性对于需求的作用在以上三个阶段均没有被充分考虑，即"四步骤"模型的出行需求预测过程假设交通系统特性基本稳定。只有到了交通分配的最后阶段，分方式的出行需求量才会加载到相应的交通网络上。运输供给能力与交通需求的平衡以及考虑单一交通方式的供需平衡程度对其他交通方式的网络的影响，需要通过反馈循环的方式来实现。

"四步骤"需求分析框架仍然是目前交通需求分析的主流理论，集计统计是主要方法，但其缺陷也非常明显，具体如下。

理论上虽承认交通行为解析是交通需求理论的基础，但难以体现个体差异；方法上以中长期交通需求预测为主要目的，缺乏对短期政策变化的敏感性分析，无法考量诸如道路拥挤收费、停车收费、公交补贴等交通需求管理措施的即时和长期影响。

以单一出行为分析对象，已经形成的计算与模拟方法不考虑出行之间的各种关系，包括时空关系、人际关系、方式选择关系等。例如，早上乘公交车上班，在后续出行中就不太可能改为驾车方式；或者早上驾车上班，后续出行都极有可能继续采用驾车方式。另外，以一个目的定义一次出行，然而实际上，在以上班为目的的通勤出行途中，可能会产生购物、接送小孩等次生出行。出行之间存在关联关系、多目标叠加关系，在传统四步骤模型中很难基于活动机理来反映活动过程。

以一天为周期统计出行次数，忽视了出行的时间变量。四步骤模型对高峰小时的出行预测依赖于高峰小时流量比，无法考虑出行者根据高峰期延长、交通拥挤、停车条件等情况对出行时间的选择。此外，产业结构与就业方式变化带来的网络办公、弹性工作制等导致原本规律的出行周期也从一天延长到一周甚至一个月。

以社会、经济、人口数据为外生变量，不能有效地描述土地使用与可达性的相互关系。四步骤模型本身不具备分析新建道路/公交等交通设施改变土地使用、开发价值、可达性(交通拥挤)对出行发生和吸引的渐变影响的能力，只能描述土地开发项目与出行需求相互适应进入稳定状态后的结构，却无法描述这个过程。

可用的方法、流程与行为、需求并不具有对应性，以相互独立的分析步骤(阶段)为模型构件，缺乏系统内部的一致性。四步骤模型在出行发生和吸引量之间、在人的活动与车的移动出行量转换之间、在交通分区内部出行量与外部出行量之间以及出行阻抗(时间或费用)在出行分布与交通分配之间，都存在机理、逻辑、方法上的不一致。

随着交通基础设施大规模建设趋于尾声，人们逐渐认识到四步骤模型以交通供需平衡为目标、围绕设施建设的规划的缺陷也逐渐被认识，因此，城市交通规划研究重点出现了一系列调整。从 20 世纪 70 年代的交通系统管理(Transportation Systems Management, TSM)，到 80 年代的出行需求管理(Travel Demand Management, TDM)，再到 90 年代并持续至今的交通控制措施(Transportation Control Measures, TCM)，均体现了城市交通规划内涵的拓展及目标的调整，即从中长期的基础设施规划布局转向对近期乃至现状交通系统运行管理和控制的优化。这些调整变化给标志着交通规划得以独立成为研究领域的交通需求分析理论带来了严峻的挑战。

2. 基于活动的交通需求分析理论

20 世纪 70 年代,随着随机效用理论、离散选择模型的成熟与应用,研究人员开始探索基于个体的非集计需求分析理论。1990 年代,随着 IT 技术、GIS 分析以及计算机分析能力的提升,逐步建立了基于活动(activity-based)和出行链(trip-chain)的需求分析理论。与基于出行的需求分析理论不同,基于活动的需求分析理论最突出也是最具魅力的特点在于寻求人们出行的内在原因与规律。因此,这类模型主要以研究人类行为(特别是个体出行行为)的理论为基础(behaviorally-oriented),紧紧抓住"人们为什么要出行"这一实质性问题,揭示出行只是人们日常活动许多属性中的一种特有属性。进而,行为模型将人们的活动需求或参与活动的愿望视作产生出行的真正原因,并认为对出行行为的任何理解都应当从属于对活动参与的先行认识。由于将活动与出行视为一种直接的因果联系,行为模型就有可能把出行行为放在一个更宽阔的社会经济背景和城市环境中但受到时间空间限制的条件下来进行研究,把出行作为关联时间、空间的活动表达,而不仅仅是两点间的空间移动。

行为模型以家庭日常活动-出行模式(activity-travel patterns)为基本分析对象。家庭日常活动-出行模式一般分为通勤和其他两种(图 4-1)。通勤模式适用于对工作者(worker)和学生在一般工作日的活动-出行行为的分析;而其他模式则适用于对非工作者(non-worker)在一般工作日和对所有出行者在节假日的活动-出行行为的分析,该模式具有更大的调节可能。具体而言,行为模型对以家庭为单元的出行需求的模拟上溯到社会关系和活动,而非移动本身。正如步行和自行车不仅表现为空间移动,更是健康、锻炼目的的活动。

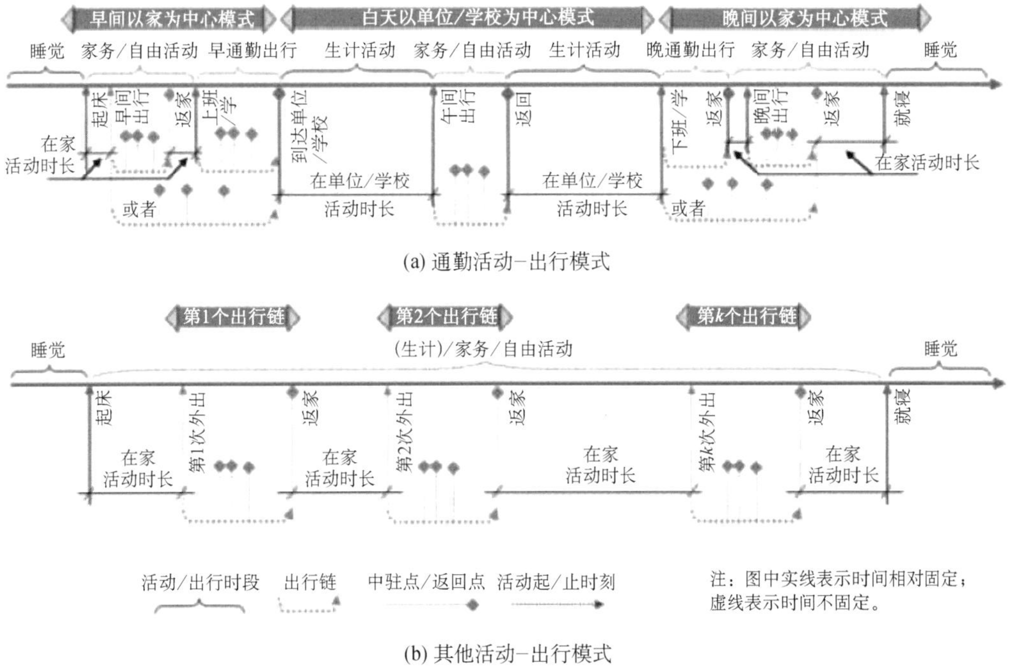

(a) 通勤活动-出行模式

(b) 其他活动-出行模式

图 4-1 活动-出行模式示例

(1) 活动生成和分派(activity generation & allocation)。根据家庭类别、结构(大小和组成——成员、性别、年龄、关系等),生成所有可能的日常事务(episodes),然后将这些事务在家庭成员之间分派。

(2) 活动排序(sequencing)。根据事务的重要性(priority),按照日常活动的不同目的来区分主导活动和次要活动,并确定活动参与(activity participation)的次序以及出行类别。

(3) 活动安排(scheduling)。根据家庭所面对的各种限制条件来安排活动时间(time-of-day)、活动地点,包括中驻点(stop)、目的地(destination)以及活动时长(duration),并为每一位出行的家庭成员生成出行链(trip-chain)。

(4) 出行方式/线路选择(mode/route choice)。根据家庭的交通工具(如小汽车)拥有情况来选择出行方式和线路。

上述几个方面基本上构建起了行为模型的关键技术路线,构成了行为模型系统的主体技术框架。利用行为模型分析家庭日常活动-出行模式,并模拟出行需求在空间数轴和时间数轴上的分布,形成核心模块。

3. 交通需求分析的理论方法发展趋势

基于出行和基于活动行为的两类交通需求分析具有相同的方法逻辑,但分析理论存在根本性差异(表 4-1)。行为模型在理论上强调是活动需求生成了出行需求,它与基于出行的模型理论的本质区别在于行为模型将出行分析和模拟建立在变量之间的行为关系上而不是统计联系。行为模型引入了时间变量,认为活动-出行行为既受空间限制,也受时间限制。正因如此,它能分析出行需求在任意时间周期(如一天)内随时间的变化情况,还能反映出行者根据交通拥挤情况和其他有关信息(如停车)来选择出行时间甚至地点的属性。

表 4-1 两类需求分析理论的比较

项目	基于出行的四步骤需求分析理论	基于行为(活动)的需求分析理论
基本思想与本质差异	以单一出行为基本统计单元,构建基于统计关系的模型	强调交通需求派生于活动,构建基于行为(决策)关系的模型
需求分析周期	面向中长期的需求预测	既面向中长期的需求预测,又面向短期的需求预测
短期交通政策评估适用性	不适用	适用
易推广性	易推广	尚未普及

基于数据获取与处理能力的大幅提升,行为模型在应用开发方面取得了长足的进步,基本具备了取代出行模型的所有理论与技术条件。由于其概念的清晰性、理论连贯,在中长期出行需求预测方面具有可靠性,并且在短期政策测试中展现出特有的灵活性,所以行为模型被普遍认为将是新一代占主导地位的出行分析和预测方法,这标志着出行分析理论和技术的变革方向。

4.1.2 交通网络分析理论

早期交通网络分析理论聚焦于网络供给能力的分析,包括对道路断面和交叉口通行能力、公共交通线路和站点通行能力的分析，同时也包括运用图论、复杂网络理论等对交通网络拓扑结构及承载力与可靠性、脆弱性、韧性的分析。

1. 道路与公共交通通行能力

道路通行能力是指道路设施疏导交通流的能力，即在一定时段（通常取 15 min 或 1 h）和正常的道路、交通、管制及运行质量要求下，道路设施通过交通流质点的能力。通行能力一般以辆/h、pcu/h（pcu 表示当量标准小汽车）表示。通行能力实质上是对道路负荷性能的一种度量，它既反映了道路疏通交通的最大能力，也反映出在规定特征条件下道路所能承担车辆运行的极限值。

道路通行能力的研究始于美国。从 20 世纪 40 年代起，针对在公路规划、设计、修筑、养护及运营过程中出现的各类问题，美国开始了公路通行能力的研究。1950 年，美国交通工程师协会在道路通行能力研究成果的基础上，编写并出版了《道路通行能力手册》（*Highway Capacity Manual*，HCM），至今已修订了 6 版，2022 年发布了最新版本——HCM 7。其内容也从最初的公路扩展到多类设施，用以衡量交通供给的数量和质量等方面的要素特征。继美国之后，英国、法国、德国、澳大利亚、日本等诸多发达国家，也根据本国的实际情况与经验积累编制了各自的 HCM 手册。这一举措有力地推动了交通量调查制度的建立以及各类检测技术和装备的发展。

在道路通行能力研究中一般将道路分为若干种类型和组成部分，如高速公路（控制进入）的基本路段、不控制进入的汽车多车道公路路段、不控制进入的汽车双车道公路路段、混合交通双车道公路路段、匝道（包括匝道-主线连接部分）、交织区、信号控制的平面交叉口、无信号控制的平面交叉口、市区及近郊干线道路等。早期的 HCM 聚焦于机动车通行能力，之后逐渐引入公共交通、行人、自行车的通行能力分析。从 2010 版本之后，开始强调多模式交通通行能力与服务水平的整体分析，将机动车、公交车、自行车、行人等多类出行主体进行交叉、关联性评价，如图 4-2 所示。

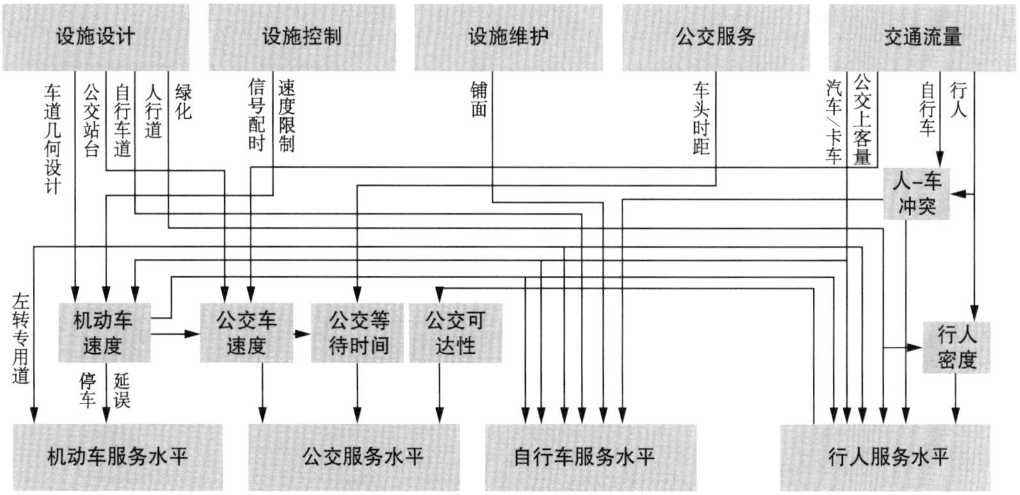

图 4-2 城市道路多模式交通通行能力与服务水平整体评价

除了道路通行能力的研究，公共交通通行能力及服务水平的研究也得到广泛关注。1999年，第一版《公共交通通行能力和服务质量手册》(*Transit Capacity and Quality of Service Manual*, TCQSM)出版问世。经过两轮修订，2013 年发布了第三版。TCQSM 给出了常规公交车、需求响应式公交、轨道交通、渡轮、中途站及首末站等公交系统或设施的通行能力与服务水平分析方法。

2. 交通网络拓扑结构与承载力

通行能力的概念和计算通常针对特定“点”和给定时段，难以度量网络性能，而城市交通网络是一个综合、动态、开放的复杂巨系统，对其研究需要综合运用包括管理科学、系统科学、控制论、信息技术、行为科学、经济学等多种学科知识。21 世纪初兴起的一门新兴交叉学科——复杂网络理论，关注个体之间微观相互作用导致的系统宏观现象，能把微观性质与宏观性质联系起来，预测复杂系统丰富的整体行为，如自组织特性、涌现等，这使其成为研究交通网络的有力工具。复杂网络理论在城市交通系统分析中的应用，主要包括城市交通复杂网络的特征提取和实证研究、交通复杂网络演化机制研究、交通网络动力学研究、交通拥堵机理与控制效应研究等。

在城市道路网络研究方面，研究人员利用拓扑理论实证分析发现，不同形态和历史背景的城市道路交通网络均为无标度网络，并且呈现出小世界特性。针对城市公共汽车网络的分析表明，公共线网的度分布表现为幂律分布(或指数形式)，所有网络都展现出小世界特性。这些实证研究证实了城市道路网络和城市公共交通网络具有复杂网络的特性，使得复杂网络理论及分析方法可进一步被应用于交通网络研究。

网络演化性质是指实际网络演化过程的趋势及规律，可用来检验网络演化机制，把握网络发展趋势。对城市交通网络时空演化的研究表明，城市交通网络具有一种内部自相似性的等级结构，具有分形性质，并且其分形维数会随着时间的推移而变化。网络结构的稳定性至少包括鲁棒性和脆弱性两个方面，是网络对各种攻击方式的响应度量。网络结构稳定性的研究对于设计新网络和保护现有网络有着重要意义。城市交通网络的稳定性是城市运行和交通管理的重要目标之一。尤其是当特大城市交通运行高度依赖大运量公共交通网络和大容量快速路网络时，网络的局部故障会显著增加网络其他部分的负担，尤其是枢纽节点和负荷高的节点，其服务能力的降低极有可能导致整个网络的崩溃。因此，提前确定网络中的枢纽节点至关重要。迄今，用定量分析方法识别城市交通网络枢纽节点的方法并不多见，寻找枢纽节点是网络结构分析与韧性研究的一个难点。

网络动力学主要研究网络拓扑结构对网络能力以及网络交通流的影响。基于网络结构转变过程中网络负荷变化的研究发现，在从随机网络转变为无标度网络时，随着网络拓扑结构的转变，网络的传输能力逐步恶化、负荷趋于集中化，即集中到少数度非常大的节点。通过研究网络的平均连接度来判断网络对交通拥堵的易感染程度，发现对于平均连通度相同的网络，无标度网络较随机网络更易产生拥堵。

4.1.3 交通流理论

交通流理论借鉴了流体力学、物理学等的基础理论，建立起包括交通流的流量-密度-速度基本关系、跟车理论、车流波动理论、排队论等在内的微观交通流理论，以及面向交通网络运行状态分析的宏观网络交通流理论。

1. 微观交通流理论

自 1935 年格林希尔茨(Greenshields)等提出流量-速度关系模型以来，先后出版了多部交通流理论研究专著。机动车流密速三参数模型是交通流理论和交通工程学的基石。交通流基本图模型进一步将交通流运行特性指标(流量、密度和速度，简称流密速三参数)之间的关系从点线拓展到面。随着交通流自动检测设施的大规模安装，基于实证数据的交通流运行特征提取与精准度量取得了重要进展。三相交通流理论以及交通流失效、通行能力下降、磁滞现象、交通流震荡现象等得以被深入研究。

除了交通的流密速基本关系外，针对个体车辆(或非机动车/行人)交通运行特性进行建模分析的理论与方法，是解析、描述和预测交通流运行规律的重要手段之一。理论研究的重点内容包括车辆跟驰模型、换道模型、元胞自动机模型、行人与非机动车模型、车路协同环境下的微观交通流模型、微观模型的参数标定、微观交通仿真系统等，自动驾驶车辆对交通流自组织及协同的影响是新的研究热点。

2. 宏观网络交通流理论

网络交通流理论是模拟交通需求作用于交通网络之后各类设施的交通运行状况。以道路网络为例，供给要素如路段、路径、费用，需求要素如 OD 对和时间分布。运行状况通过流量、速度、服务水平等指标来表达，为交通网络评价和优化设计提供决策依据。网络交通流模型的核心是出行者选择路径的行为准则，成熟的理论方法包括用户均衡和系统最优、随机用户均衡。用户均衡模型假设出行者对网络状况有精确的认知，基于松弛司机知晓网络实际交通运行状况的假设，在早期无实时交通信息的条件下，考虑出行者对网络状况的感知误差，Daganzo 等提出了随机用户均衡(Stochastic User Equilibrium, SUE)的概念。假设没有出行者可以通过单方面改变路径来降低其感知费用，对感知费用或感知误差的不同分布假设，会得到不同的概率型路径选择模型。常用的路径选择模型有 Logit 模型和 Probit 模型。

从早期的路径诱导到智能交通系统，之后发展到移动互联网的动态电子地图，再到不同级别辅助驾驶乃至自动驾驶技术逐渐普及，均衡模型的假设成为现实，这或许是传统交通流模型最重要的基底改变。但网络交通流研究仍存在以下共性问题：①非集计的交通需求分析建模理论与集计的交通网络分析建模理论对于同一交通现象的解释缺乏一致性。例如，作为网络交通流理论核心的路径选择行为模型，与方式选择等离散选择模型及网络交通流映射，在建模精度和行为表征能力方面存在较大差距。②现有交通网络系统分析工具主要采用经典的用户均衡交通分配方法，无法适应各种复杂的交通网络分析应用场景。③缺乏系统化的多模式交通网络数据集用于测试网络交通流模型和算法精度，尤其是对于不确定性环境下的网络交通流问题。最重要的是，既有理论、方法与工具都未曾预料到移动互联技术的普及，使得用户能够实时获知交通网络状态并选择路径，即实现网络流与用户行为决策的实时交互；也未曾预料到自动驾驶的出现和未来普及可能颠覆一系列基于行为、选择的交通理论基础。

网络交通流研究呈现出几个重要的扩展方向，包括弹性需求和组合需求问题、非对称和非可加性问题、条件约束问题、不确定性环境下的交通分配问题等。未来网络交通流理论重点研究方向包括：能够应用于大规模真实交通网络且具有不同时间尺度的动态交通流网络模型，不确定性环境下的网络交通流建模与分析方法，基于长期连续数据的模型标定和实证研究，多维度出行选择行为的精细化建模，车联网和自动驾驶环境下的网络交通流模型和分析方法，等等。随着交通拥堵和不确定性成为新常态，车联网、自动驾驶和大数据技术的不断发展，网络交通流研究将会进入重要的变革甚至颠覆时期。

4.2 城市交通学研究的空间与内涵拓展

4.2.1 城市交通学研究的空间范畴

1. 城市交通在以城市群为主体的城镇化阶段所起的作用

《雅典宪章》明确指出，交通是城市的四大基本功能之一，是居住、工作、游憩的派生功能。但“城市”指具有特定用地开发和空间组织的区域，并非限定的行政管制范围。“城市”由特定的功能及活动所决定，包括生产组织、居住模式、公共服务等，支撑共同享有城市基础设施的一系列税收等管理制度，以及由此决定的具有规律性、时段强度和空间密度的城市交通。交通的便利性推动着城市功能及人员流动在空间上的扩张，城市空间延绵又使得城市交通活动扩散到更大的区域。这就决定了城市交通服务的空间范围取决于活动特征，而不仅仅是行政边界。回顾我国城镇化发展的历程，城镇聚集空间尺度与人的活动范围之间存在互动关系，这种关系具体体现在城市内部和城市之间由于通勤及经济交流所产生的规律性交通上，大致可分为以下四个阶段(图 4-3)。

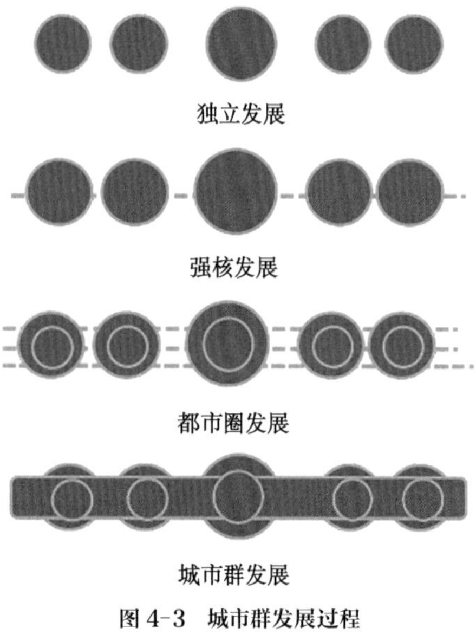

图 4-3 城市群发展过程

独立发展阶段：城市开始形成，但各自处于孤立发展状态，地域空间结构松散，城市间联系及互动影响有限。

强核发展阶段：人口和产业不断向中心城市聚集，城市不断发展壮大，体现为交通可达性支持下的空间延绵扩张。

都市圈发展阶段：随着私人小汽车以及铁路网络的发展，人口从中心城市向周边跳跃性扩散，中心城市与周边毗邻地区开始形成具有密切通勤联系的都市圈，形成强核—轴—新市镇城市网络结构。

城市群发展阶段：后工业化阶段中心城市的产业不断转型与升级，城市之间的分工和协作得到加强。随着城际快速交通运输工具的快速发展，交通与运输成本降低，支持城市各项功能在更广域的尺度进行组织，城镇沿着发展轴相连形成一个具有密切社会经济联系的城市群整体。

在前两个阶段，“城市交通”仅发生在延绵连续的建成区，在城市行政边界范围内，交通可以区分为城市交通和城市对外交通；而在后两个阶段，规律且频繁的“城市交通”不仅超越了城市的行政边界，而且与城市间运输在空间上叠合。核心城市在城市群中具有重要地位，城市群的区域经济实力集中体现在核心城市的运行效率上，城市交通支撑核心城市及辐射链接的高效运行，成为城市交通研究的重要内容。在城市群发展阶段，城市交通研究不再局限于城市行政边界之内。城市交通系统的发展既要考虑财政制度、行政管制权等，更应关注其作为一种公共性设施为城市中所有活动者提供服务的公平性，并符合城市可持续发展的要求。

实施以人为核心的新型城镇化，推动城市群中大中小城市和小城镇协调发展，在国家经济社会运行中起到了越来越重要的决定性作用。对于小城镇，缩短其到中心城市的出行时间而获得发展动力；中等城市依托相对区位改善和资源禀赋实现自身功能的提升，发挥反磁力作用，分担中心城市增长带来的压力；而对于周边城镇具有较大吸引力的大城市（特大城市），通过对外交通与城市交通的便捷联系推动都市圈的形成，最终由一个或多个大城市带动区域发展，形成城市群格局，使得空间资源和公共财政投入具有更高的效能。

2. 从区域发展和交通服务目标分析城市群交通、都市圈交通、城市交通的关系

城市群交通、都市圈交通、城市交通在服务对象与服务目的上均存在差异。城市群交通以实现区域网络化组织为目标。新型城镇化发展使得以经济活动区域化为特点的城镇群内部的互动交流更加活跃。城市群是相互间有较强产业关联、资源一体化优化配置的经济区域。在城市群范围内，城市间较长距离的交通需求主要是商务出行和货物运输，城市群一体化发展的核心是优化配置资源，提升区域经济活力和整体竞争力。例如，城市群中各个机场，有可能是服务整个城市群的机场，这是从单一城市服务到区域功能整合的转变。因此，城市群交通的格局和组织模式应有利于产业集群组织和公共设施共享。通过构建多模式交通网络以及提供多种交通方式，提高区域的可达性和可选择性，满足客货便利运输的需求。

都市圈是城市群的特殊形态。都市圈是由核心城市及与其保持密切社会经济联系、非农业活动发达的外围地区共同组成的城乡一体化城市功能地域。都市圈的形成是城市化水平达到一定高度的产物，是城市功能区域化组织、职住分离诱发通勤跨行政边界分布的结果。都市圈功能组织体系的本质含义有“功能”和“空间”两个关键词。都市圈本质上是城市功能的扩散，城市功能在都市圈中从大城市中心城区向外围地区延伸，中心城区与郊区城镇节点实现城市功能组织的一体化，使得通勤圈、生活圈成为都市圈功能组织的关键要素。因此，都市圈交通的核心标识是由职住关系导致的跨城通勤。都市圈交通要注重中心城市与周边中小城镇之间的衔接，促进中心城区与郊区实现城市功能组织的一体化，并通过选择合适的技术形式、交通组织方式以及服务体系来高效且经济地满足交通需求。

都市圈交通不是城市交通基础设施的物理延伸，这是由城市行政管理体制，特别是财税体制决定的。因此，需要建立符合不同行政单元各方利益的投资和运行机制。例如，我国首条跨省际的上海地铁 11 号线嘉定安亭—昆山花桥延伸段，设施投资由江苏省昆山市承担，运行经费由上海与昆山约定分担。得益于投资和运行机制的保障，每天乘地铁去上海的通勤率占断面客流的 70%；而北京—河北燕郊的通勤列车由于忽视了对通勤交通的服务，存在燕郊火车站离各

大居住区较远、列车发车时刻与通勤出行时间不匹配等问题，难以吸引足够的客流，仅运行两个月就停运了。

总体而言，为更好地发挥城市交通在以城市群为主体形态的城镇化发展中应有的重要引导作用，城市群、都市圈以及城市内的城市交通要体现核心城市在城市群中对区域经济发展的带动作用，要注重中心城市与所辐射城市的职住联系，要满足城市公共服务均等化要求。

3. 城市交通研究的对象与系统构成

根据城市群、都市圈、城市以及空间关系，城市交通研究的对象包括城市行政区域内部交通、城市对外交通的衔接点，以及以城市建成区为核心跨行政区域的城市交通。

(1) 城市内部交通：研究服务于城市功能的多交通主体共用的地面道路交通、机动车专用高快速路交通、营运性客运交通、货运物流交通、停车、交通管理等子系统及其相互协调，以及自行车与行人交通的组织、管理及设施。

(2) 城市对外交通：研究公路、铁路、航空、内河航运、海运、管道运输等交通运输系统与城市交通的衔接，即场站和交通枢纽等。

(3) 城市群与都市圈交通：研究中心城市与周边中小城镇之间以同城化通勤交通为主的交通组织与衔接。

城市交通研究的空间范围依照城市交通出行的活动特征来界定，包括城市内部交通、城市对外交通、关联城市但跨行政区的都市圈交通，如图 4-4 所示。城市交通是城市运行最为基础、关键的元素。在城市现代化进程中，城市交通学已经从单一的工程学发展成为融合城市规划学、城市经济学、人文社会学、地理学等多学科的综合性学科，是城市科学的重要组成部分。

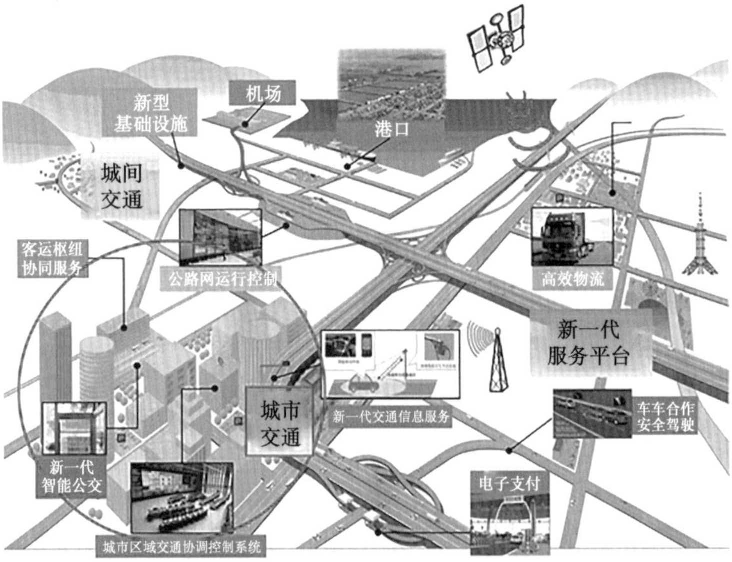

图 4-4 城市交通研究的空间范围

4.2.2 城市拓展和有机更新阶段的城市交通研究重点

1. 职住空间关系

居住和就业是城市的两大基本功能。研究城市化过程中的职住关系与功能分区，对城市发展以及城市交通的规划、建设和管理具有重要意义。

纵观城市职住关系及城市空间结构的变化，其空间演化基本遵循“均衡→非均衡→更高层次的均衡”的发展规律。在社会发展初期，空间结构呈现原始的均衡状态，人的衣食住行在相对较小的空间范围内大多能得到满足，人的生产活动范围也较小，职住关系相对均衡。进入工业化初期，产品从物物交换向加工产品转变，原始均衡被打破，城市核心区就业机会增多，人口和产业开始向区域核心区集中，城市呈现出核心-边缘结构。进入工业化中期，社会化分工更加明确及城市基础设施良好等各类集聚因素作用不断加强，空间结构的非均衡程度不断加深。进入后工业化阶段，受大城市核心区土地价格上涨、污染企业向城市外迁移等因素影响，集聚因素的作用逐渐减弱，扩散作用日益增强，区域副中心、新城镇等不断涌现，城市密集区逐渐形成，区域空间结构迈向更加高层次的均衡。

对于中国大城市而言，空间的扩散过程以及多中心形成的市场机制大体上也是如此，地方城市政府在其中扮演着相当重要的角色，特殊的土地、住房制度影响着城市的扩张形态。在计划经济时期，中国大城市内部就业-居住的空间关系多以单位大院为特色，整体呈现“职住合一”的态势。20 世纪 90 年代开始，各城市经历了剧烈的制度转型与空间重构，随着就业变动以及土地、住房的市场化，就业-居住空间关系发生了明显变化。受地租竞标模型影响，大城市产业实施“退二进三”，工业企业迁往远郊，城市不断扩张，职住分离现象越来越严重，就业者通勤距离和通勤时间不断延长。

在城市职住关系及空间结构演变过程中，城市交通出行结构及交通方式都会随之改变。有效识别城市居民的居住地和工作地可为城市管理、交通管理、交通规划提供基础数据、评价参考和决策依据；同时，还可以与居民主要出行模式及职住空间相结合，不断优化城市的交通结构以及交通布局，提高城市居民的出行效率，提升交通空间的利用率。城市职住空间关系研究也因此成为城市交通理论研究的基本问题之一。

2. 交通对于基本生活需求的保障要求

城市交通学研究的主要目标是满足人的需求。城市居民的出行需求包括上班、上学、购物、娱乐、就医、旅游、出差等各种目的的出行，而其中上班和上学是城市出行的最主要部分，也可统称为“通勤”出行。通勤是个舶来词汇，是从日文汉字“通勤(つうきん)”直接引用的。通勤交通是城市最基本和最重要的出行，也是工业化社会的必然产物。

随着城市和交通的发展，城市通勤出行时耗和出行时间逐步增加。19 世纪以前，市民主要靠步行上下班。随着交通技术的进步以及汽车、火车和公共汽车等交通工具的发展，居民可以选择离居住地较远的地方工作。城市居民就业范围的扩大，通勤出行距离不断增加，通勤时间逐渐延长，这使得通勤出行日益复杂。《2023 年度中国主要城市通勤监测报告》显示，中国 45 个主要城市的单程平均通勤时耗为 36 min，超大城市的平均通勤空间半径为 37 km、特大城市的平均通勤空间半径为 30 km。

除了居民的通勤出行，还有许多人际交往和社会生活活动所产生的非通勤出行需求，如娱乐、就医、旅游、休闲等。城市交通研究的对象，除了通勤交通，还应服务于居民的非通勤需求。

随着城市化的发展，居民非通勤出行需求的占比逐渐提高。2019 年上海市第五次综合交通调查结果显示，上海非通勤出行次数首次超过通勤出行次数。在收入提高的背景下，居民文化休闲娱乐活动明显增加，出行活动日趋多样化，非通勤目的的人均出行次数从 1.06 次/d 上升到 1.12 次/d。高峰时段非通勤出行活动逐渐增多，非通勤出行对城市交通运行的影响日益增大。因此，研究非通勤出行行为对于缓解高峰时段交通拥堵具有重要的现实意义，如 15 min 生活圈规划。

非通勤出行需求弹性较大。通勤出行在出行目的、出行时间选择、交通方式选择上呈现出明显的一致性，而非通勤出行则更明显地受到主体的性别、年龄、收入以及其他社会经济属性的影响。非通勤出行需求具有多样化特征。非通勤出行方式选择考虑的因素与通勤出行存在较大差异，除要求便捷、准时外，对舒适性也有较高要求；各因素的重要性也较为均衡，如图 4-5 所示。

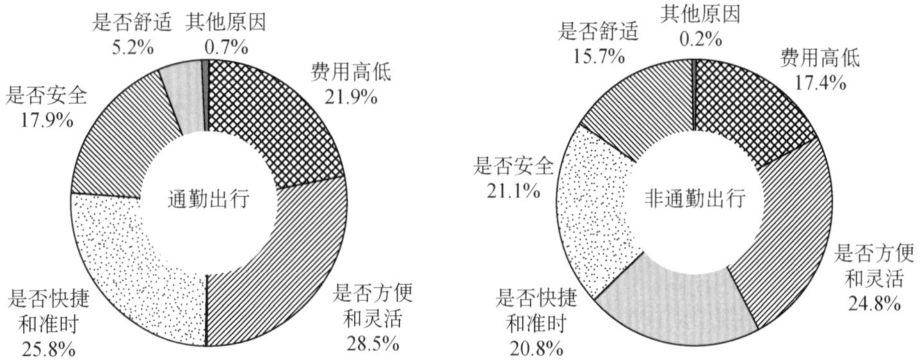

图 4-5　上海居民出行选择的主要影响因素

随着经济社会的持续发展，人际交往及社会生活带来的非通勤出行需求对城市交通的影响日益重要，这尤其值得城市交通理论研究者的重视。通勤与非通勤出行共同决定城市品质和城市交通系统服务水平。

3. 资源配置、市场机制对城市交通系统的约束

跳出传统的交通分析体系，从经济学角度分析市场规律对城市交通的影响，不难发现，以利益最大化为原则，通过市场竞争的方式实现资源优化配置，具有更高的效率。但城市交通的普惠共享特征使交通发展与经济体制、资源配置等存在复杂的关系。

实施以人为核心的新型城镇化，分析人力资源和劳动力市场是关键内容。国家统计局发布的调查报告显示，尽管农村劳动力总量继续增加，但自 2011 年以来增速整体呈下降趋势，跨省流动农民工继续减少。劳动力来源于就业流动将是城市交通研究不可忽视的问题。城市交通规划和建设应关注不同性质、不同规模城镇发展的趋势，不仅要研究大城市的交通，也应当

加倍注意中小城市和小城镇的交通发展。

交通与土地开发及城市更新之间有着非常复杂的关系,实质上是交通便利程度与土地价值的相互作用。最为典型的案例是轨道交通建设。交通的发展对于房地产本身的增值起到了巨大的推动作用,进而影响人们的生活水平以及城市社会经济的发展。

以职住分离问题为例,分析市场机制对城市交通的影响。在我国市场经济体制下,城市职住关系的优化需要城市发展政策、土地开发政策与城市空间规划、城市交通规划紧密配合,其形成机制是就业机会、通勤成本、住房机会和城市公共服务可达性等多方面共同作用的结果。将特定空间范围内"职住平衡"作为城市规划应对交通拥堵和长距离通勤的手段是无法达成目标的。反之,尽管在空间上无法实现城市居民居住和就业的均衡,但交通系统可以通过提供不同时效性、出行成本的交通方式选择,使城市就业和居住选址在时间上大致平衡。

首先,城市职住分离是城市发展政策的结果。在集约使用土地和培育有国际竞争力城市的目标牵引下,城市发展政策从土地指标倾斜转变为设立各种特定的政策区,各种发展机会向大城市和城镇密集地区倾斜。大城市空间和人口高速膨胀。随着供需关系的变化,大城市的土地价格被迅速推高,城市扩张导致职住距离增大。

其次,城市职住分离受到城市土地开发政策的影响。地方政府实质上拥有土地的开发权,并以土地出让收入作为基础设施建设的资金来源。在相当一个时期内,中国城市土地收入在城市财政收入中的比例居高不下,政府希望以高地价支撑城市发展的财政平衡,即所谓的"土地财政";城市之间产业地价的竞争空前激烈,很多地方在招商引资时以低价甚至零地价出让工业用地,不同的开发用地价格使得居住与就业在融合上变得更加困难。此外,以房地产和园区开发为导向的城市建设模式也加剧了职住不均衡问题,导致通勤距离增加,潮汐交通问题愈发突出。

最后,城市交通系统通过网络建设和交通服务调整城市中不同地区的可达性,进而影响土地价格。由于交通设施的高强度投入,城市在可开发范围内的交通可达性大幅提升,城市职住选址的自由度越来越大加剧了职住分离趋势。

城市按照市场机制配置就业、居住、基本公共服务等资源是客观规律,但始终存在空间公平问题,应在交通、住房和公共服务等方面为居民提供更多的选择机会。

4. 技术发展对城市交通的贡献

科学技术的发展及其成果的运用,持续转化为现实的交通生产力,不仅推动了交通基础设施和交通工具的发展,还促进了交通方式的发展与完善、交通运输布局的合理化、交通管理效能的提升、交通管理体制的变革以及交通从业人员素质的增强。现代科技的进步对城市交通的发展影响巨大。

比如,计算机的广泛应用使各类设施及交通流运行的规划与设计更加合理;视频监控系统的使用使交通信息的获取更快捷、更直观;利用交通仿真技术能动态模拟各种交通现象,从而有效地进行交通规划、交通组织和管理;通信技术的进一步完善使得运输的安全性得到根本的提高;卫星定位技术为城市交通导航与路径规划提供了巨大便利;移动互联网、大数据云计算、物联网等新技术的应用普及,使得诸如共享单车、网约车等交通新业态蓬勃发展,为人们带来了高效便捷的出行体验,并有利于缓解城市"最后一公里"等问题。最为重要的是对城市交通现象观察、再现、模拟能力的提升,使全系统运行与个体选择的协同优化成为可能。

信息化与移动互联网的蓬勃发展以及计算机、大数据技术的不断进步使得对网络构建与运行的整体研究成为可能。如今,无论是对各子系统内部的运行状况还是对各子系统之间的关系都已经拥有部分计算和描述的能力,这为研究城市交通带来了新的机遇。

互联网与交通行业的深度融合推动了交通行业在技术上取得突破、提升运行效率并实现组织变革。互联网在交通及其衍生领域的快速普及,为城市交通网络的高效运行组织提供了丰富的数据资源。例如,各类出行数据和手机定位数据可以辅助监测城市交通运行状况。更重要的是,传统意义上并不属于交通领域的数据(如网络查询数据、商业支付数据等),也可用于居民活动特征获取,有效克服了以往抽样调查存在的弊端,为交通研究带来了前所未有的机遇。

信息化发展对城市交通学的技术支撑尤其体现在以下几个方面:地理信息系统使得城市土地利用被数据化定量描述,直观可见;智能交通的发展提供了丰富的交通运行数据;移动互联网的发展实现了对城市人口活动、客货运输等实地场景的动态化描述;云计算为网络和节点系统分析提供了技术手段。

北京、上海、深圳、重庆、杭州等城市先后构建了交通决策支持系统,整合土地、人口、交通、排放等多方面的一体化交通信息,为政府决策、市民出行以及企业运营管理提供信息服务。北京市利用交通指数对拥堵风险进行预告、预警,引导交通需求在时空分布上分散,同时将交通指数作为评估政策措施实施前后效果的主要定量依据。交通指数还被纳入城区政府考核,成为建立起城市交通市、区两级协调机制的重要纽带,强化了交通系统规划建设管理的属地职责。深圳市基于城市交通综合评估技术与决策支持系统(图 4-6),面向政府借助交通指数协助开展停车收费方案比选,评估不同停车收费方案的运行车速提升和温室气体减排效果,同

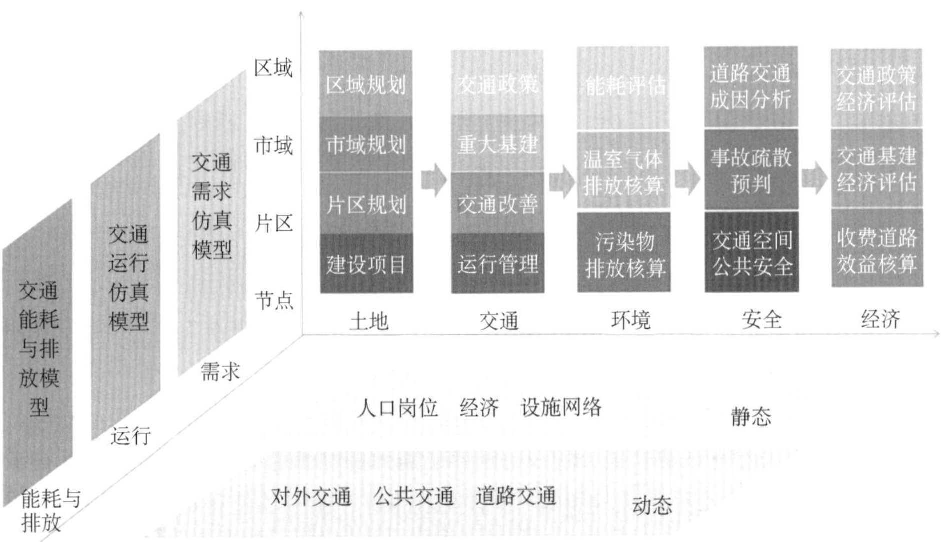

图 4-6 深圳市交通决策支持系统架构

时为企业在高峰时段的公交车辆调度提供有力支撑。重庆市交通综合信息平台已完成了 17 类动态数据资源的汇聚,几乎包括了重庆主城当前绝大部分动态交通数据,每日新增数据约 450 GB,每年新增数据约 240 TB。通过在重庆市人民政府网站发布交通运行指数,引导居民合理出行,同时将其作为跟踪观测交通运行变化规律的重要手段;此外,还运用交通运行指数评估突发事件对交通运行的影响范围、影响程度和影响时间。

科技进步为城市交通发展带来了新的机遇。同时,城市交通也是科技成果率先应用的重要领域。交通行业要适应经济和社会的发展,必须重视科技进步的作用,关注科学技术的发展,促进城市交通的变革与改进。

5. 城市交通的法律和政策导向

政策的重要性在于交通需求与供给的平衡机制。交通政策真正开始被重视是在第二次世界大战之后,汽车的普及使得铁路的地位受到空前挑战,道路运输带来的交通事故、环境破坏、资源消耗等社会问题日益突出,自发性的交通市场不能解决交通发展所面临的问题,于是交通政策作为政府调控交通市场的工具开始被广泛应用。

法律和政策导向有利于规范交通市场秩序,保证城市交通的合理运行。技术进步使得各种新交通方式出现,交通市场的竞争日益激烈,但存在外部性,这就需要交通政策明确市场边界,规范市场秩序。

不合理的交通政策会对城市交通运行产生长远甚至不可逆转的影响。以自行车交通政策为例,我国曾经是著名的"自行车王国",从 20 世纪 80 年代中期至 90 年代中期,城市公交出行比例很低,自行车出行比例却很高。由于缺少足够的道路空间,自行车和公交车混行,公交车的行驶速度受到严重干扰。部分城市开始采取限制自行车使用的措施和政策,希望对自行车使用收税来鼓励公共交通发展,以期促使自行车出行向公交出行转移。然而,限制自行车发展的政策并未能提高城市交通的效率,反而为小汽车增长腾出空间。当出现交通拥堵时,为"治堵"而改善汽车通行条件,进一步降低了公交的相对竞争性。当政府认识到城市交通发展不能且不可能过度依赖小汽车,于是提出"资源节约型和环境友好型"发展模式,要求绿色发展,许多城市又开始重视自行车交通,但出行习惯与交通环境已改变,需要付出巨大努力才能略有恢复。由此可见,合理的交通政策对于城市发展至关重要。

城市交通政策包括公共交通发展、小汽车管理、停车管理、土地、财税、金融,以及社会公德教育和行为规范等诸多内容。合理的交通政策组合对于促进交通规范化,引导交通健康发展具有十分重要的作用。在城市交通理论的研究过程中,应当重视对城市交通政策及相关法律法规的研究,积极引导社会舆论和政策导向,推动城市交通实现更好的发展。

4.2.3 城市交通研究的对象与目标

城市交通包含难以计数的要素,是由人们自行选择、适应气候环境与设施基础等条件动态运行的有机整体。既要考虑土地等自然要素,又要研究已经形成的社会环境;既要研究现实状况,又要从战略层面思考城市发展与有机更新。不仅需要关注系统内各要素之间的关系,还要关注不同系统要素间的相互配合。

因此，城市交通学的研究对象是城市交通网络的构建和运行。这需要强调网络的整体性、与不同方式及系统的互补性，即整体大于部分之和；明确城市交通网络中各子系统的服务功能，探讨各子系统之间的协调关系，使城市交通网络充分发挥各子系统自身功能以及系统间的融合作用，以及各子系统要素在相关系统中的作用；区分老城区和新城区不同区域的运行组织模式，提高其运行效益。同时，城市有机更新与城市数字化决定了城市交通网络的构建和运行是动态的，构建与运行之间的关系是互动、互补且不可分割的。城市交通网络构建和运行的一体是提高城市可持续发展的关键。

城市交通学的研究内容包括城市行政区域的内部交通、城市对外交通的衔接点以及都市圈内的城际交通。三者相互关联，体现了城市交通的整体性、综合性，形成城市交通网络。城市交通网络包括地面道路交通、快速路系统、公共交通系统、停车系统、物(货)流系统、交通管理系统、自行车及行人的通行与衔接，组织城市内部交通与对外交通枢纽(场站)的衔接，组织都市圈核心城市、城镇和集中居住区域的交通衔接。

城市交通研究的目标是“服务于人的需求，组织城市高效、安全、低耗、可持续运行，带动培育发展现代化都市圈，增强城市群实力和竞争力，支持新业态发展发挥引领作用”。交通作为城市的四大基本功能之一，伴随着城市的产生而出现。人口向城市集中，必然产生就业和生活需求，而交通则是满足这两种需求最基本的保障。就业的交通需求本质是产业发展产生的就业岗位和货运物流。生活需求指就业以外日常生活的基本交通需求，如教育、医疗、休憩等社会服务需求。

组织城市高效可持续运行是指如何最有效地服务于人的需求。通常来说，城市交通是研究在现已形成的城市功能区域人的出行需求，研究出行方式即人、车、路、环境之间的关系，以及交通工具所提供的服务，包括客运和货运。面对现代社会人们生活方式的多元化、技术手段的创新、交通工具的现代化，尤其是当今对环境绿色发展的高要求、互联网科技的新发展，城市交通已不仅仅局限于基础设施功能的供给，应在研究出行需求、出行方式的同时，从更广义的服务人的需求角度去研究城市交通问题，更重要的是要体现城市整体的综合服务功能与运行效益。

在不同的历史发展阶段，城市交通面临的问题和采取的解决对策各不相同，其关注点也在不断地变迁，但服务于人的需求是城市交通的根本目标。

4.3 城市交通网络构建与运行的理论体系

4.3.1 城市交通网络构建与运行的要素

如前所述，城市交通的目标是通过存在于地理空间的交通网络完成人、物的移动或信息的传输，以满足人的需求，实现城市高效(可持续)运行。因此，网络的构建和运行是城市交通研究的核心。

网络需求、网络设施与运输组织、网络控制是城市交通网络的三个直接变量，三者共同形成网络状态，而网络状态又会影响网络服务能力和网络性能效益。当网络服务能力无法达到运行目标时，可通过调整网络结构和改变运输组织从而调整网络设施及组织模式，或改变网络控制策略，还可以通过政策、经济、信息等综合措施对网络主体（出行者、企业和公共部门等）的行为进行干预，进而调整网络需求，实现网络状态的再均衡过程。通过评判对网络运行目标的满足程度，进行持续动态滚动调整，如图 4-7 所示。

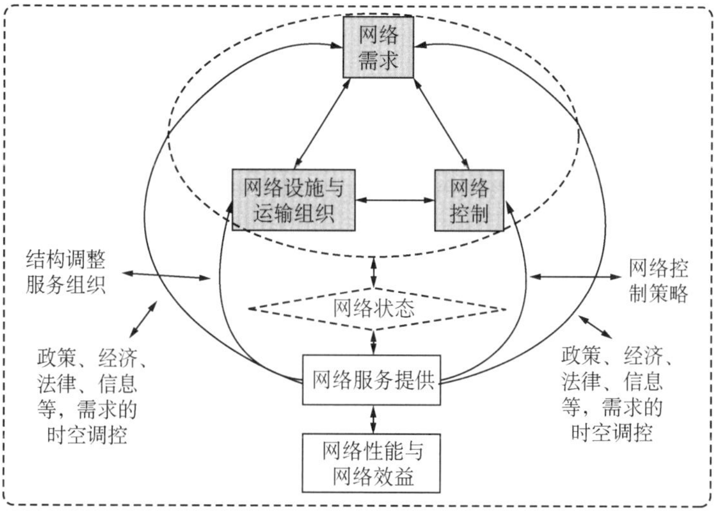

图 4-7 面向出行服务化的网络构建和运行

要实现城市的可持续运行目标，必须转变以往单纯从改变供给或管理需求的单向作用来解决供给和需求之间矛盾的思路，通过城市交通网络的构建和运行来实现供给侧与需求侧之间的互动、互补关系，动态调控供给和需求之间的平衡关系。

城市交通问题的复杂性还在于规划与工程设计有明确期限，而城市拓展和有机更新是一个持续的过程，规划与建设的效应长期延续。不受“期限”约束的持续更新要求延续贯穿于交通服务的全过程，包括服务对象与提供服务的所有系统。

城市交通网络功能和需求的转型意味着城市交通网络研究的理论体系和思维方法亟待创新发展。城市交通的直接目标是实现人和物的交通服务，最终目标是满足人的需求和城市高效运行，城市交通网络是实现直接目标和最终目标的直接载体。城市交通网络的构建和运行以满足人的需求、确保城市高效运行为目标，通过城市复合交通网络结构调整、组织与控制优化和行为机制调整的持续过程，为人和物在城市中的移动提供完整、连续、高效的服务。

1. 研究对象——多模式复合交通网络

在城市交通网络扩张阶段，网络规划建设以规划期限内的稳态需求为依据，基于分方式需求进行子网络规模预测。在各子网络得到较为充分发展的过程中，交通网络逐渐趋向多模式网络的复合化，居民出行过程也形成了多模式衔接或竞争的局面，并整合利用多模式的复合网络以获得完整的出行服务（图 4-8）。城市交通网络构建和运行的研究对象是城市多模式复合交通网络，并不追求单一子网络的性能改善（例如机动车交通拥堵治理等）。

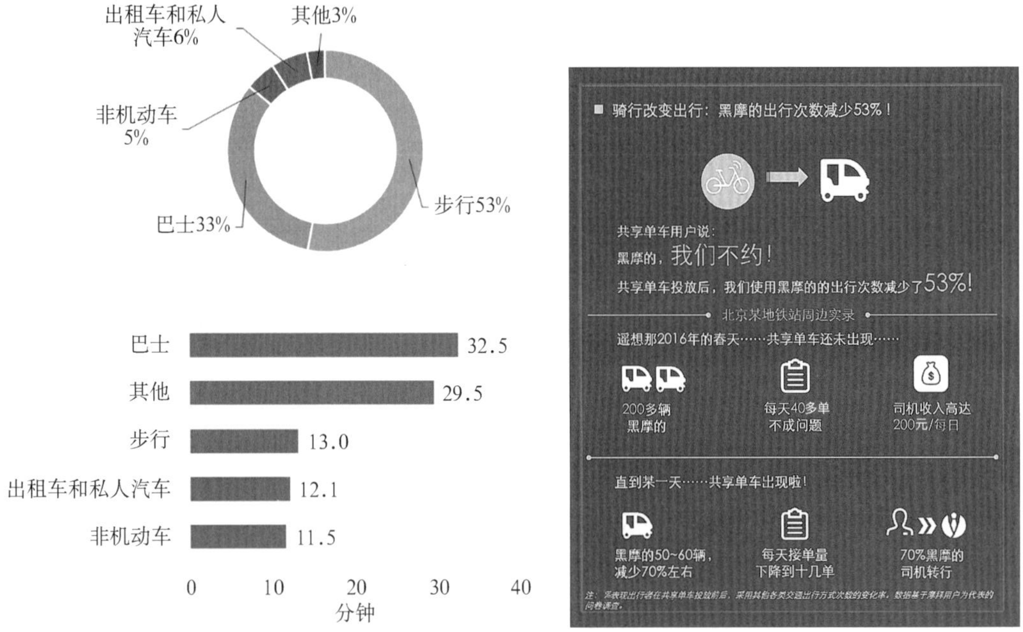

(a) 轨道交通与其他方式的接驳　　(b) 共享单车对其他交通的影响

图 4-8　出行链要求复合网络的共同协作

2. 直接目标——提高交通服务供给能力

在城市交通基础设施规模、形态、结构基本稳定的条件下，城市的运行需求持续变化，对城市交通的要求也趋向多元化，包括舒适性、可达性、可靠性、服务可选择性、社会公平性、交通环境要求等。交通需求和服务要求的多元化对交通服务能力提出了更高的要求。在基础设施总量不变的情况下，只有通过动态的交通网络构建和运行，才能提高交通网络资源利用效率、交通网络供给-需求匹配能力、网络动态反馈能力以及复合网络中不同交通方式的协作效率，进而实现交通服务供给能力的提升，以满足城市运行和人的需求的动态变化。

3. 实施手段——以信息技术为支持，采用控制、管理、法律、经济等综合措施

以云计算、大数据、移动互联、物联网构成的新一代信息技术蓬勃发展。城市交通一直以来是信息技术运用的典型场域，城市交通网络的构建和运行将更加需要以信息技术为基础条件，并将其贯穿于交通需求识别、网络状态分析、网络调控和干预、网络状态模拟和网络效益评估整个过程。交通网络构建和运行不仅包括技术性措施（控制方案调整、设施重新分配等）的实施，还包括通过管理、法律、经济等综合措施（价格调整、法律引导、机制激励等），影响或干预网络主体（出行个体、运营企业、第三方组织和不同级别的政府部门等）的行为模式，以实现网络需求的再组织、网络资源利用的再优化，从而提高城市交通对城市高效运行和满足人的需求的支持能力。

综上，与既有交通网络的形成和运行模式相比，城市交通网络构建和运行有三点不同：①强调对复合交通网络整体性能的关注，尤其是子网络交互作用及其影响的动态扩散；②强调在既有基础设施条件下进行网络的动态构建和运行，以适应持续变化的城市运行要求；

③以向出行者提供高品质交通服务为目标，而不仅仅是通行能力、通行速度、延误等单一指标的改善。

（1）关注复合交通网络整体性能。复合交通网络中的网络交互作用十分显著，对网络整体性能有较大影响；面向城市持续运行的复合交通网络构建和运行，需要关注通行能力、速度之外的性能指标，如网络脆弱性（鲁棒性）、韧性等，并且需要研究网络的整体干预措施。

（2）既有设施条件下交通网络的动态构建和运行。城市交通设施资源总量趋于稳定后，交通网络的构建和运行会根据交通需求和交通目标，通过对既有交通设施资源的结构调整和动态优化，干预和调控不同子网络的能力和状态，通过网络相互作用的传递，进而改变整体网络状态和服务能力，从而更好地支持城市高效运行以及满足出行需求（图4-9）。以上海延安路中运量系统为例，在既有的道路资源内，通过增加公交专用设施资源和慢行设施，结合公交运行组织网络调整优化，提升了公交服务质量和吸引力；同时，机动车道路资源的减少使得机动车出行优势下降，进一步促使机动车需求向公共交通或其他替代路径转移，网络需求的方式选择和路径选择等发生变化，从而实现对网络整体状态和性能的干预。

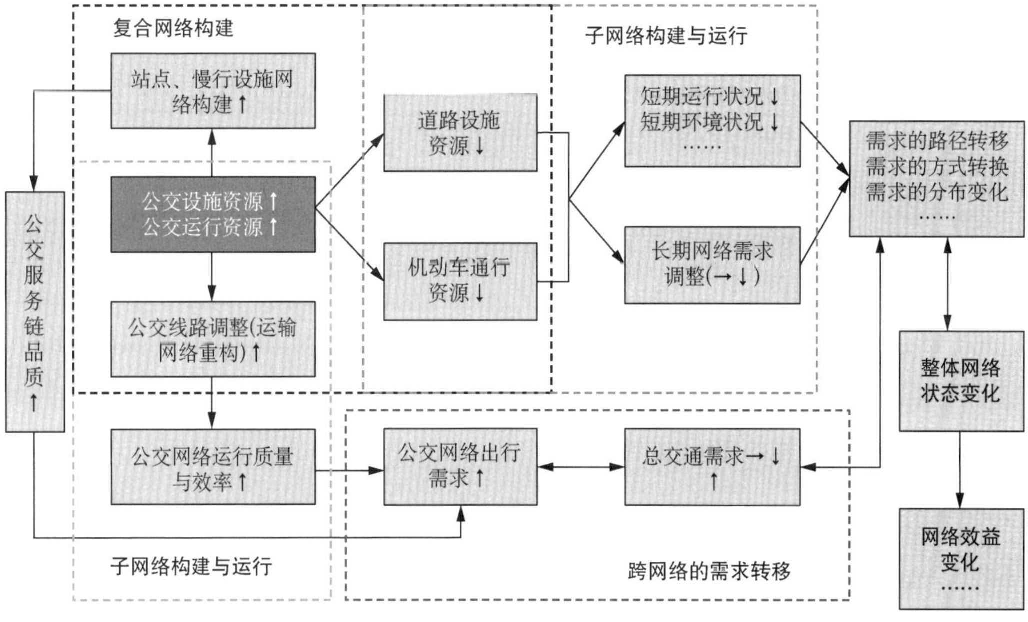

图4-9　既有设施条件下交通网络的动态构建和运行

（3）以提升面向出行者的交通服务能力和品质为目标。交通出行者关注的是出行过程的时间、可靠性、成本和舒适性，并不在意交通工具、通行能力和速度等中间变量和中间过程。随着信息技术的发展和共享的社会生活理念被逐渐接受，城市交通出行的服务化成为未来趋势，即出行即服务。出行者无须自主决策每一个出行环节，而是一次性选择整合性的交通服务，交通服务提供商则通过优化利用和组织各类交通资源来提供交通服务。而交通网络的构建和运行则是以提高交通服务能力和品质为目标。以瑞典哥德堡的MaaS为例，交通服务提供商通过交通网络资源的再组织、网络需求出行过程的再组织和网络运行动态调整等手段来保证交通服务的提供。有约 1/3 的用户改变了既有的出行习惯，即在对交通服务满意的前提下实现了个体机动化需求的削减。

从物理学视角来看，个体单独决策——在有限交通服务套餐中进行选择的过程是系统“熵”降低的过程。所有出行个体在出行各个环节的自主决策减少为一次性整体决策，并且归并为若干类别的交通服务产品需求，减少了交通网络中的决策数量和决策频次，进而降低了网络复杂性和动态性的维度，网络供需匹配难度下降，还产生了系统“集中决策机制”，使得交通网络效用的个体最优和系统最优逐渐接近成为可能(图 4-10)。

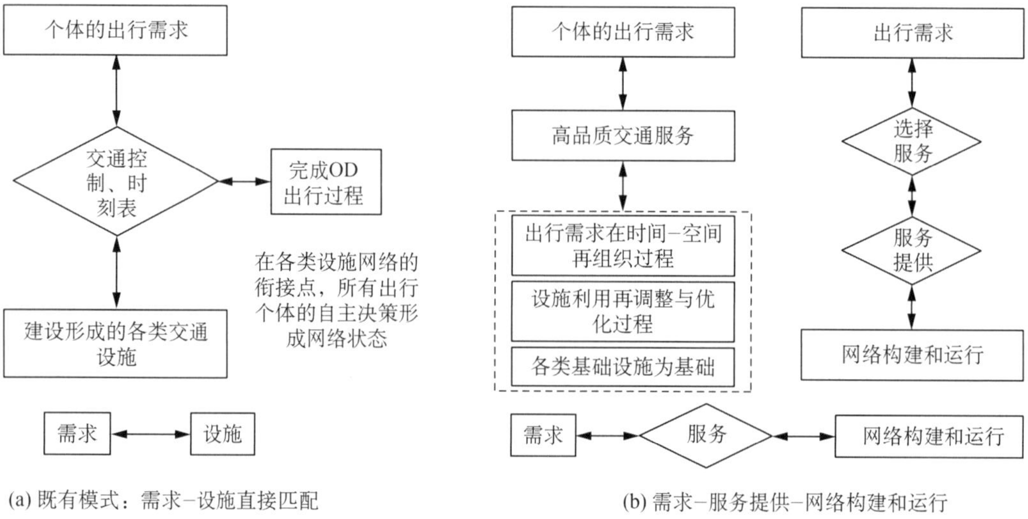

图 4-10 面向出行服务化的网络构建和运行

4.3.2 城市交通网络的典型特征

“系统”和“网络”是两个具有紧密联系的概念。系统的概念和思维逻辑具有悠久的历史，可追溯至亚里士多德提出的“整体大于其部分之和”论点，长期以来，人类一直在利用系统的思维逻辑研究和探索自然界。系统观点、系统思维能由定性描述转化为定量继而朝着科学化发展是 20 世纪 30 年代以来现代科学技术发展的直接产物。“系统”的正式概念一般认为是美籍奥地利生物学家贝塔朗菲(Ludwig von Bertalanffy)于 20 世纪六七十年代提出的，他将“系统”定义为“由一些相互联系、相互作用、相互影响的组成部分构成并具有某种功能的整体”。我国学者钱学森在航天系统工程实践的基础上，发展了系统科学体系，指出系统科学是从事物的整体与部分、局部与全部以及层次关系的角度来研究客观世界，即从系统的角度来研究客观世界。系统科学用自然科学、社会科学等领域的研究方法开展综合性、整体性研究，这也是系统科学具有交叉性、综合性和整体性的原因。

最早的“网络”分析可追溯到 1736 年数学家欧拉提交的《哥尼斯堡的七座桥》一文，并由此创立了一个新的数学分支——图论和几何拓扑，这也是现代网络科学的基础理论之一。“网络”被定义为是一个交错或交叉网状的织物线或交叉的系统，例如道路网络、河流网络、神经网络。数学上将“网络”表示为节点和线构成的集合；物理含义的“网络”表示诸多对象/要素及其相互关系，即网络要素/网络主体之间相互作用的集合。网络科学被认为是复杂系统的一般抽象和描述方式，是一门从网络角度研究复杂系统的新兴学科，专门研究复杂网络的各种结构与性质、动力学特性及其相关关系的定性及定量规律，以及复杂网络的分析、控制与应用。目前，网络科学研究已扩展到地理网络（电力、交通等）、信息网络、医学和生命科学（疾病传播、脑科学等）、管理科学（企业治理、公共治理等）、经济学（区域联系、金融网络等）和社会学（研究合作、社交行为等）等领域（图 4-11）。

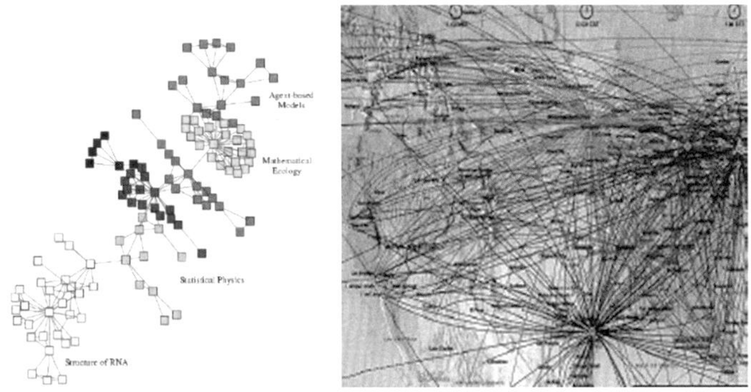

(a) 科研合作网络　　(b) 美国航空网络

图 4-11　网络科学的不同研究领域

城市交通网络指依托交通基础设施网络、交通服务网络和信息网络等，聚焦运行载体、运行规律、运行状态和运行效益，依照系统运行规则和规律，在空间、时间维度上持续运行，实现人和物的空间移动服务，满足人的需求和实现城市高效运行。

根据城市交通系统的现实存在，将城市交通网络定义为：各类交通基础设施网络、交通运输组织网络、交通信息传播网络的总和，是完成城市中人和物的移动所依赖的各类设施、交通工具及辅助设施的物质性条件。对城市交通网络的定义进一步解析如下：

(1) 城市交通网络的空间范围。随着我国以城市群为主体形态的城镇化战略的推进，城市交通需求的空间分布和网络的空间边界已突破单体城市的行政边界，城市交通的空间范围已扩大至都市圈乃至城市群尺度。为应对我国城镇化发展的需求和未来态势，城市交通网络的空间服务范围界定为：以城市建成区为主，包括围绕核心城市的都市圈延展至城市群及国家尺度层面的对外交通枢纽。

(2) 城市交通网络的构成。根据交通子系统运行与服务属性特征，将城市交通网络归纳为基础设施网络、运行控制与运输服务网络和交通信息网络这三类。

基础设施网络包括地面道路网络、快速路网络、公共交通专用设施网络和交通枢纽网络。地面道路网络不仅是指机动车车道设施网络，还包括用于步行、非机动车、公交车等的设施空间网络；快速路是面向机动车专用的一类设施，其运行规律、网络功能与地面道路有显著差异，因此将其与地面道路网络区别开来；公共交通专用设施网络包括轨道交通的设施网络、地面道路中的公交专用设施（例如全封闭的 BRT 车道）等；交通枢纽是交通网络中人流、车流、货流发生交接、转换的重要节点，是网络服务对象（人或物）进入和离开交通网络的节点，也是设施网络、运行与服务网络和信息网络的衔接点，影响着交通网络的变化和调整。

运行控制和运输服务网络是指停车系统、交通管理和控制系统、公共交通运营组织网络、行人及非机动车组织网络和物流运输组织网络。停车系统主要是指非专有专用的停车设施网络及其使用规则；运行控制与运输服务网络包括各类交通设施及其控制方案和各类运输服务网络，后者包括轨道交通线路运行组织、地面公交线路组织、行人及非机动车交通组织网络、物流运输组织网络和其他各类交通服务组织，如需求响应巴士线路组织、共享汽车、共享自行车等。

交通信息网络指为各类交通信息的收集、处理和分发等服务的设施设备。

综上，城市交通网络具有以下 5 个核心特征。

1）多工具、多模式的复合性

城市交通网络服务包括多种类别，包括步行与非机动车、轨道交通、机动车等，不同类别的交通工具或人的运行模式并不相同。以小汽车为例，包括出租车、私人小汽车、共享小汽车等不同运行模式，且每种模式的运行机制都存在显著差异。在空间上，不同的交通子网络或交通服务的运行网络相互叠加。例如，公共交通服务网络、物流服务网络、小汽车交通、行人及非机动车网络都是基于道路网络各自形成的；此外，空间位置属性也具有多重叠合特征，地理世界中的一个点对应着交通网络中不同的属性表达，一个位置可能同时代表着交通网络中的公交站点、交叉口、出行起讫点等不同属性对象。

2）网络多元构成要素的异质性

城市交通网络具有主体异质、子网络异质和子网络运行机制异质等多重异质性。主体异质性是指出行者个体属性、个体需求、个体决策和个体的行为反馈是异质的；子网络异质性是指道路网络、轨道交通网络和地面公交网络的拓扑结构以及拓扑性能是有差别的；子网络运行机制异质性是指同一个子网络中不同方式的运行机制也不同，例如，道路网络中的公交车辆（按固定线路和时刻运行）和小汽车（出行者自由决策）的运行规则是异质的。

3）网络状态的多尺度时空动态性

城市交通网络不是单纯的设施网络，通过空间管控可组合、改变为多种功能性网络，服务不同需求，因而它是动态变化的。《马丘比丘宪章》指出，城市处在连续发展与变化的过程中，未来难以确定或预测，运输系统的设计应随着增长、变化及城市形式作经常调整试验。交通网络运行状态会随时间和空间动态变化，外部因素（如天气等）也会显著影响网络状态，如图 4-12 所示。交通网络状态的动态性对交通服务质量以及交通需求的反馈有着关键影响，但既有交通网络规划理论无法描述网络动态性，既有网络控制理论和方法也无法处理复合交通网络的动态性。

4）网络运行的复杂性、非线性

城市交通网络的异质性和开放性造就了其复杂性和非线性特征（图 4-13）。城市交通网络结构、网络控制与网络需求之间形成复杂的相互作用，且每个网络构成都呈非线性特征，例如机动车交通流速度-密度-流量关系也是非线性的。另外，网络需求与网络干预的非线性反

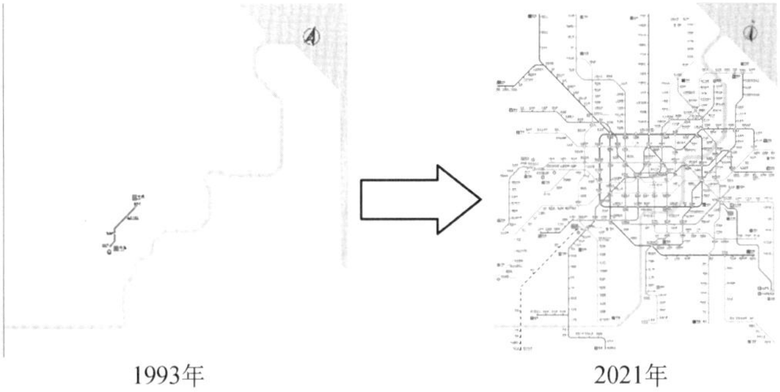

(a) 长周期动态性

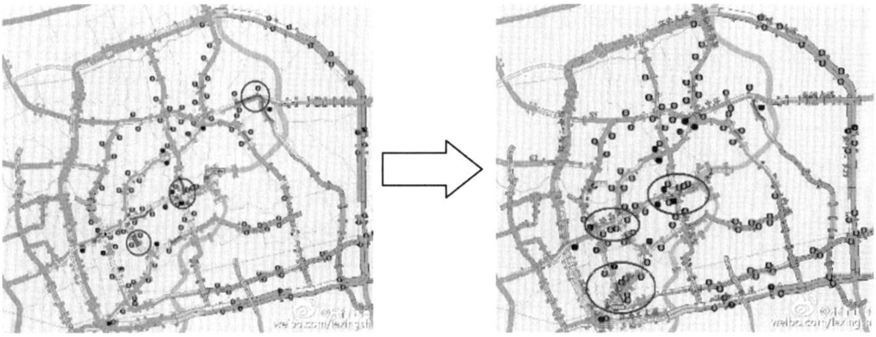

(b) 短周期动态性

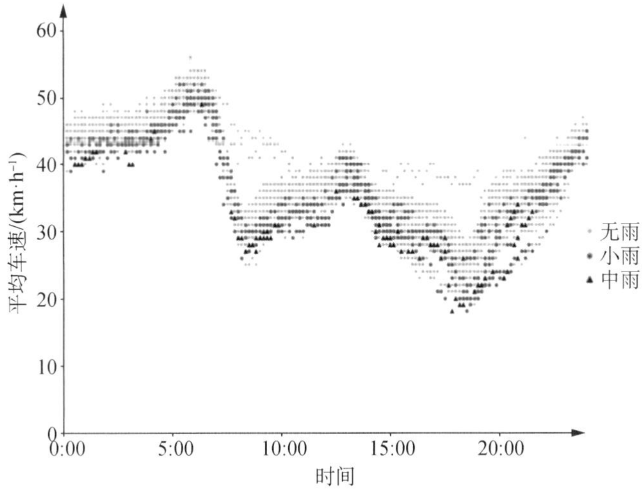

(c) 外部环境的影响(天气)

图 4-12 城市交通网络的动态性

馈进一步加剧了系统的复杂性。复杂性是既有交通网络在相对独立进行研究时难以实现交通整体性能提升的关键所在。

5) 网络运行的交互性、可调性

尽管城市交通网络具有动态性、复杂性等特征，但其网络容量、网络状态和网络性能的可

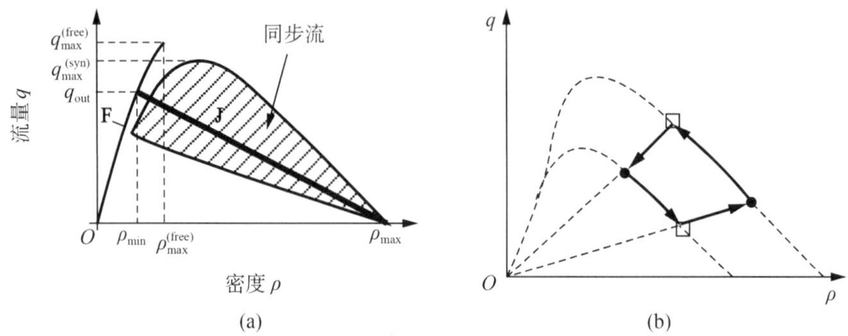

图 4-13 城市交通网络的复杂性和非线性

调节性真实存在，特别是信息网络的赋能，为交通网络的构建和运行提供了技术支持。以上海世博会为例，通过运输组织（公共交通专用网络）、网络控制、行为及态度诱导和其他干预手段（停车禁令、价格杠杆等），实现了出行需求调整（方式选择调整、出行时刻调整）和网络能力的双向提升，在几乎不干扰周边地区日常交通运行的条件下，实现了日均 40 万～100 万人的大客流交通服务，充分证明了交通网络的可调节性（图 4-14）。此外，可变车道、可变进口道等技术已大量应用于城市繁忙地区的交通管理，实际上这些也是利用既有道路空间实现网络运行能力调节的成功案例。

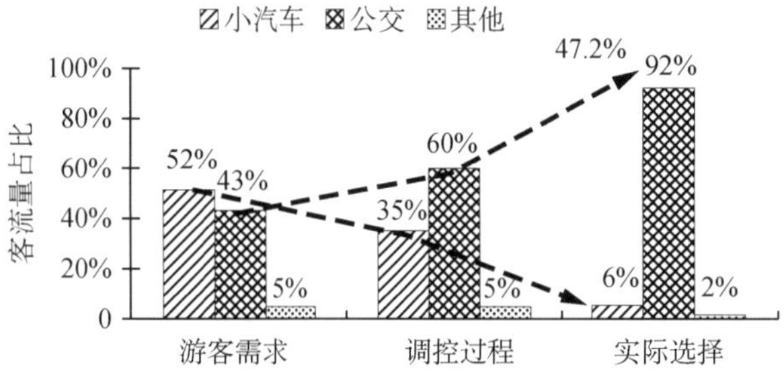

图 4-14 城市交通网络的可调节性

4.3.3 以城市交通网络构建和运行为核心的城市交通学理论体系

1. 城市交通网络构建和运行的研究范式

城市交通网络构建和运行与既有交通网络规划理论以及既有交通控制/运行理论的差异分析如表 4-2 和表 4-3 所列。

表 4-2 与既有交通网络规划理论的辨析

要点	既有范式	网络构建和运行
逻辑范式	以增加设施手段单向适应需求和带动城市扩张，关注交通系统容量、饱和度、速度	以网络整体优化、组织提供交通服务，并利用交通服务提供引导需求，实现供给-需求的双向调整，以满足人的需求和保障整体城市运行效益
理论基础	① 以目标年用地-人口-就业的静态分布为依据，确定网络设施规模； ② 不同子系统间的反馈以单一节点的稳态为依据，出行方式划分后以子系统内部的供应满足需求的均衡点确定交通流量	① 面向城市功能-人口-就业分布的动态调整，重新调整网络结构和网络设施的利用方式； ② 以复合交通网络为整体，观测多情景下的不同子系统间的竞争-合作过程（出行者和交通服务提供者的行为驱动），实现复合网络的整体供应及网络需求的整体再均衡

（续表）

要点	既有范式	网络构建和运行
数据手段	① 小样本的时间断面抽样调查数据（居民出行调查、车流量调查、客流调查等）； ② 5～10年的人口、经济、用地普查数据	① 基于连续获取的、多源的、大样本个体位置数据、轨迹数据（人和交通工具）； ② 大样本、连续的网络运行和社会背景面板数据
技术方法	基于小样本、集计的时间断面数据进行模拟分析，寻找单一的供需均衡点	基于连续的、个体的面板数据和轨迹数据，基于计算实验的供应-需求的均衡演变过程分析

表4-3　与既有交通控制/运行理论的辨析

要点	既有范式	网络构建和运行
逻辑范式	短周期、子系统的供应-需求匹配优化	复合网络整体效益-整体需求的长周期引导与短周期控制相互结合
理论基础	① 只改变单一子系统的运行规则（如信号灯控制、单行道、可变车道、经济费用等）； ② 排队论、波动理论和效用模型，实现短周期机动车流和公交系统的优化	① 网络控制与网络构建融为一体，即网络控制可能会改变网络结构（如动态HOV车道）、改变运行规则（信号灯）、改变网络机制（费用、行为激励/诱导）等； ② 长周期需求调整、短周期行为选择的各类主体行为动力学机制，实现整体网络的供应-需求反馈优化
数据手段	短周期、小范围（单点、单通道）流量、速度、饱和度、占有率、满载率等	① 关联区域、任意时间周期的网络状态数据； ② 移动服务端的个体微观行为数据（OBD、手机等数据）
技术方法	局限单点、单通道的状态仿真模型，子系统间的关联分析难以实现	宏观-中观-微观一体化的计算实验模型，通过网络主体的行为动力学传递作用实现复合网络的关联分析、网络状态演变计算

2. 城市交通网络构建和运行的科学问题

不确定性、复杂性和协同性是城市交通网络五个典型特征的源头，由此带来城市交通网络构建和运行过程中需要解决的三个科学问题（图4-15）。

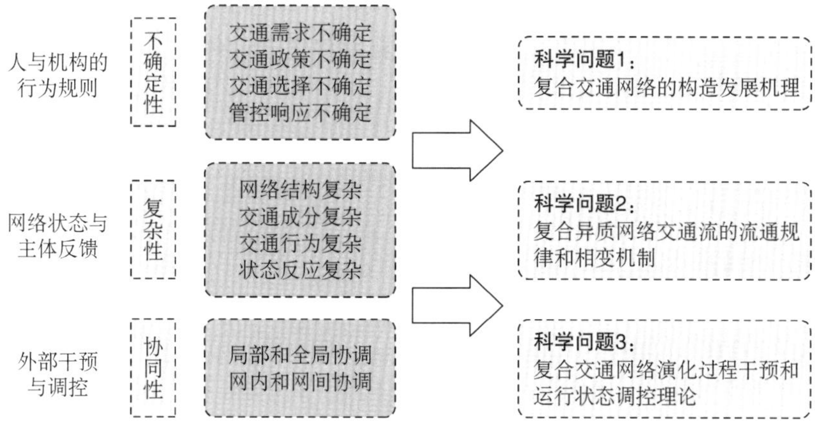

图4-15　城市交通网络构建和运行过程中需要解决的科学问题

1) 复合交通网络的构造发展机理

复合交通网络的构造发展机理包括复合交通网络的结构特征、网络性能度量及二者的相互关系，还有复合交通网络在需求驱动和诱发增长双重作用下发展演化的内在规律。复合交通网络的构造发展机理是研究复合交通网络的流通规律、建立网络构建和运行具体方法的理论基础，也是政策、经济等外部干预手段介入时机选择的理论依据。

城市交通网络系统的发展受到许多因素的驱动和制约。城市功能布局、人口和经济增长以及地理地貌条件等因素都可能影响交通网络的布局和发展。以我国大都市(如上海市等)较为普遍存在的道路环状网络为突破口，通过分析长期的人口、经济、土地使用、道路/轨道/公交网络的规模和交通荷载、交通性能、交通政策等历史数据，找出环状网络的生成、演化机理以及环式拓扑结构在网络失效中的作用。以此为基础，进一步探求促进非环状复合网络发展的主要外在动力和内生动力，以及制约交通网络发展的主要因素；探明各种要素的相互作用机理；弄清复合网络增长过程中道路、公交、轨道网络的合作和竞争机制；建立基于演化博弈的异质交通网络竞争与合作演化模型，分析网络增长及消减过程，为网络设计和科学预测交通网络的发展趋势提供依据和方法。

在近百年间，城市交通经历了数次革命性变革。有轨电车的兴衰、轨道和轻轨交通的复兴、汽车的广泛使用和高速公路的兴起就是典型例子。这种突变往往会打破旧的平衡，为城市交通发展注入新的发展动力。因此，可对城市交通发展过程中的重大事件进行聚焦分析，找出交通网络发展的渐进增长和跳跃增长规律，尤其是新交通方式的介入对网络演化轨迹的影响。借鉴新技术进入市场后增长扩散的研究方法，建立不同交通模式的增长模型，以此为依据，研究交通模式转换的最佳时机和交通政策的最佳介入期，为交通规划和管理提供理论依据。

2) 复合异质网络交通流的流通规律和相变机制

复合异质网络交通流的流通规律和相变机制包括多模式交通流在不同层次交通网络内的流通规律，子网络拥堵产生机制及跨网络传播规律，异质交通流的自组织行为和平衡过程、平衡点的稳定性，以及异质交通流在子网络和全网络中的相变机制。异质网络交通流的流通规律和相变机制为交通网络构建和运行提供性能指标和约束条件，为网络控制提供状态方程，同时为网络发展演化提供动力机制。

复合交通网络的拥堵与道路交通网的拥堵有着显著的不同，后者由点及线波及整个网络。复合交通网络内的拥堵，除道路拥堵外，轨道交通和公交的拥堵主要发生在交通方式转换点和枢纽点，其拥堵传播主要是由于线容量和频率不匹配导致，并非表现为车辆停在路上或因车流密度过大造成低速行驶。由于网络的耦合效应，在复合交通网中，拥堵可以从一种交通模式传递到其他交通模式。

经过提炼的集约交通网络在拓扑结构上具有节点少、通道强的特点，可大幅缩小复合交通网络分析的规模尺度。但集约节点和枢纽节点的功能及其复杂度远甚于道路节点，是研究复合交通网络动力学的关键所在。相关研究内容包括以下几个方面：

(1) 在现有交通流理论的基础上，挖掘各种节点和“路”段的数据，运用非线性力学、数理方程和计算科学的方法，建立复合交通网络集约节点的动力学模型和广义边的异质交通流的传导模型;研究混合交通流中的各种同质流在普通节点和集约节点内的相互作用机理,界定在复合网络中的传输和阻尼效应以及其输送功能失效的机制和临界点。

(2) 基于复合网络中普通边的同质流传输模型,建立广义边的异质交通流传输模型;探索扰动(特别是异常扰动)在普通边和广义边上的传播规律和叠加效应;建立衔接集约节点和广义边动态方程的边界条件。

(3) 在集约节点和广义边模型的基础上,依据实验、观察和对出行者交通行为的深入分析,可建立引导混合与异质交通流趋于稳态的势函数;研究多模式交通的自组织现象和广义路径选择行为,可建立复合网络的异质网络交通流模型,并利用这一理论,研究拥堵跨网传播规律、局部失效的可控性以及环状网络中常常出现的自锁现象和由此导致网络瘫痪的关联机制;研究复合交通网络运行状态和性能指标对边界条件和参数的依赖度和敏感度以及稳定态的抗冲击性。

(4) 分析给定初始和边界条件下导致交通网络服务失效的状态临界点,探明不同种类突发事件作用下网络局部失效的机制和失效扩散规律;建立事件等级和网络失效范围的相关系数及突发事件发生频率的概率模型;考虑事件等级和发生概率,建立救援站点、资源的优化配置方法以及疏散模式、疏散路线和疏散组织预案的生成方法。

3) 复合交通网络演化过程干预和运行状态调控理论

根据网络演化规律和复合网络交通流理论,建立网络结构调整和运输组织优化方法,提出调控网络状态的跨网络集约协同控制理论。复合交通网络的干预和状态调控理论既依赖于网络演化和流通的理论,又为网络目标制定、网络流通和相变提供驱动力。相关研究内容包括以下几个方面:

(1) 以环状复合交通网络为载体,利用集约网络演化、流通及相变理论,研究改善网络结构及提高运行效率的复合网络设计和管控方法,并基于实验平台对部分基础理论和方法进行验证。

(2) 考虑资源配置、多式衔接、竞争博弈、多维适配等多方面条件,构建环状通道复合网络的分层递阶设计模型;研究环状网络中交通资源的合理空间分布(如进出通道和枢纽节点在环网中的密度)以及通道复合容量的冗余配置方法;基于集约网络分层递阶设计的反馈机制,针对复合交通网络快速演变过程中交通需求和交通供给的不确定性,建立复合交通网络的鲁棒设计方法,为改善复合交通网络的深层次结构性问题提供理论依据和方法。

(3) 基于集约网络交通模型,选取实证场景,研究环状网络通道的局域控制方法,包括控制单一集约节点交通负荷的流量控制方法和同一环状通道上集约节点簇内复合交通流的协同控制方法。依据复合交通流扰动跨网传播规律,建立不同环状通道联网流量控制方法。研究匝道控制、交叉口信号控制、交通诱导、信息发布(包括道路、公交和轨道交通信息)、拥挤收费等不同控制实现方式及其适用范围,以及多式并用的综合控制方法。

3. 城市交通网络构建和运行的理论体系

根据城市交通网络构成及相互作用、网络构建和运行的科学问题,形成相应的理论内容(图 4-16),并提出四个方面的理论研究需求:①交通行为理论;②网络交通流理论;③复合交通网络分析理论;④交通大数据分析理论。

(1) 交通行为理论。网络主体在不同时空尺度下的行为是交通网络需求、网络状态和网

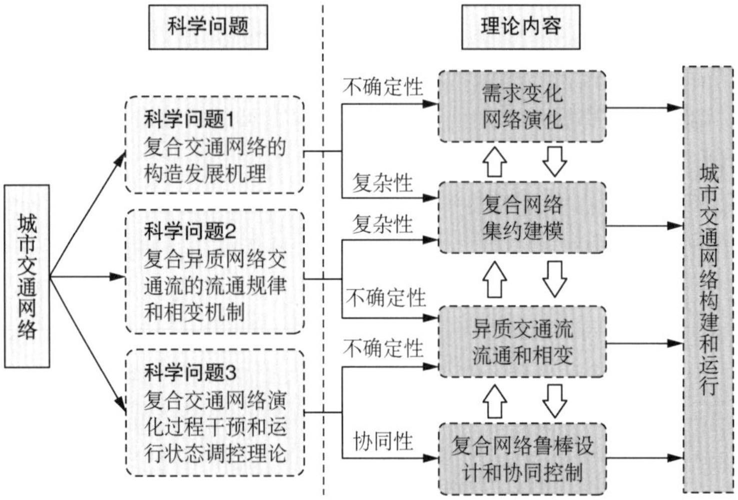

图 4-16 城市交通网络构建和运行的理论内容

络反馈的动力学来源。面向网络构建和运行的交通行为理论需要面向出行个体，建立出行过程识别理论，明确人的需求与交通行为的关联机理，研究网络状态、交通服务和交通行为之间的相互作用效应，以及各类主体行为与外部干预(信息、经济等措施)之间的反馈效应。所需的技术方法主要有大数据与样本属性数据的融合分析技术，基于活动的交通行为模型，社会行为学的机动性模型、态度-意愿模型以及时空地理学的流空间分析等。

(2) 网络交通流理论。建立复合交通网络的节点动力学模型、混合流模型和网络交通流协同动力学理论，分析网络交通流的演化过程，研究网络交通流相变机制和扰动传播规律、过程失稳条件，为综合交通系统的动态调控、危机预警与管理奠定理论基础。所需的主要方法有数学模型(高等数学、概率、统计等)、人机工程(自然驾驶、无人驾驶)和复杂网络动力学模型。

(3) 复合交通网络分析理论。该理论包括复合交通网络动态构造与时空过程特征建模理论、复合交通网拓扑结构演化机理分析理论、超大规模复合交通网络的集约建模理论。所运用的主要方法包括基于服务质量竞争的时间博弈、基于主体行为的网络动力学模型和超大规模的网络计算实验(平行控制)。

(4) 交通大数据分析理论。包括多源、海量数据的时空融合理论和技术，数据-证据-决策的可信度分析，以及面向网络干预-行为反馈-网络均衡的大数据分析模型。所运用的主要方法有信息论、概率论、线性代数等数学方法，机器学习、人工智能等计算方法，以及基于平行控制思想的计算实验方法。

第 5 章 城市交通网络的构建与运行

由于城市不同区域存在功能差异,不同人群与移动目的存在差异,不同时段交通网络服务能力也存在差异,因此仅以设施决定服务的概念与理论是不恰当的。这也是城市交通与交通工程最主要的区别所在。本书第 4 章中阐述了城市交通网络构建与运行的相关基本概念。对于城市交通网络服务的用户和管理者而言,网络的“构建与运行”是不可分割的整体,是依托交通基础设施,针对差异化需求,为不同交通(方式)用户所提供的网络化服务产品。或者也可以认为,是通过运行规则、管理技术等,对设施功能、设施连接、设施能力进行动态组织和调整,形成交通服务的时空网络。简言之,城市交通网络的构建与运行,是传统基础设施与运行管理设施的集成在信息化环境下功能的重新组织与提升。依托交通信息网络与信息系统,通过短期外部调控手段和长期交通需求管理手段,实现对基础设施物理网络的动态有效组织和全时高效利用,进而在更长的时间尺度上影响城市的空间组织与功能优化。

5.1 城市交通网络构建与运行的构成要素

城市交通网络的物质性体现,不仅是基础设施网络,如道路、桥梁、隧道、轨道、停车场等土建设施,还包括信号系统、信息系统等信息服务网络,以及政策、财税、法律等决定运行状态的外部调控手段和交通需求管理手段等,它是一个多维度、有机结合的整体性系统。作为城市重要的公共空间,城市交通网络不仅服务于城市内人与物的移动,还服务于居民日常交流、游览等活动。注重城市交通网络内各子系统间的融合,发挥系统自身功能和各系统要素在相关系统中的作用,强调系统的整体性,即“整体大于部分之和”,这是提高城市交通网络运行效益的关键。

从服务人与物的流动及其他城市活动的差异性角度来看,城市交通网络可分解为地面道路系统、快速路系统、公共交通系统、停车系统、物(货)流系统、交通管理系统这六大系统。进一步而言,通过对道路空间资源的配置及管理,可以形成自行车、行人的通行网络(图 5-1)。

将传统的城市道路系统划分为地面道路系统与快速路系统，正是因为服务对象及构成的差异：快速路仅服务于机动车，而地面道路系统则需要承载更多的交通移动及活动方式，这就导致了两类系统与沿线用地的作用关系存在差异。城市交通网络的构建与运行还为城市对外交通枢纽的衔接集散以及围绕中心城市所形成的都市圈范围内、城镇和集中居住区域的交通衔接提供服务。

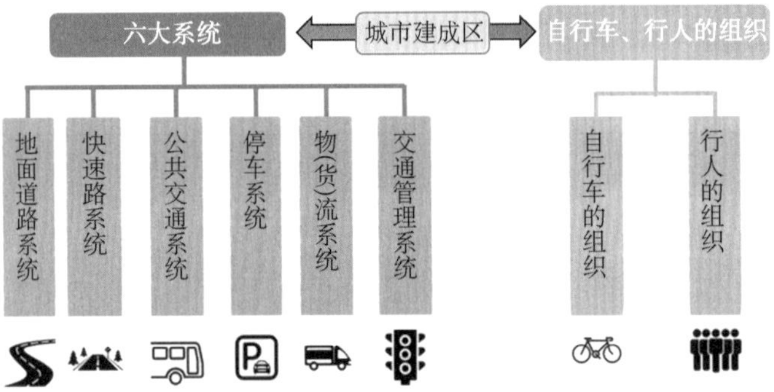

图 5-1 城市交通系统的要素

各个子系统都具有其明确的服务对象、服务功能和基本特征，但它们所依托的物理设施并不完全相互独立。目前，针对单一系统已经有相当多的研究基础。在各子系统独立研究的基础上，将它们放到整个交通网络中进行研究，才能解析诸如快速路系统与地面道路系统的关系、地面道路系统与公共交通系统之间的关联性、停车系统对地面道路系统以及公共交通系统所产生的影响、交通管理系统对地面道路系统和快速路系统的运行所起到的调节作用、物(货)流系统对不同区域地面道路的交通组织所提出的要求、公共交通系统自身优化与其他子系统的关系等一系列问题，而不是仅仅通过改变某一类设施或采取单一手段改变一个系统的状态，来满足某一类交通方式的需求或者提升某一个交通子系统的效率。应该以人和物在交通设施上的高效流动以及交通活动与城市其他活动在空间上的匹配融合来体现交通的综合效能。

5.1.1 地面道路系统：道路与街道

将城市快速路与地面道路视为城市交通的两个子系统，它们的差异首先体现在服务对象上，其次才是设施形态与管控方面。

地面道路系统不仅承担着车流、人流、非机动车流的交通任务，而且承担着沿街商业等公共性服务以及市政基础设施等功能，是构成城市活动空间的基本要素。城市道路是城市交通系统的基本网络，城市交通的其他网络，如地面公交网、轨道交通网、货运物流网等，往往依附于道路网而存在，并依托地面道路设施进行功能构建与运行。因此，道路网的功能结构必须为其他网络运行创造基础。我国地面道路的通行特点是混合交通流，即在地面道路上运行的交通方式(工具)呈现多样化，包括机动车、行人、自行车等，相应地，交通承载组织方式也是多方案、可调整的，能力与效率也处于动态变化之中。

在城市交通系统中,地面道路是最基本的组成部分。无论是人的移动,还是货物的移动,无论采用何种交通方式,也无论出行链如何构成,地面道路都是必不可少的环节。在交通系统的整体优化过程中,地面道路系统的关键在于协调组织各个要素之间的关系,充分发挥地面道路在网络中的基础性作用。地面道路与快速路通过匝道相连,在城市的不同地区可通过控制这种衔接关系(包括速度、能力),调节地面道路疏解快速路交通的能力。地面道路疏散能力以及其与快速路的复合程度对于城市道路网络的运行具有重要影响。

公交网络的优化组织和TOD理念的落实同样依赖于地面道路系统。公交服务的可达性、时效性取决于地面道路网络的供给条件和运行组织管理水平。因此,就城市建成区的有机更新而言,在保持现有路网结构的基础上,通过调整道路通行空间或通行优先权,可以增加公共交通供给,从而实现不增加路网面积却提升道路容量的目标。此外,地面道路与轨道交通也有着密切的关系。一方面,轨道交通系统选线通常沿干线道路布设;另一方面,站点周边道路设施条件决定了站点的可达性,所谓"最后一公里"问题归根结底在于地面道路系统相关设施的供给和运行组织水平。

自行车、步行等慢行交通的运行更是完全依赖于地面道路系统。一方面,作为出行链的最后一个环节,地面道路的供给水平(包括设施和管理)直接影响出行的整体效率;另一方面,道路断面、路面条件、环境设计等在一定程度上决定了城市的宜居程度,需要通过地面道路的路权配置来支撑并保障绿色出行。交通管理系统主要通过作用于地面道路系统来影响并决定小汽车交通、公共交通、货运交通、停车等各类交通运行组织的效率。进一步而言,可通过交通政策、智能交通系统等手段有目的地调节道路使用者的成本,比如探索核心建成区道路收费制度等,能够实现对城市交通网络使用与运行状况的调节。

值得深入研究的是城市发展价值观发生变化后地面道路的分级,包括从功能等级到技术等级、从设计标准到使用管理。同时,要承认并厘清道路与街道的差异,以及不同交通功能占用空间资源的排序规则,尤其是公共汽(电)车、非机动车的通行优先权与道路等级之间的关系。

5.1.2 快速路系统

快速路是20世纪30年代之后,顺应于汽车时代的特点,从城市干道基础上发展起来的,其本体通常为汽车专用。在国外,快速路通常是高速公路在城市建成区内的特殊段,因出入口间距小而不设紧急停车带。在我国,机动车与非机动化交通共用地面道路,为保障交通安全,避免因交通流组成混杂而导致通行能力下降,干道大多采用三块板的形式,即在干道上增设机非分隔带,但即便如此,仍然无法解决交叉口的交通组织问题。干道上机动车的通行效率受交叉口限制,于是立体交叉的形式越来越多地被采用。在主要方向上,连续立交形成了汽车专用的通行道路(通常是高架形式),并逐渐发展成独立的系统,以上海成都路高架与延安路高架为例,它们都是由地面干线道路发展成高架快速路+地面辅道的形式。这种在直行方向形成连续交通流的道路设施形式,因显著提升了城市道路一条车道的机动车通行能力,还节约了道路用地,所以受到大城市的青睐,逐渐形成了一类道路等级,如上海内环高架等。随后,专门指导城市快速路规划、设计的相关规范也相继出台。

快速路最初的建设目的是疏解中心区的交通，分离到发与过境交通，减少其他交通工具对机动车的干扰。快速路系统的主要目标是组织汽车高效运行，减少中长距离机动车出行对地面交通的干扰，这样在提供同等建设用地的情况下能显著提升道路的通行能力，在提高城市交通运送速度等方面发挥作用，进而提升城市的总体运行效益。其核心在于与地面道路交通、与城市间高速公路交通的组织和衔接。城市快速路系统的功能主要体现在以下几个方面：联络城市各个功能分区，满足中长距离的交通需求；分离快慢交通和长短距离出行；调节城市路网的交通量；快速疏导出入城与过境交通；等等。从历史发展的角度来看，快速路的功能也有所演变：新规划的快速路旨在提升城市交通走廊的能力，解决城市在空间尺度增加后中心与外围组团间的快速联系以及组团间的出行，同时解决高等级交通枢纽为城市提供便捷服务等问题。

从国内外快速路的发展实践来看，其网络布局大多为环形放射式结构。环形放射式道路系统起源于欧洲以广场组织城市的规划手法，最初是几何构图的产物，如伦敦、巴黎、东京、北京等城市的路网布局形态均是如此。放射形干道有利于市中心与外围市区和郊区建立联系，环形干道又有利于中心城区外的市区及郊区之间相互联系，这种布局具有通达性好、非直线系数小、有利于城市扩散和过境交通分流等优点。在这种网络布局中，环线道路和射线道路具有不同的功能：环线道路联系射线道路，使射线道路上的车辆逐层分流，目的是尽量减轻中心区的交通压力。同样，射线道路也增强了环线之间的联系，减少了车辆的绕行距离。二者相互作用既是互相制约又是互相补充，环线与射线的衔接点往往是网络的控制性节点。

快速路由于其通行能力和车辆通行速度显著高于地面道路，所以既是大城市交通运输的主动脉，也是城市与高速公路的联系通道。快速路及辅路主要服务于机动车，在其两侧不宜设置吸引大量人流的公共建筑物及进出口，对两侧一般建筑物的进出口也应加以管控。快速路应尽量避免穿越核心区和建成区，原因主要有两点：一是避免引入过境性交通流量，从而加大中心区道路网的交通疏解压力；二是避免快速路对建成区人文和自然环境造成破坏，防止因驾车便利性提升而带来不必要的问题。

与高速公路不同，城市快速路主要采用立体化设施形态，且主要服务于客运车辆。与高速公路相比，城市快速路的出入匝道间距小且与交叉口间距小，通常不设紧急停车带。城市快速路对城市路网运行有着重要影响，在组织城市交通方面发挥重要的作用，且在功能定位、服务对象、管理技术等方面具有特殊性，因此，在城市交通网络构建与运行的研究中，将其作为一类独立的系统进行阐述。

5.1.3 公共交通系统

除少量特大城市和大城市以外，一般城市利用地面道路提供集约化公共交通服务的主体形式是公交汽(电)车，通常将其称为地面常规公交。地面常规公交是城市公共交通系统的主要形式，其依托地面道路形成公交线路网络，因此，在地面道路上组织公交的运行是城市交通网络构建与运行的基础工作。随着轨道交通的大规模建设，大城市中轨道交通形成的网络必须与地面公交实现有效衔接,如此才能共同构建起高效便利的城市公共交通系统。

城市交通系统服务于客运和货运,其中重点是客运,尤其是通勤交通。客运交通的效率对于城市交通网络的构建和运行而言尤为重要,其承担的比重在很大程度上决定了城市道路网的负荷及运行状况。从公共交通服务对象的演变和功能的发展历程出发,去看待城市公共交通网络的优化,以及它与城市交通复合网络的有机融合,是城市交通网络构建与运行应有的视角。我们应当从城市公共交通系统的综合效率出发,立足于居民可达性和时间效率性,合理配置道路通行的物理空间,进行交通流控制和通行权管理,鼓励出行者优先选择公共交通。同理,在轨道交通线路、站点规划设计与使用管理过程中,优化与汽(电)车线网的空间换乘和票务衔接,优化与共享单车、居民步行等的衔接,即依托设施系统进行跨方式、跨网络的连接并根据实际情况进行动态调整,这也是城市交通网络构建与运行的重点。

公交系统在城市交通组织中的关键在于:①公交系统内部的自我优化,包括常规公交与轨道交通之间的衔接问题;②公交系统与地面道路系统的协调优化,特别是公共汽(电)车专用道及系统、地面道路网、公交线网之间的相互作用,以及城市道路资源的市场配置机制等问题;③解决公共交通与个体交通之间的矛盾,包括“最后一公里”、停车换乘(Park and Ride, P+R)系统、步行组织等问题。

5.1.4 停车系统

停车系统需从基本停车需求、企业停车安排和公共停车管理这三个方面进行统筹认识。基本停车需求主要是指家庭所拥有的小汽车在居住地停放的需求,一般要求有长期固定的停放场所,通过居住区配建停车位来实现。基本停车需求应予以保障。然而,根据住宅建成期的规划设计标准,早期的住宅往往缺乏足够的停车位,致使车辆停放蔓延至住宅区临近的街道,这已成为街区治理的主要挑战之一。企业停车安排主要涉及职工通勤停车需求以及与业务相关的货车、访问车辆的停车需求,这类需求一般也要有固定的停车场所。这类停车供给及管理直接影响了通勤交通方式选择及相关的商务出行方式选择,对交通网络产生显著影响,是调控机动车交通量的一种重要管理手段。公共停车主要针对休闲、购物、娱乐等活动所产生的停车需求,对所有车辆开放,通常需要付费或在限定时间内免费。公共停车管理可通过设施量与价格来进行引导与调控,一方面,限制小汽车在特定区域如城市核心区的使用;另一方面,减少小汽车对活动场所周边区域的道路交通运行影响。

停车系统对城市交通网络构建与运行的影响可能体现在以下几个方面:

(1) 停车的便利性影响私人小汽车的拥有和使用(图5-2)。低密度住宅和低价甚至免费的停车,如居住区或车位充足,可能会刺激小汽车的拥有。小汽车作为私人物品,如果不能建立“用者付费”的制度并让市民接受,将会对城市交通运行产生长期的负面影响。

(2) 影响步行和自行车的出行环境。在停车需求旺盛,但管理不严或供给不足的情况下,免费的公共空间往往成为停车的首选,车辆会选择占用非机动车道、步道甚至机动车道进行停车。如此一来,步行和自行车出行的安全性、舒适性、体验感等都会受到极大的影响。

(3) 影响公共交通。停车系统对公共交通的影响体现在两个方面:一方面,停车的便利会

(a) 未安装咪表　　(b) 安装咪表后　　(c) 提高停车价格后

图 5-2　伦敦停车价格管理的效果

降低公共交通的吸引力;另一方面,P+R 的便利性可能会促使人们选择公共交通前往城市中心区。P+R 是城市交通系统的重要组成部分,其规划不能仅仅局限于停车设施的选点布局,而必须从系统角度,全面综合地考虑停车与区域用地规划、公共交通系统、城市交通发展战略等诸多因素。在城市交通网络的构建与运行过程中,至少应该将 P+R 等公共停车作为一类特殊节点,考虑其位置、与道路的连接、价格等因素,并纳入多模式复合网络的评估体系。

5.1.5　物(货)流系统

物流是指物质实体(即物品)的定向移动,既包括空间位置的改变,也包括在时间维度上的延续。物流系统是城市交通的重要组成部分,是满足城市及区域经济发展和人们生活需求的基础性系统。城市的物(货)流可分为三类:一是生产原材料供应的运输,其特点是运用不同运输方式从不同地点将原材料运送至生产企业,其运输规模、品种差异大;二是产品的运输,具有高度集约化的特点;三是生活性服务的商品流动,具有集中配送、分送到户的特点。随着电商的蓬勃发展,其在商业零售领域占据的份额越来越大,快递配送成为城市物流的主要方式之一。在城市交通网络的构建和运行过程中要考虑三类货物运输的组织需求,以及物流系统与其他子系统之间的关系,还有物流系统对网络的构建和运行产生的影响。

城市交通的本质是服务于人的需求和组织城市高效运行。其中,人的需求不仅包括出行需求,同样也包括了以物的移动替代人出行的需求。在不同的发展阶段,需求的构成有所不同。电子商务的迅猛发展使得相当一部分购物和餐饮出行需求转变为商品(食品)的派送,这使得城市交通的需求结构发生了变化。2021 年,上海快递从业人数达 10.02 万人,仅同城业务量就达 8.26 亿件/年,国内异地业务量为 27.63 亿件/年,各类营业网点有 3000 余处。快递员通常驾驶电动车完成派件任务,每天送件 50～100 件/(人・车),载重量一般在 50 kg 左右。这也意味着曾经采用步行、非机动车、公共交通、小汽车等方式从居住区到商业区的分散性购物出行大部分转变为快递人员从物流网点到居住区使用小型货运车辆、助动车等的集中出行，在出行起讫点、交通方式、出行时空分布特征和可调节性等方面都发生了变化。

对于原材料运输和产品运输这两类物流系统，相关的仓储布局、交通组织及运行管理都对城市交通的高效运行有着显著的影响。在交通系统中，必须协调好货运与客运之间的关系，优化二者对有限的设施资源的利用，秉持居民出行优先的理念来组织货运交通，完善货运管理，在优先满足人的活动需求的前提下，为城市的生产、贸易活动提供服务。

5.1.6 交通管理系统

交通管理系统是城市道路交通运行管理的重要组成部分。随着信息技术的发展，交通管理系统包括传统的交通秩序管理和交通信息引导这两大基本功能，其目的在于通过交通组织和指挥，引导、干预、规范出行者的行为，保障交通安全，实现综合交通系统运行效率的最大化。

传统的交通管理系统是公安交通管理部门根据道路交通法律、法规，采取宣传教育、行政处罚和工程设施等方法，对道路交通中的人、车、路、环境等进行管理的一系列行政管治措施，对于确保交通安全、通畅、有序，维护广大交通参与者的合法权益，保障社会治安稳定以及减少污染排放等都具有重要作用。早期的交通引导是在实时交通流数据采集和分析预测技术手段的支持下，通过发布交通运行状态，让驾车者可以有选择地避开拥堵路段，尽可能使网络交通流分布均衡。最典型的交通引导手段是通过可变情报板为驾驶者提供路况信息，通过引导出行路径的改变来调整交通量在道路网络上的分布。可变情报板和专用频道交通广播是早期交通信息诱导系统的主要形式，它们试图从外部对交通行为产生作用。

移动互联网的广泛应用进一步提高了信息服务的渗透率，推动信息服务朝着更加个性化、定制化的方向发展。基于位置的信息服务和主动推送式服务能力大大提升，可以有针对性地调节特定时段、特定群体的交通行为，是交通需求管理的技术基础。信息服务系统与交通要素之间的信息交互更加频繁，系统对用户的需求跟踪、识别更加及时准确，能够为用户提供交通出行或货物运输的全过程规划、实时导航和票务服务，从而使得交通信息系统成为网络构建和运行中的重要因素。

相较于地面道路、快速路、停车等设施系统而言，交通管理系统在未来交通系统整体优化中具有更强的调节能力和灵活性。如果说设施系统具有一定的不可逆性(如短期内无法增加、改变、拆除)，而由交通秩序管理和交通信息化引导所构成的交通管理系统则通过其可调节性(可逆性)在系统整体优化中发挥重要作用，使得复合交通网络能体现整体大于部分之和，提升网络的总体效益。例如，公交专用车道、可变车道可以显著提高道路的通行效率，高峰时段的通行限制可以避免特定区域的交通拥堵，绿色交通的通行优先、小汽车的停车限制可以改变出行结构。在数字化、信息化时代，一方面，人们的生活方式和出行行为的变化导致交通需求变动，交通管理系统是复合交通网络中能及时根据需求变动进行调节并响应变化的子系统；另一方面，大数据、云计算等信息资源和技术手段的革新，也为交通诱导系统、交通监测、控制系统等提供了技术创新的条件。各个子系统设施、使用、运行数据能及时有效地反馈到交通管理系统，通过长期的数据积累，可挖掘出系统的运行规律和趋势，用于主动调节交通管理，也为人工智能技术的应用和交通大模型的建立奠定基础。

5.1.7 城市交通网络各子系统的协同关系

城市交通网络的构建与运行是6个子系统共同作用的过程。基础设施网络的稳定性和交通管理系统的动态性，决定了各个子系统的空间与运行条件及相对竞争力的可变化性、交通需求与交通方式结构的可调节性。因此，城市交通网络的构建与运行可以动态适配城市交通服务需求。城市交通网络构建与运行的根本目的是通过各子系统的协同，提高不同出行者采用多样化出行方式的总体服务水平。

5.2 城市交通网络构建与运行的综合效益

5.2.1 交通网络构建与运行的效益度量

城市交通系统效益是指在城市发展目标导向下，城市交通系统的输入（土地、能源、人力、资金、时间）与满足服务需求的能力（可达性、可靠性等）之间的关系。交通效益强调投入与产出成果，不同交通主体所追求的效益并不完全一致（图5-3）。如对城市交通网络建设的投资者来说，内部效益是指收取车票和开发沿线资源所获得的收入或利润；对城市管理者来说，内部效益是指城市交通状况的改善以及交通问题的解决；对于出行者来说，内部效益是指出行时间和费用的减少，以及服务质量的提高等。外部效益则是指城市交通系统建成后，由于交通运输条件改善、运输效率提高、运输成本降低而产生的效益，还包括由于服务质量的提高，促进相应产业带的形成，带动区域经济发展，扩大劳动力就业和提高国民收入等。

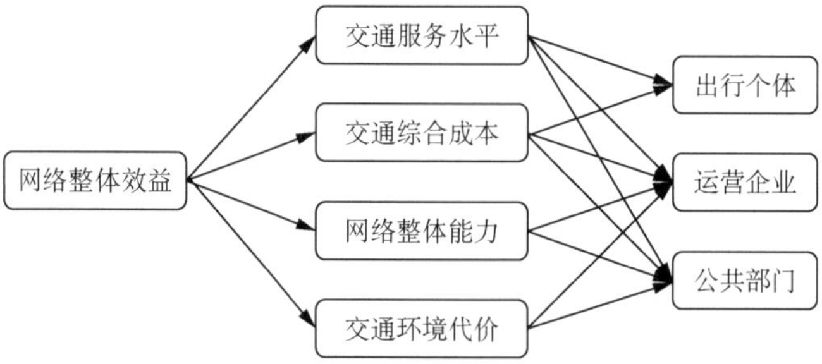

图5-3 不同交通主体的效益追求差异

城市交通复合网络的多方式、多主体使得决策所依赖的效益度量变得异常复杂。城市交通多模式网络构建与运行的目标及要素如图5-4所示。交通网络构建与运行在短期微观层面会直接影响出行者的出行行为选择，而在长期宏观层面则体现了政府-企业-出行者等多元主体在资源、经济、环境等方面的博弈。其中，政府层面发挥主导决策作用，维护和保障公共利益，其诉求是社会福利最大化；各类企业作为服务提供者，其利益诉求是经济利益最大化；出行者作为各类交通服务的使用者,其诉求是获得公平、高效的出行服务。

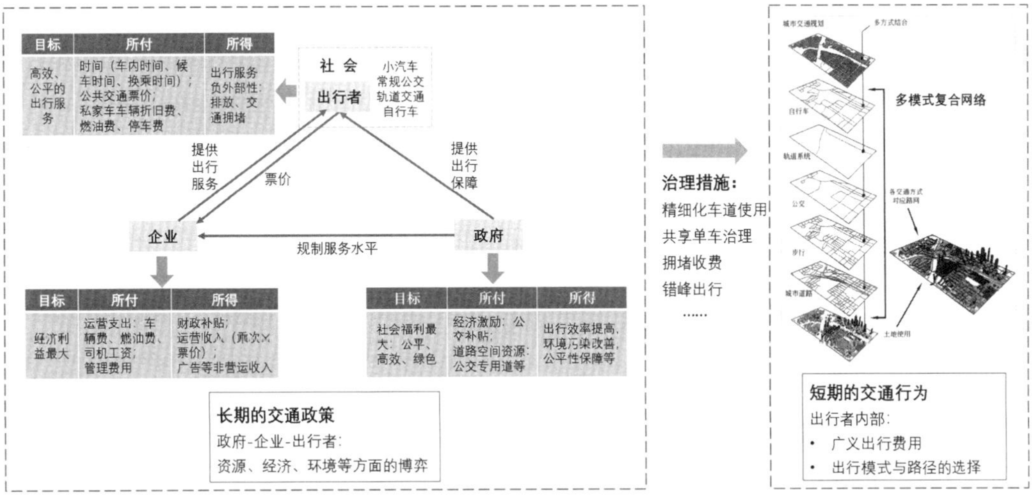

图 5-4　城市交通多模式网络构建与运行的目标及要素

城市交通网络构建与运行的效益定义为:政府、企业、社会等多元主体在此过程中,致力于平衡不同利益相关者的利益诉求,调节各方所付与所得,兼顾主体利益平衡和公共利益保护,综合考虑资源配置效率、公平性及社会与环境影响,从而对实现公平、高效、低公害的交通服务这一目标产生的影响和结果。它与传统交通系统效益评估的区别主要体现在以下几个方面:

(1) 传统交通系统效益评估大多针对单一交通方式,如小汽车的运行效率、轨道交通的建设效益等,往往忽略了各方式间的相互影响。然而,在多模式网络中各类交通方式交互运行,因此效益评估需要整合各类数据源,综合考虑多种交通方式,同时兼顾效率与方式之间的公平性。

(2) 传统交通投资项目中的系统效益评估大多以机动性效率优先为主要目标,如减少拥堵、提高机动车速度等,并且主要集中在方便用货币表示的经济效益方面,缺乏对其他外部影响的考量。实际上,交通系统与其他社会经济和环境系统有密切的联系,效益评估中面临的挑战就是理解这些复杂的关系,并提出综合考虑各种影响的评估指标。

(3) 传统的交通系统分析理论讨论的是交通系统的整体效益,难以满足评估具体个体得失平衡的需求。考虑到交通复合网络中不同主体间的公平性,需要构建新的评估体系以探讨交通行为对于具体个人生活质量的影响,为在共识基础上达成价值认同提供有力的支撑证据。

5.2.2　城市交通网络构建与运行的效益评估指标

城市交通网络效益评估指标是一组相互联系并能采用量化手段进行分析的指标体系。根据城市交通的目标要求,可以将城市交通网络效益评估指标分为交通服务水平、交通综合成本、网络整体能力和交通社会与环境代价四个方面,见表 5-1。

表 5-1 城市交通效益评估指标体系

一级指标	二级指标	三级指标
交通服务水平	可达性 可靠性 可选择性	时间、速度及其稳定性
		便捷性、舒适性
		可选择性
		……
交通综合成本	时间成本 经济成本	生活模式的影响
		个体费用成本、总体土地成本、总体财政成本
		个体价值损失、总体价值损失
网络整体能力	复合网络容量 复合网络韧性	速度、饱和度
		人·km、车·km
		容错能力与安全风险
		应对城市增长的能力
		交通对城市功能的支持
交通社会与环境代价	能源、排放	人均能源消耗、排放
	其他污染	噪声、振动;对健康、土地价值等的影响
	社会公平性	横向公平性、纵向公平性

1. 交通公平性

城市交通公平性是指对于有限的城市交通资源,不同出行群体具有均等利用的权力。城市交通公平性可分为横向公平性和纵向公平性,见表 5-2。

表 5-2 城市交通公平性分类

城市交通公平性	横向公平性
	考虑不同社会阶层和收入差异的纵向公平性
	考虑交通能力和需求差异的纵向公平性

横向公平性是指具有相当属性、条件的群体应享有相当的权益,同时承担相当的义务和费用。例如,对于广大普通交通参与者而言,不论他们选择哪一种交通方式,都理应获得均等的出行机会。

纵向公平性:①具有不同属性、条件的群体在交通活动中的付出与收益应当相符。例如,政府投资修建新的道路,提高了附近道路使用者的通行效率,但是,道路附近的居民则要承受噪声和环境污染等负面影响。②对于弱势群体应当予以扶助,保障他们最基本的需求。例如,对残疾人应给予照顾,保障他们基本的出行权利和能力。

2. 交通出行成本

出行成本最初主要是针对出行者而言,指出行者选择各种交通方式出行所需要承担的金钱、时间等成本。由于要对城市网络构建和运行进行综合效益评价,因此须将单一对象进行扩充,分为内在(个人)成本、政府(机构)成本和外部(社会)成本(表 5-3)。

表5-3 城市交通出行成本效益指标

成本分类	地铁	公交汽车	小汽车	自行车	步行
到达/离开成本	I	I			
等待时间成本	I	I			
在途时间成本	I	I	I	I	I
车辆运行经济成本			I	I	
票价	I	I			
过路费			I		
健康权益				I	I
车辆成本	A	A		I	
基建费用	A	A	A	A	A
维护运营费用	A	A	A	A	A
拥挤成本	S	S			
拥堵成本		S	S		
空气污染	S	S	S		
温室气体排放	S	S	S		
噪声	S	S	S		
水污染	S	S	S		
突发事件成本	S	S	S	S	S

注：I—内在(个人)成本；A—政府(机构)成本；S—外部(社会)成本。

内在(个人)成本是指用户由于进行了运输活动而产生的成本。自付成本以及旅行时间成本被视为内在成本。政府(机构)成本是指政府为建设和维护交通建设设施以及提供交通服务保障而产生的成本。外部(社会)成本则是指由用户产生但由社会共同承担的费用,包括环境影响、交通拥堵以及突发事件等方面。

城市交通网络构建与运行的效益评估指标,应能表征各类政策及措施对公平、高效和低公害的交通服务产生的影响,包括尊重个体选择、体现公共利益的效益度量指标,并给出可计算的指标量化与评估方法。

交通网络构建与运行的高效性可通过出行时间的节省和广义出行费用的降低来实现。前者关注出行时耗尤其是通勤时耗的降低,后者则旨在以尽可能低的成本完成出行活动,实现社会成本的高效利用。

低公害主要强调对环境的影响,其主要表征指标为污染物排放量的减少。结合“双碳”目标,可选取人均交通碳排放量作为效益评估指标。将该值乘以出行距离即可得到各交通方式出行者的人均二氧化碳排放量。

出行者诉求的公平性包含两层含义:一是不同交通方式间获取交通服务的均衡性,如各方式出行时间差异在可接受范围内的相对公平服务;二是公共资源分配的公平性,包含道路资源和环境资源等。出行者为完成出行活动所需付出的成本包括内部成本和外部成本。内部成本是指出行者个体独自承担的成本,例如出行时间、车票费用等;外部成本是指社会其他人为该个体所承担的成本,例如道路建设和维护费用、环境治理费用等。在外部成本中,很大一部分属于对公共资源的消耗。以道路资源为例,在一定时间内,可以认为道路空间是固定的,机动车通行能力也是固定的,但其运输能力不固定,如公交车相比小汽车可乘载更多的出行者,道路运输能力可通过车道的使用管理来调节。对于道路资源而言,某些出行者占用得多,其他出行者可利用的就少,这取决于不同出行群体对资源的消耗程度。如同一次出行活动,小汽车出行者比公交出行者消耗更多的道路资源。又如环境资源,一次出行活动中,小汽车出行者比公共交通出行者制造更多的污染排放,对环境造成更大影响,即占用更多的环境资源。交通公平即以公平为价值取向来配置公共资源,实现人与物的有效移动,达成出行公平与出行效率之间的平衡。

研究使用不同交通方式的相关群体间的不公平性,可借鉴相对剥夺理论(relative deprivation)来描述。相对剥夺感是指人们将自身处境与某种标准或参照物进行比较,发现自己处于劣势时所产生的感受。简而言之,相对剥夺是一种感觉,表现为有权享有但并未拥有的感受。以环境影响为例,环境影响相对剥夺系数是指某类出行群体将完成其出行活动所产生的环境影响与其他群体进行对比,从而反映某一出行群体被剥夺程度的系数。不同交通方式出行群体间的环境影响相对剥夺系数计算如下:

$$d^w = \sum_m | H_m^w - \overline{H}^w | \tag{5-1}$$

式中 d^w——多模式交通网络中 OD 对 w 间不同方式出行者产生的环境影响相对剥夺感,d^w 越小,则出行者的相对剥夺感越低,公平性也就越高;

H_m^w——OD 对 w 间使用第 m 种方式出行时人均产生的环境影响;

$\overline{H}^w$——OD 对 w 间所有出行者完成出行活动所产生的环境影响平均值,其中环境影响可用碳排放量来表征。

同理,道路资源占用和交通服务获得的不均衡性也可利用式(5-1)计算得出。

推荐选取表 5-4 所列指标作为城市交通网络构建与运行效益的核心表征指标。

表 5-4 城市交通网络构建与运行效益核心表征指标

<table>
<tr><th>目标</th><th colspan="2">评估指标</th></tr>
<tr><td rowspan="2">高效</td><td colspan="2">人均出行时间</td></tr>
<tr><td colspan="2">人均广义出行费用</td></tr>
<tr><td>低公害</td><td colspan="2">人均交通碳排放量</td></tr>
<tr><td rowspan="4">公平</td><td rowspan="4">相对剥夺系数</td><td>出行时间</td></tr>
<tr><td>广义出行费用</td></tr>
<tr><td>环境影响</td></tr>
<tr><td>道路资源使用</td></tr>
</table>

5.2.3 交通需求调控效益评估

城市交通学、城市交通网络构建与运行理论内核区别于既有方法体系最重要之处是交通系统管理的作用和交通需求调控的贡献。从交通需求管理实施效益的角度进行评估,就是要评估交通需求管理措施在满足居民出行需求、改善复合交通网络运行质量方面所达到的程度。交通需求管理策略使用多种措施来改变人们的出行行为或模式,这主要体现在交通需求四个方面的变化:出行发生量减少、出行分布改变、出行方式改变和出行资源优化。每一种变化受交通需求管理措施影响的程度不同。此外,交通需求管理策略还在交通安全与环境方面产生影响,均可用相应的效益指标来体现。

1. 出行发生量减少

出行总量的变化可以直接反映交通需求管理措施在减少出行发生量方面的成效;高峰时段主要道路行车速度是衡量道路网络服务水平的微观指标;停车供求比的变化通过反映对停车需求的控制程度进而间接反映出对交通需求的控制程度。

2. 出行分布改变

出行分布改变会直接影响城市交通系统的负荷,进而影响各子系统和各类设施的运行服务水平。总体指标可以采用日或高峰时段的客运人·km、货运 t·km 以及机动车与非机动车的车·km。具体来说,可以选用以下几个指标:居民平均出行距离,它能够反映用地布局情况;居民平均出行时耗,它能够反映职住关系与公共服务的便利性;居民出行结构,即分段出行距离的交通方式分担率,能够体现公交、慢行优先等交通策略的实施效果。

在交通大数据的支持下,还可以用分区域、分方式、分时段的可达性来衡量城市中心、副中心、枢纽的服务均衡度和服务公平性。特别是以长距离极端通勤的比例作为指标,可以为城市改善出行分布指明方向。

3. 出行方式改变

交通需求管理措施旨在鼓励采用更加集约利用资源的交通方式,限制个体机动化交通工具对公共空间及道路资源的过度占用,这主要可以用公共交通与私人小汽车的出行分担率来衡量。评估指标包括:集约化公共交通出行的分担率,包括全天、高峰时段、通勤交通的公交分担率;使用公共交通的便利性,包括各类公交站点在面积、人口、岗位方面的覆盖率。此外,还需要关注出行方式改变对低碳发展的贡献。

4. 出行资源优化

通行空间、停放空间在时间与空间资源配置上的优化水平,也是交通需求管理的主要着力点。通过车辆拥有管理、停车位配给等拥有政策,以及区域通行管制、道路定价与拥挤收费、停车价格等使用政策,可以提高出行资源配置的合理性,管控全体出行者的出行成本。评估指标包括:路网高峰时段平均车速、高快速路高峰时段平均车速;拥挤里程比例和路网拥挤指数;高峰时段平均延误;特定区域车·km 的变化;等等。此外,还可以采用交通时变图、高峰小时流量比、停车位饱和度与周转率以及路内停车数量及占比等。

5. 交通安全与环境影响

交通需求管理对于交通安全、交通环境也具有显著影响。可选用万车死亡率/万车事故率,即全市每万辆车的年交通事故死亡人数/年交通事故发生次数,以此反映道路交通安全设施建设和道路交通安全管理的效果。交通能耗与排放指标能够直接反映低碳政策、清洁能源政策与公交优先政策的实施效果,通过客运人·km、货运 t·km、机动车与非机动车的车·km

能耗与碳排放指标进行计算。通过对小汽车出行需求管理来调控路网车速,也有助于改善安全与环境影响。

成熟可用的交通大数据大致有以下七类:①手机信令数据;②IC 卡数据;③浮动车数据;④环境监测数据;⑤交通事故数据;⑥视频数据;⑦舆情大数据(众包数据、网络问卷)。未来还会有更丰富的数据。交通大数据可以有效支持交通需求管理效果评估所需各项指标值的获取,实现多层次城市交通网络的实时评价,指导交通需求管理政策的动态制定和滚动优化。

5.3 城市多模式交通网络模型

5.3.1 考虑多种交通方式的路网模型构建

对城市交通网络构建与运行进行分析时,需要将各方式出行者整合到多模式交通网络中,以体现不同方式出行群体之间的相互影响与交互行为。道路是多种交通方式设施与工具、设备的共享空间,如城市轨道大部分在道路地下构筑,利用道路集散客流。以往针对道路网络的拓扑分析与建模技术大多基于图论将道路网简化成节点和边组成的拓扑网络。一般认为,道路网络包含三种基本要素:①节点,代表交叉口等;②小区形心,作为一类特殊节点,代表出行的发生和吸引点;③边,用以连接节点以及小区形心和普通节点。

城市公共交通网络与道路网络有着较强的耦合关系,一般由公共交通站点、连接站点的公共交通路段和公共交通线路组成。针对公交网络拓扑结构的抽象描述,可利用 4 种典型的网络拓扑模型来表示,并分别命名为 L-Space 模型、B-Space 模型、P-Space 模型和 C-Space 模型,图 5-5 所示为一个包含 3 条公交线路的简单公交线网。在 L-Space 模型中,节点代表公交站点,仅当两个相邻站点有公交线路经过时用边进行连接,该模型无法体现真实的线路信息。B-Space 模型的节点代表公交线路(方形)或公交站点(圆形),线路节点与该线路上的所有站

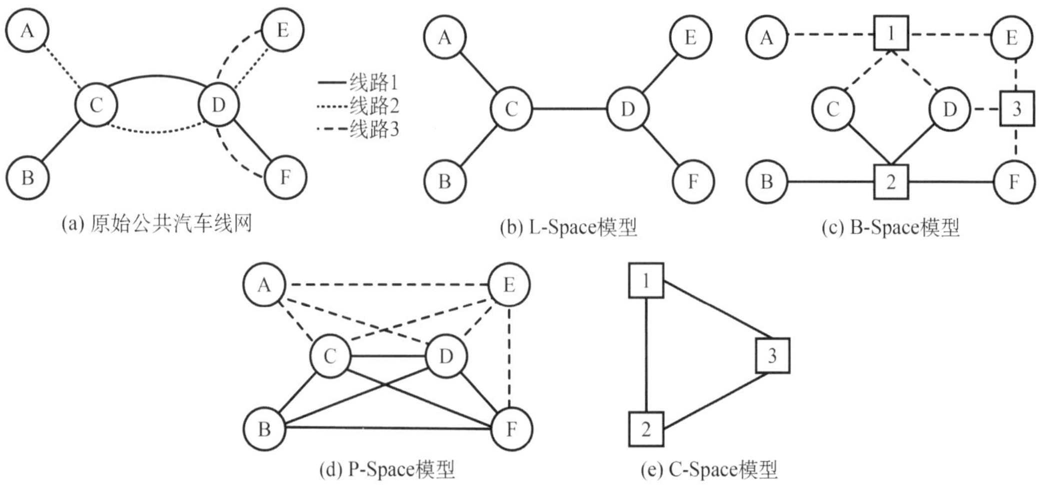

图 5-5 公交线网的 4 种拓扑模型

点节点均用一条边进行连接，以反映线路信息，但该模型忽略了站点间的空间关系。在 P-Space 模型中，节点代表公交站点，对于任意一对节点，如果它们同属至少一条公交线路，就利用边将这对节点相连从而体现线路的存在。C-Space 模型仅考虑线路间的关系，节点表示公交线路，如果两条公交线路至少经过一个相同站点，那么利用边将两个线路节点相连。可以根据不同的研究方法和目的，选取最适合的公交线网拓扑模型。

研究城市交通网络构建与运行，首先需要建立包含小汽车、常规公交、轨道交通、自行车等多种出行方式的复合交通网络。相较于单一方式网络，多模式网络下的出行者不仅要选择交通工具和出行路径，还要考虑交通模式之间的换乘，其网络建模更符合实际出行状况，但也更有难度。在多模式交通网络模型中，各种交通工具各行其道，但又通过换乘行为彼此相连，互相影响。以往由节点和边抽象而成的简单图已不能满足现有分析需求。除了基于图论的模型，还逐步形成了基于 GIS、基于状态转移网络和基于超级网络的路网模型，见表 5-5。但这些方法应用于复合网络分析都存在一定的局限性。

表 5-5　路网模型构建方法比较

方法	基于图论	基于 GIS	基于状态转移网络	基于超级网络
基本思想	将路网抽象为节点和边组成的有向图	建立基于特征的网络状态 GIS 模型	分状态子网络和方式子网络，状态子网络中选择出行模式及换乘点，各方式子网络中选择路径	将每种交通方式网络看作一层子网络，再将各子网络整合组成多层网络
建模方法	节点代表交叉口，边代表路段，具有时间费用等属性	基本要素：交通区域、事件点； 复合要素：路径、连线与节点	将 OD 点间路径上的状态点用换乘弧连接起来	由节点和边组成，不同层次子网络中，节点和边的属性不同。通过虚拟弧将各方式子网络连接起来，表示方式之间的换乘关系
考虑因素	空间位置	路网交通特征	方式间关联关系	空间位置、方式间关联关系
综合评价	适用于单模式网络，不能将多模式间的换乘展现出来	可完整描绘网络特性，难以反映方式的相对独立性和相互之间的关联性	可完整描述出行过程，但忽略网络的几何形态	可同时展现各方式子网络的独立运行和方式间的换乘，但数据计算量变大，导致运行时间增加

针对城市交通多方式选择、不同群体出行的计算需求，需要将多方式出行者整合到道路、公交、慢行等网络中，并考虑交通管理系统的作用。多模式网络建模不仅要完整表达各方式子网络的几何形态和运行规则，还要将各方式间的换乘、交通管理决定的通行权、交通信息对出行者行为的引导体现出来，以描述完整的出行过程。超级网络模型构建方法可用于城市交通多模式复合网络的描述与构建。

5.3.2　超级网络模型方法

"超网络(hyper network)"的概念最早在 1978 年被提出，后来被重新定义为"超级网络

(super network)”,其中决策被建模为多层网络或多模式网络上的路径选择。在网络科学领域,交通系统作为引入“分层复杂网络”框架和概念的开创性工作之一,其中第一层描述物理基础设施进行编码,第二层则描述基础设施上的流动情况。

传统交通网络是由节点和边构成的图,记为 $G=(N, L)$,其中,N 表示节点集合,L 表示边集合。图可以描述节点间的连接,并将信息存储到邻接矩阵 $\boldsymbol{A}=\{a_{ij}\}$ 中,其中,$i=1, 2, \cdots, N$ 为节点,可代表网络中的交叉口或站点,如果节点 i 和 j 之间存在连接边,则 $a_{ij}=1$;否则,$a_{ij}=0$。邻接矩阵还可以包括权重 $\boldsymbol{W}=\{w_{ij}\}$,其中,$w_{ij}$ 可用来描述两个节点的连接强度,对于空间系统而言,权重通常被看作是两个节点之间距离的倒数,或者从一个节点到另一个节点所花费的时间。而在超级网络中,描述各交通方式的不同类型边被嵌入不同的层中,各方式层 $\alpha=1, 2, \cdots, M$ 分别由邻接矩阵 $\boldsymbol{W}=\{W[1], \cdots, W[M]\}$ 描述。描述不同交通方式转换的层间连接则可存储在向量 $\boldsymbol{C}=\{c_i[\alpha\beta]\}$ 中,并与层间转换的成本、距离或时间相关。因此,超级交通网络 M 的矢量形式可表达为 $\boldsymbol{M}=(\boldsymbol{W}, \boldsymbol{C})$。

如果要建立一个包含小汽车、公交和换乘点的多模式可换乘网络,可将网络抽象为一个包含步行边、等待边、上车边、换乘边的图论模型。运用此类模型可研究考虑组合出行的多模式配流问题。通过依次建立各交通方式子网络,再利用方式间的换乘实现子网络间的关联,最后利用上、下网边将起讫点与各层网络的起终点连接等步骤,即可实现多模式超级网络的构建。

此外,网络构建与分析工具在城市交通网络研究方面同样至关重要。Python 作为被广泛使用的解释性通用编程语言,开发出了诸多网络分析工具包可供使用,如 NetworkX、igraph。尽管这些工具的目的是服务于一般的复杂网络分析,但也可以用于交通网络研究。而 2017 年开发的 OSMnx 则专门面向多模式交通基础设施的分析,它可以将街道网络和各交通方式网络从 OpenStreetMap 下载到 Python 对象中,从而实现各方式网络的构建。不过,这些工具都侧重于各模式网络的独立构建,而超级网络概念强调多层网络之间的连接。如 MuxViz 可以快速计算中心性等多层网络的各类指标,同时它也是一个高级的多层网络可视化工具。

应用超级网络的理论,建立针对多模式复合网络的计算方法,这部分内容将在本书第 6 章进行专门介绍。

5.3.3 城市交通网络构建与运行的模型计算需求

对城市交通网络构建与运行进行效益分析,须建立能描述多元主体尤其是多方式出行群体在多模式交通网络中的决策选择与效益计算的交通模型。

着眼于复合交通网络各种交通方式的相互作用及调节的效果,交通模型的计算需求示例见表 5-6。以公交专用道和高乘载(High Occupancy Vehicle, HOV)车道等精细化车道治理的实施为例,道路资源分配的变化使得各交通方式的通行路权发生变化,不同出行者的出行成本也随之变化,进而导致出行方式间的转移,如小汽车转向公交、自驾转向合乘等。以往对精细化车道管理效益的定量研究主要是从微观层面利用软件对车辆进行仿真,以此评价机动车的通行效率。城市交通网络构建与运行的效益应从人的角度出发,考虑不同出行主体的效益变化，因此需要将不同交通方式出行者整合到多模式网络中，以体现不同方式出行者间的转移。同时，还要实现车道级别的网络描述，以体现不同车道上对各交通方式通行的约束。共享单车治理的研究对描述自行车出行方式以及体现其与其他交通方式的竞合关系提出了要求。拥堵收费的实施则会使得小汽车出行成本发生变化，进而导致出行者调整出行方式与路径，这就要求计算模型能够体现经济手段对出行者产生的影响。

表 5-6　城市交通网络构建与运行效益的模型计算要求示例

治理措施	带来的影响	对于模型的计算要求
精细化车道	不同方式出行者的通行路权变化，出行成本变化，导致方式转移	车道级别的网络描述，以体现不同车道上对各交通方式通行的约束；不同方式出行者间的竞争与合作
共享单车投放治理	单车投放规模变化导致其使用成本变化，同时影响公共交通与步行方式出行的便利性及成本，导致方式转移	能描述自行车出行方式，以及与其他交通方式的竞争与合作关系
拥堵收费	小汽车出行成本变化导致方式转移和路径转换	可以体现经济手段给出行者产生的影响

城市交通网络构建与运行分析需要满足以下计算需求：

(1) 对于需求/供给变化等措施的响应：可以体现交通政策或资源配置-服务供给-面向人和空间的移动性变化之间的相互作用。

(2) 多模式交通网络的构建：整合各类方式出行群体到多模式网络中，能描述多种交通方式并体现不同方式间的影响与交互行为，以计算网络运行状态变化下不同方式出行者的出行时间和费用等效益指标。

(3) 模型计算的动态性过程分析：能再现复合交通网络运行状态时间演化和空间传递的过程，这是实现精细调控网络能力的必要支持。

(4) 从分配车次转向分配人次：从交通指标到人群和空间指标，从交通系统整体运行指标到以人为对象的移动性指标，应构建“以人为本”的交通模型，直接分配人而非分配车，以评估具体个人的得失平衡问题。

综上所述，支持复合交通网络、多方式出行群体决策选择与效益分析的交通模型框架为：在可描述不同交通方式出行成本/效益的多模式网络中，将新增服务供给和系统运行规则作为决策变量/输入变量，通过个体/群体对应的决策行为模型(方式选择与路径选择)进行传导，在交通各系统运行规律(交通流理论等)约束下，再现多模式的交互运行以及交通各系统状态的时空演化过程，以此计算面向多元主体的交通服务性能指标。表 5-7 中所列的具体交通模型构建内容包括两个方面：①支持多主体利益评估的交通网络描述和计算方法；②建立更细致地刻画交通参与者在时空间的活动模式变化的模型方法。

表 5-7　城市交通网络构建与运行的模型计算需求

计算目标	计算模型需求
支持多主体利益评估的交通网络描述和计算方法	• **多模式复合网络的构建**：多种交通网络的连通，可体现不同方式出行群体之间的影响与交互行为； • **车道级别的网络描述**：可体现不同车道上对各交通方式通行的约束；

（续表）

计算目标	计算模型需求
支持多主体利益评估的交通网络描述和计算方法	• **组合出行**：居民出行的实际过程形成多模式衔接或竞争局面； • **由以往车的分配转向人的分配**：客流与车流的不一致性，将行为选择模型与网络交通流模型集成到一个通用的多模式网络中
建立更细致地刻画交通参与者在时空间的活动模式变化的模型方法	• **时间动态性**：以天、时段、分钟为单位，能再现复合交通网络运行状态在时间轴上的演化； • **空间动态性**：细分区域措施、特定类型设施，能再现复合网络运行状态在空间上的传递； • **网络动态性**：出行服务可调性，网络规则可调性； • **行为差别化**：用户分类（主体社会属性）、出行方式分类（方式选择）、车辆分类（路段流量加载）

5.4 信息时代城市交通网络构建与运行的实现途径

5.4.1 大数据信息化时代的技术条件

在大数据信息化时代，交通数据的感知及挖掘能力实现了质的飞跃，为出行行为与机理分析创造了前所未有的条件，进而能够为交通网络的构建与运行提供有力支撑。

1. 交通数据感知及挖掘

在交通领域，应用较为广泛的数据源主要包括基础设施数据、手机信令数据、公交 IC 卡数据、浮动车数据、公交 GPS 数据、线圈或视频检测器数据、交通事故数据、网络众包数据和环境监测数据等。

（1）基础设施数据。该类数据包括城市的快速路网、地面道路网、轨道交通网、公交专用道、停车场、交通枢纽、公交站点等基础设施的基本属性与空间信息等，其来源主要为交通建设和规划过程中的数据积累，具有较高的共享性。如上海市的 GIS 底图包括各类交通基础设施的规模、位置等信息。此外，基础设施数据还包括停车场设施量与使用信息，如停车时长、进出库时间、车牌号、收费情况等，以及历年交通大调查中的居民出行数据、各类交通设施的运营数据等。

（2）手机信令数据。基于手机信令数据的特性，经提取扩样，可以获取某些信息，包括区域居住人口数量、工作岗位数量、居民出行 OD、路段流量、路段车速、区域停车场数量等。

（3）公交 IC 卡数据。公共交通一卡通（包括实体卡与虚拟卡）数据中可提取的信息包括线路客流、站点客流、总客流、断面客流、运营速度、站点间行程时间等。获取公交客流时空分布的历史、现状及未来预测数据，可精准评价公交运行服务水平，优化公交运营方案。

（4）浮动车数据。浮动车是指安装有车载 GPS 接收机自由行驶在路网上的车辆。浮动车按照一定周期通过无线通信向后台回传数据，数据包括车辆 ID 号、车辆位置坐标、瞬时速度、行驶方向角、回传时间等。后台处理中心将浮动车数据进行汇总，经过特定的模型和算法处理，生成反映实时路段情况的交通信息，如路段平均速度、行程时间、拥堵状态等，为交通管理部门和公众提供动态、准确的交通控制与诱导信息。

(5) 互联网＋交通众包数据。互联网与传统行业融合发展，对传统服务流程进行优化和改造，催生了新形态、新业态。例如，网络约车平台企业滴滴、聚合平台高德等基于移动互联网的 App 应用，整合了不同业态资源，改变了交通运输行业单一模式运能提供的传统方式。在以信息为核心提供出行服务的同时，也通过用户生成、累积了大量数据。从这些数据中，可以观测舆情走势和社会情感状态，捕获突发事件并预测其发展趋势，形成大量基于个体的众包数据，成为新形态社会化资源。

2. 基于交通大数据的出行行为与机理分析

(1) 基于手机信令数据的工作地、居住地模糊识别及通勤出行辨识。城市居住、就业岗位的密度及分布是表征城市经济结构、区域活动强度的最基础指标，同时也是交通需求模型最重要的输入数据。通勤出行是城市居民最主要的一种出行，具有位置、时段稳定的特点。根据用户在较长时段(如数周甚至数月)特定时段与位置停留期间的通信事件数据，可以判别用户的居住地与工作地位置，通过居住人口与工作岗位判别进而辨识通勤出行。同时，也可以精准判别城市或特定区域的白天人口和夜间人口，估计城市之间人口流动数量与空间分布。利用手机信令数据进行人口、职住、通勤等估计已成为交通需求分析的成熟手段。

(2) 基于 IC 卡数据的出行时空分布。截至 2022 年，刷卡使用轨道交通与地面公交的客流已占 90%以上。利用公交 IC 卡数据，可以获得城市范围工作日、休息日、假期的公共交通出行出发地/到达地的空间分布，分析出发地与到达地较为集中的区域，并挖掘公交服务水平与建成环境的相互作用。从公共交通出行链 OD 数据，还可以得到乘客在公共交通系统中的出行时间，用于判别公交服务的薄弱区域，评价公交服务的空间公平性(图 5-6)。

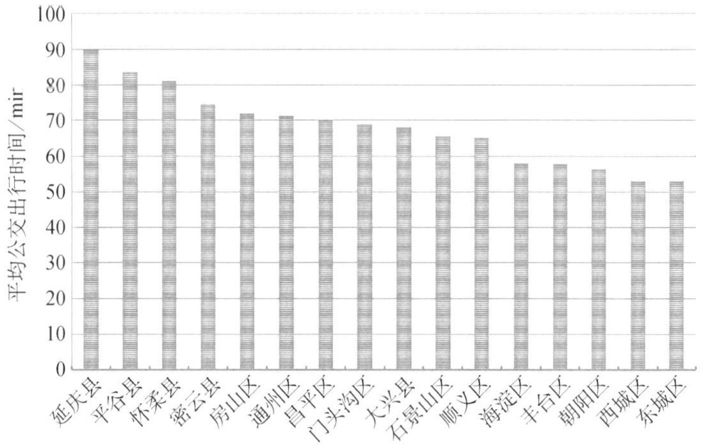

图 5-6 公交出行时间的区域不均衡性

(3) 轨道交通出行路径及换乘识别。结合刷卡数据和移动定位数据，可辨识轨道交通成网环境下的出行路径，这不仅为轨道配流、换乘站管理与优化、票务清分提供依据，也为轨道交通与地面公交及公共自行车三网融合、多模式网络之间出行链与方式链分析提供数据条件。

(4) 基于浮动车数据的道路交通状态评价。出租车、网约车、大型货车、新能源车的位置与轨迹数据，可用于计算分钟粒度的路段运行车速，识别拥堵点与拥堵路段，是交通管理系统的主要数据源。

(5) 基于社交媒体的交通拥堵状况时空分布。通过数据抓取软件获得微博用户对交通状况的描述，利用文本分析筛选出交通拥堵相关的数据及评论，通过多时间尺度分析，剖析各类交通事件的成因与影响。利用点密度分析工具进行计算及可视化处理，可进一步分析交通拥堵的空间分布规律。

3. 大数据对交通网络构建与运行的支撑作用

首先，大数据为感知海量个体的全过程出行链及探究需求演化机理提供了有力支持。通过对海量多源异构交通大数据的处理、融合及挖掘，可以掌握交通网络的运行状态，并准确获取城市交通出行的分布信息，进而通过深度学习掌握交通需求演化机理，实现交通需求的精准预测。从微观层面来看，大数据还能有效感知个体门到门的全过程出行链信息，助力分析交通出行结构，并为交通结构优化、路径诱导等需求管理措施提供数据支持。

其次，大数据是判断运行动态供需平衡的重要依据。公交 IC 卡数据、手机信令数据、视频检测器数据等可以从需求侧建立个体出行全过程的出行链信息，进而从出行方式、出行时间、路径选择等方面提取完整的出行需求；在供给侧可以全面获取路网、线网、行与停、换乘设施供给数据，以及多模式复合网络的运力供给、动态运营、运行状态等数据。基于这些数据，我们能够实时掌握各个子系统的供需平衡状况，为城市交通系统的客观评价与持续改进提供支撑。

最后，大数据使精准化交通需求管理政策的制定与实施成为可能。将多模式复合交通网络视为一个整体，将网络构建与运行看作不可分割的一个整体，其理论内核是供给与需求均可调节，需要双向调控。大数据技术为全面采集、处理与分析城市海量个体的出行行为，以及有针对性地发布信息与实施干预提供了信息化手段。它不仅可以量化全网络交通动态供需平衡状况，还为停车管控、换乘导引、路径诱导等交通需求管理措施的实施提供了有效手段。

5.4.2 城市交通网络构建和运行的信息化支持体系

交通信息技术的不断发展为城市交通运行的改善带来了新的契机。一方面，我们需要研究信息化发展与城市交通系统之间的相互作用；另一方面，也要探索如何顺应信息化发展来组织城市交通网络的构建和高效运行。因此，建立一套开放、共享、协同的信息化服务体系，是城市交通网络构建和运行应用实施与理论研究的关键支撑。城市交通网络构建和运行的信息化服务体系框架包括以下 7 个方面。

(1) 整个城市交通网络构建和运行服务体系架构宜按照顶层设计原则，在物联网全面感知城市交通状态及交通参与者行为的基础上，城市交通系统由多模式交通系统的感知、传输、云平台、应用和服务多个层面协同联动，各层面集技术、管理和制度创新于一体，实时感知城市交通状态和交通需求，统筹协调各种交通方式，合理配置和利用城市交通资源，让城市交通网络构建和运行服务实现一体化、过程化、精细化、智慧化和个性化，从而充分发挥城市多模式交通的整体优势。

(2) 交通基础设施及其运行状态数字化及智能网联。基于物联网技术，全面推动城市交通网络基础设施及其运行状态的数字化，通过大数据、云计算、4G/5G 移动等技术全面感知城市交通网络状态，这是实现智能化管理和服务的前提，也是构建和运行城市交通网络服务体系的基础条件。广泛应用信息化前沿技术于城市交通网络，能有效提高交通运行管理效率，使现有的基础设施发挥出最大效益，这也是智慧城市建设对城市交通的必然要求。

(3) 城市交通信息资源集成一体化的大数据云平台建设。交通信息资源是城市交通网络构建与运行的战略资源，需要综合考虑城市自然环境、社会环境、经济环境和法制环境等因素，以及交通系统本身复杂、动态、随机的特性，建设信息化平台，进行交通大数据的集成与分析研究。由于采集自各子系统的交通大数据具有种类繁多、异质性、时空尺度跨越大、动态多变、高度随机性、局部性和有限生命周期等特征，需要基于云平台对其进行有效集成，以服务于具有高时效性和知识牵引的城市交通系统网络构建和运行，从而支撑城市多模式交通一体化协同运行、交通需求管理等的科学决策，以及公众多模式交通出行的服务提供。这对城市交通网络的构建和运行具有重要战略意义。

(4) 城市交通信息资源的全面开放和共享。城市交通网络的构建和运行，必然要求城市交通相关信息资源能全面开放和共享，这是实现多模式各类交通业务全面协同的基础。交通信息资源不仅要在城市交通各业务管理系统之间共享、开放和协同，以满足交通一体化运行管理需求以及公众多模式交通出行服务需求，还要向社会(企业、个人)开放，为社会创新发展提供数据源支撑。

(5) 信息化服务创新。城市交通网络的构建和运行旨在面向多模式出行链与方式链，提供跨子系统、跨多模式的服务链，从而提升出行效率、服务品质与系统运行效益。应依托城市交通集成一体化的大数据平台，提供完善的出行信息服务。通过移动终端等的应用，满足旅客出行和物流运输的多样化、个性化和动态化需求，提升多模式交通运营服务的协同能力，优化城市交通系统的资源利用。借助信息化技术协调组织多模式交通，使交通系统要素协同运行，提升城市交通系统的安全与韧性水平，降低交通系统的能耗与排放，减少交通系统对环境的影响。

(6) 服务体系相关配套。城市交通网络的构建和运行，旨在通过交通信息化建设实现城市交通信息资源全方位开放共享、多模式交通业务全面协同、交通信息服务能力提升。因此，必须同步制定信息资源的开放政策、安全隐私保护、技术规范、数据质量管理等相关配套规定。

(7) 城市交通大数据协同标准体系框架。交通大数据协同标准规范体系需要在国家及交通领域相关政策法规的支撑下，在数据共享运行管理机制的保障下，依据国家科学数据共享工程颁布的一系列指导性标准，同时结合城市交通各领域在数据描述、共享系统建设与管理、共享服务等方面的标准化需求来制定。标准规范体系框架分为三个层次，即指导类标准、通用类标准和领域专用标准。其中，通用类标准又细分为数据类、管理与建设类和服务类三个类别。

第 6 章 多模式交通网络构建与计算模型

城市交通网络模型构建是交通网络构建与运行进行直观展示、科学计算和效益评估的基础,也是城市交通学的核心理论方法之一。在本书第 4 章、第 5 章中提出了多模式复合交通网络以及评估需求,即描述涵盖多种交通方式服务特征的复合网络,表征居民多模式衔接的组合出行过程,并体现不同方式出行群体之间的相互影响与交互行为。本章首先分析不同交通方式的出行特性和竞争合作关系,给出组合出行模式的定义,梳理居民实际出行过程中可行的出行模式,这些模式主要包含单一出行模式和组合出行模式两大类,再基于合理可能规则总结出可行的出行模式组合。其次,在分析各交通方式所依托网络要素属性和网络构建特征的基础上,基于超级网络理论技术,通过定义并增加虚拟节点和虚拟边来表征各交通方式间的换乘行为,从而将传统的单一方式网络集成为一个多层次的多模式复合交通网络模型。最后,提出多模式出行有效路径的判定条件,在既有各种路径搜索算法的基础上,建立符合多模式有效路径判定条件的出行路径集生成方法,并给出组合出行动态用户均衡分配的模型框架和有效路径搜索算法。

6.1 基于多模式网络的出行模式组合

交通方式通常是指出行者所采用的交通工具,如小汽车、公交车等。而出行模式指的是出行者在出行过程中采用的方法,即交通方式的使用形式。随着城市交通基础设施的持续完善,交通网络日益复杂化,已逐步构建起包含小汽车、轨道交通、公交车、自行车等多种交通方式的城市交通复合网络。在这样的背景下,居民的实际出行过程也形成多方式衔接或竞争的局面。本节通过分析城市交通网络中不同交通方式的出行特性以及各方式间的竞争合作关系,明确组合出行模式的定义,并总结现有可行的出行模式组合。

6.1.1 不同交通方式的出行特性与竞合关系

随着社会经济与“互联网 + 交通”的飞速发展,网约车、共享单车等新型交通方式不断涌现,极大地丰富了传统交通系统。如今,出行者可选择的交通方式越来越多,包括私家车、出租车、网约车、轨道交通、常规公交、自行车/共享单车等。由于不同交通方式的运行特性存在差异,因此它们各自具有不同的适应性和吸引力。各交通方式出行的优缺点见表6-1。

表6-1 交通方式出行特性

交通方式	优点	缺点
私家车	门到门可达性强,出行范围广,行驶速度快,机动灵活,舒适度高	出行时间易受交通状况影响,不确定性较高,另外还受停车限制且需交纳停车费
出租车	包含以上私家车的优点且无须考虑停车问题	价格较高且易出现"打车难"问题
网约车	网上预约叫车,方便快捷,且相比出租车而言整合资源更多,更易获得	由于企业定价,价格波动较大,且高峰时乘车需求较难得到满足
轨道交通	行驶速度快且不受其他因素影响,出行时间固定且准时,经济环保	网络覆盖范围较小时可达性差,大多需要其他交通方式接驳才可到达目的地;高峰时期出行舒适度差
常规公交	票价低,经济环保,网络覆盖范围广使得换乘相对方便	行驶速度易受道路交通条件和天气影响,准点率低,可靠性较差;高峰时期易拥挤导致出行舒适度差
自行车/共享单车	灵活便捷,健康零污染,短距离内可直达出行,并可作为长距离出行中的接驳工具	出行速度慢,安全性低,载重少,体力消耗大导致舒适性低,易受天气条件影响,共享单车服务的可获得性还受投放量影响

以上各交通方式在一定程度上满足了人们多样化的出行需求。但在交通系统中,各交通方式并非独立运行,而是相互影响,这使得居民实际出行时形成了多方式衔接或竞争的局面,出行选择更加丰富,出行组合也更加灵活。例如,随着公共交通系统的不断完善,常规公交和共享单车接驳轨道交通的出行模式已逐渐成为常态;同时,伴随停车换乘设施的建设,P+R模式的出行量也在逐步增加。鉴于此,城市交通治理须考虑不同方式间的交互特性,重视不同方式的协同合作,因此,有必要对各方式间的竞争合作关系展开分析。

1. 小汽车和公共交通

围绕小汽车等个体交通方式与公共交通方式之间竞争关系的讨论一直是热点话题。其根源在于不同主体由于资源和空间的共享所引发的冲突,以及小汽车和公共交通在交通网络中的比例导致设施服务出行总量的能力存在差异。如小汽车与常规公交车共享道路路权,在路段上混合行驶导致相互影响。然而,由于车辆载客量的不同,小汽车出行者相比公交出行者占用了更多的道路资源。拥堵和环境问题日益严重,引发了公共交通出行者的不满,他们认为应加大对小汽车出行的限制力度,并划分专用车道给公交出行者以实现更畅通的道路、更清新的环境和更完善的公共交通服务。而小汽车出行者则认为道路资源本就紧张,设置公交专用道利用率过低,反而是一种资源浪费。两类出行群体难以达成共识,矛盾日益激化。

然而,小汽车和公共交通并非只有竞争关系。充分结合两种交通方式的特性可以更高效地利用有限的道路资源。如P+R模式是小汽车换乘公共交通完成出行活动、B+R模式是自行车换乘公共交通完成出行活动,它们适应不同区域的出行主导方式,可兼顾出行者便利与营运方效益。以城市外围到中心的客流为例,由于小汽车出行费用较高,且受交通状况影响较大,在市中心还可能面临高额停车费,因此部分出行者会选择在公共交通覆盖率较低的郊区采用小汽车出行,然后再转换为轨道交通这种成本更低、可靠性更高的交通方式进入中心城区。这种出行模式为出行者提供了更均衡的出行体验,既能够享受小汽车的灵活舒适,又能充分利用轨道交通的高准点性和低费用优势。

2. 网约车与出租车

网约车的出现依赖于移动互联网的普及,它不仅带来了新的服务模式,还催生了新的运输服务企业。网约车在给予乘客更好服务体验的同时,也给传统出租车行业带来了巨大冲击。尽管网约车平台可以呼叫出租车,但平台企业只为出租车提供信息而无法收取服务费用,这必然导致在需求与运力匹配上存在差异。网约车平台实质上也具有定价权,且在不同时段、不同区域进行动态调整。因此,出租车和网约车在营运活动中,本质上仍处于不同服务规制的两个系统,在出行服务市场中属于竞争关系。

3. 轨道交通与常规公交

轨道交通因其快速、可靠的特性,逐渐成为居民出行的骨干公共交通方式。常规公交运行速度较慢、准点率低,但其网络密度高、空间服务可达性强;轨道交通速度快且时间可控、服务可靠,但网络密度低。因此,可以利用轨道交通完成主干长距离出行,利用公交完成接驳,即把轨道交通快速可靠和常规公交网络密度大的优点相结合。但由于二者的服务水平特别是服务可靠性存在差异,导致普遍存在地面公交客流转移至轨道线路的现象。二者之间既存在合作关系,也存在竞争关系。

4. 共享单车与轨道交通

共享单车的出现给轨道交通"最后一公里"出行提供了更多选择,其与轨道交通的接驳能够促进二者共同发展。共享单车的接驳功能可使潜在的轨道交通乘客转化为实际用户,有助于提升轨道交通的客流量,增强轨道交通的吸引力。同时,它还能将轨道交通站点与其他公共服务设施更紧密地联系起来。然而,共享单车的过度投放会占用大量道路资源和步行空间。如何构建便利的接驳体系,如何管理共享单车的使用需求和空间合理占用,是城市交通系统需要面对和解决的问题。

由此可见,多样的交通工具和交通服务为出行提供了更多选择,但各种交通方式之间并未实现相互配合的最优组合,甚至存在弱竞争关系。在城市交通网络构建与运行过程中,对于各方式特性的分析有利于更精准地描述居民出行行为、可行的组合出行模式以及多模式出行的效益评估,有助于更好地整合系统资源。

6.1.2 可行组合出行模式

出行模式可分为单一出行模式和组合出行模式。单一出行模式表示出行者在一次出行中仅使用一种交通方式,该模式包含同种方式间的换乘出行,如公共交通出行者可在中途站点换乘同一种交通方式。而组合出行模式表示出行者在一次出行中使用两种及以上的交通方式。随着城市化进程的不断推进,居民的出行空间也在不断扩大,出行者更倾向于通过组合多种交通方式来完成一次出行，不同交通方式的不同组合形式形成了各种组合出行模式。出行即服务本质上就是组合不同交通方式的一站式出行服务模式。

然而，并非所有交通方式之间的组合均可行。例如，通常不存在私家车换乘公共交通后再次换乘私家车这样的出行方式链，因为私家车已被停放在上一个停车换乘设施处，这是受交通方式使用特性等现实条件限制所导致的不可行出行模式。另外，有些组合模式虽然可行，但是并不常见，较少有出行者会采用。如很少有人乘坐轨道交通换乘常规公交后再次换乘轨道交通，因为这会增加出行时间的不确定性；再比如出行者可以乘出租车换乘轨道交通再换乘常规公交，但不能无限制换乘。因为过多的换乘会使得出行者在现实和心理层面的出行成本大大增加，也称换乘惩罚大。为了适当降低计算的复杂性，本章在模型计算中限定组合出行模式跨系统/方式的换乘次数小于2次。综合各交通方式出行特性以及方式间的竞争合作关系，可归纳出城市居民的可行出行模式，见表6-2。

表6-2 可行出行模式及其特征

出行模式	交通方式	出行特征
单一出行模式	私家车	包含自驾和合乘两种模式；属于私人交通，使用受停车设施限制
	出租车/网约车	出行成本包含叫车至上车期间的候车时间，与可用车辆数量密切相关
	轨道交通	网络规模较小的情况下，轨道交通站点步行可达性较差
	常规公交	常规公交站点密度较高，容易通过单一方式完成出行，但换乘时间与候车时间的不确定性较高
	自行车/共享单车	在短距离出行中具有优势，但共享单车的使用受车辆投放量影响
常见组合出行模式	轨道交通＋常规公交	属于公共交通内部换乘，包含常规公交换乘轨道交通、轨道交通换乘常规公交等，其中轨道交通为骨干交通方式，常规公交一般起接驳作用，这也是城市居民出行中较常见的出行模式
	私家车＋公共交通	也称停车换乘(P＋R)模式，包含私家车换乘轨道交通、私家车换乘常规公交、私家车换乘轨道交通再换乘公交等，该模式受停车换乘设施限制较大。其中由于常规公交同样受道路运行状况影响存在拥堵情况，因此大多数出行者采用的是私家车换乘轨道交通模式
	出租车/网约车＋公共交通	包含出租车/网约车换乘轨道交通、出租车/网约车换乘常规公交、出租车/网约车换乘轨道交通再换乘常规公交等。与私家车类似，更多人采用的是乘坐出租车/网约车到达最近的轨道交通站点完成出行，而非选择换乘常规公交
	自行车/共享单车＋公共交通	其中自行车/共享单车主要起接驳作用以完成“最后一公里”出行，包含自行车/共享单车接驳轨道交通模式、自行车/共享单车接驳常规公交模式，自行车/共享单车接驳轨道交通再换乘常规公交模式等
	私家车＋公共交通＋共享单车	交通方式为三种及以上时，换乘方式过多会使出行者在心理层面感受到成本大大增加
	出租车/网约车＋公共交通＋共享单车	

注：轨道交通、地面公交系统内换乘不计在内。

6.2 多模式交通网络模型构建

城市交通网络模型化是对城市交通网络进行抽象化和建模的过程，是网络客货流分配与计算的基础。在城市交通系统中，不同交通方式因各自独特的运行特点和所依赖设施的连接特征，在传统交通分析中，通常被视作相互独立的运行网络。传统交通网络模型也主要关注单一方式网络结构。在广泛使用的基于图论的单一方式网络中，点表示交叉口、站点等物理节点，而路段和运行线路等则由连接节点的边表示。这些边具有多种属性，如出行时间、费用和通行能力等。然而，在多模式交通网络中，不同交通方式的网络不仅独立运行，还存在彼此之间的换乘关系和设施空间的共享。这就使得各个单一方式的网络需要通过虚拟边等定义来构建连接。多模式交通网络的复杂性体现在既包括不同交通方式的组合，也包括物理设施网络和虚拟连接网络的结合。在处理网络间换乘关联问题时，采用超级网络结构模型具有显著优势。因此，本节为构建可计算的多模式交通网络，首先梳理不同交通方式的物理设施属性和网络运营特性；其次，按照超级网络方法构建多模式超级网络模型，并给出相应的构建示例。

6.2.1 多模式网络要素及属性

城市交通多模式网络是包含私家车、出租车、网约车、轨道交通、常规公交、自行车和共享单车等多种交通方式的复合交通网络，与道路设施关联。不同的交通方式有着不同的出行特性，可通过各交通方式的网络要素属性及运营特征体现。网络的属性和特征会对出行者的模式选择及路径决策产生影响，进而影响交通流在复合交通网络中的运行和分配。这些属性和特征数据不仅是描述网络结构的关键，也是计算路径成本或效用分析的基础信息。

下面分别对各个交通方式的网络要素和运营特征展开分析，并梳理各方式网络的节点和边等要素，见表 6-3。由于私家车、网约车和出租车的运行所处网络结构相同，以下将它们统一列为小汽车方式进行分析。

表 6-3 各交通方式网络要素

要素分类	小汽车	常规公交	轨道交通	自行车/共享单车	小区
节点	交叉口、停车场	公交站点	轨道交通站点	自行车存取点(与现有节点合并，起讫点、车站等)	起点、讫点
边	道路路段(可细分为车道)、HOV 车道	公交线路区段(依附于道路路段)、公交专用道	轨道交通线路区段	骑行线路(依附于道路路段)	小区连接线

1. 小汽车

小汽车行驶在城市道路上，城市交通网络节点包含交叉口和停车场。小汽车可在交叉口处进行出行方向的调整，停车场则用于存取小汽车，同时也是私家车出行的起讫点。边代表两个节点之间的道路路段，两个节点之间可以有两条方向相反的边。而当路段间各车道由于通行管理属性不一致，如包含 HOV 车道或公交专用道时，为实现车道级精细化描述，可以将不同属性的车道分别归到一个子路段中，每个子路段被模型定义为一条边。道路网中各要素需表达的基本属性如下。

(1) 交叉口：交叉口编号、交叉口名称。

(2) 路段：路段编号、路段名称、起始节点、终止节点、长度、路段类型、车道数、自由流车速、通行能力。

(3) 停车场：停车场编号、停车场名称、停车位数目、停车费用。

2. 公共汽（电）车

公共汽(电)车一般被称为常规公交。常规公交与小汽车一样行驶在城市道路上，二者共享或分别占有车道。常规公交网络中的公交站点根据其在道路交叉口或路段上的位置可分为两种类型：节点站点和路段站点。边代表公交线路区段，其依附于道路路段。常规公交一般固定线路、站点、发车间隔，一条公交线路上包含多个站点，只允许乘客在公交站点上下客。同时，普遍存在共线问题，即两个站点之间或一个路段上可能存在多条线路，一个站点服务多条线路并设有多个停靠车位。公交网中各要素需表达的属性如下。

(1) 公交站点：站点编号、站点名称、站点类型、经停的线路名称、可同时停靠站位、服务车辆能力。

(2) 公交线路：线路名称、长度；起始站点、终止站点、服务站点数；票价、票制；发车间隔与时刻表。

3. 轨道交通

轨道交通通常拥有独立的通行空间和基础设施，在专有网络上运行。轨道交通网络的节点代表轨道交通站点，边代表轨道交通线路区段。轨道交通与常规公交的主要区别在于其在行驶过程中不受其他交通方式的影响，严格按照时刻表运行。轨道交通线路走向固定，严格限定在站点上下客，仅通过特殊设计允许少量共线运行。轨道交通的站间距通常大于常规公交，且站内步行时间在总的出行时间中占有较大比重。轨道交通网络中各要素需表达的属性如下。

(1) 轨道交通站点：站点编号、站点名称、站点类型(是否为换乘站点)、经停的线路名称。

(2) 轨道交通线路：线路名称、长度、起始站点、终止站点、服务站点数、票价、时刻表。

4. 自行车/共享单车

自行车和共享单车依靠道路两侧的自行车专用道或非机动车道运行。自行车网络的节点为自行车存取点，无桩共享单车不固定站点，建模时可将自行车网络中的节点与道路节点或公交站点合并。自行车网络中的边为骑行线路，同样依附于道路路段。自行车网络中各要素需表达的属性如下。

(1) 自行车存取点：依附的站点或交叉口名称、可用车辆数。

(2) 骑行线路：道路路段名称、长度、非机动车道宽度。

6.2.2 多模式超级网络模型构建

6.2.2.1 超级网络概念及其特性

上节主要分析了各交通方式的网络要素及属性。在传统的交通网络中，一般将各交通方式视为独立运行的，用节点和边组成的图来表示某单一方式网络的空间位置与连通情况。随着城市交通网络规模的不断扩大以及结构愈发复杂，就需要考虑多种交通方式的协同优化。不同交通方式各有其运行规律，并且通过换乘行为相互影响。传统的单模式图论网络难以充分描述多种交通方式各自独立又互相关联的特性，无法契合多模式网络分析的需要。而超级网络模型能够有效地整合不同交通方式网络及其属性特征，是城市交通多模式网络建模的重要方法之一。

超级网络可以将各个方式子网络通过换乘节点连接起来，形成一个更高层次的网络结构。多模式超级网络既包含交通方式的复合，又包含物理设施网络和虚拟连接网络的复合，其边也包含实体边与虚拟边的复合。超级网络结构主要具有以下特征。

(1) 多模式性：超级网络包含私家车、出租车、网约车、轨道交通、常规公交、自行车和共享单车等多种交通方式。这些方式之间存在着复杂的互动和联通关系，也组合成了多种出行模式。

(2) 多层次性：超级网络中每种交通方式可独立成网，且各有不同的特征，需要根据各模式特性建立相应的子网络。同时，多个层次之间又相互关联，可通过交通枢纽、公共交通站点等相互连接与嵌套来实现不同模式的换乘。

(3) 多级性：子网络内部也可分为多个级别，如轨道交通子网络中包含不同的轨道交通线路，线路间可通过换乘站相互关联。

(4) 多准则性：网络边具有多种属性，如出行时间、出行费用和通行能力等。因此，出行者在选择路径时，会考虑时间、成本、舒适度等多种准则。

(5) 多目标性：超级网络中的不同子网络和节点有着不同的目标和需求，如交通流量最大化、交通效率最优化、环保减排、安全性等。这些目标之间存在着矛盾和协调的关系。

6.2.2.2 多模式超级网络模型构建方法

构建多模式超级网络的方式之一是在实体物理网络的基础上添加虚拟节点和虚拟边，以表示不同模式子网络间的换乘关系，进而将网络转变为一个由多层子网络集成的分层网络模型，如图 6-1 所示。其具体步骤如下。

1. 构建各交通方式子网络

运用图论方法，依据不同交通方式载运工具以及基础设施的构成特征与信息，分别建立与各种交通网络实体相对应的节点、边和拓扑结构，从而构建起小汽车、轨道交通、常规公交和自行车等交通方式的子网络。

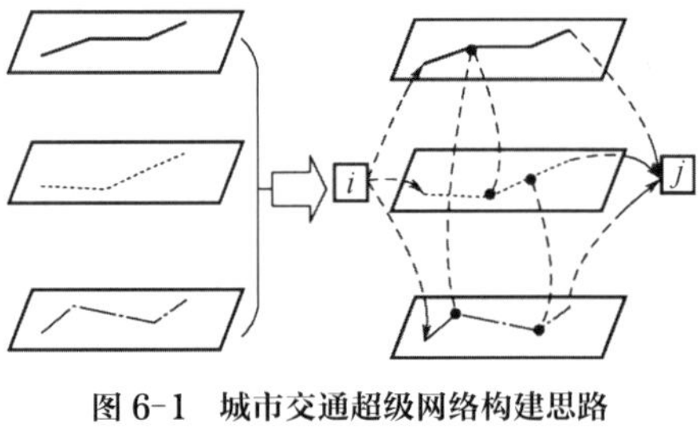

图 6-1 城市交通超级网络构建思路

1）小汽车子网络构建方法

小汽车子网络由表示交叉口或停车场的节点和表示道路路段的边组成。交叉口作为节点对象，是路段的起点与终点。如图 6-2(a)所示，当两个交叉口之间为双向 6 车道时，可将每个方向的车道分别合并成一个子路段，每个子路段在建模时视为一条边，因此，两个节点间有两条方向不同的边。边包含路段长度、自由流车速、通行能力等属性。

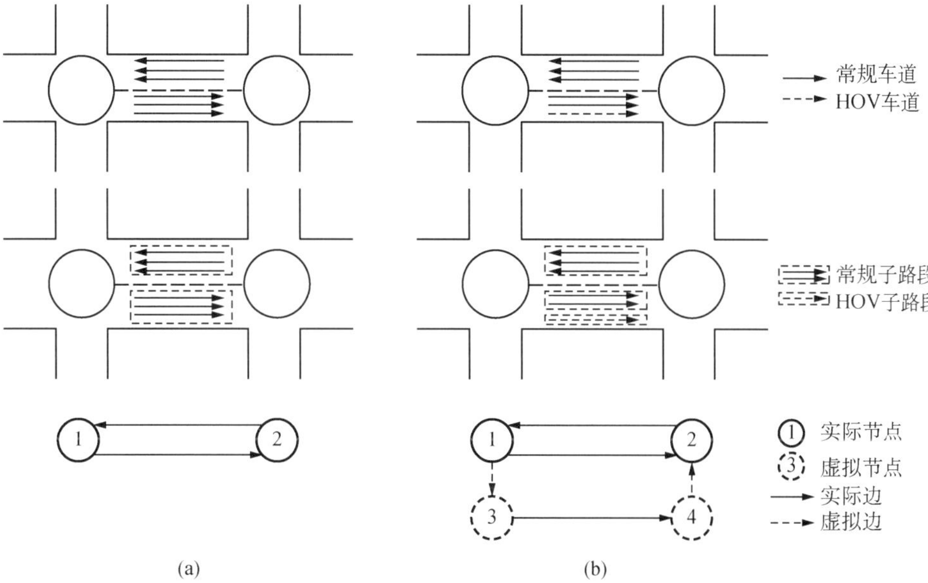

图 6-2 小汽车子网络构建示意

当路段间各车道属性不一致，如包含 HOV 车道或公交专用道时，为了实现车道级精细化治理，可以将不同属性的车道分别归到一个子路段中，每个子路段被建模为一条边，如图 6-2(b)所示。这样，既能反映 HOV 车道、公交专用道等车道管理措施，又能体现属性相同车道间的交互行为。由于两个节点间只能有两条方向相反的有向边，因此须构建虚拟节点 3 和 4，利用虚拟边分别与实际节点 1 和 2 相连。其中，虚拟边阻抗为 0，而虚拟节点 3 和 4 之间的边代表了 HOV 车道所在的 HOV 子路段。

停车场也是需要描述的一类节点。作为小汽车的停放点，当小汽车不在路网上运行时，都必须停放在某一停车场。如一次出行中，小汽车由停车场驶出进入路网，可在途中停放在其他停车场后换乘公共交通，也可直接驶至终点停放。停车场的车位数是固定的，并随着车辆的驶入驶出实时更新空余车位数量。停车场包含停放时间和停放费用属性，停放时间是指从路段进入停车场到离开停车场进入路段的时间之和。当停车场位于路侧时，需要将停车场与一个路段相关联，如图 6-3 所示，可显示停车场的进出路段。在构建小汽车子网络时，需要把停车场作为图 6-3 中的节点 3 进行建模，同时，为了连接停车场与路段，一般需要添加一个虚拟节点 4，节点 3 与节点 4 之间的两条边即代表了小汽车进出停车场的路段。

2）公共交通子网络构建方法

公共交通子网络包含常规公交子网络和轨道交通子网络，二者的网络结构相类似，均由

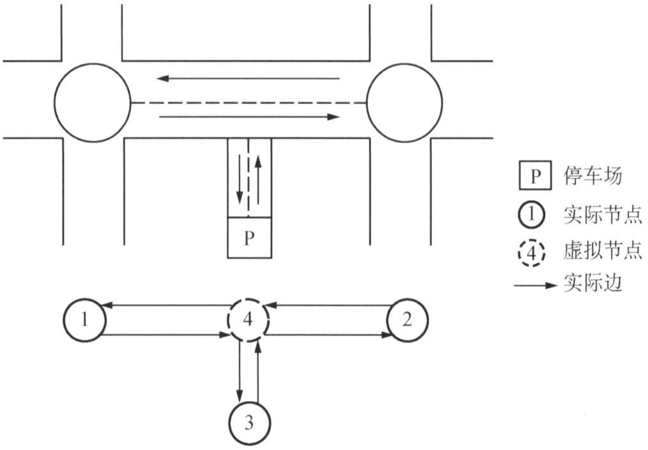

图 6-3 停车场构建示意

表示站点的节点和表示线路区段的边组成。站点对应于常规公交线中的站，或轨道交通站出入口。公共交通线路在站点停靠，完成上下客。由于存在共线问题，两个站点之间可能存在多条不同线路，如图 6-4(a)所示。不同线路间的换乘同样涉及换乘时间和费用等成本。为了体现不同线路间的换乘关系，需要添加虚拟节点和虚拟换乘弧来完成公共交通子网络的构建。具体步骤为：将各站点根据经过该站点的线路数扩展为虚拟节点，并将虚拟节点与实际节点相连接，以此生成表征乘客换乘行为的虚拟边，进而通过该虚拟换乘弧将各线路关联起来，如图 6-4(b)所示。

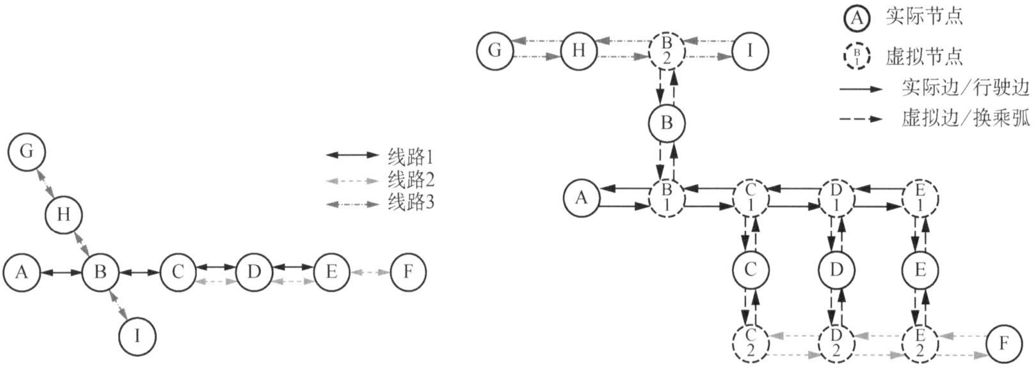

(a) 原公共交通线路示意图　　(b) 添加虚拟节点与换乘弧重构后的网络

图 6-4 公共交通子网络构建示意

3) 自行车子网络构建方法

自行车子网络由表示自行车存取点的节点和表示骑行线路的边组成，其构建方法与小汽车子网络类似。其中，私有自行车与共享单车大多是无桩的，没有固定存放点。因此，为了便于建立自行车和其他交通方式的换乘关系，在构建自行车子网络时，将自行车存取点与现有的公共交通站点、起讫点等节点进行合并。自行车网络节点间的连接边代表骑行线路，这些线路一般依附于城市道路网络，为自行车专用道或非机动车道等。边包含了线路长度、骑行速度等属性。

2. 建立子网络间的联系

根据各方式子网络所对应的换乘站点,生成相应数量的虚拟节点,并且运用既定规则生成虚拟换乘弧以连接位于不同层次相同位置的虚拟节点,表示不同交通方式之间的换乘,从而建立子网络间的联系,形成一个集成多种交通方式的大型多层网络。

当4个子网络都构建完成后,应通过各子网络之间换乘节点的连接来实现不同方式子网络的连通,进而将孤立的各子网络集合成一个多模式超级网络。各个方式子网络的换乘节点设施有所不同,包括P+R停车场、常规公交站点、轨道交通站点和自行车存取点等。通过增加虚拟边连接位于不同子网络上相同或相近位置的换乘节点,可表示实际出行过程中各交通方式之间的换乘关系。在构建虚拟换乘边时,需要按照实际路网中的出行特征,综合考虑各个子网络之间的换乘规则、换乘距离以及换乘费用等因素,以便出行者在选择出行路径时可以最大限度地减少时间和成本。

结合本书6.1.2节可行组合出行模式的分析可知,各方式间的换乘主要包含私家车/出租车/网约车换乘公共交通、自行车/共享单车换乘公共交通以及常规公交与轨道交通之间的换乘这三大类。因此,需要考虑小汽车子网络和公共交通子网络的联系、自行车子网络和公共交通子网络的联系,以及公共交通内部轨道交通子网络和常规公交子网络的联系,下面分别展开分析。

1) 小汽车子网络和公共交通子网络的联系

小汽车子网络和公共交通子网络存在两类关联关系,分别是耦合运行关系和换乘关系。耦合运行关系主要针对小汽车和常规公交,二者混合运行在道路路段上,运行过程中相互影响。因此,小汽车子网络和常规公交子网络间存在密切的耦合关系,需要将二者对应节点和边进行匹配,以便后续计算各路段上混合车流的运行时间。对于换乘关系,小汽车换乘公共交通模式包含小汽车换乘轨道交通和小汽车换乘常规公交两种。其中,后者由于常规公交同样受道路运行状况影响存在拥堵情况,在实际出行中较少被采用。目前,大部分停车换乘设施也是为了支撑换乘轨道交通而建设的。因此,本节只考虑小汽车换乘轨道交通方式,即只考虑小汽车子网络和轨道交通子网络的换乘关联。

在小汽车换乘轨道交通模式中,当采用网约车或出租车方式时,因不受停车设施的限制,出行者可以打车至任一轨道交通站点换乘。但出于出行成本考虑,出行者一般会选择在距起点最近的轨道交通站点换乘,即添加虚拟换乘边将最近的轨道交通站点节点与邻近小汽车子网络节点相连,以此表征网约车/出租车与轨道交通的换乘关系。

当出行者采用私家车换乘轨道交通模式时,会受到停车换乘设施的限制。出行者先从小汽车子网络抵达停车换乘设施节点处,然后再从换乘设施节点步行前往轨道交通站点节点。因此,添加虚拟边连接换乘设施节点与其邻近小汽车子网络节点和轨道交通子网络节点,以此表征私家车与轨道交通的换乘关系。虚拟换乘边包含步行时间、轨道交通候车时间和票价等属性。停车场则以能力为约束条件。

2) 自行车子网络和公共交通子网络的联系

自行车换乘公共交通模式包含自行车换乘轨道交通和自行车换乘常规公交这两种,其中自行车主要起接驳作用。自行车换乘公共交通模式与网约车/出租车换乘公共交通类似,即不受停车设施限制,出行者可以骑行至任一公共交通站点换乘。但出于出行时间、体力等成本考虑,出行者一般会选择在距起/终点最近的公共交通站点换乘,即添加虚拟换乘边将距起终点最近的公共交通节点与邻近自行车子网络节点相连,以此表征自行车/共享单车与公共交通的换乘关系。从自行车子网络节点到公共交通子网络节点的虚拟换乘边包含步行时间、公共交通候车时间与票价等属性;反向的虚拟换乘边则包含了步行时间、自行车寻车时间和自行车租赁费用等属性。

3) 轨道交通子网络与常规公交子网络的联系

出行者由轨道交通换乘常规公交时,需要先从轨道交通子网络中某一站点下车,然后步行至常规公交站点乘车,进而进入常规公交子网络。同样,由常规公交换乘轨道交通时,也要在站点之间换乘。因此,可通过添加虚拟换乘边连接两个子网络的站点节点以实现子网络间的连接。需要注意的是,出行者不会选择距离过远的站点间进行换乘,因此,要满足相应步行距离约束,即仅连接步行距离范围内的常规公交站点和轨道交通站点。参考国内城市公交换乘调查结果,换乘到常规公交站点可忍受的步行距离为 200 m 以内,换乘到轨道交通站点的最大步行距离取 800 m。所添加的虚拟换乘边包含步行时间、公共交通候车时间和票价等属性。

3. 建立出行起讫点与网络的联系

在一次完整的出行过程中,首先需要从起点出发到达某一交通方式节点,这一过程被定义为"上网";最后到达目标节点则称为"下网"。在建立多层网络之后,还需要形成虚拟上、下网弧,以此建立出行起讫点与多模式网络之间的联系。

在完成各层子网络的构建以及子网络间的联系后,还需要将出行起讫点(O 点和 D 点)与网络相连接。交通小区是出行的起讫点,每次出行从一个小区开始,在另一个小区结束。在网络模型中,小区被简化为以小区质心来表征,同样作为节点对象。出行需求自小区质心输入到路网上。每个小区的 O 点和 D 点必须通过虚拟边连接到至少一个网络节点上。通过构建虚拟上、下网边,建立起出行起讫点与多模式网络之间的联系。在连接小区 O 点、D 点与各子网络节点时,同样要考虑步行距离与成本的限制,如起讫点距离常规公交站点、轨道交通站点的最大步行距离分别为 500 m 和 800 m。

通过多层交通方式子网络有规律的叠加以及与起讫点的连接,城市交通多模式超级网络模型构建完成,该模型分别包含实际节点、实际行驶边以及虚拟节点、虚拟边等,其具体结构要素如图 6-5 所示。

6.2.2.3 多模式超级网络构建示例

本节以图 6-6 所示的小型网络为例,说明多模式超级网络的构建过程。该网络包含小汽车(C,包含私家车、网约车和出租车)、常规公交(B)、轨道交通(R)、自行车/共享单车(Bi)四类交通方式。网络包含 O1—D1 一个 OD 对;C1—C9 共 9 个交叉口和 8 个道路路段;2 条常规公交线路,分别是线路 1 上行 B1—B3—B5 和下行 B6—B4—B2,以及线路 2 上行 B1—B3—B7 和下行 B8—B4—B2;1 条轨道交通线路,上行 R1—R2—R3 和下行 R3—R2—R1;在轨道交通站点 R2 附近有 1 个停车换乘设施 P1;3 个自行车存取点 Bi1—Bi3,由于自行车依附于道路运行,因此将自行车存取点与邻近道路节点相连。

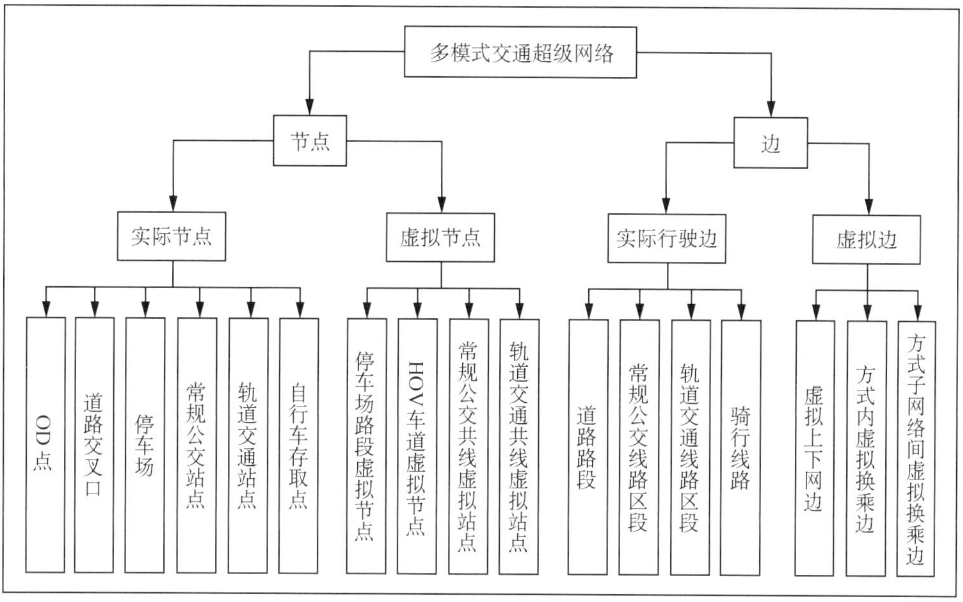

图 6-5　城市交通多模式超级网络模型结构要素

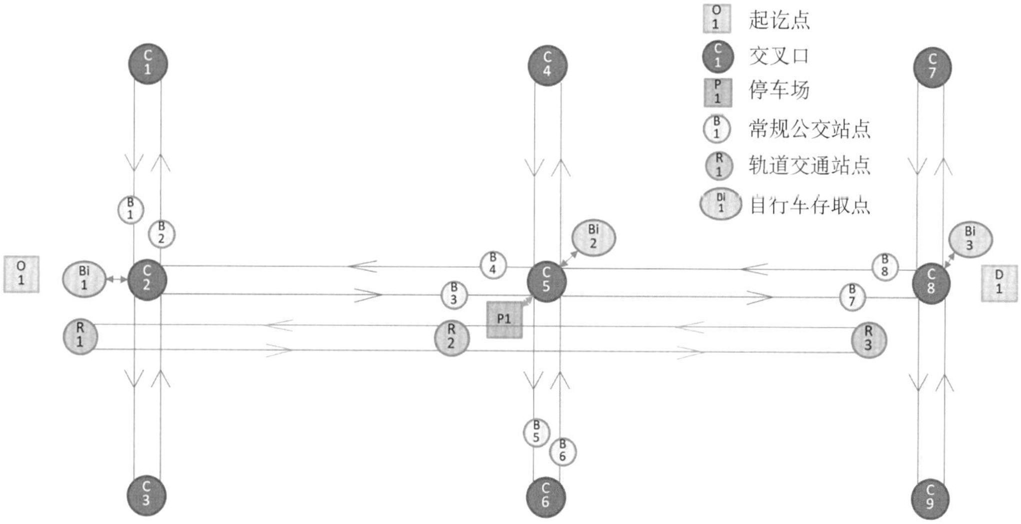

图 6-6　城市交通路网结构示例

在对常规公交进行网络建模时，由于公交车辆依赖于道路网运行，且后续边的运行时间等属性计算也要考虑公交车和小汽车的混行，因此须将公交站点和运行线路匹配到道路网中。公交站点根据其在道路网络中的位置可分为节点站点和路段站点两种类型。节点站点指的是公交线路经过的交叉口等道路节点处的站点，也称交叉口站点或转角站点。路段站点则是指公交线路经过的道路路段上的站点，也称区间站点或路段中间站点。

在对如图 6-6 所示的路段站点进行建模时，如要求公交高精度建模与计算，则需要将道路边以路段站点为界断开，形成两个边，如边 C1—C2 应以公交站点 B1 为界拆分为 C1—B1 和 B1—C2 两个边；边 C2—C5 应以公交站点 B3 为界拆分为 C2—B3 和 B3—C5 两个边。而公交子网络中的运行边 B1—B3 的运行时间则为小汽车子网络中 B1—C2 和 C2—B3 两个边的加和。同时，由于常规公交的上行线路与下行线路独立运行，因此，每个公交站分为上行和下行两个公交站点。在这种建模方式下，节点数量加倍，边数量也加倍，计算两个交叉口节点之间运行时间时，也会被路段站点断开，导致网络模型的构建与计算异常复杂。

为简化建模难度，将距交叉口较近的路段站点作为节点站点考虑，即将每个公交站点与路网中邻近的道路节点合并，这样也可将同一车站上、下行两个站点合并为一个站点节点。在此种建模方式下，网络节点数量减半，边数量也减半，模型结构和数据量大大简化，计算效率大幅提高；但同时会给步行至公交站点的时间带来一定的误差，这点可通过后续修改路径广义费用中的步行成本予以修正。简化后的网络结构如图 6-7 所示。此时，公交线路编号修改为线路 1 的上行 B1—B2—B3，下行 B3—B2—B1；线路 2 的上行 B1—B2—B4，下行 B4—B2—B1。

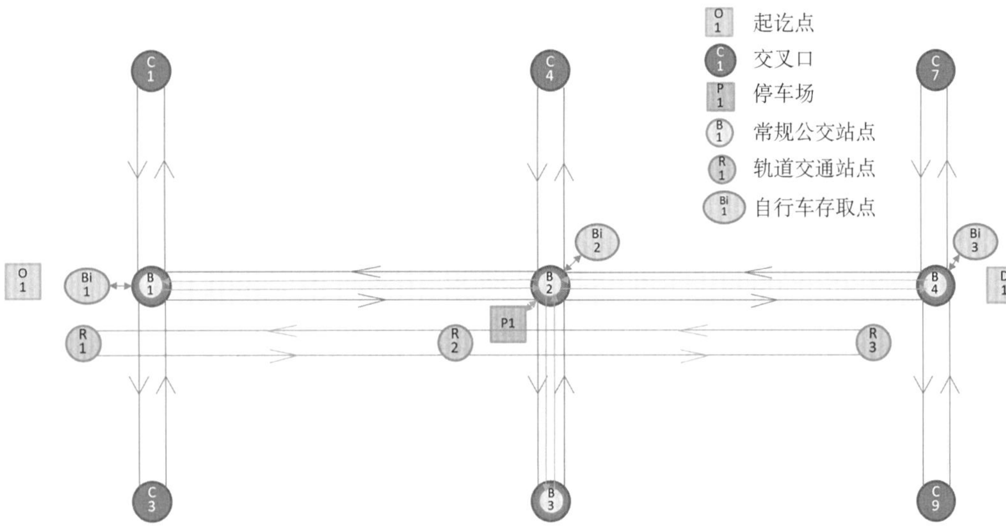

图 6-7　城市交通路网合并公交站点后的结构示例

在完成公交站点与线路在道路网中的匹配和简化后，按照本书 6.2.2.2 节中多模式超级网络模型的构建方法，分别建立小汽车、常规公交、轨道交通和自行车四层子网络，并增加虚拟边以连接不同子网络上对应的换乘节点，最后再将出行起讫点与各层子网络相连，构建完成的多模式超级网络如图 6-8 所示。

6.3　多模式出行有效路径

不同于单一道路网络上的路径，城市交通多模式超级网络中的出行路径是由虚拟上网边、不同方式子网络上的行驶边、各方式子网络间的换乘边以及虚拟下网边等各类边共同构

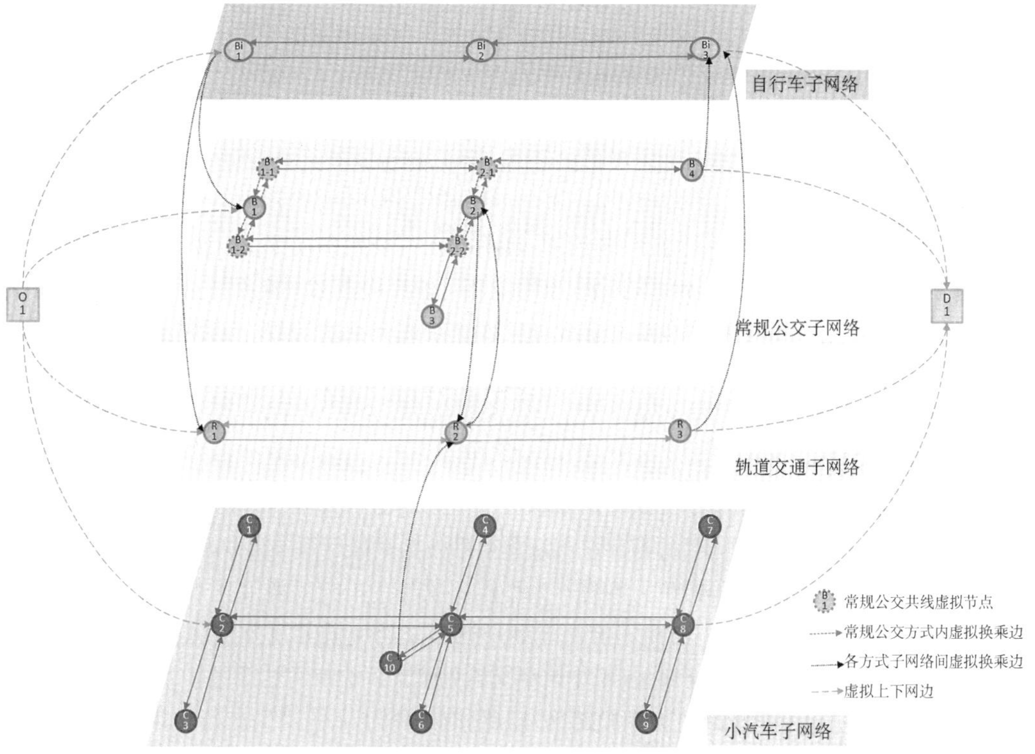

图 6-8　城市交通多模式超级网络模型

成,可称其为出行超路径(简称超路径)。把起讫点间所有可能的出行模式、超路径选择穷举表示后,按照路径广义出行费用,将所有交通需求分配到超级网络中,即可得到不同模式与超路径的出行量。

在多模式超级网络中,起讫点间存在多条超路径,但并非所有路径都会被选择。对于那些包含重复站点、区段、时间过长或频繁换乘的路径,在进行流量分配时可以不予考虑。在出行过程中会被乘客考虑的路径被称为有效路径。为确保路径的有效性,本节首先界定有效路径的判定条件,归纳了较为成熟的路径搜索算法,进而提出适用于超级网络的有效路径搜索算法,以此生成有效路径集,为多模式网络客流分配建立可计算的条件。

6.3.1　有效路径判定条件

在本书 6.2.2.2 节建立多模式超级网络各子网络间联系时,已经体现了有效路径的约束,如私家车仅能通过停车换乘设施连接轨道交通站点,且不存在自行车与小汽车之间的换乘等。然而,除了以上换乘约束外,在有效路径搜索中,还存在出行成本等其他约束条件。

有效路径的判定条件为:①不存在重复站点和重复区段;②路径换乘次数不超过出行者可接受的最大换乘次数;③绝对阈值约束为路径 k 的费用 c_k^{rs} 和最短路径费用 $c_{\min}^{rs}$ 满足 $c_k^{rs} \leqslant c_{\min}^{rs} + f_{\max}^{(1)}$,其中 $f_{\max}^{(1)}$ 为绝对阈值;④相对阈值约束满足 $c_k^{rs} \leqslant c_{\min}^{rs}(1 + f_{\max}^{(2)})$,其中 $f_{\max}^{(2)}$ 为相对阈

值。多模式有效路径的约束条件主要包含重复站点和区段约束、换乘次数约束以及绝对阈值约束和相对阈值约束。

本节将多模式超级网络有效路径的约束条件界定如下：

(1) 有效路径中不存在重复边或重复节点，且不构成环路。在单一目的地出行情况下，理性出行者倾向于选择广义出行费用最低的路径，而不会选择重复经过同一区段或出现绕圈行为。

(2) 有效路径中的换乘边数量存在约束，且不存在连续两条换乘边。换乘次数过多会使出行者在心理层面的成本大大增加，因此，出行者不可能采取过多次换乘抵达终点的方式。结合已有研究，本节将一次出行过程中的最大换乘次数限制为 2 次，因此，一条超路径上的换乘边应不多于 2 条。同时，换乘只能在两种交通方式间进行，不能借助第三种交通方式作为媒介来连续换乘。

(3) 有效路径中，轨道交通区段不得间断地出现两次，私家车和私有自行车区段只能出现在路径开始或结尾处。此外，不同的超路径代表了不同的出行模式，在路径搜索时，应排除不符合实际情况的出行模式。例如，不存在私家车换乘公共交通后再次换乘私家车的情况，因为私家车已被停放在停车场。再如，出行者不太可能先从小汽车方式换乘至常规公交再换乘轨道交通，因为出行体验感较差；而且不会出现利用轨道交通换乘常规公交后再换乘轨道交通的情况，因为轨道交通通常成网建设，两个轨道交通站点之间会有可达路径。

(4) 出行者不会选择成本过大的超路径，因此，有效路径 k 的广义出行费用 c_k^{rs} 和最短路径广义出行费用 c_{min}^{rs} 应满足 $c_k^{rs} \leqslant c_{min}^{rs}(1+H)$，其中，$H$ 为路径扩展系数，一般取值为 0.5。

6.3.2 有效路径搜索算法

在界定有效路径判定条件后，需要为每种出行模式预先生成有效路径集。目前，用于生成有效路径的搜索算法主要包括 Dial 算法、图遍历算法和 K 最短路算法。这些算法都以最短路算法为基础，而最短路算法中被广泛使用的算法为 Dijkstra 算法。

Dial 算法认为乘客在出行过程中的每个节点都会选择下一段通向终点的路径，而非在路径开始时就做出决定。其核心思想是从起点开始，逐层向外扩展，每一层代表从起点到各点的距离。在每一轮迭代中，Dial 算法会根据当前已知的最短路径，更新与之相邻的节点的距离标签，从而实现路径的逐步收敛。与其他算法相比，Dial 算法的计算效率较高，尤其适用于稀疏图。但当路网存在环路时，该算法可能会遗漏一些有效路径。

图遍历算法的基本思想为：从一个起始节点出发，逐步遍历网络中的节点和边，寻找满足路径约束条件的起讫点之间的连通路径，一旦找到符合条件的节点，则记录该路径；若不符合条件，则返回上一节点重新遍历，如此往复，直至找出所有有效路径。根据节点搜索顺序的不同，图遍历算法可分为广度优先搜索算法(Breadth First Search, BFS)和深度优先搜索算法(Depth First Search, DFS)。

K 最短路问题是最短路问题的一种扩展，在找到最短路径后，还需计算出次短路径、第三短路径……，直到第 K 短路径。K 最短路算法的基本思想是通过多次搜索找到前 K 短路径。

在每次搜索中,算法会记录从起点到每个顶点的前 K 短路径,并使用这些路径来计算到达邻接顶点的候选路径。通过不断重复这个过程,算法逐步扩展搜索范围,直至找到前 K 短路径。

在多模式路径规划问题中,出行者不仅想要知道最短路径,还想知道次短路径,比如在地图导航应用中,用户往往想获取几种最短的行程方案,因为耗时最短的方案可能费用高昂,或者需要用户进行多次换乘,而次短的方案可能更实惠,或者可以直达目的地。提供多条最优线路可以让用户能够根据自身额外需求(如时间、费用和舒适度)进行权衡和决策。基于这样的应用场景,本节选用 K 最短路算法来生成各出行模式的有效路径集。

K 最短路问题分为有限制的 K 最短路问题和无限制的 K 最短路问题。前者要求最短路集合中不含有回路,而后者对所求得的最短路集合无限制。虽然现在已经出现了不少求解算法,但还没有一种算法能像 Dijkstra 最短路算法那样得到广泛认可。K 最短路算法有许多变体,其中一些可以提供更快的计算速度或更好的路径质量。例如,Yen 算法是一种常用的 K 最短路算法,它以 Dijkstra 算法为基础,并采用启发式搜索来缩小搜索空间,从而提高计算效率。在构建的多模式超级网络中,利用 K 最短路算法求解路径集的具体步骤如下:

(1) 设定所需的最短路径数量为 Y,将所得的路径集合记为 K。

(2) 利用 Dijkstra 算法计算所有起讫点间的最短路径,将得到的最短路径添加至路径集合 K,此时集合 K 内包含 y 条路径。

(3) 如果 $y<Y$,并且存在候选路径,在网络中去掉路径集合 K 内的所有路径,然后返回步骤(2);否则,路径集合 K 即为所求的 K 最短路径集合。

根据以上步骤,可以输出各条最短路径的节点和边序列以及路径成本,由于可能存在不可行路径,因此需要结合本书 6.3.1 节所述的有效路径条件进行判定。在构建的多模式超级网络中,各节点和边的要素属性包含所属交通方式、要素类型(如是否为换乘边)等,因此可直接计算 K 最短路径集合中各路径包含的换乘边数量,以筛除换乘次数大于 2 的不可行路径。此外,还包含路径成本与最短路径成本的比值约束等。根据以上各判定条件加以检验,即可得到各出行模式的有效路径集合。

6.4 考虑组合出行模式的动态用户均衡模型框架

6.4.1 组合出行动态用户均衡分配模型

集合了多类型车辆、公共交通和各类出行行为的多模式动态交通分配的一般框架,可基于多模态动态用户均衡问题(Multi-Modal Dynamic User Equilibrium, MMDUE)将其转化为变分不等式(Variational Inequality, VI)问题,进而通过求解变分不等式问题来求解多模式网络中的时空客流和车流。这一计算框架有效地整合了多模式出行和动态交通分配,为多模式动态交通分配方法提供了一般性的可延伸框架。

构建包含小汽车、轨道交通、常规公交和自行车等交通方式的多模式超级网络,以此整合各单一模式及组合模式的出行群体;同时,实现车道级别的交通网络描述,以满足精细化车道使用等管理需求。在将出行需求分配到交通网络的过程中，不同于传统四阶段交通模型将出行“人次”OD利用方式划分模型转化为“车次”OD，再将车次分配到网络中以分析网络运行状态的作法，针对多模式交通网络的组合出行客流分配，需要描述人的移动，并计算多模式网络的客流分布和服务水平。为此，须先定义各模式路径广义出行费用的组成与计算方式，然后采用巢式Logit模型决定乘客对出行模式和路径的选择行为，进而计算各路径上的客流，通过出行模式选择与交通分配两阶段模型的组合实现网络客流分配。此外，利用动态网络加载模型模拟车流，根据车辆运行加载结果更新各路径广义出行费用，以再现复合交通网络运行状态时间演化和空间传递的过程。据此可计算不同模式出行者的出行时间和费用等效益指标，为交通网络构建及运行的效益分析提供支持。综合以上建模思路，建立组合出行动态用户均衡分配模型框架，如图6-9所示。

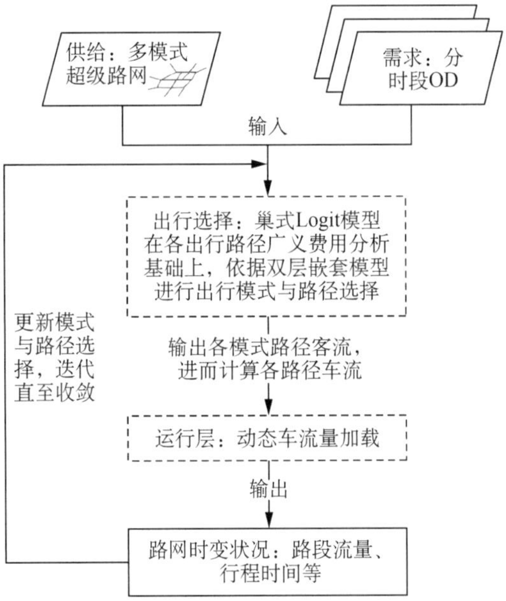

图6-9 组合出行动态用户均衡分配模型框架

首先，输入的数据包括已构建完成的多模式超级网络数据和分时段的动态OD需求数据，这些数据是进行交通分配的基础。其中，模型假设每个时间区间的OD需求是固定的。本节不包含出发时间的选择，但出行者可选择出行模式和路径。

其次，建立超级网络并输入OD数据后，可计算居民出行行为的选择概率，这实质是出行模式和路径的组合选择模型，其前提是建立各模式路径的广义出行费用函数。在广义费用模型计算完成后，应用有效路径搜索算法生成各出行模式的有效路径集。该路径集为固定路径集，在后续的迭代过程中可更新路径成本。接着，引用巢式Logit模型来描述出行者对不同出行模式及路径选择的偏好，即在给定OD需求的情况下，出行者根据初始网络条件下计算出的待分配有效路径集的广义出行费用进行双层嵌套模型中出行模式与路径的选择，进而完成客流分配。

6.4.2 多模式出行广义费用

构建出行模式选择模型的前提是建立各类边的广义出行费用模型。广义出行费用是指出行所需的全部成本,包括货币成本和非货币成本。货币成本包含车辆使用费、燃料费、停车费、公共交通票价、自行车租赁费等;非货币成本包含出行时间、舒适度损耗、换乘成本等。广义出行费用的概念不仅考虑了个体在出行中所面临的实际费用,也包含了出行过程中所产生的一些不可避免的不便和损失,有助于人们更好地理解出行决策的复杂性。计算广义出行费用时,一般是将影响出行者选择行为的各种因素,包括出行时间、费用、舒适度损耗、心理排斥等,分别乘以相应的系数,统一为货币形式,再将各项成本加权求和以表征出行过程中的全部成本。这样就能实现对网络中不同模式出行路径成本的统一度量与比较,为出行者进行模式和路径选择提供决策依据。

在影响出行选择的四个重要因素中,出行时间和费用可以较为客观地衡量,而舒适度损耗和心理排斥则相对主观,难以量化。以出行时间为例,对于道路交通网络,可以根据路段长度、速度限制和交通流量等因素计算出各路段的通行时间,累加后得到总时间成本;轨道交通的出行时间则相对固定。就出行费用而言,小汽车出行费用包含车辆燃料费和停车费;公共交通主要是票价;自行车则涉及租赁费用;等等。舒适度的差异源于不同方式特性的不同。小汽车舒适度最高,因为它有舒适的座椅并且出行过程中不受他人影响。与之相比,轨道交通常因乘客过多而座位不足,乘客长时间站立使得舒适性大打折扣。骑行则会由于天气、体力等因素使得舒适度损耗更大。心理排斥主要针对换乘而言,当出行者选择换乘时,可能会增加步行距离,并且还有公共交通等待时间及不确定性的问题,因此,大多数出行者会对换乘产生心理排斥。对于舒适度和心理排斥等因素,既可以使用问卷调查方式进行主观评估,也可以使用实际数据进行客观评估。

由于多模式超级网络中的出行超路径由虚拟上网边、不同方式子网络上的行驶边、各方式子网络间的换乘边以及虚拟下网边等各类边构成,因此,出行超路径的广义出行费用也是由各类边的广义费用相加所得。本节首先介绍各类边的费用函数,然后分析各出行模式路径的广义出行费用组成。各类边费用函数的一般形式为出行时间、费用、舒适度损耗和心理排斥四种因素的等价货币费用的线性加权。

6.4.2.1 行驶边费用函数

行驶边可分为小汽车网络行驶边、常规公交网络行驶边、轨道交通网络行驶边和自行车网络行驶边四种。由于不同交通方式对应的边不尽相同,以下给出各类边的具体费用函数形式。

1. 小汽车网络行驶边

小汽车作为一种私人交通工具,其舒适度较高,但需要支付的货币费用也较高,并且其出行时间也容易受到道路拥堵等网络因素的影响。小汽车网络行驶边的各部分费用分别计算如下。

1) 出行时间的等价货币费用 T_a^c

小汽车网络行驶边上的时间成本包含行驶时间和停车巡航时间。小汽车的行驶时间受路网流量以及通行能力的限制，在以往的研究中，一般由 BPR 函数给出。利用中观动态网络加载模型(Dynamic Network Loading，DNL)可以实现网络中小汽车和常规公交的路径出行时间估计，该模型将在下一节进行介绍。DNL 模型考虑了包括小汽车和公共汽车在内的两类车辆在节点和边的混合异构交通流传播，以估计路段上的行驶时间，可利用 t_a^{c1} 来表示小汽车 c 在路段 a 上的行驶时间。

停车巡航时间指的是在寻找停车位的过程中所花费的时间，其一般计算方式是在停车位被找到之前的行驶时间再加上停车时间。为便于计算，将停车巡航时间统一转移到停车前的行驶边上，用 t_a^p 表示。停车巡航时间的取值会受到多种因素的影响，例如停车需求的高低、周边交通状况和停车资源的供需关系等。在实际应用中，可以采用实地调查或模拟仿真等方法进行取值，也可以利用历史停车数据来估计不同类型停车场的停车巡航时间。通过分析历史数据，可以了解不同时间段内停车场的使用情况，包括停车场的满载率、空车位数量等信息，据此预估停车巡航时间。不同区域与类型的停车场由于其规模、位置、服务水平等因素的不同，其巡航时间也有所区别，因此需要根据实际情况进行分类取值。

小汽车 c 在路段 a 上出行时间 t_a^c 的计算可利用式(6-1)和式(6-2)以将其转化为货币形式：

$$t_a^c = t_a^{c1} + t_a^p \tag{6-1}$$

$$T_a^c = \theta_t t_a^c \tag{6-2}$$

式中 T_a^c——小汽车 c 在路段 a 上出行时间的等价货币费用；

θ_t——将出行时间转化为用货币衡量的时间价值，可以通过假设乘客将花费在出行上的时间用于工作所获得的收入来计算。

2) 货币费用 P_a^c

小汽车出行的货币费用 P_a^c 随交通方式的不同而有所不同。出租车和网约车的货币费用由企业定价，除了起步价之外还根据时段、行程时间和里程计费。私家车出行的货币费用主要包含燃料费和停车费，其中燃料费 g_a^c 表示私家车在路段 a 上的燃料费用，包含燃油费和电费等，这是私家车出行中最直接也是最大的费用之一。燃料费用的大小取决于车辆的油耗/电耗、油价/电价以及行驶的距离。燃料费的计算公式如下：

$$g_a^c = \rho \frac{l_a}{\varphi} \tag{6-3}$$

式中 ρ——燃料单价；

l_a——路段长度；

φ——车辆的燃料效率，指单位燃料可以行驶的公里数。

私家车出行的停车费与停车场收费标准相关，通常以小时为单位收费，一般市中心停车费用会较高，可以参照各区位停车费用的平均值给每个类型的停车场费用赋值。为便于计算，将停车费用统一转移到停车前的行驶边上，用 p_a^p 表示，则私家车出行的货币费用 P_a^c 计算公式如下：

$$P_a^c = g_a^c + p_a^p \tag{6-4}$$

3) 舒适度损耗的等价货币费用 S_a^c

舒适度损耗的计算相对复杂,通常需要基于出行者的主观感受来进行评估,且会受到时间、拥挤程度、温度、噪声等因素的影响。在现有研究中,为便于量化,一般将舒适度损耗视为出行时间的函数,即随着出行时间的增加,舒适度损耗也会逐渐增加。不同交通方式的单位时间舒适度损耗有所不同。舒适度损耗的等价货币费用计算公式如下:

$$S_a^c = sot^c \cdot t_a^c \tag{6-5}$$

式中 S_a^c——小汽车 c 在路段 a 上舒适度损耗的等价货币费用;

sot^c——小汽车方式的单位时间舒适度损耗货币费用,其参数合理值可通过 SP 或 RP 调查得到。

2. 常规公交网络行驶边

1) 出行时间的等价货币费用 T_a^b

与公共交通出行时间相关的概念有站到站时间、门到门时间、车内时间等。人们利用地面公交汽(电)车出行的时间成本包含步行时间、候车时间和在车时间。步行时间包括起点门到站、终点站到门以及换乘步行时间,由线路与站点布局决定。候车时间则与线路的发车间隔及时刻表、实时车辆位置等公交信息化水平相关。为便于计算,可将步行时间和候车时间转移到对应的上网边或换乘边上,行驶边上一般仅考虑乘客在车时间,即公交车的行驶时间 t_a^b。当常规公交运行在公交专用道上时,与小汽车互不干扰,其行驶时间受路段流量影响较小,可视为仅取决于路段长度与公交设计车速。计算公式如下:

$$t_a^b = l_a / V_b + t_a^s \tag{6-6}$$

式中 l_a——路段长度;

V_b——公交设计车速;

t_a^s——停站时间。

当常规公交与小汽车混行时,行驶时间取决于路段的拥堵情况和车辆的行驶速度。与小汽车一致,同样可采用 DNL 模型来模拟异构交通流在路段上的动态演化,以估计常规公交车在路段上的运行时间 t_a^{b1},并利用式(6-7)和式(6-8)将其转化为货币形式:

$$t_a^b = t_a^{b1} + t_a^s \tag{6-7}$$

$$T_a^b = \theta_t t_a^b \tag{6-8}$$

式中 T_a^b——常规公交车 b 在路段 a 上行驶时间的等价货币费用;

θ_t——将出行时间转化为用货币衡量的时间价值。

2) 货币费用 P_a^b

常规公交出行的货币费用主要为车票费用。常规公交线路除了小部分采用区间分段计价外,其余大部分线路均为单一票制。乘客在上车时支付一次票价,因此较难分摊到各公交路段上。在构建超级网络进行计算时,可以将常规公交车票费用转移到对应的上网边或换乘边上,在行驶边上不予计费,即常规公交网络行驶边 a 上的货币费用 $P_a^b=0$。

3）舒适度损耗 S_a^b

常规公交的舒适度损耗与小汽车类似，不仅与行驶时间相关，还与公交车上的拥挤程度有关。乘客数越多，拥挤程度越大，乘客的舒适度损耗费用也就越大。因此，将常规公交舒适度损耗费用表示为行驶时间与车内乘客数的函数，见式(6-9)：

$$S_a^b = \left(sot^b + \eta \frac{v_a^b}{D^b C_a^b}\right) t_a^b \tag{6-9}$$

式中　S_a^b——常规公交车 b 在路段 a 上舒适度损耗的等价货币费用；

sot^b——常规公交车方式的单位时间舒适度损耗货币费用；

v_a^b——路段 a 上的常规公交客流人次，人次/h；

C_a^b——路段 a 的公交车通行能力，车次/h；

D^b——公交车的设计载客量；

η——量纲转换参数，将乘客拥挤程度转换为舒适度损耗货币费用。

3. 轨道交通网络行驶边

轨道交通广义费用的构成与常规公交非常相似，各项费用计算方法如下。

1）出行时间的等价货币费用 T_a^r

利用轨道出行的时间成本组成包含步行时间、候车时间和在车时间，与常规公交类似，但两端步行时间不仅是门与站的步行时间，还须考虑站体内步行即进口到站台的时间，包括安检、通过闸机和上下楼扶梯时间。同样地，将步行时间和候车时间转移到对应的上网边或换乘边上，行驶边上仅考虑轨道交通的行驶时间 t_a^r。轨道交通行驶在固定的专有轨道网络中，其行驶时间不受道路网络交通流影响，可通过列车运行时刻表计算得到。利用式(6-10)可将行驶时间转化为货币形式：

$$T_a^r = \theta_t t_a^r \tag{6-10}$$

式中　T_a^r——轨道交通 r 在路段 a 上行驶时间的等价货币费用；

θ_t——将出行时间转化为用货币衡量的时间价值。

2）货币费用 P_a^r

轨道交通出行的货币费用主要为车票费用。乘客进站时支付一次票价，票价费用主要根据起终点之间的里程来确定，不考虑中途换乘线路次数。与常规公交类似，轨道交通的票价难以分摊到各条行驶边上，故可将轨道交通车票费用转移到对应的上网边或换乘边以方便计算，在行驶边上不予计费，因此轨道交通网络行驶边 a 上的货币费用 $P_a^r=0$。

3）舒适度损耗 S_a^r

轨道交通的舒适度损耗不仅与行驶时间相关，还与车厢内的拥挤程度有关。参照常规公交，将轨道交通舒适度损耗费用表示为行驶时间与车内乘客数的函数：

$$S_a^r = \left(sot^r + \eta \frac{v_a^r}{D^r C_a^r}\right) t_a^r \tag{6-11}$$

式中　S_a^r——轨道交通 r 在路段 a 上舒适度损耗的等价货币费用；

sot^r——轨道交通方式的单位时间舒适度损耗货币费用；

v_a^r——路段 a 上的轨道交通客流人次，人次/h；

C_a^r——路段 a 的轨道交通车辆频次，车次/h；

D^r——轨道交通列车的设计载客量；

η——量纲转换参数，将乘客拥挤程度转换为舒适度损耗货币费用。

4. 自行车网络行驶边

1) 骑行时间的等价货币费用 T_a^{Bi}

自行车在路段上的行驶时间取决于路段长度和骑行速度，计算公式见式(6-12)和式(6-13)。

$$t_a^{Bi} = l_a / V_{Bi} + t_b^s \tag{6-12}$$

$$T_a^{Bi} = \theta_t t_a^{Bi} \tag{6-13}$$

式中 t_a^{Bi}——自行车 Bi 在路段 a 上的行驶时间；

t_b^s——取还车时间，自有车辆取为零；

V_{Bi}——骑行速度；

T_a^{Bi}——自行车 Bi 在路段 a 上行驶时间的等价货币费用；

θ_t——将出行时间转化为用货币衡量的时间价值。

如果采用公共自行车出行，则取还车时间转移到对应的上网边或换乘边上。

2) 货币费用 P_a^{Bi}

在自行车出行的货币费用中，不考虑私有自行车的购置费和折旧费，仅考虑共享单车的租赁费用。共享单车单次租赁费用根据单车类型、租赁时长等因素而定。为便于计算，将共享单车租赁费用转移到对应的上网边或换乘边上，在行驶边上不予计费，故自行车网络行驶边 a 上的货币费用 $P_a^{Bi}=0$。

3) 舒适度损耗 S_a^{Bi}

自行车大多采用人力驱动，其舒适度损耗与出行时间密切相关。因此，参照小汽车舒适度损耗的计算，将自行车舒适度损耗用以下出行时间的函数表示：

$$S_a^{Bi} = sot^{Bi} \cdot t_a^{Bi} \tag{6-14}$$

式中 S_a^{Bi}——自行车 Bi 在路段 a 上舒适度损耗的等价货币费用；

sot^{Bi}——自行车方式的单位时间舒适度损耗货币费用。

6.4.2.2 换乘边费用函数

各换乘边的广义费用组成主要由换乘交通方式决定，包含换乘出租车/网约车、常规公交、轨道交通、共享单车等方式。与行驶边类似，换乘边的广义费用同样包含时间和货币费用。此外，不同于行驶边上的舒适度损耗费用，换乘边成本表示由于增加换乘次数带来出行者心理排斥的费用增加。轨道网内不同线路间、地面公交网线路间换乘，虽不以换乘边费用函数计算，但需在行驶边中增加费用。

1) 换乘时间的等价货币费用 T_a^{t}

公共交通和出租车/网约车换乘时,时间成本 t_a^{t} 主要包含步行时间 t_a^{w1} 和候车时间 t_a^{w2},而换乘共享单车时,则主要包含步行时间 t_a^{w1} 和寻车时间 t_a^{f}。

在换乘过程中,通常需要步行至相应的站点或换乘节点。步行时间 t_a^{w1} 的计算可以基于个体的步行速度和步行距离得出。

$$t_a^{w1} = l_a / V_w \tag{6-15}$$

式中 t_a^{w1}——换乘边 a 上的步行时间;

l_a——换乘边长度即步行距离;

V_w——步行速度。

当出行者步行至换乘节点,但需要等候下一班公共交通车辆到站时,候车时间为 t_a^{w2}。该候车时间需要考虑车辆的班次和发车间隔等因素,一般将常规公交/轨道交通的候车时间简化为常数,如历史平均等待时间或发车间隔的一半。共享单车的寻车时间 t_a^{f} 则需要结合单车投放规模确定,也可根据历史寻车时间的经验值确定。相关计算公式如下:

$$t_a^{t} = t_a^{w1} + t_a^{w2} \text{ 或 } t_a^{t} = t_a^{w1} + t_a^{f} \tag{6-16}$$

$$T_a^{t} = \theta_t^{t} t_a^{t} \tag{6-17}$$

式中 T_a^{t}——换乘边 a 上换乘时间的等价货币费用;

θ_t^{t}——将换乘时间转化为用货币衡量的时间价值。

由于换乘过程中的候车时间和寻车时间存在一定的不确定性,因此,其时间价值 θ_t^{t} 也与行驶边上的在车时间的时间价值 θ_t 有所不同。

2) 货币费用 P_a^{t}

换乘边 a 上的货币费用 P_a^{t} 主要为换乘时所需支付的公共交通的票价费用以及共享单车的租赁费用。

3) 心理排斥 M_a^{t}

换乘过程通常需要步行,会消耗体力,且存在车辆延误、无共享单车可用等不确定性,因此出行者需要承担一定的不确定性成本。对此,出行者会产生额外的心理排斥,也可将其称为换乘惩罚。它不包含换乘的时间和费用,只是一种因换乘而引起的纯粹的心理负担。这种心理排斥与舒适度损耗属于一种类型,其费用与换乘时间密切相关。换乘越顺利,所用时间越少,出行者心理感知费用就越小。因此,参照舒适度损耗的计算,将心理排斥成本用以下出行时间的函数表示:

$$M_a^{t} = mot^{t} \cdot t_a^{t} \tag{6-18}$$

式中 M_a^{t}——换乘边 a 上心理排斥的等价货币费用;

mot^{t}——单位时间心理排斥货币费用。

6.4.2.3 上、下网边费用函数

上、下网边的广义费用包含时间和货币费用,而舒适度损耗较小,故可忽略不计。

1. 时间成本

1) 上网时间的等价货币费用 T_a^u

与换乘边类似,上网边的时间组成与上网后选择的交通方式有关。当选择私家车出行时,上网时间 t_a^u 须考虑步行至停车场的时间 t_a^{w1}。当选择私有自行车出行时,上网时间成本可忽略不计。当乘坐公共交通和出租车/网约车时,上网时间 t_a^u 主要包含步行时间 t_a^{w1} 和候车时间 t_a^{w2},候车时间取值可为发车间隔的一半。当选择共享单车出行时,主要包含步行时间 t_a^{w1} 和寻车时间 t_a^f。

$$\left.\begin{aligned} & t_a^{w1}=\frac{l_a^u}{V_w} \\ & t_a^u=t_a^{w1} \text{ 或 } t_a^u=t_a^{w1}+t_a^{w2} \text{ 或 } t_a^u=t_a^{w1}+t_a^f \\ & T_a^u=\theta_t^t t_a^u \end{aligned}\right\} \tag{6-19}$$

式中 t_a^{w1}——上网边 a 上的步行时间;

l_a^u——上网边长度即步行距离;

V_w——步行速度;

T_a^u——上网边 a 上网时间的等价货币费用。

由于上网时间组成与换乘时间类似,因此采用相同的时间价值 θ_t^t。

2) 下网时间的等价货币费用 T_a^d

下网时间 t_a^d 仅考虑步行时间,可通过从下网节点到目的地的步行距离与步行速度计算得出:

$$t_a^d=\frac{l_a^d}{V_w} \tag{6-20}$$

$$T_a^d=\theta_t^t t_a^d \tag{6-21}$$

式中 t_a^d——下网边 a 上的步行时间;

l_a^d——下网边长度即步行距离;

V_w——步行速度;

T_a^d——下网边 a 下网时间的等价货币费用。

2. 货币费用

1) 上网货币费用 P_a^u

与换乘边类似,上网边 a 上的货币费用 P_a^u 主要为上网时所需支付的公共交通的票价费用以及共享单车的租赁费用。

2) 下网货币费用 P_a^d

下网时不包含货币费用,即 $P_a^d=0$。

建立各类边各广义费用组成因素的计算方法,并统一为货币形式,通过线性加权求和即可得出各出行模式路径的广义出行费用函数。此外,还需要考虑出行路径早到和迟到的惩罚值 T_p,该值为早到/迟到时间的函数,当早于规定时间到达时,早到惩罚系数为 σ;当迟于规定时间到达时,迟到惩罚系数为 τ。出行路径的广义费用为各路段费用和早到/迟到惩罚值之和,如式(6-22)所示。

$$C_{m,k}^{w}=\sum_{a}\delta_{ak}c_{a}^{i}+T_{p} \tag{6-22}$$

式中 $C_{m,k}^{w}$——OD 对 w 间使用出行模式 m 第 k 条路径的广义费用;

δ_{ak}——0-1 变量,如果路径 k 经过路段 a,则为 1,否则为 0;

c_{a}^{i}——路段 a 的广义费用,i 代表边的类型,i = c 代表小汽车行驶边,i = b 代表常规公交行驶边,i = r 代表轨道交通行驶边,i = Bi 代表自行车行驶边,i = t 代表换乘边,i = u 代表上网边,i = d 代表下网边。

其中,各路段费用 c_{a}^{i} 为各影响因素货币费用的加权,如式(6-23)所示:

$$c_{a}^{i}=\lambda_{T}T_{a}^{i}+\lambda_{P}P_{a}^{i}+\lambda_{S}S_{a}^{i}+\lambda_{M}M_{a}^{i} \tag{6-23}$$

式中 T_{a}^{i}、P_{a}^{i}、S_{a}^{i}、M_{a}^{i}——路段 a 的时间费用、货币费用、舒适度损耗和心理排斥;

λ_{T}、λ_{P}、λ_{S}、λ_{M}——对应的各个权重,且 $\lambda_{T}+\lambda_{P}+\lambda_{S}+\lambda_{M}=1$。

6.4.3 组合出行模式选择模型

组合出行模式选择模型的实质是出行模式和路径的组合选择模型,其基础是有效路径搜索算法生成各出行模式的有效路径集,并计算各路径-出行模式的广义出行费用。引用巢式 Logit 模型描述出行者对不同出行模式及路径选择的偏好,从而可计算各出行模式中出行超路径上的客流量。

参考已有的出行方式选择模型方法,结合居民出行在信息环境下已经形成的地图导航习惯,将居民出行模式的选择限定在图 6-10 所示的双层模型范围内。图 6-10 涵盖了所有可行的交通模式组合,对于任何 OD 对,在选择模型的上层,出行者可以选择私家车、出租车、自行车、公共交通或是小汽车与公共交通的组合。上层中的各个模式分别对应着下层中多个模式组合。例如,对于选择私家车的出行者来说,在下层决策层中,可以选择自驾或与人合乘。对于选择公共交通的出行者来说,在下层决策层中,可以选择乘坐轨道交通、常规公交或是在轨道交通和常规公交之间换乘。其中,利用自行车接驳公共交通时,也是以公共交通方式为主导,所以将其与上层公共交通模式相对应。

巢式 Logit 模型可描述出行者对不同出行模式及路径选择的偏好,其基于随机效用理论,故假设出行者对不同出行模式的效用值为一个随机变量,且服从 Gumbel 分布。而各出行模式的效用值可以通过一个线性组合方式计算得到,其中包括时间、费用等基础属性。该模型将出行者的选择行为视为对不同出行模式效用值的比较,主要用于预测出行者在不同出行模式之间的选择概率。

与传统 Logit 模型不同,巢式 Logit 模型能够考虑不同出行模式之间的相关性,即考虑到出行模式的“家族关系”。出行模式被划分为不同的“巢”,每个巢包含具有类似属性的出行模式。个体在选择出行模式时,首先在巢中做出选择,然后再从所选巢中选择具体的出行模式。这种

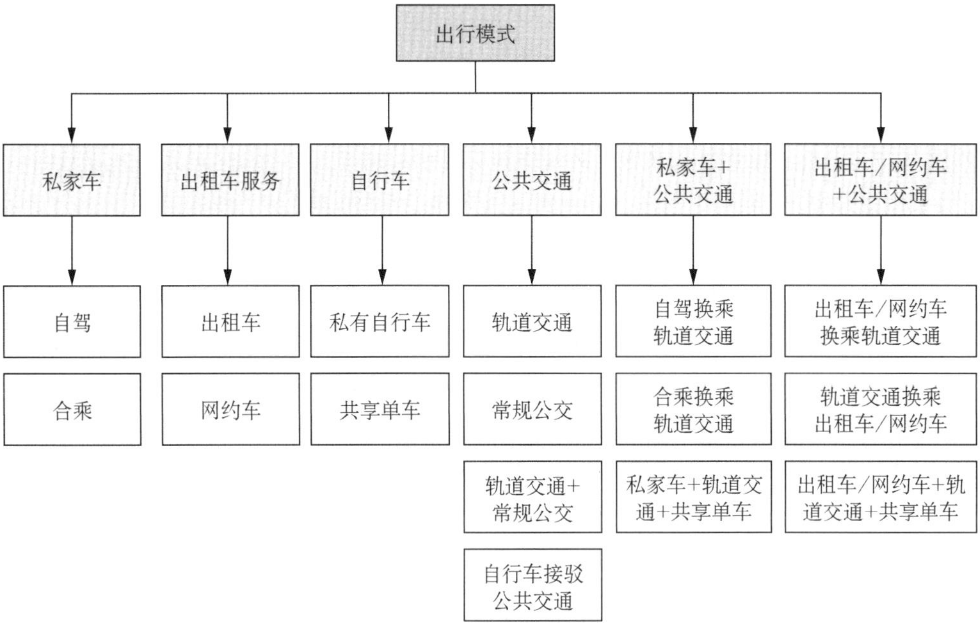

图 6-10　双层出行模式选择模型

方法能够考虑到不同出行模式之间的相互作用和竞争关系,提高了模型的准确性和可解释性。

在多模式超级网络中,出行者的选择包含上层出行模式的选择以及下层子模式及路径选择。在该嵌套模型中,下层费用决定上层费用,上层的选择效用为其下层的合成效用(logsum)。

在 t 时刻出发时 OD 对 w 之间各出行模式选择概率 $P_{m,t}^{w}$ 计算如下:

$$P_{m,t}^{w}=\frac{h_{m,t}^{w}}{q_{t}^{w}}=\frac{\mathrm{e}^{-(\alpha^{m}+\beta_{1}\mu_{m,t}^{w})}}{\sum_{m}\mathrm{e}^{-(\alpha^{m}+\beta_{1}\mu_{m,t}^{w})}} \tag{6-24}$$

式中　$h_{m,t}^{w}$——在 t 时刻出发时 OD 对 w 之间出行模式 m 的流量;

q_{t}^{w}——在 t 时刻出发时 OD 对 w 之间的所有流量;

$\mu_{m,t}^{w}$——在 t 时刻出发时 OD 对 w 之间使用出行模式 m 的均衡费用;

α^{m}, β_{1}——嵌套模型中出行模式选择层的参数,反映了嵌套结构内备选方案与其他备选方案的可替代程度。

而在 t 时刻出发时 OD 对 w 之间出行模式 m 中选择子模式 $g(m)$ 内路径的选择概率 $P_{m,g(m),t}^{w}$ 计算如下:

$$P_{m,g(m),t}^{w}=\frac{h_{m,g(m),t}^{w}}{h_{m,t}^{w}}=\frac{\mathrm{e}^{-\left[\alpha^{g(m)}+\beta_{2}\mu_{m,g(m),t}^{w}\right]}}{\sum_{g(m)}\mathrm{e}^{-\left[\alpha^{g(m)}+\beta_{2}\mu_{m,g(m),t}^{w}\right]}} \tag{6-25}$$

式中　$h_{m,g(m),t}^{w}$——在 t 时刻出发时 OD 对 w 之间出行模式 m 中子模式 $g(m)$ 内的路径流量;

$\mu^{w}_{m,\ g(m),\ t}$——在 t 时刻出发时 OD 对 w 之间使用出行模式 m 中子模式 $g(m)$ 内路径的均衡费用；

$\alpha^{g(m)}$，β_2——嵌套模型中出行子模式路径选择层的参数，含义与 α^m 和 β_1 类似。

其中，$\mu^{w}_{m,\ t}$ 为出行模式 m 的均衡费用，而对于某一出行模式，可能包含多个子模式和多条出行路径，因此，出行模式的均衡费用表示为各子模式内路径均衡费用的合成效用形式：

$$\mu^{w}_{m,\ t}=-\frac{1}{\beta_2}\ln\sum_{g(m)}\mathrm{e}^{-\left[\alpha^{g(m)}+\beta_2\mu^{w}_{m,\ g(m),\ t}\right]} \tag{6-26}$$

根据以上步骤，可输出各出行模式路径的客流量，并可据此计算出各路径的车流量。这些车流量数据将作为动态网络加载模型的输入数据。DNL 模型可将小汽车和公交车辆动态加载到网络上进行模拟，并动态更新交通网络状况，进而计算出网络中各个路段的流量、速度和出行时间等运行指标，以便更新各路径广义出行费用。根据新的出行成本，又可以更新出行模式和路径选择，进而更新客流和车流量。该迭代过程可以一直进行下去，直至达到均衡状态。

6.5　组合出行动态用户均衡求解算法

应用 DNL 模型，可展现不同类型车辆形成的交通流在路网上的时间演化和空间传递过程。按照本书 6.4 节中所述步骤可得出各出行模式路径的客流量，各路径小汽车车流量为小汽车客流与车均载客数之比，而常规公交按照运行时刻表释放车辆。由此可计算出各路径上不同类型的车流量，这些车流量数据将作为 DNL 模型的输入。

DNL 模型考虑了包括轻型和重型在内的两类车辆在节点和边上的异构交通流传播。其中，第 1 类车辆为小汽车，第 2 类车辆为公共汽车和货车等。混合异构交通流基本图如图 6-11 所示，第 1 类车辆具有较大的自由流速度 μ^F、最大流量 q^c 和堵塞密度 ρ^J。DNL 模型通过对以上不同类型车辆组成的异构交通流在路段和节点上的动态演化进行模拟来估计小汽车和公交车的行驶时间。

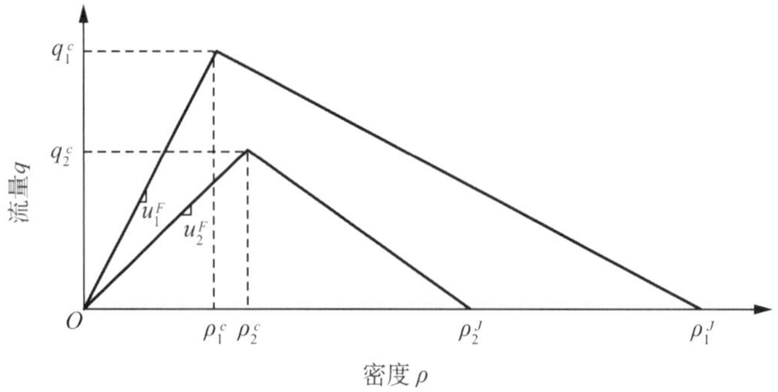

图 6-11　混合异构交通流基本图

1）路段流量传播模型

多车型交通流模型能够模拟由具有不同运行特性的车辆组成的交通流动力学。该模型将元胞传输模型推广到多类异质车辆流场景，引入了每类车的“物理空间分割”概念，即每类车的车辆所占用和用于前进的物理空间的比例。然后，计算每类车辆的“感知等效密度”，这表示将所有其他类别的车辆，基于它们所占用的空间转换为该类别时，某一类车辆感知到的等效密度。在每个加载时间间隔内，车辆根据由“物理空间分割”和“感知等效密度”计算出的上游需求与下游供应之间的关系以及每一类车辆的基本图特征，通过元胞完成移动。该多车型交通流模型的主要特点是封装了三种混合流态：自由流状态下，一类车辆可以超越另一类车辆；半拥堵状态下，超车受到限制；拥堵状态下，超车无法发生。

2）节点流量传播模型

节点流量传播模型基于节点上下游路段当前的交通状况来计算下一时段节点的流入量与流出量。对于节点 j，所有上游路段的集合用 $A_{\to j}$ 表示，所有下游路段的集合用 $A_{j\to}$ 表示。在 t 时刻，从上游路段 $a\in A_{\to j}$ 到下游路段 $b\in A_{j\to}$ 的转向比例用 $\varphi_{a\to b}(t)$ 表示，其中 $\sum_{b\in A_{j\to}}\varphi_{a\to b}=1$，$\forall a\in A_{\to j}$。从任意上游路段 $a\in A_{\to j}$ 到下游路段 $b\in A_{j\to}$ 的通量用 $q_{a\to b}$ 表示为

$$q_{a\to b}=\min\left\{d_a(t)\varphi_{a\to b},\ S_b(t)\frac{d_a(t)\varphi_{a\to b}}{\sum_{a\in A_{\to j}}d_a(t)\varphi_{a\to b}}\right\} \tag{6-27}$$

式中 $d_a(t)$——t 时刻路段 a 的需求；

$S_b(t)$——t 时刻路段 b 的供给。

上述路段和节点流量传播模型的实现如图 6-12 所示，其中箭头表示如何在路段内以及在不同路段之间通过节点移动不同类别的车辆。

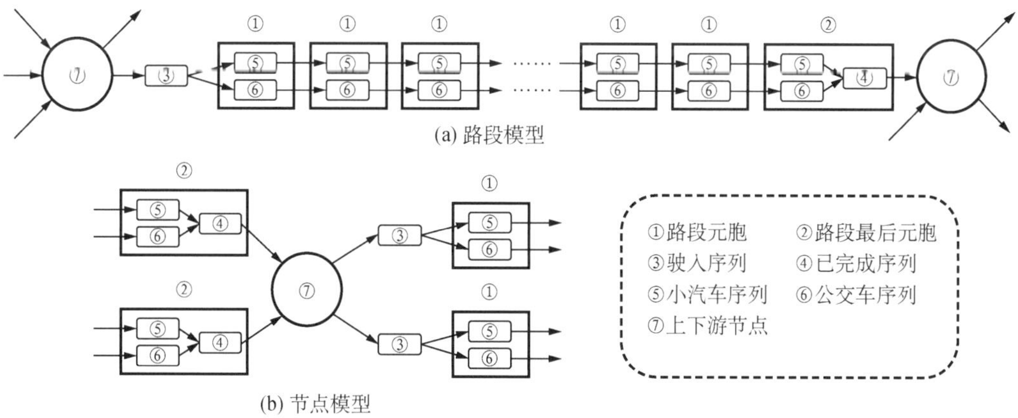

图 6-12　路段和节点流量传播模型

组合出行动态用户均衡问题可转化为一个变分不等式问题。求解变分不等式模型的算法有一般迭代法、可行方向法、投影算法等。经典的连续平均法（Method of Successive Averages，MSA）属于迭代算法，易于编程实现，在保证精度的前提下具有良好的收敛性，应用较为广泛。MSA 的基本思想是利用逐步逼近的方法求解变分不等式，通过不断调整迭代点来逐渐达到收敛。该算法首先确定初始点 x^n，使得 $y^n=F(x^n)$，然后进行迭代，在满足精度要求

后，停止运算。主要迭代公式为 $x^{n+1}=x^n+\lambda^n(y^n-x^n)$，其中，$n$ 为迭代次数，λ^n 为第 n 次迭代步长，其大小会影响收敛速度的快慢，一般取 $\lambda^n=1/n$。具体算法步骤如下。

(1) 初始化：给定初始点 x^0，使得 $y^0=F(x^0)$。令迭代次数 $n=0$，ε 为收敛精度。

(2) 收敛检验：计算 $|y^n-x^n|$，若 $|y^n-x^n|<\varepsilon$，则停止计算，否则转到下一步。

(3) 更新迭代：更新 $x^{n+1}=x^n+\lambda^n(y^n-x^n)$，$y^{n+1}=F(x^{n+1})$，令 $n=n+1$，转回上一步。

利用 MSA 算法，通过迭代计算可以将交通网络中的出行者流量逐步分配到不同路径上，直至达到均衡状态。其具体步骤如下。

(1) 初始化：运用本书 6.3.2 节中的 K 最短路算法确定超级网络中每个 OD 对的有效路径集合，并初始化路径客流 $\{x^n\}$，使客流需求 q 均匀地分布在每条有效路径上，令迭代次数 $n=0$，并预设收敛精度 ε。

(2) 动态网络加载：根据客流需求计算每条路径上各方式车辆需求，利用 DNL 动态网络加载模型进行仿真模拟后，结合本书 6.4.2 节所提方法，计算每条路径的广义路径费用 $\{c^n\}$。

(3) 迭代方向搜寻：基于上一步获得的广义路径费用，利用巢式 Logit 模型结合出行者的出行偏好，将客流分配到不同路径上，进而得到辅助路径客流 $\{y^n\}$。

(4) 收敛检验：当 $|y^n-x^n|<\varepsilon$ 或 n 到达规定数值时，停止计算，否则进入下一步。

(5) 更新迭代：利用 MSA 算法，根据路径客流 $\{x^n\}$ 和辅助路径客流 $\{y^n\}$ 计算第 $n+1$ 次的路径客流 $\{x^{n+1}\}$，其中，$x^{n+1}=x^n+\frac{1}{n}(y^n-x^n)$，令 $n=n+1$，返回步骤(2)。

第 7 章
城市交通需求管理的体系设计

交通需求分析是城市交通规划的基础与核心内容。城市交通规划的目的之一是保持现状与未来交通系统需求与供应的基本平衡,避免并预防交通拥堵等大城市病。新常态下城市交通系统规划的重要理念与理论建构之一是综合交通系统的供需平衡。这不仅需要提升供应端的系统服务能力,还要调节需求端的总量与结构。因此,交通需求管理成为城市交通规划的主要对策措施,而实现方法及效能计算成为城市交通理论体系构建的要点。

7.1 交通需求管理的目标与策略

7.1.1 治理交通拥堵的路径与方法

交通需求管理概念的提出和技术方法的探索,最初目标是控制道路交通拥堵。从本质上看,交通拥堵是多种"失衡"所导致的结果:不恰当的城市空间规划带来的空间失衡不仅导致出行集中在城市核心区,还可能因职住分离而造成大量长距离时段性单向出行;高峰时段机动化交通量过度集中,导致交通需求强度在时间上失衡;交通方式结构的失衡和过度依赖小汽车则导致道路资源大量被小汽车所"侵占"。当城市用地与道路网络无法持续扩容,局部甚至全体道路的交通需求量高于路网通行容量时,就会产生交通拥堵,并带来能耗、污染、安全等一系列问题,使所有交通出行者利益受损。

交通拥堵通常可分为偶发拥堵和常发拥堵。偶发拥堵通常指由于意外事故、恶劣天气、自然灾害、道路施工以及特殊活动所导致的交通拥挤现象。常发拥堵往往由高峰时段道路交通需求与供给的不平衡所致,通常与城市通勤出行直接相关,在职住分离明显的城市尤为突出。常发拥堵又使得出行者对通勤出行更为敏感,是交通需求管理最为关注的出行场景。

治理交通拥堵大致有增加交通设施供给与控制交通需求两大路径。从供给层面可采取的措施有:①加大交通基础设施建设,提升交通设施总体容量,并确保道路和各交通节点衔接良好;②提高既有信号控制设施的利用率。从需求层面可以采取的手段有:①降低机动化出行总量，鼓励个体出行向集约化出行转变；②从时间和空间上引导出行行为转变；③从规划层面推动城市功能布局转型。

1. 增加交通供给缓解交通拥堵的局限性

很多城市已经尝试通过增加交通设施供给来缓解交通拥堵，例如新建和扩建道路等。但是，以往的经验表明，增加交通设施供给的方法不仅不会缓解交通拥堵，反而还会使得交通拥堵进一步加剧。1993—2017 年，美国 GDP 排名前 100 的城市平均快速路里程增长 42%，人口增长 32%，但车公里数提升 57%，导致交通网络的年延误小时增长了 144%。基于美国公路性能和监测系统 1983 年、1993 年和 2003 年的数据，分析道路通行能力和交通拥堵之间的关系，发现增加一类道路的车道公里数并不能显著减少其他道路的拥堵，并且增加交通设施供给一段时间后，道路拥堵会逐渐恢复至原有水平。在缺乏有效管控的情况下，新建道路设施会诱发新的交通量，且道路容量对于车公里的弹性比约等于 1，这也被称为当斯定律（Downs Law）。此外，布雷斯悖论（Braess Paradox）指出，道路交通需求总是倾向于超过交通供给，导致所有旅行者的旅行时间增加、交通网络服务水平降低。当斯定律与布雷斯悖论表明，通过增加交通设施供给来缓解交通拥堵的方法并不可取，通过控制交通需求来解决交通拥堵问题逐渐成为主流观点。

一些学者从经济学角度也给出了类似解释。交通系统供需双方会出现短期的、动态的平衡，如图 7-1 所示。交通模式 F_0 是原交通系统供需平衡点。随着社会经济和人口的发展，交通活动强度变大[$D(A_0)\rightarrow D(A_1)$]，使得交通系统的平衡点从 F_0 变为 F_1，此时交通量和出行时间都增大，交通量超过原有交通设施的承受能力。若管理者增加交通供给[$J(T_0)\rightarrow J(T_1)$]，交通系统达到新的平衡点 F_2，在新平衡点，出行时间变短刺激出行量进一步增加[$D(A_1)\rightarrow D(A_2)$]；若管理者控制交通需求[$D(A_1)\rightarrow D(A_3)$]，交通系统达到新的平衡点 F_3，此时出行时间和出行量都有所下降。

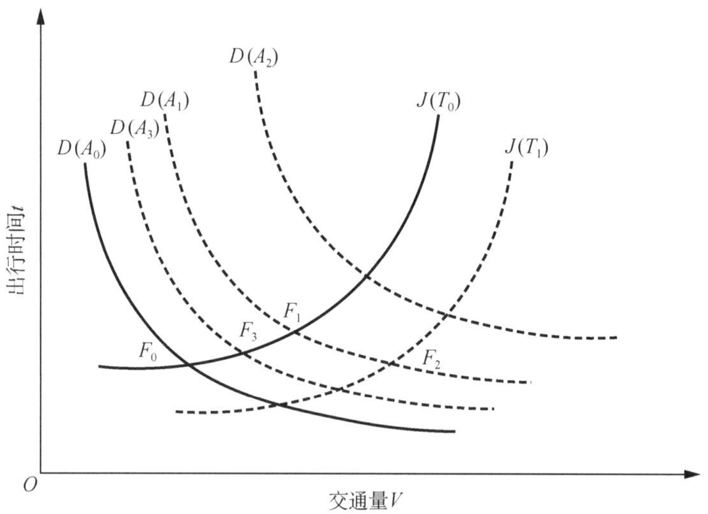

图 7-1 交通系统的需求与供给曲线示意

2. 交通需求管理的内涵

交通需求管理(TDM)的初期概念是指通过影响人们的出行行为来减少或重新分配交通需求时空分布的政策和措施,以期达到削减总体或局部需求来缓解交通拥堵的效果。加拿大维多利亚运输政策研究所将 TDM 定义为能够使运输资源得到更有效利用的战略的统称;东京都环境局认为,TDM 是要促进交通动因的更改,从而减少或者分散集中的交通量。国内一些学者认为,TDM 通过调整居民出行在方式、方向以及时段上的选择,控制交通状态欠佳区域的交通流量,从而达到提升道路运输效率的目标。交通需求管理的核心思想是在不增加现有道路设施规模的条件下,通过对需求的合理引导控制,结合对既有资源的优化利用,避免交通需求在时间和空间上过度集中,以此达到缓解拥堵的目的。从经济学角度看,交通需求管理的基本原理是通过运用交通政策、措施抑制交通需求,实现交通系统的供需平衡。

在实际应用中,各类交通需求管理措施通过调配出行者的出行选择来实现缓解拥挤的效果。在交通行为理论中,出行选择决策依赖出行效用。虽然出行效用受个人属性、家庭属性、出行特征和交通服务水平等因素的影响,但假设每位出行者最终都会选择自己认为效用最优的方式。交通需求管理正是通过一系列政策手段,通过信息传递调整不同出行方式的效用,引导出行者做出选择。常见的 TDM 策略包括公交优先、汽车合乘(ride-sharing、car-sharing、van-pooling)、拥挤收费、远程办公(telecommuting)等。

7.1.2 交通需求管理策略与实践

交通需求管理强调从时间、空间层面均衡交通出行量,利用既有设施有效满足出行者活动需求。随着互联网技术的发展以及出行定位技术精度的提升,交通需求管理的概念和手段不断丰富。

土地利用是城市交通需求的根源所在,合理的用地规划与空间关系可以从源头上控制交通需求量。例如,以公交为导向的发展模式(TOD)在缓解城市路网交通拥堵方面有着巨大的潜力。TOD 的本质是通过用地与交通的配合,鼓励出行者从私家车转向公共交通或慢行交通方式,并缩短出行的长度。此外,针对交通出行中的“方式选择”和“路径选择”这两个阶段,可制定调控交通需求和路网交通流分布的方法。根据策略与实施效果预期,交通需求管理策略可分为强制性和非强制性两类,见表 7-1。

表 7-1 交通需求管理策略的思路和效果

出行环节	交通需求管理策略思路	交通需求管理策略效果
交通生成	管理 TOD 模式	非强制性
方式选择	增加/鼓励多样化的交通方式	非强制性
路径选择	机动车使用管理、拥挤收费	强制性+非强制性

1. 强制性交通需求管理策略

强制性交通需求管理是指运用限制出行、增加出行费用等惩罚性手段,改变人们的出行行为来控制和调节道路网上的交通量。最常见的强制性措施有控制小汽车拥有、以通行许可调控出行时空分布等行政调控手段，以及停车及通行费等内化出行外部成本、交易通行权等经济调控手段。

1）行政调控

以上海为代表的中国特大城市通过固定数量的牌照拍卖、“摇号”或二者混合的方式，控制小汽车的新增量与总拥有量，也可通过号牌限行控制特定时段和特定区域道路网上的交通出行量。表7-2展示了中国主要城市所实施的交通需求行政性管理措施。尽管此类强制性措施可立即生效并释放出强烈的政策信号，但长期来看，效果会下降，并产生公平性问题。限行限号等措施本质上没有促进道路资源的充分利用，对于拥挤区域或路段缺乏需求调节的针对性。

表7-2 中国主要城市以行政调控为手段的交通需求管理措施

城市	拥有管制	使用管理
北京	车牌摇号（车牌类型及数量、参与人资格、中签率等）	牌号限行（本地车尾号限行、外牌车高峰区域限行等）
上海	车牌拍卖（沪C特殊牌照相关政策、出价规则调整、价格变化等）	牌号限行（外牌车高架高峰限行，沪C车牌区域限行等）、停车政策
广州	车牌摇号、车牌竞价	牌号限行（外牌车高峰限行及区域限行等）
深圳	车牌摇号、车牌竞价	牌号限行（外牌车高峰限行等）、停车费用管理措施（停车分区政策设计、费用水平管理等）
天津	车牌摇号、车牌竞价	牌号限行（本地车尾号限行、外牌车区域高峰限行等）
杭州	车牌摇号、车牌竞价	牌号限行（外牌车高峰区域限行、西湖风景区周末限行等）

2）经济调控

从经济学角度来看，可将城市道路视为由政府向社会提供的公共产品。在非拥挤的状态下，社会边际成本为零，城市道路具有非排他性和非竞争性两大公共产品的基本特征；在拥挤状态下，城市道路将不再具有非竞争性特征，道路使用者的时间成本会显著增加，此时，城市道路成为社会边际成本不断增大的“有排他性的公共产品”。当城市道路可以被当作公共产品时，交通拥堵的经济学本质可以抽象为供求关系问题。在完全竞争的市场中，供给曲线等价于边际成本曲线。由于交通拥堵会产生负外部性，包括额外的延误与排放等，社会边际成本曲线高于私人边际成本曲线，且二者之间的差距会随着拥堵的加剧而增大，如图7-2所示。图中曲线D表示个人边际收益和社会边际收益；曲线MSC表示社会边际成本，曲线MC表示个人边际成本。在自由市场条件下，曲线MC与曲线D的相交点A处对应的车流量为Q，社会边际成本高于

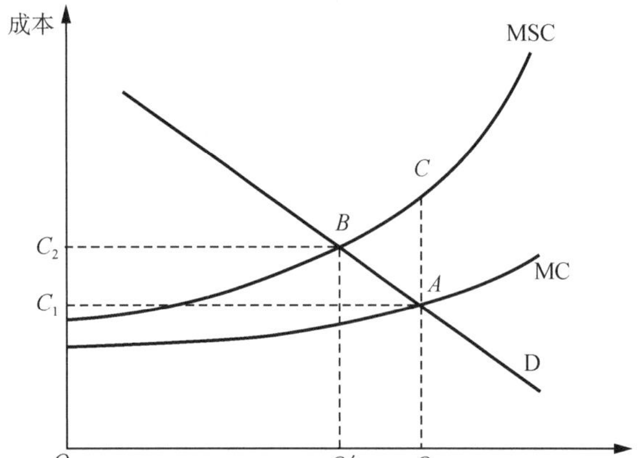

图7-2 从边际成本的角度理解交通拥堵成因

社会边际收益，因此，C 点为低效率均衡点。当 C 点移动至 B 点时，社会边际收益与社会边际成本相等，此时的车流量下降为 Q'，这是理论上达到帕累托最优(Pareto optimality)的通行量。

根据图7-2，英国福利经济学家庇古(Arthur Cecil Pigou)提出了最早的拥挤收费理论：当对道路使用者征收($C_2 - C_1$)的拥堵费时，市场的新均衡点将出现在点 B，这一过程削减的车流量为($Q - Q'$)。由于交通服务的价格可以干预交通参与者的行为，很多运输经济学家认为，包括拥挤收费和停车收费在内的价格杠杆是减少交通拥堵及外部性因素的有效手段。

拥挤收费是被研究和应用最多的交通需求管理方法。已实施的道路拥挤收费有两种：一种是基于区域的拥挤收费，即对进出某一区域的车辆收费，新加坡、伦敦、斯德哥尔摩和纽约先后实施了拥挤收费方案，对管控城市核心区的交通拥堵起到了一定的作用；另一种是基于通道的拥挤收费，即对使用拥挤道路或交通瓶颈道路的车辆实施收费，包括桥梁和隧道的收费以及动态 HOV 车道收费。已经实施拥挤收费措施的城市均在一段时间内取得了正向效果，证明出行者的行为是可以调节的。

尽管经济调控方法具有一定效果，但仍带来了一些边界性问题和公平性问题。边界性问题主要表现在时间和空间的界定及合理性方面：人们为了躲避收费会更早出发或者更迟出发，导致拥堵时间段会延长；拥挤收费区域边界流量可能增加，从而形成新的拥堵区域。针对所有人群一致性的公平式收费机制在获得公众支持方面一直面临挑战，而设计定价机制的复杂性和不确定性也阻碍了政策制定者实施预期效果可控的拥挤定价方案。既有的经验还表明，强制性的 TDM 策略的效果会随时间而逐渐降低。

2. 非强制性交通需求管理策略

为减少强制性交通需求管理策略带来的负面影响，以主动交通需求管理(ATDM)为主要方向的非强制性策略逐渐成为热点。ATDM 策略是一系列交通管理策略的总称(表7-3)，包括主动需求管理(Active Demand Management, ADM)策略、主动交通管理(Active Traffic Management, ATM)策略和主动停车管理(Active Parking Management, APM)策略。主动交通需求管理利用大数据实时分析交通状况，运用交通仿真技术评估不同策略的实施效果，使系统管理者能够根据评估结果并采取实时应对措施，最大限度地维持甚至改善现有交通系统的运行状况，达到减少交通拥堵、降低交通对驾驶人员影响的目标。

表7-3 主动交通需求管理的策略

主动需求管理	主动交通管理	主动停车管理
共享交通	车道功能动态调整	停车费动态定价
按需出行	速度引导	共享停车位
拥挤收费	延误信息预报	时变停车路径引导
交通信息发布	匝道自适应控制	停车位信息播报

主动交通需求管理将目标拓展至改善行车安全、鼓励绿色可持续出行方式，从而达到降低交通排放、提高交通系统运行效率的目的。它强调在信息化条件下，管理者通过透明公开的奖惩措施，让被管理者在有选择的情况下达成合作。由于 ATDM 策略强调自愿性，因此更受公众欢迎。

主动交通需求管理与先进的交通信息系统(Advanced Traveler Information System, ATIS)的差

异在于管理出行需求的个体针对性上。二者的技术基础均是通过多源数据处理与融合获得路网实时交通状况信息,并将其呈现给出行者,期望出行者躲避拥堵来缓解交通压力。但 ATIS 是将信息给予所有出行者,然后让使用者自己判断。不同人群对同样信息的响应不同,导致了结果具有不可预测性与不可控性。这种"被动的(passive)"的交通管理方式使得交通主管部门很难对一种策略的最终实施效果做到"成竹在胸",甚至可能引发新的拥挤,或造成一些道路无法被充分利用。正因如此,所有的导航地图虽能向所有驾车者显示路网实际交通状态,但并不能管理网络上的交通拥堵。

ATDM 的理念则不同。ATDM 期望基于全局网络,针对不同出行群体,考虑每个出行者的出发时间选择(departure time choice)、路径选择(route choice)、模式选择(mode choice)等对路网产生的边际成本影响,引导出行者做出最有利的决策。换言之,通过提供选择信息,并比较多种出行决策的成本与效益,来引导出行者改变习惯的行为与方式,进而实现"削峰填谷",均衡网络交通流量。这种信息的呈现与决策支持面向个体,用户基于自身情况做出选择后,系统会实时更新交通状况。部分使用者出行习惯的改变能使整个交通系统的状态向系统最优(system optimal)方向改进。既有研究与城市实践表明,只要 ATDM 的策略能影响 10% 的出行者,路网的交通拥堵状况就能得到明显改善,而 20% 出行者的配合在大部分情况下就能使交通拥堵完全消失。

ATDM 实质上是通过更具针对性的信息有效传递,促使系统中的出行者一起合作,实现系统最优与用户最优的统一。出发时间选择、路径选择以及各种决策所带来的行程时间、可靠性、拥挤收费等成本变化,或系统给予的奖励、油耗减少、温室气体排放量降低等收益,都会影响出行者的出行行为。ATDM 以主动推送信息来影响出行者的出行决策,比如其出发前的交通状况预报(pre-trip alert),行驶过程中的交通状况提示(enroute alert),或是交管部门推送给出行者的信息提示(agency alert)等;通过面向不同用户群体,在出行前和出行中影响他们的出行行为,达到在时间、空间上均衡交通出行需求的目的。

从长期来看,ATDM 的功效往往高于传统的 TDM,且更有利于参与者改变出行习惯,共同造就系统层面的供需平衡。以往根据经济学价格弹性原理所制定的拥挤收费、收费道路、停车收费等政策,均为通过提高使用成本的方式来管理交通需求,可称之为"大棒(惩罚性)"政策,很难获得广泛认可。而较为成功的主动交通需求管理案例是基于奖励的交通管理策略(incentive based approach),系统通过对"服从管理"的出行者予以金钱或礼品卡奖励,鼓励出行者选择或保持可持续出行方案。

ATDM 的具体策略还包括鼓励出行者减少不必要的出行,以及改变出行时间、出行路径或出行方式等。表 7-4 汇总了一些经典 ATDM 项目的内容及实施效果。

表 7-4 经典 ATDM 项目的内容及实施效果

实施角度	内容及效果
错峰出行	在印度班加罗尔开展的 INSTANT 项目,每天根据用户的到达时间向其奖励积分,在每周结束时,累积的积分可以换为金钱奖励,奖励金额在 500～12 000 卢布不等(通过抽奖机制支付)。结果表明,每位通勤者在早晨的平均通勤时间从 71 min 降至 54 min;上午 9 点前到达的通勤者人数约翻了一番

(续表)

实施角度	内容及效果
错峰出行+出行路径改变	美国加利福尼亚州洛杉矶实施了 Metropia 系统(可预测未来交通状况,应用专有路由算法为不同出发时间寻找与时间相关的最短路径,根据用户请求为汽车旅行者提供多个出发时间和路线选择),并对改变高峰出行行为的人给予积分奖励(可兑换物品)。为期 10 周的实验结果表明,用户在 35%的行程中都会调整出发时间和路线,改变了出行行为的用户的出行时间减少了 20%
交通方式改变	荷兰的 Spitsmijden 项目,若出行者在高峰时段改变了所使用的交通工具,则符合条件的人将得到奖励。该项目实施后,高峰交通量减少了 60%
交通方式改变	波兰克拉科夫的 ELE-Bus 系统为公众提供了实时按需的公交服务,在 6 个月内吸引的从小汽车转向公交车的乘客数量增加了 6 倍,高峰时段道路网上的交通量有效降低
交通方式改变	斯坦福大学的研究团队开发了 CAPRI 平台,并采取激励措施,鼓励美国加利福尼亚州圣克拉拉的居民在非高峰时段选择步行或骑自行车通勤。具体的激励措施是:①非高峰通勤每次获得 10 分奖励;②若选择步行/骑行通勤,则根据通勤时长奖励积分(特殊奖励日可获得 3 倍积分)。实施结果表明,早高峰的通勤量下降了 8.7%,晚高峰的通勤量下降了 5.5%,CAPRI 项目覆盖的人群表现出明显的错峰出行的行为改变

鼓励错峰出行同样有利于缓解交通拥挤,甚至可以扩展为弹性的工作时间、地点选择。出行者的出发时间决策受居家工作天数、日程灵活性等因素,以及性别、收入、年龄、教育水平、工作类型、家庭结构等社会经济属性的影响。环境变量也是影响出行者决策的重要因素,比如恶劣天气会影响出发时间和方式选择。此外,出行者所能获取的实时信息、出行反馈、出行激励额度也是促使其做出行为调整的重要因素。

然而,随着时间的推移,人们出行行为改变对奖励的敏感性会逐渐降低,激励措施不一定能导致出行行为的永久性改变。因此,需要从个体层面探究出行者出行偏好以及其他外部因素对其出行行为改变的具体影响机理。如何基于个体连续的出行观测数据,挖掘影响个体出行选择的关键因素,以及如何根据出行者差异设计有针对性的 ATDM 策略,是交通需求管理面临的新挑战。

7.2 交通需求管理的数据基础与方法

7.2.1 信息化环境下出行需求变化

互联网的普及改变了人们的生活、工作和出行方式,相应地,出行需求结构也发生了巨大变化如表 7-5 所列。

表 7-5 信息化对交通出行供需模式的影响

信息化下的场景	需求分析	出行阶段的角度				
		出行的产生	目的地选择	时间选择	路径选择	方式选择
网上购物	A, B	★				

（续表）

信息化下的场景	需求分析	出行阶段的角度				
		出行的产生	目的地选择	时间选择	路径选择	方式选择
网络医疗	C，B	★				
线上教育	C，B	★				
网上购票	A，B	★		★		
居家办公	C，B	★				
网络会议	C，B	★				
出行信息服务	D，B		★	★	★	★
预约出租车	D			★	★	★
预约快车	D			★	★	★
定制公交	D			★	★	★
顺风车	D			★	★	★
代驾	D			★		
分时租赁	D			★		
网约车位	D	★	★	★		

注：A—客货运的转化；B—出行需求降低；C—出行链结构变化；D—影响交通时空均衡；★—有影响。

1. 出行与需求变化

互联网对出行需求的影响，体现在通勤、购物、休闲、医疗以及教育等各个方面：消除了一部分移动需求，如在家上班之于通勤；转移了一部分移动需求，如网购物品的物流移动替代购物出行；同时诱增了一部分移动需求，如城市物流配送。在公共交通乘行环境持续改善与自动驾驶时代，移动互联网的普及甚至可能使得移动过程的时间成本发生变化。

（1）通勤。网络时代的来临，促使工作模式发生转变。对于以第三产业为主导的大城市和特大城市而言，网络办公场景对上班族有着极大的吸引力，它降低了因工作或者会议产生的交通出行需求，减少了上班族的出行成本，在一定程度上缓解了交通拥挤问题。新冠疫情加快了这个进程，也证明了这种工作模式的长期可能性。这种场所与网络混合的工作模式，更为工作者提供了出行时间段调节的选择，如错峰上班等。

（2）购物。电商及各类 App 的涌现给手机用户带来了巨大的便利，网购成为人们购物的主要方式。网购对出行的主要作用和影响至少有替代、补充、修正等效应，在城市范围内，主要体现为城市物流需求的迅速增加。网购对实体商业的部分替代，不仅改变了城市交通需求的空间分布，在方式结构上还导致了大量电动二轮车的增加。

（3）医疗与教育。互联网为远程医疗、远程教育带来了巨大的发展可能，这将降低因此产生的时间、空间非常集中的出行需求，为解决城市交通拥堵问题提供了新的思路。

2. “互联网+交通”供给及服务模式改变

互联网催生了一大批交通服务新模式，这些新模式不仅提高了供给的精准度，还提升了既有设施的供应能力。

（1）互联网 + 停车。许多城市已实现停车库与路侧停车位的实时管理。通过停车预约能减少寻找车位的无效交通量，准确到每个街区的停车供给量和停车价格信息也对引导、管理驾车者的行为产生作用，是主动交通需求管理的实施手段之一。

(2) 网络预约出租车与网络租赁自行车。网约车服务本质上是在信息条件下实现了供需双方的动态匹配，提升了被服务者的感受度、便利度与确定性，但客观上也增加了出行者利用个体交通工具出行的比例，增加了道路网络的负荷。如何通过出行位置、时间的信息化来提高运输服务组织的效率，是发挥网约车、网络租赁自行车正向效用的关键。同样，各类分时租赁也有类似的目标与问题。

7.2.2 基于大数据的出行需求挖掘技术

随着大数据技术进步，出行者需求的产生机理、演化规律可以被进一步挖掘，由此出现了需求分析的新方法、新技术、新流程和新思维。本节介绍较为成熟且已经获得广泛应用的共性技术。

1. 基于车辆轨迹的出行信息提取技术

车辆时空轨迹数据通常包括车辆标识、时间戳、经纬度坐标、瞬时速度、行驶方向、车辆运行或载客状态等信息。车辆轨迹数据使大规模出行信息提取成为可能。首先需要解决的问题是如何根据停留与出行片段提取驻点并识别出行。

按时间正序排列车辆轨迹，则可得到由停留和出行交替组成的片段序列。将最终超过某阈值的待定停留视作驻点片段，其余视作出行片段。由此可判断出行的起讫点和出行 OD。以上海新能源车轨迹为数据源，分别选取 15 min、20 min、25 min 和 30 min 作为停留时间阈值来切割出行，不同时间阈值车辆出行行程时间的分布曲线如图 7-3 所示，以 25 min 作为阈值切割出行，停留片段和出行片段的示意图如图 7-4 所示。不同城市切割出行的时间阈值并不完全相同，这反映了其与城市规模、出行规律相关的机动车出行时间差异。

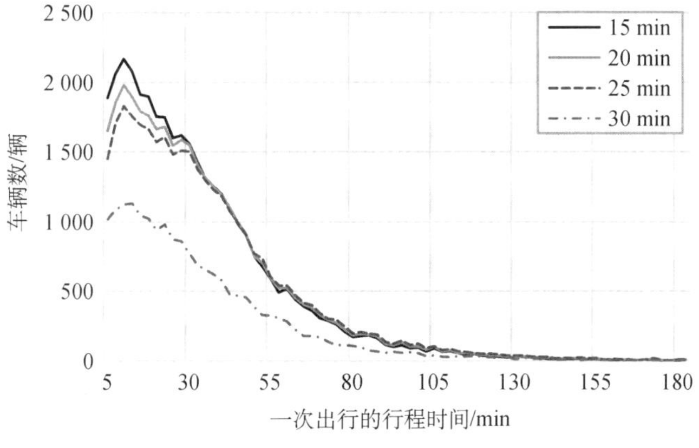

图 7-3 不同时间阈值下各次出行的行程时间分布曲线

2. 城市人口居住地和工作地判别技术

城市居住、就业岗位的密度及分布是表征城市经济结构、区域活动强度最基础的指标，同时也是交通需求预测最重要的输入数据。居住-就业岗位混合度与平衡范围，对城市交通需求

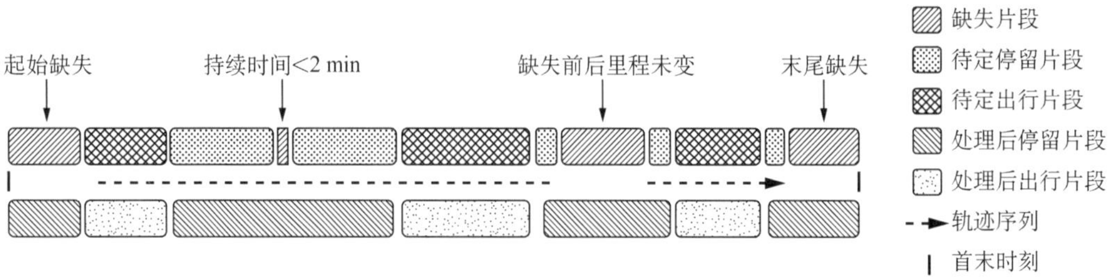

图 7-4 停留片段与出行片段识别的示意

总量与方式结构都有显著影响。

利用多日手机信令数据，通常是一个月以上手机信令所呈现的空间分布规律，可以判断每个手机所代表个体的居住地和就业地。其基本原理是手机能够记录一天的活动轨迹，夜晚时段高频率出现的地点通常为居住地，而白天规律性停留的地点通常为工作地。由于手机已经非常普及，所能获得的居住、工作地点以及进一步挖掘得到的通勤与非通勤出行样本，数量已经远高于传统入户调查所能获得的出行分布样本量。利用手机信令数据识别居住、工作地点及通勤交通空间分布，计算城市居住人口数量及空间分布，估计特定时段城市高强度活动地点等，均已广泛应用于城市交通需求模型建立与需求预测。

除利用手机信令判别职、住位置，利用家用小汽车多日活动轨迹，可以更加准确地判断工作地与居住地。在此基础上，还可以基于车辆轨迹判断出行类型，据此推断出行目的。

居住地识别可采用以下三个指标。

指标 1：停留点的日均停留时长（记为$\overline{T}_d$，单位：min），大于 3 h。

指标 2：停留点的开始停留时刻和结束停留时刻不在同一天的停留次数（记为 $N_{overnight}$）。

指标 3：停留点在工作日出现的天数（记为 $N_{weekday}$）。

设计逐层筛选法来识别车辆使用者的居住地，具体步骤如图 7-5 所示。

在居住地识别的基础上，将工作日至少停留一次的地点作为工作地备选点，并增加停留时间指标。

指标 4：停留点在工作日的平均停留时长（记为$\overline{T}_{weekday}$，单位：h）。

$$\overline{T}_{weekday}=\frac{T_{weekday}}{N_{weekday}} \tag{7-1}$$

式中，$T_{weekday}$ 表示停留点在工作日的总停留时长，单位为 h。

设定指标 3 和指标 4 的阈值，同样采用逐步筛选法来识别工作地，如图 7-6 所示。

以上海家用小汽车轨迹数据分析为例，可识别出 99.85% 的居住地和 52.44% 的工作地。部分车辆的使用者有 2 个工作地，与大样本统计的误差在 10% 以内。

3. 出行路径识别技术

出行路径识别问题可针对不同交通方式有着不同的研究需求与应用。

对于超大规模轨道网络，乘客路径识别不仅是定价、票务清分的依据，也是轨道配流的支撑。由于轨道各线路拥有独立的位置区码（Location Area Code, LAC），站点配有独立基站为站

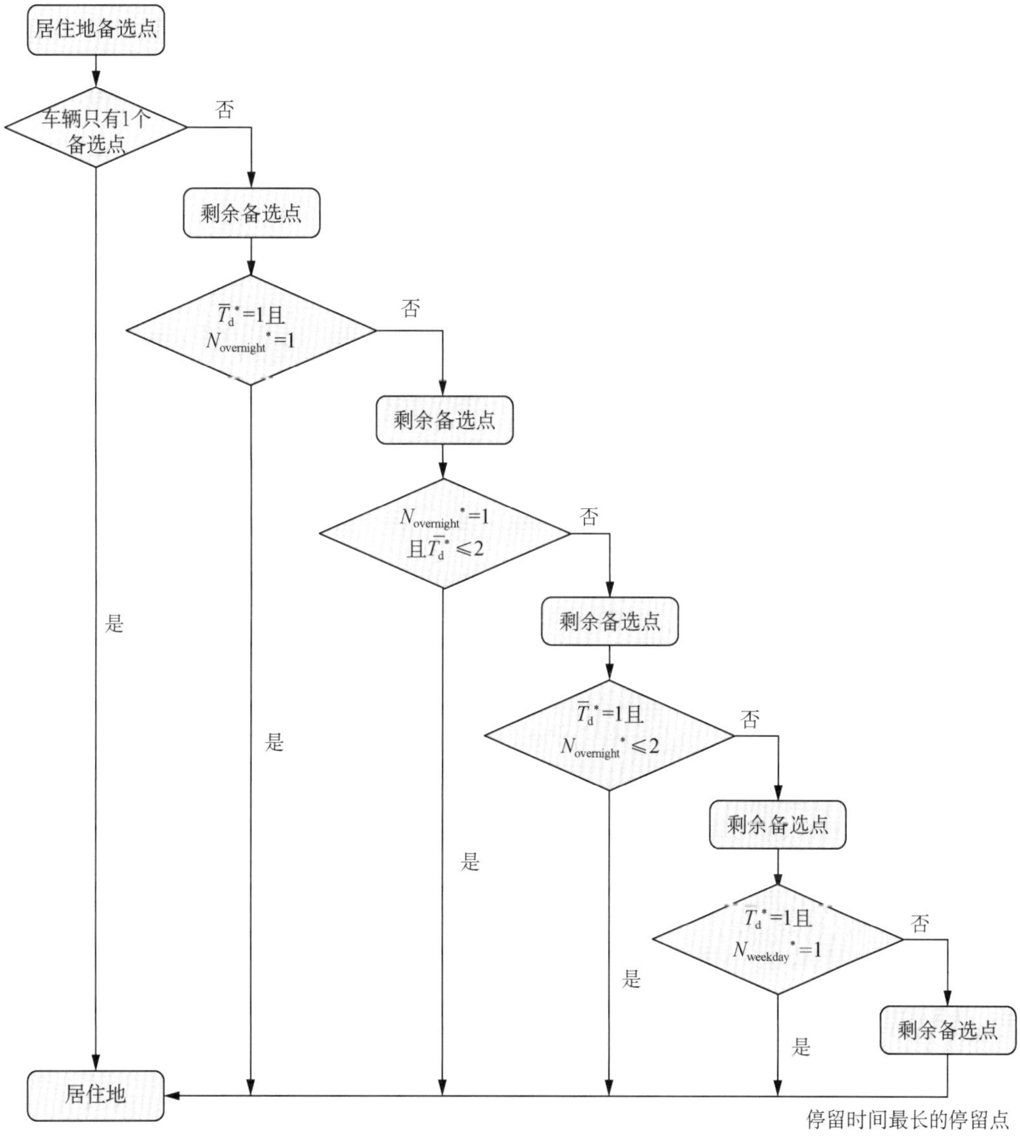

图 7-5 识别居住地方法流程

内乘客提供通信服务，根据移动定位信息跨越 LAC 更新位置信息的规则，可追踪用户的出行路径，预判潜在的拥堵发生点。

针对出行需求管理，更需要掌握的是小汽车出行的路径及路径选择要素。首先需要将车辆一次出行过程中连续移动位置匹配到地图上，并与路网条件与运行状况相关联。地图匹配是基于车辆行驶轨迹点提取其路径信息的重要技术手段，具体而言，是将一系列有序的车辆 GPS 定位点映射到道路网络中，通过路网匹配算法找出 GPS 定位点在道路网络中真实位置的过程。轨迹与地图匹配精度取决于采样间隔、定位精度与数据处理技术等，重点是解决计算效率。

常见的地图匹配算法有基于几何信息的算法、基于拓扑信息的算法和基于概率计算的算

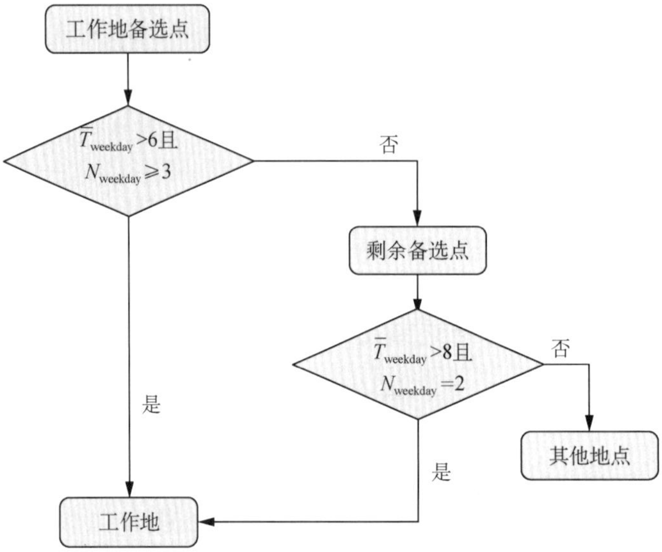

图 7-6 识别工作地方法流程

法三类，表 7-6 给出了这些算法的基本内容及优缺点。

表 7-6 常用地图匹配算法及其优缺点

算法	基本内容	优点	缺点
基于几何信息的算法	利用道路形状对 GPS 定位点以及定位点形成的轨迹进行匹配，算法中不考虑道路的连通性。具体有以下三种：点到点的匹配算法、点到线的匹配算法以及线到线的匹配算法	在简单的路网中匹配速度快，效果较好	当 GPS 定位点投影到两条及两条以上的候选道路的投影距离相等时，匹配的位置点会出现摇摆不定的情况，算法的匹配率会降低
基于拓扑信息的算法	将 GPS 定位点及道路网络的连通性纳入考虑范围，即当前 GPS 定位点的候选路段一定与上一时刻选出的路段相连。该算法对道路网络的结构要求比较高，需要路网的拓扑结构完整	比较适用于 GPS 定位点采样频率较高的情景，由此路段的连通性才能发挥作用，算法的匹配率才能提升	对道路网络的准确度要求很高；对采样频率低（>30 s）的情况，相邻时刻的两个 GPS 定位点之间可能是跨路段的，匹配过程会出现跳跃
基于概率计算的算法	误差区域：车辆导航系统中的 GPS 接收器根据获取到的车辆位置信息，对 GPS 数据设置的一个置信区域。由于车辆一定是在道路上行驶的，需要调整误差区域的大小确保 GPS 定位点至少有一条候选路段。 当误差区域包含多条候选路段时，可以利用车辆的速度、道路的限速值、道路方向与行驶方向是否一致等信息，确定 GPS 定位点匹配的路段	减少了候选路段的数量，可以提高算法匹配的运行效率	对 GPS 定位点和路网精度要求高，当 GPS 定位点偏差太大或者 GPS 定位点定位到复杂路段时，匹配率会大幅降低，匹配效果不理想

在建筑物密度高和交通繁忙的区域，借助模糊理论、传感器集成、数据过滤器等技术能够

改善地图匹配结果。当车辆轨迹点采样间隔较大时,可采用卡尔曼滤波等方法进行轨迹平滑处理。面向不同的应用场景,在线或离线地图匹配有不同的效率与精度要求以及数据处理与数据存储方法。

4. 出行环境建模技术

出行者的出行方式选择与路径选择行为会受建成环境的影响,通常用兴趣面(Area of Interest, AOI)数据和土地利用数据来表征。兴趣面数据可从各类电子地图的基础地理数据库中获取。相比于使用兴趣点(Point of Interest, POI)数据,利用 AOI 数据可以更准确地捕捉和反映出行个体在某一区域内的活动情况。对于土地利用数据,可将用地现状图进行矢量化处理,从而实现土地利用信息的可计算化。

针对小汽车使用的需求管理,还需要关注路况和潜在可选择路径的出行成本。图 7-7 是利用高德地图 API“静态地图”服务获取历史实时路况的采集方法流程。以每 15 min 一次的频率采集每条路段的路况。

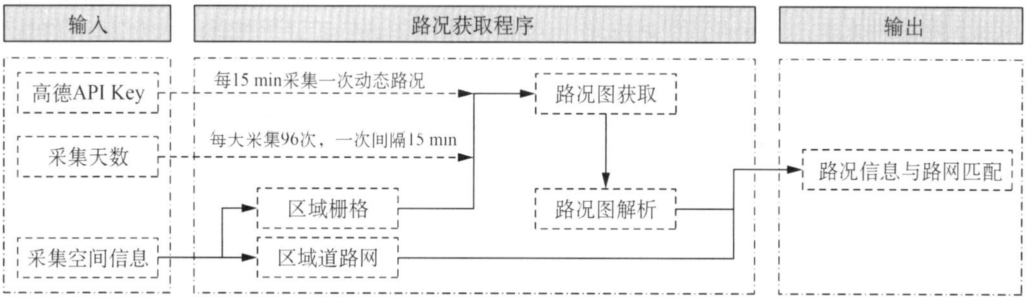

图 7-7　动态路况采集方法流程

潜在路径是指在给定 OD 点的情况下,除用户实际使用的真实路径之外,其他可能被选择的路径。基于地图商提供的“路径规划”功能,可针对每辆车的真实出行路径计算潜在路径,包括以下可能情景:①行程时间最短;②躲避拥堵,可能包含收费高速、免费高速和快速路;③躲避收费,可能包含免费高速和快速路;④驾驶习惯或偏好,不走高速或高速优先。

7.3　大数据背景下城市交通需求管理体系框架

传统交通需求管理体系框架通过交通实验、抽样调查等方法获取交通数据,利用四阶段法预测交通需求,评估交通供给与交通需求的适应性以确定需求管理的必然性,进而选择可行的需求管理措施。基于小样本交通数据,特别是对需求管理的有效性进行评价后,制定交通需求管理政策、调控交通需求,从而影响交通系统的运行。实际上,这样的技术过程很难实施,一方面,长期政策很难预估效果,如土地利用优化;另一方面,短期措施缺乏数据支持,如拥堵收费的人群响应。

在大数据背景下,基于“四阶段”预测逻辑的需求管理,其量化影响与效益计算方法发生了改变，基于传统调查数据推演的数学模型向基于大数据深度学习的出行效用指标计算转变，还可以通过大量数据的分析，建立特定场景-特定人群-需求干预措施-需求管理效果的快速闭环分析方法及系统，面向目标与效果选择政策工具，并分析作用规律。

7.3.1 大数据环境下交通需求管理的新技术

依托大数据调节交通需求，并指导城市交通网络动态运行及管控，需要一系列数据处理与挖掘技术作为支撑。本节将介绍应用较为广泛的两种新技术：深度学习技术和多智能体仿真技术。

深度学习的概念源于人工神经网络的研究。含多隐层的多层感知器就是一种深度学习结构。深度学习通过组合低层特征形成更加抽象的高层表示属性类别或特征，以发现数据的分布式特征表示。例如，利用深度学习技术分析城市交通实时流量及上下游、邻近路口流量的关联，对城市交通流进行短时预测，从而调整信号灯配时，缩短车辆等待时间，由此提升城市道路的运行效率。基于人工智能应用，可实现融合城市级道路通行车辆的实时轨迹信息、停车场车辆信息以及街区的停车信息、城市人口流动等信息，预测交通流量变化和车位数变化，实现机场、火车站、汽车站、商圈的大规模交通协同调度，提高城市交通网络的利用率与运行效率。

Agent 概念源于人工智能领域。多智能体系统或多智能体技术是分布式人工智能(Distributed Artificial Intelligence, DAI)的一个重要分支，其目的在于解决大型、复杂的现实问题。自 20 世纪 90 年代以来，随着网络技术、通信技术的发展，Agent 技术也成为解决复杂城市交通问题的新兴技术方向。Agent 具有以下基本特性。

① 自治能力(autonomy)：在没有其他人或 Agent 直接干预的情况下，可以控制自身行为和内部状态的能力；

② 社交能力(social ability)：能借助某种通信语言与其他 Agent 或者环境进行交互；

③ 反应能力(reactivity)：能感知所处的环境，并做出及时恰当的反应，进而改变环境；

④ 主动性(pro-activeness)：不仅可以对所处的环境做出反应，而且能采取面向目标的行为。

多智能体系统(Multi-Agent System, MAS)由两个或两个以上 Agent 组成。由于在同一个多智能体系统中各 Agent 可以是异构的，这为各种实际系统提供了一种统一的模型，也为各种实际系统的研究提供了一种统一的框架，该系统具有自主性、分布性、协调性，并具有自组织能力、学习能力和推理能力。采用多智能体系统解决实际应用问题，还具有很强的鲁棒性、可靠性与求解效率。

相较于传统的建模方法，复杂系统多智能体建模方法能够更好地表征交通系统的复杂性、适应性；采用自下而上的模拟方法，注重对系统中个体行为的模拟，更接近现实；可以考察不确定条件下的出行者决策特征。Agent 技术在交通领域中的应用越来越广泛，包括区域交通控制、分布式智能决策等领域。一方面，利用多智能体系统的思想将复杂交通系统进行任务分解，形成由多个 Agent 组成的系统，然后通过各个 Agent 的交互、协商共同完成复杂系统的任务,以达到系统效益的最优,可用于区域控制、诱导系统等;另一方面是对交通行为个体进行建模,进而模拟网络交通流,以信念、愿望、意图(Belief-Desire-Intention, BDI)模型为代表。在对交通个体行为进行分析时,通常会结合微观交通仿真工具来驱动 Agent 模型。Agent 技术的引入,可以有效提高仿真系统的真实性和可靠性,从而更好地为研究者提供有价值的数据和良好的仿真环境,有望在交通需求管理政策、措施的效果预评估等方面发挥支持作用。

7.3.2 大数据与信息化背景下的交通需求管理政策制定思路

1. 大数据背景下的交通需求管理体系框架

传统交通需求管理体系框架如图 7-8 所示。一方面,通过交通实验、抽样调查的方法获取交通数据,运用四阶段法预测交通需求,以指导规划、建设、运行;另一方面,基于小样本个体交通出行数据制定交通需求管理政策,调控交通需求,从而影响交通运行状况。

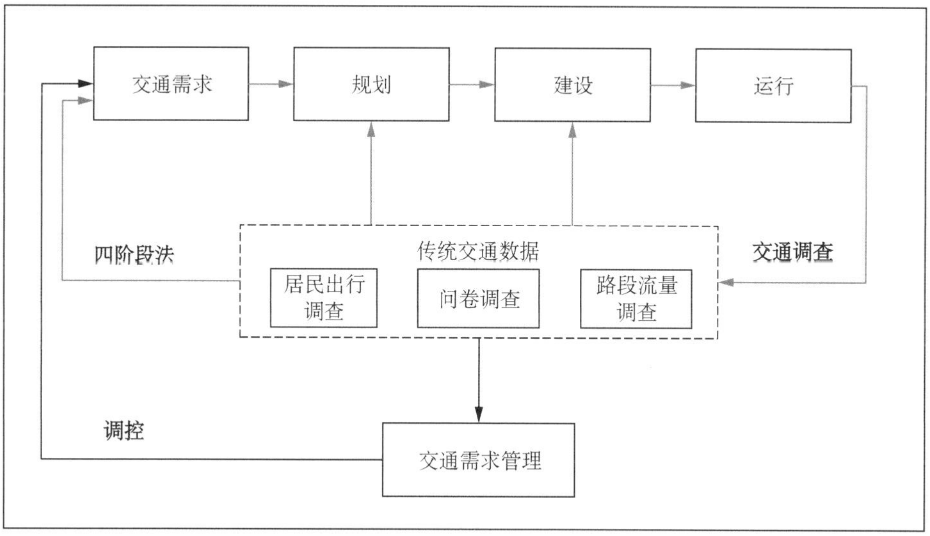

图 7-8 传统交通需求管理体系框架

大数据为交通需求管理提供了实施路径、动态评估与及时调整的技术。大数据条件下的交通需求管理体系如图 7-9 所示。基于多模式交通网络的运行状态,收集动态交通数据,借助多智能体仿真、深度学习等技术实现多方式交通需求预测,从而指导不同交通子系统的规划与建设,实现多层次多模式交通网络的协同构建与交互运行。另外,利用交通大数据进行多层次交通网络评价,为交通需求管理政策的制定和预评估提供支撑,实现多方式交通需求的动态调整。

2. 大数据背景下的交通需求管理策略制定

交通需求管理的理念与技术框架虽已提出多年,但由于交通需求管理的政策与措施选择既要基于系统实际运行状态,还要预估用户对政策与措施的行为响应,在缺乏动态、精细的数

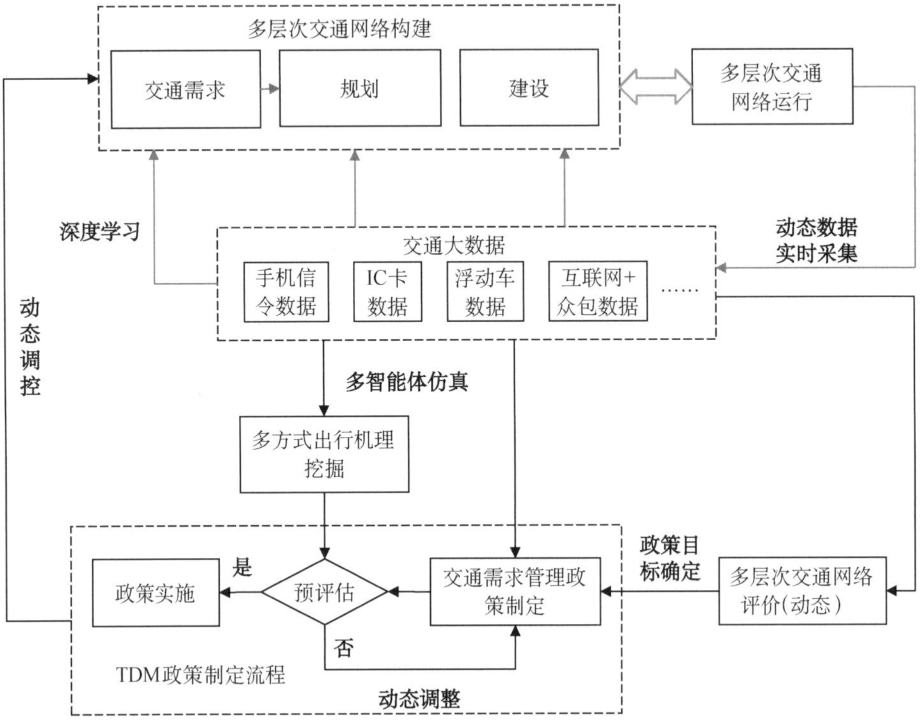

图 7-9　大数据条件下的交通需求管理体系框架

据采集以及系统实时评估能力的支持下,很难得以实施。大数据与信息化环境则提供了上述条件。如图 7-10 所示,大数据支撑下的交通需求管理体系的核心思想是充分融合大数据与信息化手段,准确感知海量多源且去隐私的个体出行信息;通过对海量数据所反映的出行行为进行分析,以及对出行机理的挖掘,可对交通系统的供需平衡状况进行客观评价,发现网络运行的瓶颈点;同时,还可通过对数据的深度挖掘,掌握出行属性(刚性需求、弹性需求、生活需求等)与出行特征(出行总量、出行时间、出行方式、路径选择等),进而针对各项出行特征对交通需求进行引导、干预、控制,不仅可以形成精准化的需求管理政策,还能基于大数据对政策进行多维度评价。

从城市交通需求产生的机理和交通时空波动情况来看,可以判断人的出行活动具有一定的弹性和可塑性,即出行具有可调性,其具体程度由出行者属性与出行活动属性共同决定。前者指出行者的性别、年龄、职业等,后者指出行起讫点、出行目的、出行时间、选择路径等。交通需求管理政策制定的主要出发点就是利用出行的这一特性,针对交通出行的不同维度以及具有不同属性的出行者,制定合适的需求管理策略,达到对出行者的出行行为进行更有针对性的差别化干预和引导的目的,从而更好地实现交通供需在空间与时间上的平衡。具体来讲,可以通过研究制定交通需求管理政策,从四个维度(表 7-7)分五个步骤对出行行为进行干预和引导。

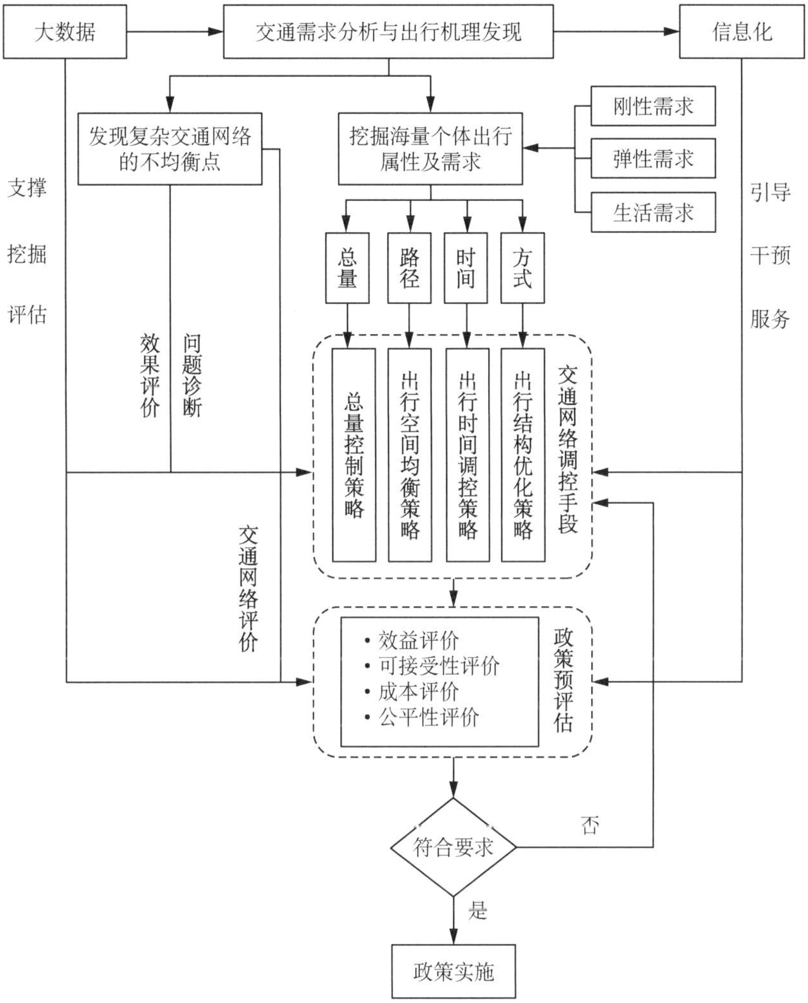

图 7-10 大数据支撑下的交通需求管理政策制定思路

表 7-7 基于四维度的交通需求管理研究思路

研究维度	核心思路	具体措施
总量控制	• TOD 理念 • “互联网＋”思维	• TOD 布局规划 • 居家办公 • 在线教育 • 电话会议 • 网上购物 • 远程医疗
空间均衡	• 路径诱导 • 信息服务	• 路况信息推送 • VMS 板信息发布 • 智能化路径推荐 • 控制与诱导协同 • 区域拥堵收费

(续表)

研究维度	核心思路	具体措施
时间均衡	• 错峰出行 • 信息服务	• 弹性上下班 • 信息预测与推送 • 分时段拥堵收费
结构优化	• 公交优先 • 慢行交通发展 • 增加小汽车出行成本	• 公共交通系统优化 • 智能化调度 • HOV 政策 • 多方式交通衔接 • 小汽车摇号、限号 • 停车收费

1) 四个维度

维度一：总量控制

不同交通方式及其所依托的交通系统，对人与物的移动有着不同的承载能力。控制出行所对应的交通工具移动总量，是交通需求管理的顶层目标。从长远来看，实现城市交通需求总量控制，最根本的政策是秉持“以公共交通为导向(TOD)”的城市发展理念，对用地进行合理规划、布局和调整；更为直接的方法则是控制小汽车的拥有总量与使用，例如有些城市施行的车牌摇号、尾号限行等政策。此外，还可以充分借助“互联网＋”的普及，结合个体出行目的对出行需求进行有针对性的调控，减少或转移不必要的出行需求，例如提倡居家办公、在线教育、电话会议、网上购物、远程医疗等。

维度二：空间均衡

城市交通系统负荷不均衡是普遍现象，尽管大多数表现在道路网络，但实际上，轨道交通网络也存在此类问题。交通拥堵以及延误导致的损失，往往发生在城市某些特定区域或路段。通过路径诱导、信息推送等手段，对人、物、车辆的出行路径进行引导，使出行需求在网络空间更均衡地分布，既可以缓解交通拥挤，也有利于提高设施的有效利用。实现交通需求空间均衡策略的关键，在于对网络运行状态的实时监测和对交通信息的准确把握，这依赖于主动式信息服务技术、大数据处理与智能化学习下的路径优化决策技术以及可视化技术。具体措施包括路况信息推送、可变信息情报板信息发布、智能化路径推荐、控制与诱导协同、区域拥堵收费等。

维度三：时间均衡

同样，城市交通系统负荷的不均衡还表现在时段上。由于城市交通需求在出行目的上的最大比例是通勤，早晚出现交通出行高峰是规律性现象，因此需求管理的着力点之一便是控制高峰的强度。通过需求在时间上的均衡，如引导居民错峰错行，或通过出行前信息服务调节出发时间，可缓解高峰时段的需求强度。与交通需求的空间均衡类似，需求的时间均衡也要以网络运行状态的实时监测与出行动态感知为基础，并需要基于大数据深度挖掘的网络旅行时间短时预测技术等，为居民错峰出行提供科学准确的信息与决策支持。具体措施有弹性上下班、信息预测与推送、分时段拥堵收费等。

维度四：结构优化

结构优化是指对出行需求的交通方式或方式组合进行调节，鼓励采取集约化交通方式出行，尽量避免低乘载率的个体交通工具出行。重点是通过价格策略、激励措施等引导出行者改变出行方式，从而达到优化出行结构、提高出行共享、平衡道路资源分配、增强社会公平性的目的。关于通过出行结构优化管理交通需求的研究较多，其核心思想是提升公共交通服务水平、保障慢行交通发展、倡导公交优先与绿色出行，与此同时，增加小汽车的拥有和使用成本。代表性技术主要包括公交线网优化布局调整、多方式综合交通系统一体化、公交智能化调度技术等，所涉及的优化决策技术均需以大数据为基础，以准确感知海量个体的全过程出行链为前提，以信息化手段为支撑。具体措施主要包括公共交通系统优化、智能化调度、HOV 政策、多方式交通衔接、停车收费等。

2）五个步骤

第一步：根据现状交通系统运行评价与问题诊断，制定多维度管理目标，包括总量控制、空间均衡、时间均衡、结构优化四个维度；

第二步：根据不同维度的目标，采取相应的交通需求管理措施，并结合城市实际情况与交通系统条件形成 TDM 措施集合；

第三步：从经验与可能出发，初步筛选出与问题相对应的政策与措施；

第四步：根据交通大数据的横向综合评判，基于历史数据的纵向比较，对初步筛选出的方案在实施前进行效果预评估、比选，从而确定方案；

第五步：方案实施。在方案实施后，依据交通大数据对 TDM 策略进行动态评估，根据评估结果对交通需求管理政策及措施进行滚动调整。

7.4 基于大数据的交通需求管理政策评价流程与实例

7.4.1 交通需求管理政策的绩效评估

1. 绩效评估流程

1）实施前分析

实施前分析的目的是避免决策的盲目性。实施前的分析包括以下内容：从城市道路交通现状及规划年的交通需求、供应特征以及城市供需关系分析出发，初步确定交通需求管理策略；全面调查和分析公众对交通需求管理措施的认知及对具体措施的态度；对交通需求管理措施实施后可能有的效果进行分析预测及评价。

2）实施方案优选

实施方案优选是从所有可能的方案中找出最优方案。鉴于交通需求管理策略具有多目标、多约束的特点，一般采取两阶段法进行筛选，如图 7-11 所示。

第一阶段：交通需求管理措施的首要任务是在适度的交通建设规模下，控制交通需求总量，削减不合理的交通需求。因此，第一阶段就是要对单个交通需求管理措施的实施效果分别进行评估，并比较各措施的有效性，确定可行的城市交通需求管理措施，并对合适的交通需求管理措施进行近远期排序。

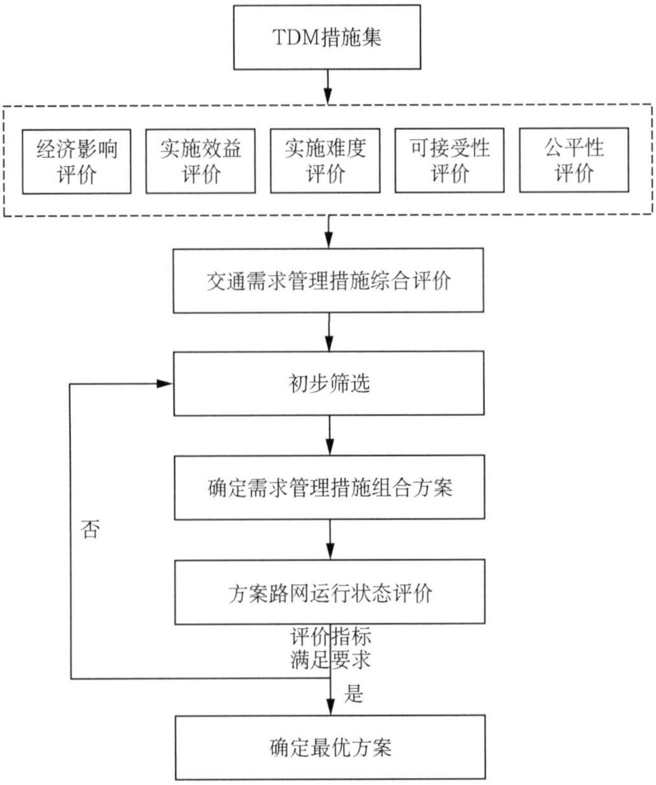

图 7-11　方案优选流程

第二阶段:每种交通需求管理措施都可以有不同的实施力度,而且某些措施组合使用会产生更好的效果。因此,在完成第一阶段评估的基础上,可对不同交通需求管理策略组合方案的实施进行模拟,即在交通流重新分布的情况下,比较交通需求管理策略组合方案实施前后交通运行质量的变化情况,找出可行的策略组合方案并通过模拟与仿真评价最终确定最优方案。

3) 实施后评估

在交通需求管理措施实施后,运用系统工程的思想方法,对交通需求管理的决策、方案和实施管理全过程的各个阶段及工作变化的成因进行全面的跟踪、调查、分析和评价,以此不断提高 TDM 策略的决策、设计和管理水平,为合理调整交通需求、提高实施效益、改进管理以及制定相关政策等提供科学依据。

2. 绩效评估的分类

有效的交通需求管理政策及措施的实施效益首先体现在交通系统服务的改善上,包括通过出行发生量减少、出行分布改变、出行结构调整、交通网络均衡等使交通拥堵状况得以缓解,如图 7-12 所示。其间接效果还包括交通安全性提升、环境污染与排放下降。交通需求管理实施对交通系统构建与运行的绩效评价在本书第 5 章中已有阐述。除了考量对交通系统本身的贡献,绩效评估还应涵盖公众的可接受性、公平性、经济可承担性等方面。

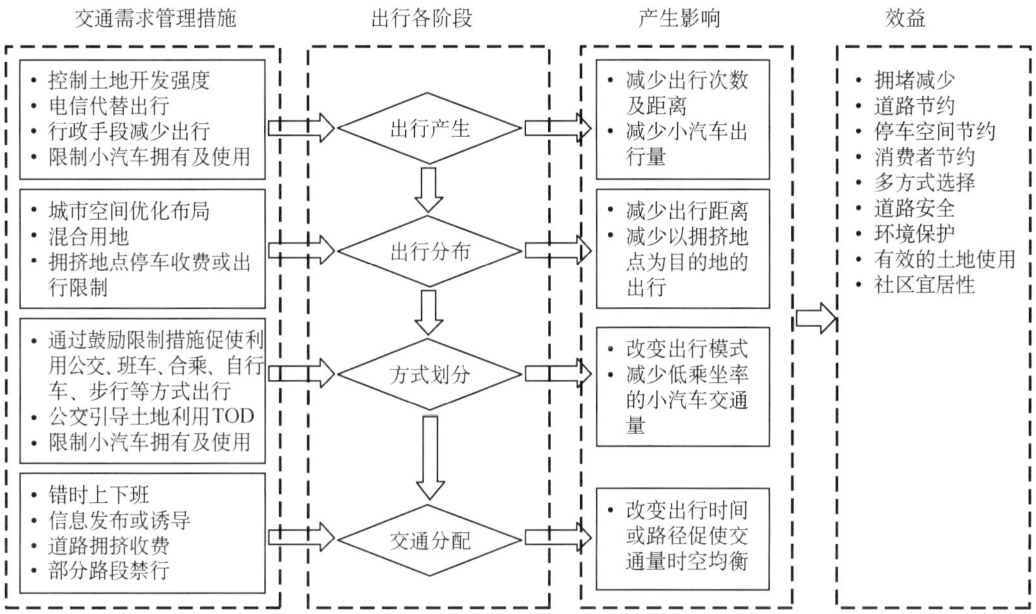

图 7-12　交通需求管理的交通效益评价框图

1）可接受性评估

交通需求管理策略主要包括公共交通优先等“正向拉动类措施”和抑制小汽车出行等“负向抑制类措施”。无论何种策略或措施，尤其是抑制类措施，如拥挤收费区域划定与定价、路内停车管理等，获得公众的共识与普遍认可是实施的基本条件。需要充分考虑不同的交通需求管理政策对不同利益群体产生的影响，从认知、态度、参与性、满意度、适应性等方面衡量 TDM 措施的可接受性。

2）公平性评估

公平性指的是资源与机会的合理分配。即使是公共交通优先等“正向拉动类措施”，不同区域、不同群体的获益程度也有显著差异，如轨道交通线路的建设。公平性评估可通过以下路径来实现：①平等对待每一个人。以获益的差异性来衡量，如不同区域可达性的改善。②用户支付应承担的费用。政策与措施是否使得获益的出行者承担相应费用，包括外部费用。精细、精准的交通需求管理应使价格更真实地反映成本，从而传递政策导向。用户实际承担费用与应承担费用的偏差越小，公平性越好。③有利于弱势群体特别是低收入人群。交通需求管理政策及措施是否通过增加方式选择及节约费用来提升弱势群体的机动性及可达性。应使低收入人群在一定程度上绝对或相对受益，或者收益大于平均水准。④改善基本出行可达性。合理的交通需求管理政策与措施应保证基本出行可达性，比如减少极端通勤出行比例，同时有利于保障紧急车辆、重要商务车辆或货运车辆等高价值出行。许多公交专用车道就提供类似服务。

3）成本评估

交通需求管理政策与措施的实施需要投入成本，包括政府的建设资金与空间资源投入、出行者成本、长期的交易及运行成本等。

7.4.2 交通需求管理政策多维综合评价方法

大城市交通需求管理政策的实施关联因素多，涉及多方利益群体，决策过程复杂，亟须研究建立一种兼顾损益的多维度综合评价方法。目前，现有交通需求管理政策评价存在局限性，仅重视道路运行情况，在能源环境影响评价、公交设施服务评价、市民意愿接受度等方面的综合评价有所欠缺。针对这些问题，本节考虑市民意愿，建立需求管理可接受度的公众参与评价指标，通过构建涵盖交通运行、能耗排放、公交设施服务、公众参与的综合评价指标体系，运用熵权 TOPSIS 方法搭建交通需求管理综合评价模型，形成“诊断评价—约束评价—综合评价”体系和闭环评价流程(图 7-13)。

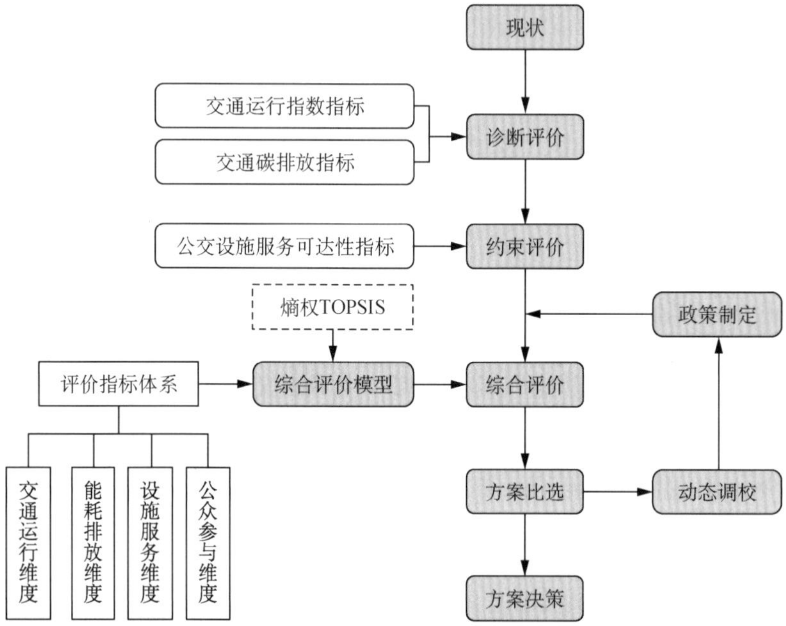

图 7-13 交通需求管理政策闭环评价流程

(1) 诊断评价。利用现状数据，评估当前状态下不同区域城市交通运行、交通能耗排放的基本情况，初步选择具有客观需求(交通拥堵较为严重、交通碳排放强度较高)的区域作为施策范围。

(2) 约束评价。评价所选定的施策区域是否具备良好的公交资源条件，能够支撑交通需求管理政策实施后小汽车的出行需求转移。

(3) 综合评价。在空间范围选择的基础上，编制不同的需求管理政策方案，利用多维综合评价模型对多个政策的有效性进行评价，为交通需求管理政策的选择、调校优化以及政策实施过程中的调整提供支持。

在“诊断评价”环节中，基于交通运行评价和能耗环境评价来支撑交通需求管理政策“实施的必要性”和“施策时空范围选择”，所选取的核心指标包括交通运行指数、交通碳排放指标。在“约束评价”环节，基于公交设施服务可达性指标评价来支撑交通需求管理政策“实施的可行性”和“施策范围内公交替代服务能力评估”。在“综合评价”环节，基于交通运行、能耗排放、公交设施服务和公众参与四个方面的评价指标构建多维综合评价模型，支撑交通需求管理政策“实施的效果”和“动态调校优化”，所选取的核心指标包括交通运行指数、车公里数、公交设施服务供给可达性、公交小汽车行程时间比、车均能耗、交通碳排放、污染物排放、市民支持度和市民接受度这九个指标。

7.4.2.1 多维评价指标体系构建

交通需求管理政策与措施的实施难点之一，在于政策启动时机、实施力度、策略选择以及实施效果评价等方面，仍然缺乏既具备系统性，又能定量化利用大数据的评价方法。

本节以通过停车收费改变出行方式结构、通过拥堵收费均衡出行资源分布这两类交通需求管理政策为例，分析实施策略的作用及影响，建立面向交通运行、能耗排放、设施服务、公众参与四个维度的评价指标体系，见表 7-8。

表 7-8 交通需求管理评价指标体系

指标维度	可选指标	指标含义
交通运行	道路交通运行指数	区域内主要道路上的道路交通运行指数
	路网平均车速/($km \cdot h^{-1}$)	区域内主要干道上机动车平均行程速度
	路网平均延误时间/s	路网内主要干道的平均延误时间
	公交分担率	城市公共交通所承担的客运周转量百分比
	方式结构比例	区域内不同交通方式的客运出行量百分比
	停车位供求比	主要区域内政策实施前后停车位供求量的比值
	车公里数/($pcu \cdot km$)	道路交通周转量
	交通流量/pcu	城市主要干道的交通流量
	主要线路高峰小时满载率	城市主要线路的高峰小时期间公交车、小汽车满载率情况
	道路路段平均饱和度	不同道路路段的交通流量与设计承载力的比值
	万车死亡率/(人・万车$^{-1}$)	一定时间和空间内，城市机动车保有量所平均的交通事故死亡人数
	十万人死亡率/(人・十万人$^{-1}$)	一定时间和空间内，城市人口数所平均的交通事故死亡人数
能耗排放	车均能耗/($kg \cdot pcu^{-1}$)	单位机动车的能量消耗量
	人均能耗/(kg・人$^{-1}$)	单位人次出行的能量消耗量
	路网交通碳排放量/t	区域内主要干道的交通碳排放量(CO_2)
	路网污染物排放前后变化量	区域内主要干道的污染物排放变化量($NO_x/CO/O_3$)
	主要道路噪声变化量	区域内主要干道的噪声变化量
设施服务	万人公交车标台数/(标台・万人$^{-1}$)	区域内每万人平均拥有的公共交通车辆的标台数
	公交站点服务面积率	区域内公交站点服务面积与城市用地面积的比例
	公交站点服务人口率	区域内公交站点服务人数与城市人口数的比例
	公交服务可达性	区域内各交通区间到达出行目的地的便利程度

(续表)

指标维度	可选指标	指标含义
设施服务	公交小汽车行程时间比	公交出行时间与小汽车出行时间的比例
	乘客公交平均换乘系数	公交一次出行过程中的平均换乘次数
	乘客公交平均出行时间/s	乘客使用公交出行的平均时长
公众参与	市民认知性	交通参与者对交通需求管理政策的认知程度
	市民意愿支持度	交通参与者对交通需求管理政策的支持程度
	市民政策参与性	市民参与交通需求管理政策的程度
	市民政策适应度	交通参与者为适应实施政策而改变以往交通行为的程度

在全面考量不同指标适应性的基础上，应避免指标数量过多而对核心指标的功能体现造成影响。在确保全面性的前提下，应注重发挥指标体系的评价功能、预测功能以及决策功能，同时兼顾不同指标的可获取性与适应性。

以拥堵收费和停车收费政策的实施为例，构建包含四个维度的交通需求管理政策评价指标体系，如图 7-14 所示，指标的适应性分析见表 7-9。在交通运行维度，所选取的指标要能反映实施区域整体道路的运行状况，故选取道路运行指数和车公里数两大指标。其中，道路运行指数从出行者角度展示政策实施前后不同层次道路交通的运行状况，车公里数则反映政策实施前后车辆行驶的总需求。在能耗排放维度，所选取的指标要能反映车辆消耗量及对环境的影响程度，故选取车均能耗、交通碳排放、污染物排放这三大指标。其中，车均能耗一方面反映交通运行情况，另一方面反映小汽车对出行环境的影响。在设施服务维度，所选取的指标要能反映交通资源公平性、公交设施服务竞争力，故选取公交服务可达性和公交小汽车行程时间比两大指标。其中，公交服务可达性是基础性指标，其作用是保证在实施需求管理策略时，公众拥有可选择的交通替代方案；公交小汽车行程时间比是从公交优先的角度体现不同政策对公交车和小汽车出行的影响程度，通过行程时间比的变化来引导公共交通的发展。在公众参与维度，所选取的指标要能反映市民对交通需求管理政策的满意程度，故选取市民意愿支持度和市民政策适应度两大指标。其中，市民意愿支持度表明市民对所实施交通需求管理政策的支持程度；市民政策适应度表明政策对市民交通出行的影响程度，即交通参与者为适应实施政策而改变以往交通行为的程度。

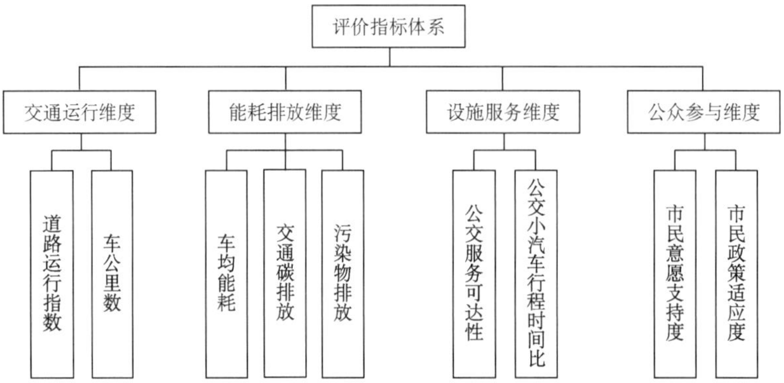

图 7-14　拥挤收费与停车收费的核心评价指标

表 7-9 拥挤收费与停车收费政策评价的指标适应性

指标维度	核心评价指标	数据来源	指标适应性
交通运行	道路运行指数	深圳市道路交通指数系统	能反映不同行政区、不同交通小区、不同道路等级的交通运行情况,指标直观易懂,从出行者角度反映交通状况
	车公里数	深圳市交通排放监测平台	能反映政策实施前后车公里变化情况,客观反映交通政策实施后的路网周转量情况
能耗排放	车均能耗	深圳市交通碳排放监测系统	能从车辆角度反映不同类型车辆的能源消耗情况,可衡量政策实施前后的车辆出行强度
	交通碳排放	深圳市交通碳排放监测系统	能从交通角度反映不同区域和不同道路的交通碳排放情况,可衡量政策实施前后的交通整体运行状况
	污染物排放	深圳市交通碳排放监测系统	能从环境角度反映不同区域和不同道路的污染物排放情况,可衡量不同政策对社会的影响程度
设施服务	公交服务可达性	基于高德地图 API 数据建模求取	能反映不同区域、特定地点到全市的公交资源分布情况,可作为政策实施的约束条件
	公交小汽车行程时间比	基于高德地图 API 数据建模求取	能反映不同区域、不同地点公交与小汽车出行的竞争性,体现公平性
公众参与	市民意愿支持度	市民意愿调查	能反映公众对实施政策的支持程度
	市民政策适应度	市民意愿调查	能反映公众对实施政策的出行行为改变意愿

7.4.2.2 基于熵权 TOPSIS 的多维综合评价模型

交通需求管理政策(如停车收费、拥堵收费等)的实施,将对城市交通网络运行产生大范围的影响,使得交通运行、能耗排放、公交可达性等发生改变。

常用的评价方法包括因子分析方法、层次分析法、德尔菲法、突变级数法、灰色关联分析法、聚类分析方法等。

因子分析方法通过对多指标数据进行维度转换,利用降维方法将多指标体系转化为较少的特征向量,从而实现综合评价。然而,因子分析方法在进行主成分特征向量提取时,不能保留全部的指标信息,且损失的信息与指标数量呈正相关。

层次分析法考虑不同的指标层级,通过确定各个层级多个指标的权重,以树状形式,最终得出综合评价结果。然而,层次分析法中的权重确定通常采用专家打分等人工方式,主观性较强。

德尔菲法,也称专家调查法,将所需解决的问题发送给若干专家征询意见,而后汇总各个专家的意见并整理获得综合意见,随后再将汇总意见反馈给专家,再次征询意见并汇总,如此反复多次,直至得到比较一致的结果。显然,该方法主观性依旧强烈。

突变级数法是综合层次分析法和模糊评价方法优点形成的一种方法。该方法将定性分析和定量分析方法相结合,利用势函数确定权重,避免人为权重选择带来的主观偏差。然而,由于势函数类型有限,突变级数一般要求评价指标的数量小于 4 个。

灰色关联分析法和聚类分析方法主要用于层次分析方法或因子分析方法的后期,独立性较差,同时在权重确定方面仍有不足。

逼近理想排序法(Technique for Order Preference by Similarity to Ideal Solution, TOPSIS)是在大数据条件下,解决多指标、综合评价较为适用的方法。它通过计算一组解决方案中各个方案与理想化目标之间的距离,对多方案进行排序来比较其优劣。TOPSIS方法中的理想化目标有两个,一个是正向理想目标(positive ideal solution)或称最优目标,另一个是负向理想目标(negative ideal solution)或称最劣目标。在一组方案中,与正向理想目标距离最近而与负向理想目标距离最远的方案被认为是最佳方案。在进行方案距离计算时,一般采用明考斯基距离(Minkowski distance)。通过对原始数据进行归一化,分别寻找目标中的最优目标和最劣目标,即理想解和负理想解,而后计算各个评价目标与理想解和负理想解之间的距离和贴近度,根据贴近度对各个评价目标进行排序。贴近度取值均在0～1之间,贴近度越贴近1,表明该目标与理想解的距离越近,反之则越远。

但TOPSIS方法也存在以下两个缺陷:①指标权重的确定。在TOPSIS方法中,指标权重一般通过层次分析法和专家打分法确定,主观性较强。②理想解距离算法。TOPSIS方法用欧氏距离法计算各个方案与理想方案之间的距离,但欧氏距离并不能完全反映各个方案的优劣,特别是在多指标情况下,与理想解欧氏距离近的方案可能与负理想解距离也近。

1. 基于熵权TOPSIS方法的需求管理评价改进

针对TOPSIS方法应用于交通需求管理评价可能存在的缺陷,引入熵权法和垂面距离测定方法构建评价模型。

1) 熵权法

熵的概念最早从物理学引入信息论。熵权法通过衡量指标数据的变异性大小来确定指标客观权重。一般而言,若指标的信息熵越小,表明指标值的变异程度越大,提供的信息量越多,在综合评价中能发挥较大的作用,其权重也应该较高。相反,指标信息熵越大,表明指标变异程度越小,信息量越少,权重应该较低。如果某项指标的值全部相等,则该指标在综合评价中不起作用。

对于 n 个样本,m 个指标,x_{ij} 为第 i 个样本的第 j 项指标值,其中,$i=1, 2, \cdots, n$; $j=1, 2, \cdots, m$。熵权法赋权步骤如下。

(1) 数据标准化

由于各个指标计量单位不统一,因此需要将指标数据进行标准化处理。同时,考虑指标的正向性(正向指标指数值越高越好的指标)和负向性(负向指标指数值越低越好的指标),对正、负向指标采取不同的算法进行标准化处理。

对于正向指标:

$$x'_{ij}=\frac{x_{ij}-\min(x_{1j}, x_{2j}, \cdots, x_{nj})}{\max(x_{1j}, \cdots, x_{nj})-\min(x_{1j}, \cdots, x_{nj})} \tag{7-2}$$

对于负向指标:

$$x'_{ij}=\frac{\max(x_{1j}, x_{2j}, \cdots, x_{nj})-x_{ij}}{\max(x_{1j}, \cdots, x_{nj})-\min(x_{1j}, \cdots, x_{nj})} \tag{7-3}$$

(2) 计算指标比重

计算第 j 项指标下第 i 个样本值占该指标的比重：

$$p_{ij}=\frac{x_{ij}}{\sum_{i=1}^{n}x_{ij}},\ i=1,\ \cdots,\ n,\ j=1,\ 2,\ \cdots,\ m \tag{7-4}$$

(3) 计算指标熵值

根据熵的定义，第 j 项指标的熵值如下：

$$e_j=-k\sum_{i=1}^{n}p_{ij}\ln(p_{ij}),\ j=1,\ 2,\ \cdots,\ m \tag{7-5}$$

其中，$k=1/\ln(n)>0$，满足 $e_j\geqslant 0$。

(4) 计算信息熵冗余度

$$d_j=1-e_j,\ j=1,\ 2,\ \cdots,\ m \tag{7-6}$$

(5) 计算各项指标权重

$$w_j=\frac{d_j}{\sum_{j=1}^{m}d_j},\ j=1,\ 2,\ \cdots,\ m \tag{7-7}$$

2) 基于垂面距离-灰色关联的贴近度计算方法

与欧氏距离算法不同，垂面距离是指在理想解和负理想解之间，以理想解与负理想解的连线为法向量，分别过这两点作两平面，将这两平面间的距离作为两个对象之间的距离度量。

以图7-15为例进行说明，A、B 分别为理想解和负理想解，X、Y 为任意两点，P、Q 是以 AB 为法向量过 X、Y 点的平面，X、Y 在直线 AB 上的投影分别为 C、D，则 X、Y 两点的垂面距离就是平面 P、Q 间的距离，即 C 和 D 之间的欧氏距离。

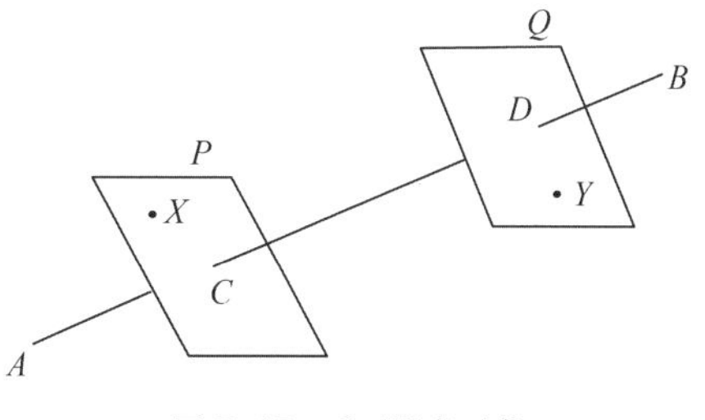

图7-15 垂面距离示意

垂面距离将各方案到理想解的欧氏距离转化为方案在正、负理想解连线上的投影到理想解的距离。这种方式更加准确地反映了方案与理想解的接近程度。

2. 熵权TOPSIS方法计算步骤

熵权TOPSIS方法可分为以下几个步骤。

1）构建多属性决策矩阵

设有 n 个评价对象（即方案），m 个评价指标，由原始数据构成多属性决策矩阵 $\mathbf{A}$。

$$\mathbf{A}=\begin{pmatrix} x_{11} & x_{12} & \cdots & x_{1m} \\ x_{21} & x_{22} & \cdots & x_{2m} \\ \vdots & \vdots & \ddots & \vdots \\ x_{n1} & x_{n2} & \cdots & x_{nm} \end{pmatrix} \tag{7-8}$$

2）构造规范化矩阵

为消除各指标不同量纲对评价模型的影响，采用标准化方法对原始指标数据进行处理，形成规范化决策矩阵 $\boldsymbol{B}$。

$$\boldsymbol{B}=\begin{pmatrix} r_{11} & r_{12} & \cdots & r_{1m} \\ r_{21} & r_{22} & \cdots & r_{2m} \\ \vdots & \vdots & \ddots & \vdots \\ r_{n1} & r_{n2} & \cdots & r_{nm} \end{pmatrix} \tag{7-9}$$

3）构造加权规范化决策矩阵

运用熵权法确定指标权重，计算第 j 项指标的熵值：

$$p_{ij}=r_{ij}/\sum_{i=1}^{n}(1+r_{ij}) \tag{7-10}$$

$$k=1/\ln(n) \tag{7-11}$$

$$e_j=-k\sum_{j=1}^{n}p_{ij}\ln p_{ij} \tag{7-12}$$

上式中 r_{ij}——第 i 个样本的第 j 项指标标准化处理后的值；

p_{ij}——第 j 项指标下第 i 个样本值占该指标的比重；

e_j——第 j 项指标的熵值。

计算第 j 项指标的权重 w_j：

$$w_j=(1-e_j)/\sum_{j=1}^{m}(1-e_j) \tag{7-13}$$

根据权指标权重 $w_j=(w_1,\ w_2,\ \cdots,\ w_j)$，建立加权规范化矩阵 $\mathbf{V}$：

$$\mathbf{V}=\begin{pmatrix} v_{11} & v_{12} & \cdots & v_{1m} \\ v_{21} & v_{22} & \cdots & v_{2m} \\ \vdots & \vdots & \ddots & \vdots \\ v_{n1} & v_{n2} & \cdots & v_{nm} \end{pmatrix} \tag{7-14}$$

其中

$$v_{ij}=w_jr_{ij},\ i=1,\ 2,\cdots n,\ j=1,\ 2,\ \cdots,\ m \tag{7-15}$$

4) 确定理想解

计算获得理想解 Z^+ 和负理想解 Z^-：

$$Z^+=\{\max v_{ij} \mid i=1,\ 2,\ \cdots,\ n\}=\{v_1^+,\ v_2^+,\ \cdots,\ v_m^+\} \tag{7-16}$$

$$Z^-=\{\min v_{ij} \mid i=1,\ 2,\ \cdots,\ n\}=\{v_1^-,\ v_2^-,\ \cdots,\ v_m^-\} \tag{7-17}$$

5) 计算距离

根据垂面距离定义，计算各个方案与理想解之间的垂面距离 D_i^+，其与正负理想解的欧氏距离 D 的差即为方案与负理想解之间的垂面距离 D_i^-。

$$D_i^-=D-D_i^+ \tag{7-18}$$

6) 计算贴近度

利用 D_i^+ 和 D_i^- 两个指标计算各方案与理想解的贴近度，作为评价方案效果的指标：

$$C_i=\frac{D_i^-}{D_i^++D_i^-} \tag{7-19}$$

式中，C_i 的值在 0～1 之间，C_i 的值越大，说明该方案的效果与理想解越接近，效果越好；C_i 的值越小，说明该方案的效果与理想解越远，效果越差。

7.4.3 交通需求管理政策评价应用案例

本节以深圳市为例，借助深圳市城市交通大数据平台 TransPaaS，获取道路运行、能耗排放等道路交通运行指标数据，基于熵权 TOPSIS 综合评价方法，可以实现不同政策方案的比选和评价。

深圳市全市面积约 1 996 km^2，实际管理人口超 2 000 万人，是一座超高密度的超大城市。深圳市的机动化出行需求持续增长，车辆密度居全国第一。自 2010 年以来，小汽车出行比例在全市机动化出行中始终维持在 40%左右，而常规公交的出行比例却不断下降，这导致全市路网高峰时段拥堵加剧。为此，提出通过特定区域拥挤收费与路内停车费用调整来管理小汽车的使用需求。

1. 深圳交通需求管理政策的公众意向、接受度与预期效果

为了解深圳市民对交通需求管理相关政策的公众意向与接受度，在全市范围内开展了交通运行经济调节对策的问卷实地调查，对公众的出行特征、意愿特征、交通方式转移特征和成本价格接受度进行了研判分析。

调查结果显示，超过 80%的被调查者对经济调节手段持支持(52%)或中立(28%)态度，反对人群仅占 20%。其中，采用公共交通及慢行通勤的人群比小汽车通勤人群更支持经济手段调节交通拥堵。各种交通方式人群中支持经济手段调节交通拥堵的比例在 45%～57%之间。

在不同家庭收入群体中，对经济调节措施的支持人群占比基本相同(图 7-16)。整体而言，中高收入群体相比低收入群体反对经济调节的声音更大。在约 20%反对经济调节措施改善交通拥堵的人群中，反对原因最多的是“加重市民负担”，占比约 36%；其次为“对缓解交通压力作用不大”的担忧，占比约 30%。

通过对影响市民出行时放弃小汽车改乘公共交通上下班的最主要因素进行调查，结果显示，

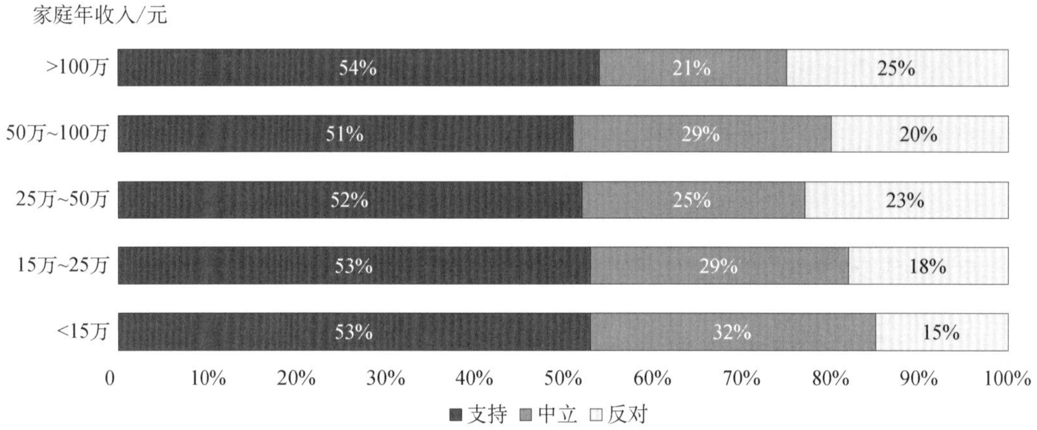

图 7-16 深圳不同家庭收入群体对需求管理政策的支持程度

“公共交通出行时间减少”“公交准点可靠”是大部分人群考虑小汽车通勤方式转移时最重要的考虑因素，占比分别为 26%和 23%；其次为“公交舒适度”，而“不会放弃小汽车”的人群占比约 22%。

调查小汽车转移的交通特征发现，若放弃小汽车通勤出行，绝大部分人群将转向公共交通，占比约 74%，转向出租车/网约车的仅占比约 17%，转向自行车/步行的占比约 7%。其他 2%。

在调查人群中，若每月小汽车使用成本增加 500 元可实现约 19%的小汽车出行方式转移；当费用增加到 1 000 元时，可实现约 46%的小汽车出行方式转移。其中，每月停车费用越低的人群，对价格越敏感。

2. “诊断评价”——确定交通需求管理政策实施范围

基于道路运行评价，初选最拥堵的中心城区高峰时段作为政策实施范围；基于排放评价研判，中心城区交通碳排放强度也最高，与交通拥堵指向的时空范围基本重合。因此，拟选取中心城区高峰时段作为政策实施范围。

3. “约束评价”——评估小汽车可替代性服务能力

深圳市中心城区交通基础设施的建设与服务水平明显优于其他区域。按照公交可达性水平划分，中心城区处于较高水平。在小汽车出行受到需求管理政策限制以后，能够为辖区市民提供可替代的公共交通服务，具备推行需求管理政策的条件。

基于高德地图 API 获取全市主要商办/活动区出发到市域其他地点的公交、小汽车出行时间，进一步分析全市主要商办/活动区域的公交小汽车出行时间比。结果显示，中心城主要商办/活动区的公交小汽车相对服务水平显著优于全市其他区域。

通过“诊断评价”和“约束评价”可知，深圳市中心城区（主要包括福田区、罗湖区、南山区）高峰时段交通拥堵、交通排放最为严重，且公交服务可达性也相对最好，因此，选择中心城区（主要包括福田区、罗湖区、南山区）高峰时段作为交通需求管理政策实施的分析范围。

4. 交通需求管理政策的情景方案设定

交通需求管理政策大致可分为购置限额、停车收费、拥堵收费、便捷轨道交通、尾号限行、公交优惠等多种类型。拥堵收费和停车收费得益于其在时空精准调节、全对象调控、可操作性等方面的优势，故交通需求管理一般从拥堵收费或停车收费政策入手。典型国家和地区交通需求管理政策见表7-10。

表7-10 典型国家和地区交通需求管理政策

国家/城市	拥有环节	使用环节	
		根本性政策	辅助政策
新加坡	车辆配额制度	拥堵收费	1. 停车收费、燃油税、附加注册费; 2. 扩展公共交通模式和服务; 3. 降低车辆购置税和拥有权税; 4. 中心区外大规模提供保障性住房等
东京	车辆自备位	高额停车费	1. 开通班车服务; 2. 设立循环巴士; 3. 错峰上下班(学)制度; 4. 设立HOV道路等
伦敦	—	拥堵收费	1. 降低公交票价、增加公交发车班次等33项政策; 2. 提供替代绕行方案; 3. 优化信号配时; 4. 建立停车控制区等

以深圳中心城区(主要包括福田区、罗湖区、南山区)未来拟采取的拥堵收费和停车收费两种交通需求管理政策为例,通过预设不同的拥堵收费、停车收费费率及两种政策组合的应用情景,测试不同政策的实施效果。

1) 单一政策——拥堵收费政策情景方案

预设了8种需求管理政策情景进行测试,见表7-11,其中包括4种固定费率,即在收费时段内在收费区域根据行车公里数以固定费率收取费用;以及4种阶梯费率,即对7:00—10:00、16:30—19:30时段征收拥堵费,其中高峰(8:00—9:00)按最高费率,高峰前后半小时(7:30—8:00、9:00—9:30)的准高峰费率折减,准高峰前后半小时(7:00—7:30、9:30—10:00)费率再折减,其余时段免费。

表7-11 测试的不同拥堵收费政策情景

编号	政策内容	参数/(元·km^{-1})
0	现状:不收费	—
1	固定费率(7:00—10:00, 16:30—19:30;其余时段免费)	3.00
2		2.60
3		1.50
4		0.60
5	阶梯费率:对7:00—10:00、16:30—19:30时段征收拥堵费,其中早高峰(8:00—9:00)按最高费率,早高峰前后半小时(7:30—8:00、9:00—9:30)的准早高峰费率折减,准早高峰前后半小时(7:00—7:30、9:30—10:00)费率再折减,其余时段免费,晚高峰同早高峰	3.00/2.60/1.50
6		2.50/2.10/1.20
7		2.00/1.70/1.00
8		1.50/1.30/0.80

注:在固定费率情况下,0.60元/km定价是参考高速公路收费标准;1.50元/km定价是扣除燃油、停车等成本后的出租车收费标准;2.60元/km定价是现行出租车收费标准;3.00元/km是综合核算基建、噪声、污染、拥堵等内外部成本后的定价。阶梯费率根据固定费率的四个等级进行制定。

2）单一政策——路外停车收费政策情景方案

通过调整景区、公园、体育场、口岸、枢纽等大型公共设施附带的停车场的费率来调节中心城区的交通流量。为简化模型在 TransPaaS 平台的计算，采用平均值（首小时 10 元，之后 3 元/小时）作为基准停车收费。在进行模型测试时，预设了 4 种不同的停车收费政策情景，见表 7-12。

表 7-12　测试的不同路外停车收费政策情景

编号	政策内容
0	现状：首小时 10 元，之后 3 元/h
1	首小时 10 元，之后 5 元/h
2	首小时 10 元，之后 4.50 元/h
3	首小时 10 元，之后 4 元/h
4	首小时 10 元，之后 3.50 元/h

3）组合政策——拥堵收费 + 路外停车收费政策情景方案

将拥堵收费政策与路外停车收费政策进行组合，形成更为系统的交通需求管理策略，进行模型测试。选择 4 种拥堵收费政策与 2 种停车收费政策进行组合，制定出 8 种政策组合情景，见表 7-13。

表 7-13　测试的组合政策情景

<table>
<tr><th>编号</th><th>拥堵收费</th><th>政策参数/（元·km^{-1}）</th><th>停车收费</th></tr>
<tr><td>0</td><td colspan="3">现状：不收拥堵费，停车费首小时 10 元，之后 3 元/小时</td></tr>
<tr><td>1</td><td rowspan="4">固定费率（7:00—19:30 征收拥堵费，其余时段免费）</td><td rowspan="2">3.00</td><td>首小时 10 元，5 元/h</td></tr>
<tr><td>2</td><td>首小时 10 元，4 元/h</td></tr>
<tr><td>3</td><td rowspan="2">1.50</td><td>首小时 10 元，5 元/h</td></tr>
<tr><td>4</td><td>首小时 10 元，4 元/h</td></tr>
<tr><td>5</td><td rowspan="4">阶梯费率：对 7:00—10:00；16:30—19:30 时段征收拥堵费，其中早高峰（8:00—9:00）按最高费率，前后半小时（7:30—8:00、9:00—9:30）的准早高峰费率折减，准早高峰前后半小时（7:00—7:30、9:30—10:00）费率再折减，其余时段免费，晚高峰同早高峰</td><td rowspan="2">3.00/2.60/1.50</td><td>首小时 10 元，5 元/h</td></tr>
<tr><td>6</td><td>首小时 10 元，4 元/h</td></tr>
<tr><td>7</td><td rowspan="2">2.00/1.70/1.00</td><td>首小时 10 元，5 元/h</td></tr>
<tr><td>8</td><td>首小时 10 元，4 元/h</td></tr>
</table>

将设定的不同需求管理政策输入 TransPaaS 平台，进行城市交通仿真运行，获取主要评价指标和评价结果。

5. “综合评价”——交通需求管理政策评价分析

除获取多维综合评价结果外，在评价过程中同样利用熵权 TOPSIS 输出交通运行、能耗排放、设施服务和公众参与四个层面的评价结果，以帮助解释不同管理政策的优劣。其中，公众参与方面的评价结果来自市民意愿调查，各项指标取施策空间范围内各项指标数据的均值进行处理。

1）单一政策——拥堵收费政策情景评价分析

不同拥堵收费政策下，各项指标数值以及运用熵权 TOPSIS 方法输出的各个指标的权重见表 7-14，交通运行、能耗排放、设施服务、公众参与等各方面评价指标数值见表 7-15，多维综合评价下的各政策贴近度如图 7-17 所示。

表 7-14 拥堵收费政策情景下各项指标权重

类别	指标	平均权重
交通运行	道路运行指数	0.165 412
	车公里/($\times 10^4$ pcu · km)	0.112 842
能耗排放	车均能耗/(L · 100 km^{-1})	0.121 118
	交通碳排放/(kg · km^{-2})	0.065 292
	污染物排放/(kg · km^{-2})	0.133 605
设施服务	公交服务可达性	—
	公交小汽车行程时间比	0.145 798
公众参与	市民意愿支持度	0.135 621
	市民政策适应度	0.120 311

表 7-15 拥堵收费政策情景下各项指标数值

指标	政策 1	政策 2	政策 3	政策 4	政策 5	政策 6	政策 7	政策 8	现状
道路运行指数	2.6	2.8	3.1	3.8	2.9	3.2	3.4	3.6	3.9
车公里/($\times 10^4$ pcu · km)	3 015	3 125	3 269	3 314	3 124	3 216	3 310	3 295	3 422
车均能耗/(L · 100 km^{-1})	7.6	8.2	9.1	9.2	7.9	8.1	8.5	8.9	9.6
交通碳排放/(kg · km^{-2})	4 125	4 216	4 301	4 562	4 216	4 315	4 597	4 625	4 897
污染物排放/(kg · km^{-2})	401	423	432	478	413	426	449	468	489
公交服务可达性	15	15	15	15	15	15	15	15	15
公交小汽车行程时间比	2.7	2.5	2	2.2	2.8	2.6	2.5	2.4	2.3
市民意愿支持度	36%	38%	42%	45%	38%	43%	45%	46%	48%
市民政策适应度	38%	22%	17%	6%	36%	25%	18%	12%	0

在拥堵收费政策中，费率强度与需求管理政策实施效果基本呈正相关关系，即收费费率越高，交通运行和能耗排放的改善情况越好。从设施服务角度来看，公交小汽车行程时间比由公交车行程时间与小汽车行程时间的比值确定，拥堵收费政策的实施使小汽车和公交车运行速度均有所提升，但公交车因其停靠上下客等原因，公交小汽车行程时间比提升并不明显。从公众参与角度来看，较高费率的政策民众支持度相对较低，但会促使民众改变其交通出行方式。就测试结果而言，政策 5(阶梯费率，3.00 元/km、2.60 元/km、1.50 元/km)的综合效果最好。

2) 单一政策——路外停车收费政策情景评价分析

不同路外停车收费政策下，各项指标数值以及运用熵权 TOPSIS 方法输出的各指标权重见表 7-16，交通运行、能耗排放、设施服务、公众参与等各方面评价指标数值见表 7-17，多维综合评价下的各政策贴近度如图 7-18 所示。

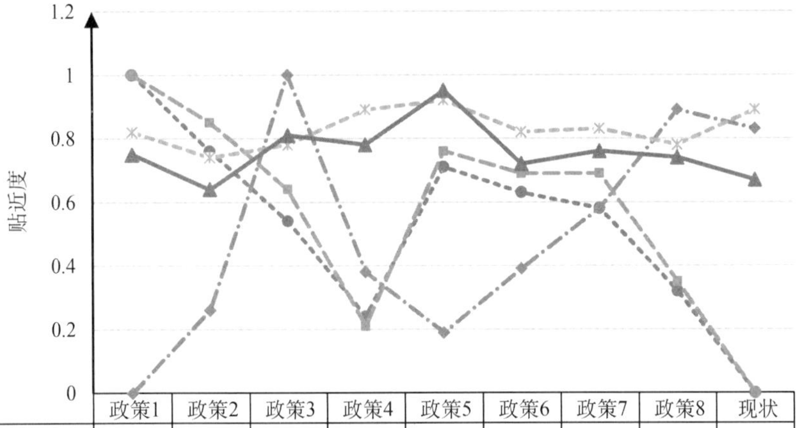

	政策1	政策2	政策3	政策4	政策5	政策6	政策7	政策8	现状
交通运行	1.00	0.76	0.54	0.24	0.71	0.63	0.58	0.32	0
能耗排放	1.00	0.85	0.64	0.21	0.76	0.69	0.69	0.35	0
设施服务	0	0.26	1.00	0.38	0.19	0.39	0.58	0.89	0.83
公众参与	0.82	0.74	0.78	0.89	0.92	0.82	0.83	0.78	0.89
综合	0.75	0.64	0.81	0.78	0.95	0.72	0.76	0.74	0.67

图 7-17 拥堵收费政策贴近度

表 7-16 路外停车收费政策情景下各项指标权重

类别	指标	平均权重
交通运行	道路运行指数	0.145 807
	车公里/($\times 10^4$ pcu · km)	0.081 678
能耗排放	车均能耗/(L · 100 km^{-1})	0.189 186
	交通碳排放/(kg · km^{-2})	0.154 925
	污染物排放/(kg · km^{-2})	0.118 25
设施服务	公交服务可达性	—
	公交小汽车行程时间比	0.113 806
公众参与	支持度	0.106 229
	适应度	0.090 119

表 7-17 路外停车收费政策情景下各项指标数值

指标	政策 1	政策 2	政策 3	政策 4	现状
道路运行指数	2.5	2.7	3.2	3.6	3.9
车公里/($\times 10^4$ pcu · km)	3 120	3 215	3 325	3 368	3 422
车均能耗(L · 100 km^{-1})	8.5	8.8	9.2	9.4	9.6
交通碳排放/(kg · km^{-2})	4 102	4 256	4 426	4 759	4 897
污染物排放/(kg · km^{-2})	401	415	435	468	489

(续表)

指标	政策 1	政策 2	政策 3	政策 4	现状
公交服务可达性	15	15	15	15	15
公交小汽车行程时间比	3.1	2.9	2.6	2.4	2.3
市民意愿支持度	36%	39%	45%	46%	48%
市民政策适应度	18%	14%	9%	6%	0

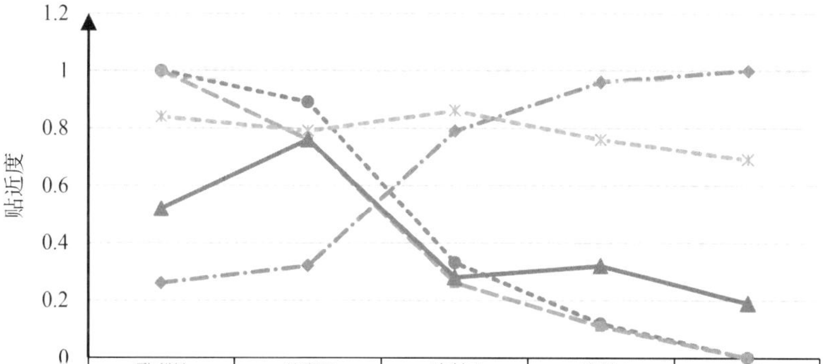

	政策1	政策2	政策3	政策4	现状
交通运行	1.00	0.89	0.33	0.12	0
能耗排放	1.00	0.76	0.26	0.11	0
设施服务	0.26	0.32	0.79	0.96	1.00
公众参与	0.84	0.79	0.86	0.76	0.69
综合	0.52	0.76	0.28	0.32	0.19

图 7-18 路外停车收费政策贴近度

相较于拥堵收费,路外停车收费对能耗排放相关指标的影响较大,即停车管理政策在改善能耗排放方面作用较大。交通运行及能耗排放的变化与政策力度基本呈正相关关系,即收费费率越高,交通运行和能耗排放的改善效果就越好。从设施服务角度来看,公交小汽车行程时间比相较于现状均有所提高,路外停车收费政策的实施导致小汽车和公交车的运行速度双提升,但由于公交车存在停靠上下客等情况,因此公交小汽车行程时间比的提升并不明显,甚至出现了下降的情况。从公众参与角度来看,较高费率的政策民众支持度相对较低,但会促使民众改变其交通出行方式。从综合评价结果来看,将基础首小时 10 元,之后 3 元/h 路外停车收费政策调整至首小时 10 元,之后 4.50 元/h(政策 2)效果最佳。

3) 组合政策——拥堵收费 + 路外停车收费政策情景评价分析

在不同拥堵收费 + 路外停车收费组合政策下,各项指标的数值以及运用熵权 TOPSIS 方法输出的各个指标的权重见表 7-18,交通运行、能耗排放、设施服务、公众参与等各方面评价指标数值见表 7-19,多维综合评价下的各政策贴近度如图 7-19 所示。

表 7-18　组合政策情景下各项指标权重

类别	指标	平均权重
交通运行	道路运行指数	0.180 488
	车公里/($\times 10^4$ pcu·km)	0.246 004
能耗排放	车均能耗/(L·100 km^{-1})	0.093 341
	交通碳排放/(kg·km^{-2})	0.106 804
	污染物排放/(kg·km^{-2})	0.082 913
设施服务	公交服务可达性	—
	公交小汽车行程时间比	0.078 003
公众参与	支持度	0.110 692
	适应度	0.101 754

表 7-19　组合政策情景下各项指标数值

指标	政策 1	政策 2	政策 3	政策 4	政策 5	政策 6	政策 7	政策 8	现状
道路运行指数	2.5	2.6	2.7	2.9	3.1	3.2	3.4	3.6	3.9
车公里/($\times 10^4$ pcu·km)	2 956	3 126	3 265	3 321	3 015	3 112	3 269	3 359	3 422
车均能耗/(L·100 km^{-1})	7.2	7.6	8.5	8.7	7.4	7.6	8.1	8.2	9.6
交通碳排放/(kg·km^{-2})	4 026	4 264	4 269	4 436	4 126	4 316	4 426	4 659	4 897
污染物排放/(kg·km^{-2})	345	378	392	421	386	403	416	436	489
公交服务可达性	15.0	15.0	15.0	15.0	15.0	15.0	15.0	15.0	15.0
公交小汽车行程时间比	3.3	3.1	3.0	2.8	3.1	3.0	3.9	2.8	2.3
市民意愿支持度	25%	32%	36%	39%	35%	36%	38%	41%	48%
市民政策适应度	34%	32%	29%	27%	31%	25%	14%	12%	0

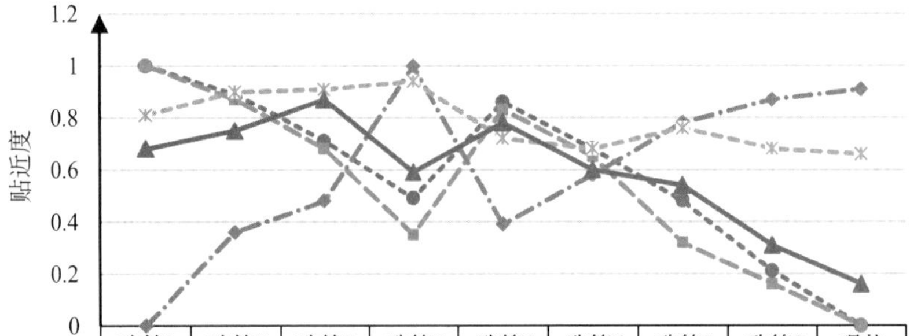

	政策1	政策2	政策3	政策4	政策5	政策6	政策7	政策8	现状
交通运行	1.00	0.89	0.71	0.49	0.86	0.68	0.48	0.21	0
能耗排放	1.00	0.87	0.68	0.35	0.83	0.65	0.32	0.16	0
设施服务	0	0.36	0.48	1.00	0.39	0.58	0.78	0.87	0.91
公众参与	0.81	0.9	0.91	0.94	0.72	0.68	0.76	0.68	0.66
综合	0.68	0.75	0.87	0.59	0.78	0.6	0.54	0.31	0.16

图 7-19　组合政策贴近度

拥堵收费和路外停车收费组合政策对道路运行的影响更大，能够更好地改善道路拥堵状况，即组合政策的效果优于单一政策。通过应用情景分析，可以验证交通需求管理政策评价模型的可行性和合理性，为交通需求管理政策的制定提供科学、有效的决策支持工具。

第 8 章
基于小汽车使用特征的需求调节方法

经济水平的不断提升使得小汽车成为中国城市家庭普遍的交通工具。随着城市产业结构的改变和网络的普及，工作场所和劳动时间变得更加灵活，人们通勤用车的出行行为也愈发复杂。增加交通供给和管理出行需求是缓解交通拥堵的两大手段，但增加设施供给不仅可能进一步加剧交通拥堵，对于进入存量发展阶段的城市而言也难以奏效。管理出行需求曾被寄予厚望，然而若缺乏更具针对性的调控手段，其效益难以预计会导致决策困难。

第 7 章构建了交通需求管理的整体框架与评价方法。尽管交通需求管理政策涵盖多个维度、多种对象及不同措施，但应用最多也最直接的是对家庭拥有小汽车使用的调节与管理。此外，网约车的出现也使得小汽车使用行为更趋复杂。随着交通信息化的发展，主动交通需求管理，即基于出行者行为与响应的精准调控方法，成为管理交通需求的大方向。交通需求管理的重点聚焦于空间集聚的通勤出行、空间敏感的高等级道路交通流以及使用强度高的车辆。识别车辆使用模式与出行规律，由此判断车辆使用行为的可调节性，在此基础上考虑具有差异性和靶向性的调节方法，精细化管理车辆出行需求，是管理道路交通和缓解拥堵的基础。因此，需要从个体层面充分理解各类小汽车出行特征的复杂性、出行时空分布与路径选择的可调节性以及针对车辆使用模式进行调节的有效性。

8.1 家用小汽车使用模式识别及出行特征

家庭拥有的小汽车已占据机动车特别是城市中汽车的绝大部分。与过去私有小汽车的使用特征情况不同，除了一直鼓励但仅有少量的共享小汽车之外，近十年来，由于移动互联网的普及以及大型基于网络的出行服务的迅速发展，小汽车家庭拥有与仅家庭成员使用已不再被绑定，家庭拥有一辆以上小汽车也使得车辆用途明显分化，不再局限于通勤目的。因此，针对小汽车的使用管理，首先要识别和区分小汽车的使用模式，判别相关出行是否具有可调节性。

无论是采用传统的四阶段法，还是基于活动的方法，研究者都希望以准确的交通需求预测作为需求调节的依据。但受限于数据获取途径，研究者大多只能利用一日家庭出行调查数据，或只有驻点缺乏移动过程信息的手机信令数据进行交通需求预测，而无法考虑车辆不同的使用模式会导致的出行特征的显著差异。本节以注册为个人使用的新能源车辆去隐私活动轨迹为数据源，通过对车辆出行、停留及路径信息的识别与分析，研究小汽车的使用模式，包括使用目的与使用强度、时空维度以及规律性出行等，分析框架如图 8-1 所示。选择新能源车是出于数据可获得性的原因，在解读分析结果时，需要考虑能源特性对车辆使用的影响。

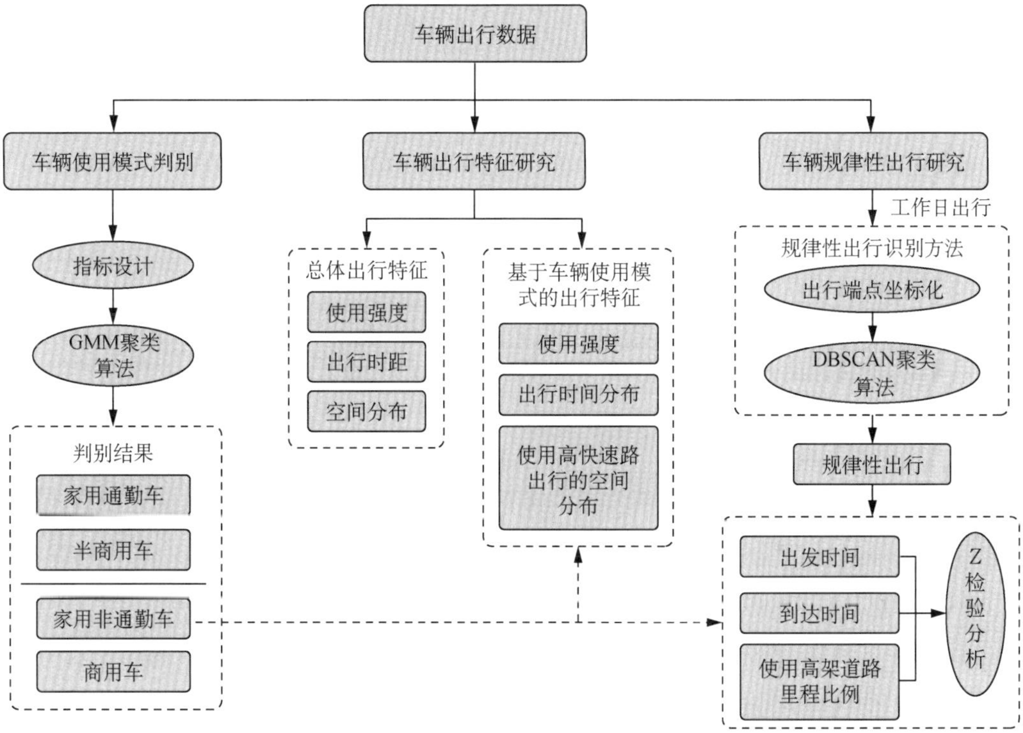

图 8-1　家用小汽车使用模式与活动特征分析框架

8.1.1　使用模式判别

1. 基于活动特征的车辆使用模式分类

基于活动轨迹的车辆使用模式识别方法主要有两类：①根据车辆的活动地点、类型和时段的差异性分类；②设计车辆出行的指标，设定阈值进行分类或使用无监督学习方法进行聚类。本节通过挖掘车辆活动特征的差异性，从车辆出行信息和停留信息两个维度设计特征指标，借助无监督学习中的聚类方法来判别不同类型的车辆使用模式。

车辆日常使用中是否存在可识别且稳定的工作地点，是判别车辆是否用于通勤的重要潜在指标。通过比较有出行的天数和日出行距离中位数的分布，可区分有工作地和无工作地车辆。有可识别工作地的车辆周出行天数为 5～7 天,日出行距离中位数集中于 20～60 km。如果车辆有可识别且稳定的工作地点,则认为其用于通勤目的,这类车辆被称为通勤车。

由于网约车、顺风车等新业态的发展,注册为个人使用的车辆还可能利用工作之余的时间从事营运或全部时间用于网约出行服务,本章将其分别称为半商用和商用两种使用模式。有可识别工作地的车辆可能属于家用通勤车和半商用车两种使用模式,无可识别工作地的车辆可能属于家用非通勤车和商用车两种使用模式。不同使用模式与车辆使用的时段及路径的稳定性、使用的频率及强度有直接关系。车辆使用模式分类思路及各使用模式的含义(即对应的一般使用特征)如图 8-2 所示。

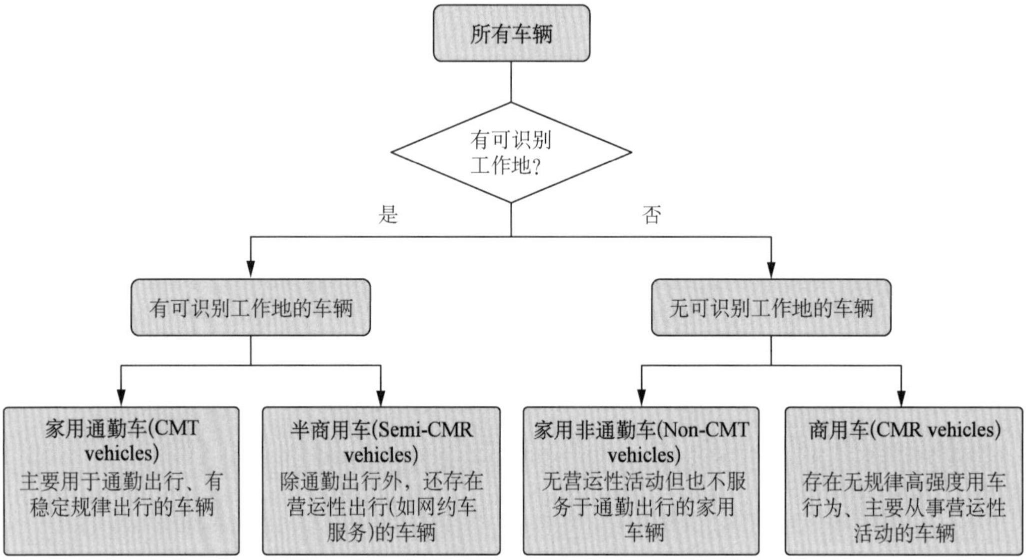

图 8-2 车辆使用模式分类思路及一般使用特征

2. 家用非通勤车和商用车分类方法

车辆轨迹描述了车辆活动的时空特征,可使用高斯混合模型(Gaussian-Mixed-Model, GMM)对车辆使用模式进行聚类分析。GMM 是一种被广泛应用的无监督学习模型,其通过多个高斯分布的加权组合来拟合任意类型的分布,每一种分布即一种被识别出的“类别”。

由于商用车的轨迹数据反映的是多位乘客的出行行为而非司机的出行意愿,因此,其每日出行的轨迹时空规律性弱,且出行强度通常远高于家用非通勤车辆。据此,引入以下两个指标来反映两类车辆的出行差异。

指标 1:车辆在工作日每日出行距离的中位数(记为 $Dist_{median}$,单位:km);

指标 2:车辆在工作日每日出行路径相似度的中位数(记为 Sim_{median})。

指标 1 刻画了两类车在用车强度上的差异,指标 2 刻画了两类车在出行规律性上的差异。选择中位数作为统计值比均值的稳健性更好。

营运车辆的起讫点与路径受制于乘客,通常比私用车辆具有更强的空间移动随机性。针对同一辆车定义路径相似度及计算方法,判断其出行类型,具体如下。

用最长公共子序列(Longest Common Subsequence, LCS)方法比较两列轨迹数据,度量任意两条路径的相似性。记 A 和 B 是大小分别为 n 和 m 的两条路径(每条路径由表征路段标号的字符串组成),其中 $A=(a_1, a_2, \cdots, a_n)$, $B=(b_1, b_2, \cdots, b_m)$。对于路径 A,记 $Head(A)$ 为序列 $(a_1, a_2, \cdots, a_{n-1})$,记 $Rest(A)$ 为序列 (a_n)。记 $LCS(A, B)$ 为路径 A 和 B 的最长公共子序列的长度,式(8-1)给出了计算公式:

$$LCS(A, B)=\begin{cases}0, & n=0 \text{ 或 } m=0 \\ 1+LCS(Head(A), Head(B)), & Rest(A)=Rest(B) \\ \max[LCS(Head(A), B), LCS(A, Head(B))], & \text{其他}\end{cases} \tag{8-1}$$

记路径 A 和 B 的相似度为 $Sim(A, B)$,式(8-2)给出了计算公式:

$$Sim(A, B)=\frac{|LCS(A, B)|}{\min(n, m)} \tag{8-2}$$

图 8-3 给出了计算长度(代表路段数)分别为 5 和 6 的两个字符串“ECBAB”和“BCBABB”之间相似度的示例。假设这两个字符串代表两个不同的路径 s_1 和 s_2,那么,可以得到 $LCS(s_1, s_2)$ 为 4, $Sim(s_1, s_2)$ 为 0.8。

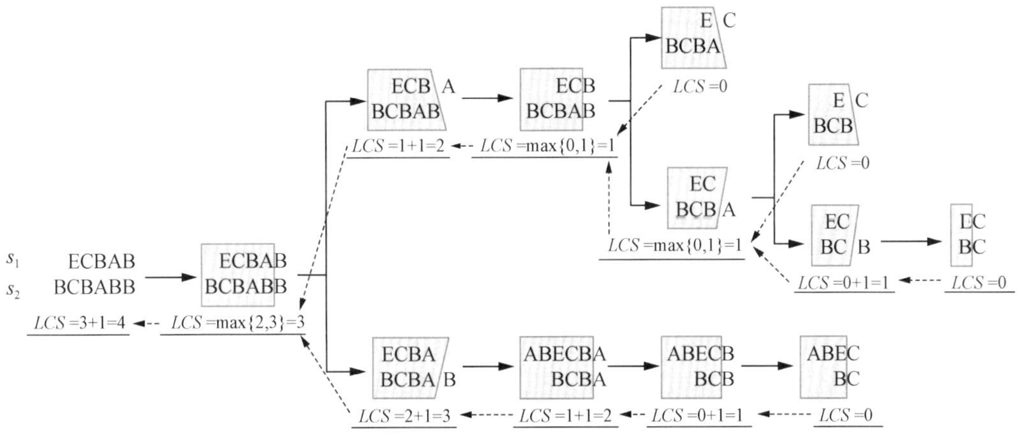

图 8-3 使用 LCS 方法计算两条路径相似度的示例

记车辆 i 在第 m 日和第 n 日的路径相似度为 $Sim_{i,m,n}$:

$$Sim_{i,m,n}=\frac{|LCS_{i,m,n}|}{\min(L_{i,m}, L_{i,n})} \tag{8-3}$$

式中 $LCS_{i,m,n}$——车辆 i 在第 m 日和第 n 日路径的最长公共子序列长度;

$L_{i,m}$, $L_{i,n}$——车辆 i 在第 m 日和第 n 日的路径(对应字符串)的长度。

$$Sim_{\mathrm{median}(i)}=\mathrm{median}\{Sim_{i,m,n}\}, \ m \neq n \tag{8-4}$$

为避免极端值对车辆分类结果产生影响,将日均出行距离大于 300 km 的车辆认定为商用车(共 32 辆)。将剩余车辆进行 GMM 聚类,结果见表 8-1,其中类别 1 和类别 2 的车辆出行距离相似,但路径相似度存在差异,这两类车辆均具有家用非通勤车的出行特征,而类别 3 的车辆路径相似度低,且出行距离长,可认为其具有营运车辆的特征,将其归为商用车。

表 8-1 无可识别工作地车辆的聚类结果

类别	类别数量	平均 $Dist_{median}$	平均 Sim_{median}
1	585	59.9	0.126
2	533	61.2	0.433
3	417	171.2	0.129

3. 家用通勤车和半商用车分类方法

半商用车是指同时存在通勤行为和营运行为的车辆,该类车辆的车主可能是兼职网约车司机。本节通过识别车辆可能的营运出行来识别半商用车,为此引入以下两个指标来区分两类车的出行。

指标 1:车辆实际出行距离和 OD 间最短距离的比值(记为 $Dist_{ratio}$):

$$Dist_{ratio} = \frac{Dist_{trip}}{Dist_{min}} \tag{8-5}$$

式中 $Dist_{trip}$——该次出行的真实距离;

$Dist_{min}$——该次出行 OD 间的最短路径距离,可通过地图 API 爬取得到。

指标 2:车辆在工作日某一天出行与其他日出行最相似的程度(记为 Sim_{max}):

$$Sim_{max(i)} = \max\{Sim_{i,m,n}\},\ m \neq n \tag{8-6}$$

式中,$Sim_{i,m,n}$ 为车辆 i 在第 m 日和第 n 日的路径相似度。

$Dist_{ratio}$ 值越大,车辆越可能表现出“绕路”行为,其频率密度分布在 0.9～1.2 区间内。Sim_{max} 的值越小,表明车辆当天行驶越不规律。设定一辆车只要存在商用特征的出行就被归为半商用车。对出行进行 GMM 聚类,结果见表 8-2,表中的类别 2、类别 4、类别 6 和类别 9 对应的 $Dist_{ratio}$ 高、Sim_{max} 低,由此推断这些出行具有商用出行的特征。

表 8-2 有可识别工作地车辆对应出行的起终点在不同栅格的聚类结果

类别	类别数量	平均 $Dist_{ratio}$	平均 Sim_{median}
1	4 426	1.64	0.50
2	66	16.62	0.38
3	663	4.74	0.44
4	11	46.70	0.40
5	4 591	1.28	0.45
6	62	24.20	0.15
7	1 940	2.57	0.49
8	2 665	1.32	0.88
9	182	8.36	0.17
10	120	8.83	0.47

研究得到的车辆使用模式分类结果如图 8-4 所示。尽管家庭拥有的新能源车绝大部分限于个体使用目的，但仍有部分车辆被用于营运。随着人们收入水平与生活水平的不断提高，越来越多的家庭拥有第二辆车，并将其用于通勤以外的多种出行目的，这使得家用车辆的出行差异更加明显。

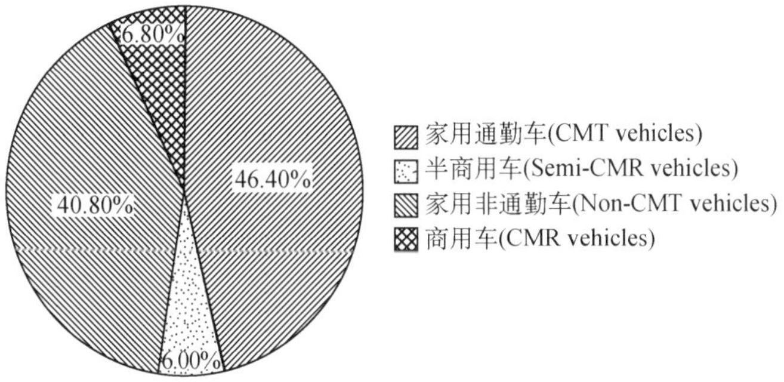

图 8-4 车辆使用模式分类结果

8.1.2 出行特征分析

1. 样本车辆总体出行特征与使用强度

在本次研究中，样本车辆一周平均出行天数为 5.53 天，中位数为 6 天，42% 的车辆每天都有出行，76% 的车辆出行天数大于或等于 4 天。工作日样本车辆平均出行天数为 4.06 天，中位数为 5 天，60% 的车辆每天都有出行，83% 的车辆出行天数大于或等于 2 天；周末样本车辆平均出行天数为 1.47 天，中位数为 2 天，59% 的车辆每天都有出行，74% 的车辆至少出行 1 天。

样本车辆日均出行次数统计结果如图 8-5 所示，一周内日均出行次数为 2.24 次/天，其中工作日日均出行次数为 2.30 次/天，周末日均出行次数为 2.10 次/天。

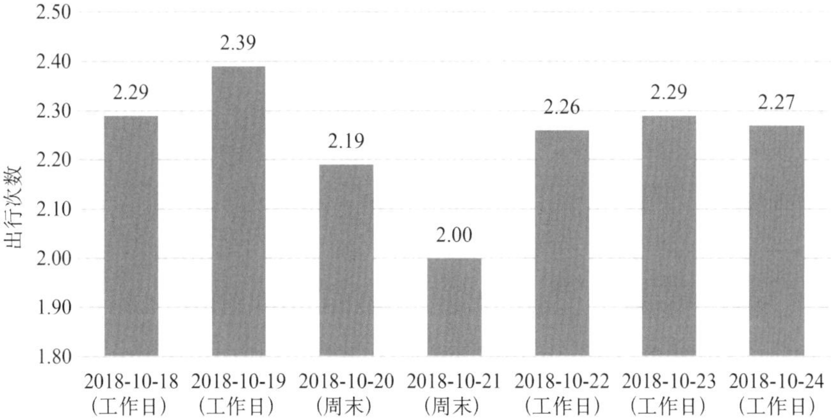

图 8-5 样本车辆日均出行次数统计

车辆日均和次均的出行时距特征如图 8-6 和表 8-3 所示。可以看出，工作日与周末车辆出行距离的差异小于出行时长的差异。具体而言，75%的出行时长在 50 min 以内，50%的出行时长在 30 min 以内。

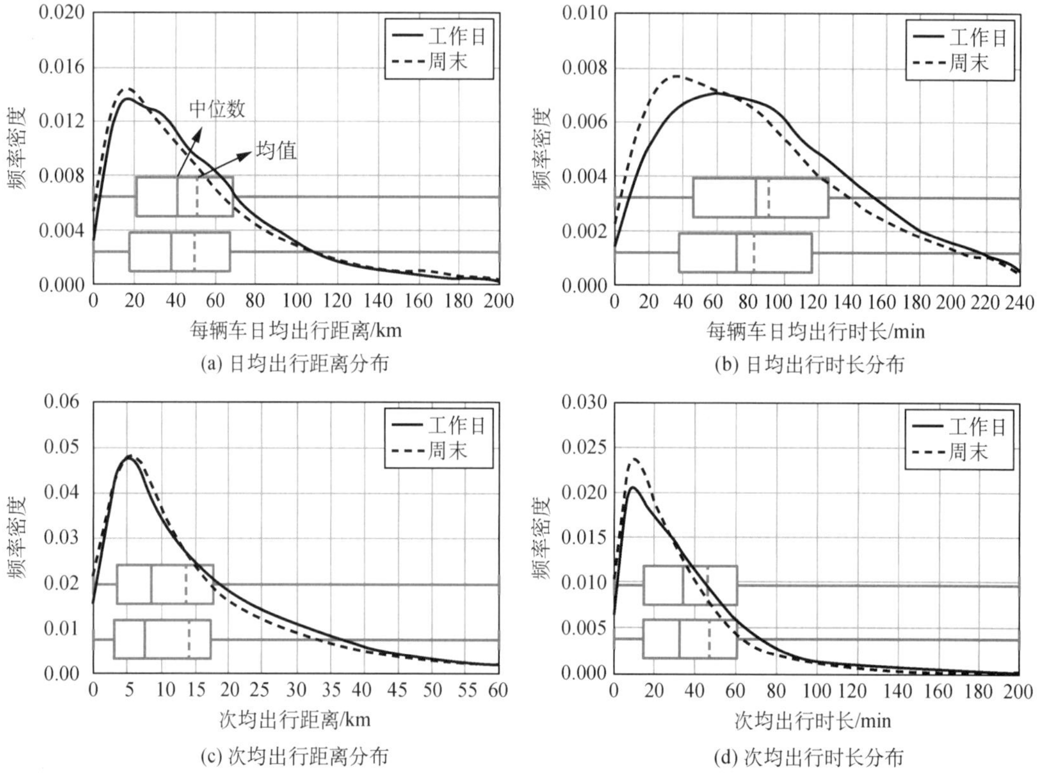

图 8-6　工作日和周末车辆出行时距特征分布

表 8-3　车辆出行距离分布的统计指标

统计指标	日均出行				次均出行			
	工作日		周末		工作日		周末	
	距离/km	时长/min	距离/km	时长/min	距离/km	时长/min	距离/km	时长/min
均值	51.3	91.6	50.3	83.1	20.2	37.7	19.7	34.1
25%	22.0	48.0	19.0	38.8	6.0	13.5	5.0	11.4
50%	42.0	84.0	39.0	72.8	13.0	28.4	11.0	23.9
75%	70.0	127.6	69.0	117.2	26.0	49.9	24.0	43.5

利用车辆轨迹数据，还可以进一步分析行驶里程在不同时段、不同等级道路上的实际分布情况。表 8-4 所列是分时段不同等级道路上的车均公里数统计结果。

2. 基于车辆使用模式的出行特征分析

根据识别出的四种车辆使用模式，小汽车在工作日出行的特征指标见表 8-5。可以发现，完全家用的车辆其出行距离和出行时长明显低于半商用车和商用车，且家用非通勤车的日均出行距离比家用通勤车更小。

表 8-4 不同等级道路在早晚不同时段的车均公里数 单位:km

时段	高速路		快速路		主干路		次干路		支路	
	工作日	周末	工作日	周末	工作日	周末	工作日	周末	工作日	周末
6:00—7:00	10.37	13.62	11.20	14.80	9.02	10.45	6.68	8.02	6.26	6.46
7:00—8:00	9.92	11.27	9.43	11.23	8.61	10.10	6.61	7.70	5.69	7.01
8:00—9:00	10.16	10.67	8.94	10.57	7.86	9.71	5.96	7.17	5.46	6.46
9:00—10:00	10.01	12.11	9.77	10.12	9.01	8.99	7.07	6.81	6.03	5.94
10:00—11:00	10.61	11.78	9.85	10.06	9.29	8.69	7.17	6.42	6.08	5.45
16:00—17:00	9.33	11.32	10.10	9.15	8.49	8.27	6.14	6.39	5.67	5.71
17:00—18:00	9.22	11.19	8.95	8.88	7.79	8.41	5.81	6.49	5.23	5.78
18:00—19:00	9.53	11.38	9.85	9.91	8.38	8.91	6.06	6.52	5.32	5.89
19:00—20:00	9.73	10.52	10.07	10.04	9.38	9.62	7.18	6.98	6.41	6.23
20:00—21:00	9.91	11.07	10.60	10.46	9.77	10.14	7.54	7.04	6.62	6.39

表 8-5 不同使用模式车辆在工作日的出行特征

车辆使用模式	占比	日均出行距离/km	日均出行时长/min	次均出行距离/km	次均出行时长/min
家用通勤车	46.4%	43	87	17	35
半商用车	6.0%	71	148	25	52
家用非通勤车	40.8%	33	72	16	35
商用车	6.8%	179	430	55	135

小汽车不同的使用模式,在使用强度、出发时间分布和高快速路偏好等方面有较大差异,这些差异决定了它们对于城市交通拥堵程度的不同影响,同时也是有效调节小汽车使用需求的依据。

1) 使用强度

对于工作日家用通勤车,通勤出行为主要目的,约占全部出行的60%,但下班通勤出行的数量较上班通勤出行略少。非工作日家用通勤车的家—其他地点(home-other)和其他地点—家(other-home)这两类出行约占全部出行的50%。而家用非通勤车在工作日与非工作日上述两类出行约占全部出行的70%。这两类车在工作日的使用强度远高于非工作日,详见表8-6和表8-7。

表 8-6 家用通勤车工作日和非工作日分目的出行数与出行车辆数

日期类型	出行目的	周总出行数	周总车辆数	日均出行数	日均车辆数
工作日	家—家(home-home)	782	477	156	138
	家—其他地点(home-other)	1 550	1 002	310	295
	家—工作地(home-work)	7 484	2 412	1 497	1 479
	其他地点—家(other-home)	2 321	1 373	464	447

(续表)

日期类型	出行目的	周总出行数	周总车辆数	日均出行数	日均车辆数
工作日	其他地点—其他地点(other-other)	922	570	184	146
	其他地点—工作地(other-work)	1 175	803	235	227
	工作地—家(work-home)	6 603	2 337	1 321	1 302
	工作地—其他地点(work-other)	1 885	1 188	377	365
	工作地—工作地(work-work)	604	352	121	103
非工作日	家—家(home-home)	651	456	326	259
	家—其他地点(home-other)	1 768	1 290	884	814
	家—工作地(home-work)	736	606	368	363
	其他地点—家(other-home)	1 893	1 380	947	866
	其他地点—其他地点(other-other)	1 083	660	542	385
	其他地点—工作地(other-work)	254	205	127	119
	工作地—家(work-home)	677	568	339	331
	工作地—其他地点(work-other)	336	281	168	158
	工作地—工作地(work-work)	73	59	37	31

表 8-7 家用非通勤车工作日和非工作日分目的出车数量与出行数量

日期类型	出行目的	周总出行数	周总车辆数	日均出行数	日均车辆数
工作日	家—家(home-home)	2 172	790	434	337
	家—其他地点(home-other)	3 678	1 258	736	643
	其他地点—家(other-home)	3 719	1 267	744	651
	其他地点—其他地点(other-other)	2 525	827	505	325
非工作日	家—家(home-home)	563	393	282	228
	家—其他地点(home-other)	1 312	883	656	581
	其他地点—家(other-home)	1 380	928	690	612
	其他地点—其他地点(other-other)	799	451	400	271

此外,通过对样本数据中家用通勤车和家用非通勤车使用高快速路的车公里数进行分析,结果显示家用通勤车工作日的通勤出行使用高快速路的日均车公里数约为非工作日的两倍,这表明车辆行驶对高快速路的依赖程度较强。相比于家用通勤车,家用非通勤车出行时使用高快速路的车均公里数略低。

2) 出发时间分布

如图 8-7 所示,家用通勤车在工作日早上通勤出行时出发时间相比于傍晚更为集中,而通勤出行是导致高峰时段路网拥堵的主要原因。值得注意的是,在非工作日,仍然存在一定数量的通勤出行,出发时间仍然集中,但早晨通勤出发时间整体比工作日偏晚。如图 8-8 所示,家用非通勤车在工作日和非工作日相同出行目的的出行时间分布较为相似。但在工作日,home-other 的出发时间略晚于家用通勤车的早高峰出发时间,other-home 的出发时间整体迟于家用通勤车的晚高峰出发时段，这说明弹性出行具有自发躲避晚高峰拥堵的倾向，具有更强的可调节性。

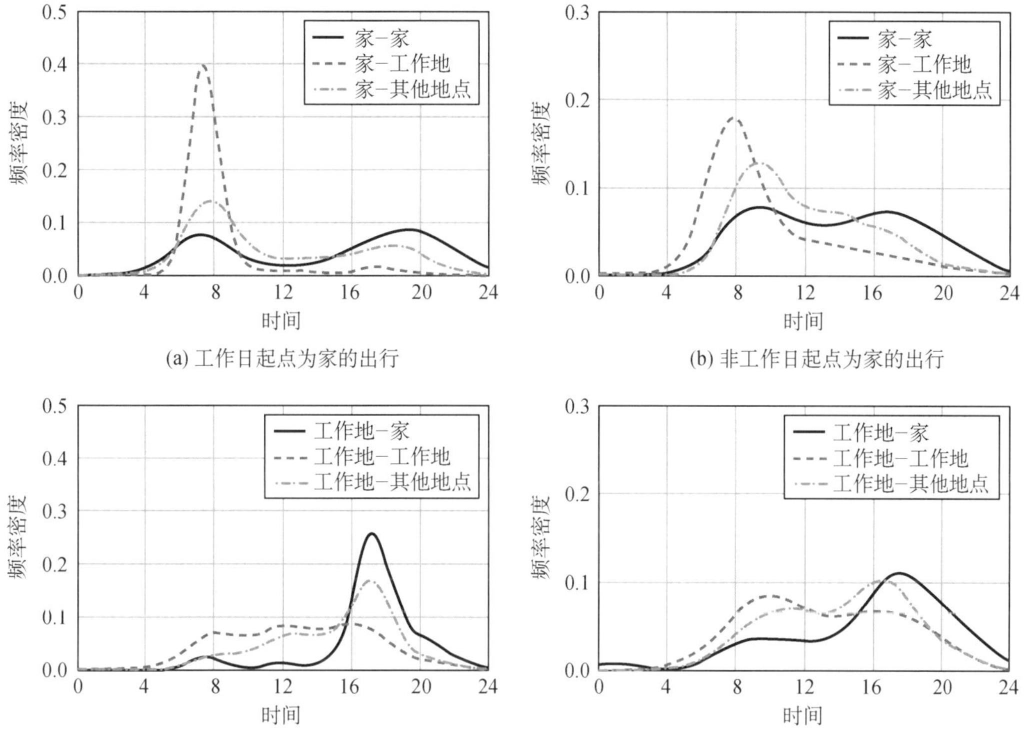

(a) 工作日起点为家的出行

(b) 非工作日起点为家的出行

(c) 工作日起点为工作地的出行

(d) 非工作日起点为工作地的出行

图 8-7 家用通勤车不同出行目的的出发时间分布

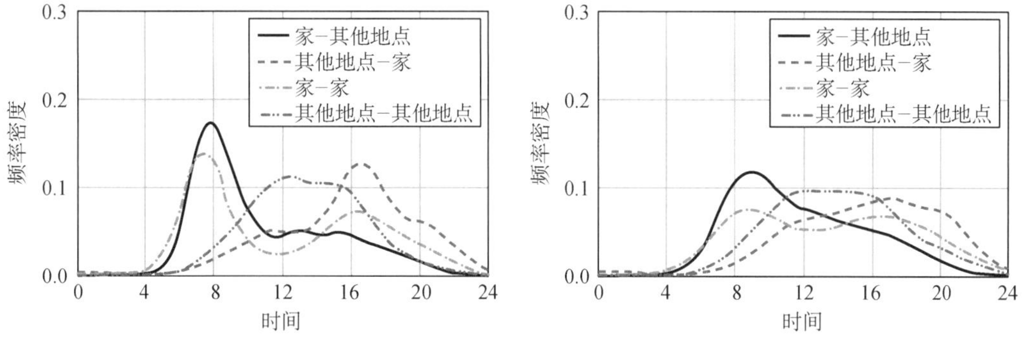

(a) 工作日

(b) 非工作日

图 8-8 家用非通勤车不同出行目的的出发时间分布

8.1.3 规律性出行的识别与特性

车辆的日常活动与出行通常呈现出一定的重复性，表现为逐日出行时间和地点的重复性，最常见的是早晚高峰时段车辆的通勤出行。将这种与时段相关的重复性出行界定为规律性出行，由此可从时间、空间两个维度制定更为精细化的缓堵治堵策略。

1. 车辆规律性出行识别方法

基于车辆轨迹可以获得连续工作日车辆出行的时空特征点位。本节以钟形圆圈表征一天 24 h，将车辆在 5 个工作日内所有出行端点对应的时间戳投影至该圆圈上，每一个出行端点的坐标都可以用该点与 x 正轴夹角 θ 对应的三角函数来表示（图 8-9），从而识别不同使用模式车辆的规律性出行及其出行特征。

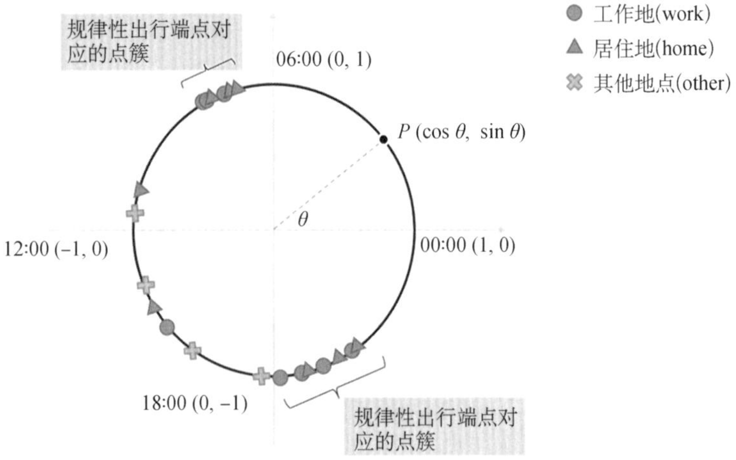

图 8-9 出行端点投影及出行端点簇图

除明显聚集的出行端点簇之外，还存在非规律性的出行端点。采用基于密度的聚类算法（Density-Based Spatial Clustering of Applications with Noise, DBSCAN），通过对出行端点进行聚类来判别规律性出行。

密度聚类方法通过参数（ϵ, MinPts）描述邻域样本分布的紧密程度。其中，ϵ 表示某一数据点的邻域距离阈值（半径），MinPts 表示数据点半径为 ϵ 的邻域中所应包含数据点的最小数量。DBSCAN 聚类过程为识别由密度可达关系导出的最大密度相连的样本集合，即最终聚类的一个类别/点簇。一个点簇里可以有一个或者多个核心对象。本节设定 $\epsilon = 2\sin 3.75^\circ$（30 min 的投影距离），$\mathrm{MinPts}=3$。但 DBSCAN 算法用于规律性出行识别时也存在不足：若样本集密度不均匀、聚类间距差相差很大，则识别结果质量较差；若样本集较大，则聚类收敛时间较长；不同的参数（ϵ, MinPts）组合对聚类效果的影响较大。

2. 基于车辆使用模式的出行规律性分析

若车辆一次出行的出发与到达端点均在识别出的点簇内，则将该次出行归为规律性出行。四种使用模式车辆的规律性出行占比及在不同时段的分布情况见表 8-8。可以看出，家用通勤车的规律性出行比例最高（接近 50%），而商用车的规律性出行比例最低（仅占 12%）。不同使用模式车辆规律性出行的时段分布不同，但早晨和晚间规律性出行的占比最高，因此这两个时段也是交通需求调控的目标时段。

表 8-8 四种使用模式车辆规律性出行占比及在不同时段的分布

车辆使用模式	规律性出行比例	规律性出行中不同时段的出行比例		
		早晨	晚间	其他
家用通勤车	47.49%	55.20%	39.35%	5.45%
半商用车	35.37%	55.28%	37.62%	7.10%
家用非通勤车	24.75%	46.40%	29.84%	23.76%
商用车	12.01%	63.19%	26.73%	10.08%

表 8-9 所列为车辆规律性出行中出行目的的分布情况。家用通勤车和半商用车 home-work 的出行比例最高且较为相近,但半商用车 work-home 的出行比例略低,推测半商用车的营运性活动如提供网约车服务更有可能出现在下班之后。

表 8-9 规律性出行中不同出行目的下的出行比例

出行目的	出行比例			
	家用通勤车	半商用车	家用非通勤车	商用车
家—工作地(home-work)	46.49%	44.82%		
家—其他地点(home-other)	4.25%	6.71%	31.80%	36.69%
家—家(home-home)	3.81%	5.70%	35.08%	31.78%
工作地—家(work-home)	30.53%	27.72%		
工作地—其他地点(work-other)	5.21%	4.65%		
工作地—工作地(work-work)	2.45%	2.00%		
其他地点—家(other-home)	3.83%	4.70%	20.42%	13.83%
其他地点—工作地(other-work)	2.24%	1.90%		
其他地点—其他地点(other-other)	1.19%	1.80%	12.70%	17.70%

此外,分析结果表明,家用通勤车和半商用车在早间时段,出发时间与到达时间的分布相似,并且家用通勤车使用高架道路的比例更高。晚间时段半商用车的出发时间更早、回到家的时间更晚,且更倾向于使用高架道路。

家用非通勤车和商用车在各类场景下均呈现出明显的差异。家用非通勤车的出发与到达时间分布更为集中,但商用车的出发时间和到达时间在全天分布较为均匀,且各个时段均更依赖高架道路。

8.2 家用车出行可调节性:理论与实证

在交通设施不可能无限制增加的前提下,调整或改变居民的出行行为成为治理交通拥堵的重要手段。这意味着交通规划的技术体系需要从改变供给端调整为供需双向调节。在大数据环境下,我们有能力在高峰时段针对拥堵道路确定可调节的车辆、分析出行的弹性、估计调控的效果,进而据此制定更加精细化的出行需求管理策略,其中包括激励或惩罚措施。

家用车是制定精细化出行管理策略的首要考量。本节基于长周期连续出行数据,提出车辆出行弹性的计算方法,以出行弹性来反映出行的可调节性,并对家用车使用者分类、家用车使用高快速路和错峰出行的选择行为,以及家用通勤车在高峰时段的出行路径弹性三个方面进行分析。

8.2.1 车辆出行弹性及计算方法

车辆出行行为的差异性体现了车辆出行可调节的程度。我们可以从出行的路径弹性和时间弹性两个方面来刻画相同起讫点(OD)之间出行的差异性。

1. 出行路径弹性

使用同一辆车的多日出行数据进行分析,可以观察到在相同 OD 之间的出行路径存在多种选择,如图 8-10 所示,图中分别举了 4 辆车的例子。

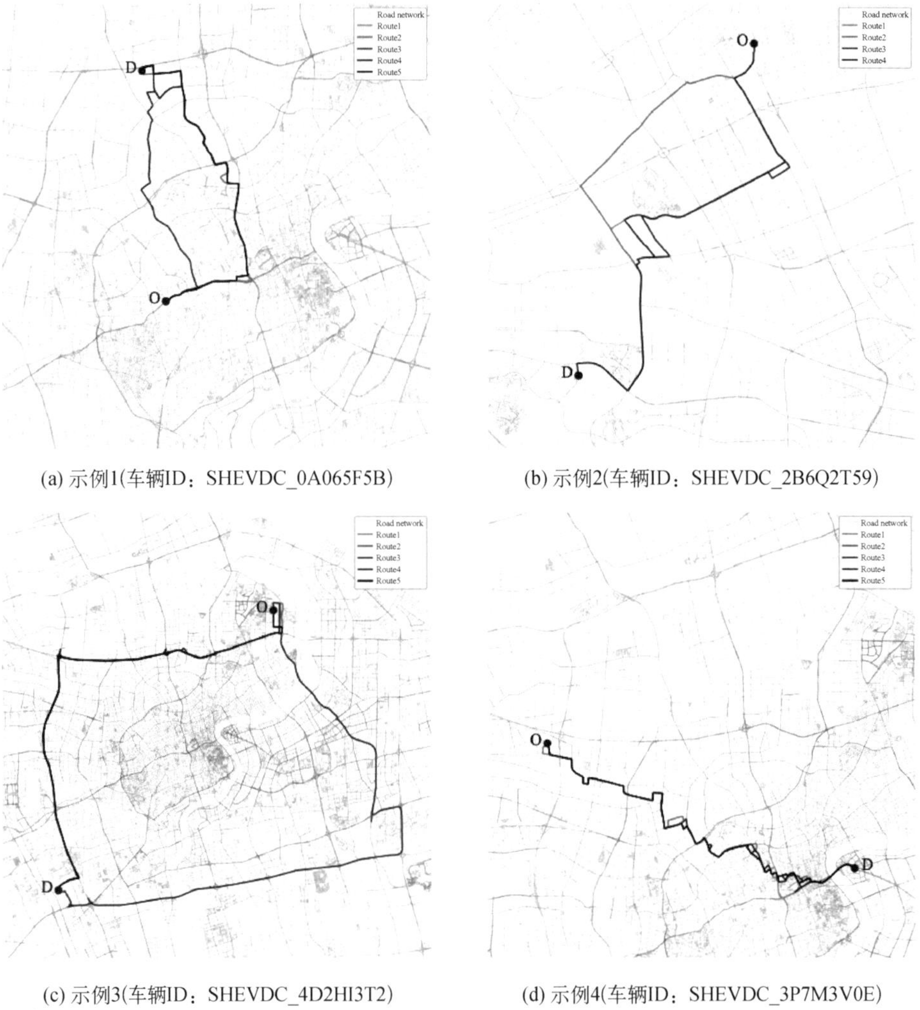

(a) 示例1(车辆ID:SHEVDC_0A065F5B)　(b) 示例2(车辆ID:SHEVDC_2B6Q2T59)

(c) 示例3(车辆ID:SHEVDC_4D2HI3T2)　(d) 示例4(车辆ID:SHEVDC_3P7M3V0E)

图 8-10 同一辆车同 OD 差异化出行路径样例

据此,定义路径弹性(记为 E^r)表征出行个体在相同 OD 之间路径的选择差异,计算方法如下:

$$E^r = 1 - S^r \tag{8-7}$$

$$S^r = \frac{\sum_{i=1}^{n-1}\sum_{j=i+1}^{n} Sim(r_i, r_j)}{\frac{n(n-1)}{2}} \tag{8-8}$$

$$Sim(r_i, r_j) = \frac{|LCS(r_i, r_j)|}{\min(L(r_i), L(r_j))} \tag{8-9}$$

式中 S^r——路径稳定性；

n——出行个体在统计时段内相同 OD 间的出行数量，$n>1$；

r_i，r_j——第 i 次和第 j 次出行对应的路径；

$Sim(r_i, r_j)$——路径 r_i 和 r_j 的相似度；

$LCS(r_i, r_j)$——路径 r_i 和 r_j 对应字符串的最长公共子序列，即路径重叠段；

$L(r_i)$，$L(r_j)$——路径 r_i 和 r_j 对应字符串的长度。

若出行个体 p 存在 $M(M>1)$ 个同 OD 间的出行集合，且第 $m(m=1, 2, \cdots, M)$ 个同 OD 间的出行集合为 $n_m(n_m>1)$，定义出行路径弹性为

$$E_p^r = \frac{\sum_{m=2}^{M} n_m E_m^r}{\sum_{m=2}^{M} n_m} \tag{8-10}$$

式中，E_m^r 为第 m 个同 OD 间出行的路径弹性，其计算方法见式(8-7)。

E_p^r 越接近于 0，表明出行个体 p 的路径弹性越小，路径稳定性越强，E_p^r 越接近于 1，表明出行个体 p 的路径弹性越大，可调节性越强。使用样本数据计算的家用车出行的路径弹性分布呈现偏态单峰特征(图 8-11)，均值为 0.305，中位数为 0.275，这表明家用车出行存在一定的路径弹性。

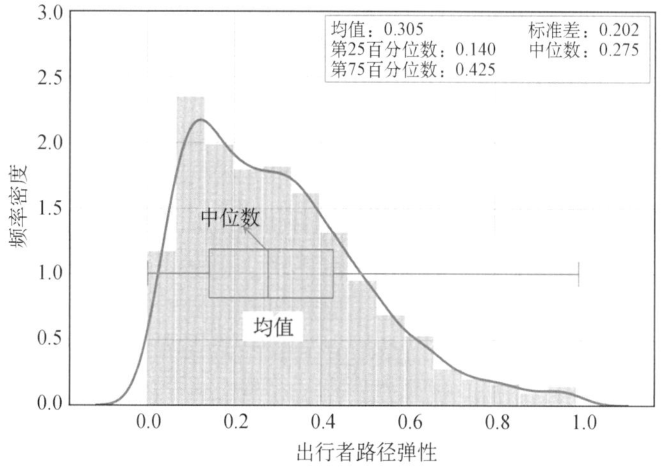

图 8-11 家用车出行的路径弹性分布

从路径冗余性角度可以解释路径弹性定义的合理性。在交通网络中，路径冗余性是指给

定起讫点的有效路径数量，它是评价交通网络韧性的重要维度之一。对于发育较为完全的城市道路网，给定 OD 对的有效路径数量通常大于 2。样本集中观察到的出行路径均可被视为有效路径。但一般情况下，多条路径会存在局部重叠，定义重叠因子（记为 γ^{rs}）描述同 OD 对 $(r,\ s)$ 下有效路径集合中每个路段的重叠程度和重叠路段的长度，计算方法如下：

$$\gamma^{rs}=\begin{cases}1, & n^{rs}=1\\ 1-\dfrac{\sum\limits_{a\in\{a\mid n_a^{rs}>0\}} l_a\ln(n_a^{rs})}{\sum\limits_{a\in\{a\mid n_a^{rs}>0\}} l_a\ln(n^{rs})}, & n^{rs}>1\end{cases} \tag{8-11}$$

式中 n^{rs}——$(r,\ s)$间有效路径的数量；

l_a——路段 a 的长度；

n_a^{rs}——路段 a 在$(r,\ s)$间所有有效路径经过的次数。

若某个路段只被$(r,\ s)$间的一条有效路径经过（$n_a^{rs}=1$），那么该路段的重叠程度对 γ^{rs} 的值没有影响，式中引入对数项 $\ln(n_a^{rs})$就表达这一特性。路段的重叠程度越高，γ^{rs} 越接近于 0。考虑重叠效应的有效路径数（记为 mn^{rs}）可由式(8-12)计算得到：

$$mn^{rs}=\begin{cases}1, & n^{rs}=1\\ 1+\gamma^{rs}(n^{rs}-1), & n^{rs}>1\end{cases} \tag{8-12}$$

计算得到家用车出行在不同有效路径数量下重叠因子的分布，中位数分布于 0.5～0.8 之间。由此可见，家用车出行在同 OD 对间出行路径的重叠程度并不高。

2. 出发时间弹性

定义出发时间弹性（记为 E^t）表征出行个体在相同 OD 对间出行的出发时刻差异，如式(8-13)—式(8-15)所示：

$$E^t=1-S^t \tag{8-13}$$

$$S^t=\frac{\sum\limits_{i=1}^{n-1}\sum\limits_{j=i+1}^{n} Sim(t_i,\ t_j)}{\dfrac{n(n-1)}{2}} \tag{8-14}$$

$$Sim(t_i,\ t_j)=\begin{cases}\dfrac{360-|t_i-t_j|}{360}, & |t_i-t_j|<360\\ 0, & |t_i-t_j|\geqslant 360\end{cases} \tag{8-15}$$

式中 S^t——出发时间的稳定性；

t_i，t_j——第 i 次和第 j 次出行的出发时刻，以当日的第多少分钟表示，例如出发时刻为早晨 7:00，为当日的第 420 min；

$Sim(t_i,\ t_j)$——第 i 次和第 j 次出行出发时刻的相似度。

与路径弹性定义和计算类似，出行个体的出发时间弹性计算公式如下：

$$E_p^t=\frac{\sum_{m=2}^{M} n_m E_m^t}{\sum_{m=2}^{M} n_m} \tag{8-16}$$

E_p^t 越接近于0,表明出行个体 p 的出发时间弹性越小,稳定性越强;E_p^t 越接近于1,表明出行个体 p 的出发时间弹性越大,可调节性越强。样本集中家用车出行的出发时间弹性分布呈明显的偏态分布特征(图8-12),均值为0.226,中位数为0.150,这表明家用车出行在出发时间上也存在一定的弹性。但有41%的家用车出行的出发时间弹性小于0.1,表明出发时间相似度很高。

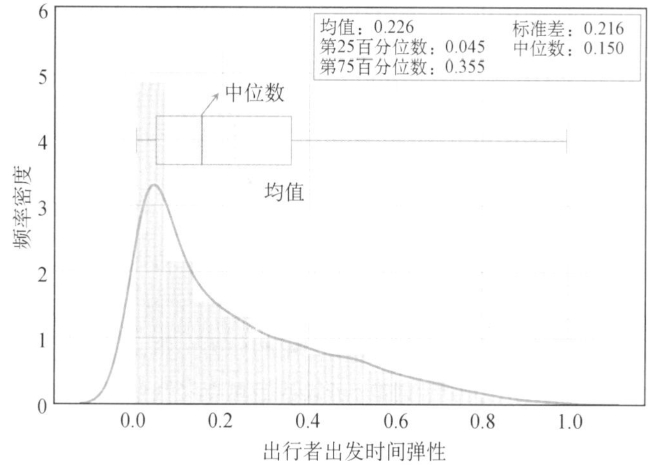

图8-12 家用车出行的出发时间弹性分布

以上分析结果表明,相当比例的家用车出行具备一定的路径弹性和出发时间弹性。这种个体在出行时空维度上表现出的弹性是研究车辆出行调节方法的基础。

8.2.2 考虑出行弹性和择路理性的家用车使用者分类

在家用车使用者中,一部分使用者的出行行为更容易被调节,即具有明确的出行可调节性;而另一部分使用者改变出行行为则需要更多的外部作用,即具有潜在的出行可调节性。因此,需要判别家用车使用者的类别以便预估调节的可能性。

我们采用出行路径弹性、出发时间弹性和择路理性三个指标进行聚类分析,从而对家用车使用者进行分类。择路理性是指出行者在变动出行时间、路径时,是否更多地基于实际路况做出选择。

出行者通常预期选择时间最短路径。在信息服务不普及的时代,出行个体无法准确知晓所有潜在路径集合及路径的交通状况,或因本身存在某种偏好而忽略了最短路径。出行者通常把“较”“最”这类基于个人体验的程度作为决策标准。择路理性反映的就是出行者实际选择的路径与最短路径之间的差异,我们可以通过量化出行者对路径特征的倾向度来计算出行者的择路理性。如果每次出行都选择最短路径,则最理性。基于选定车辆或出行者的多日多次出行数据,可计算得到择路理性分布是均值接近于0,在-1～1之间截断的正态分布,如

图 8-13 所示。越接近于 -1 表示出行者越理性,越接近于 1 则表示出行者越不理性。

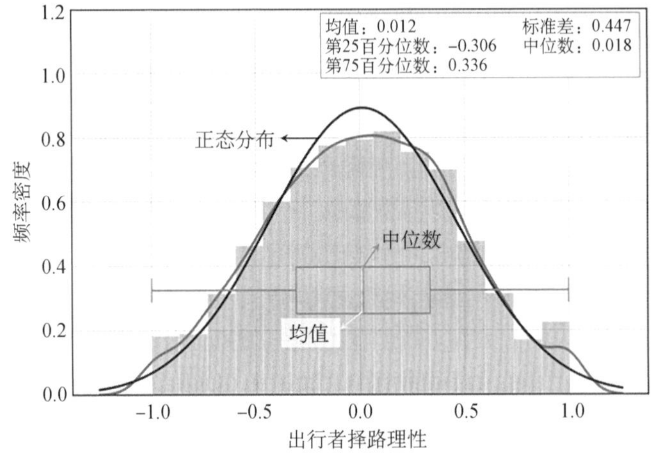

图 8-13 家用车出行者择路理性分布

研究发现,家用车使用者的出行路径弹性、出发时间弹性和择路理性三项指标之间的相关性绝对值均小于 0.3,相关性程度均较低。于是采用 SW K-Means(Sample-Weighted K-Means)聚类方法,选取 $K=3$, $\beta=4$ 的超参数组合,将家用车使用者分为三类,如图 8-14 所示。其中,第 1 类和第 3 类两类家用车使用者的出行弹性较高,可以认为具有较强的出行可调节性。

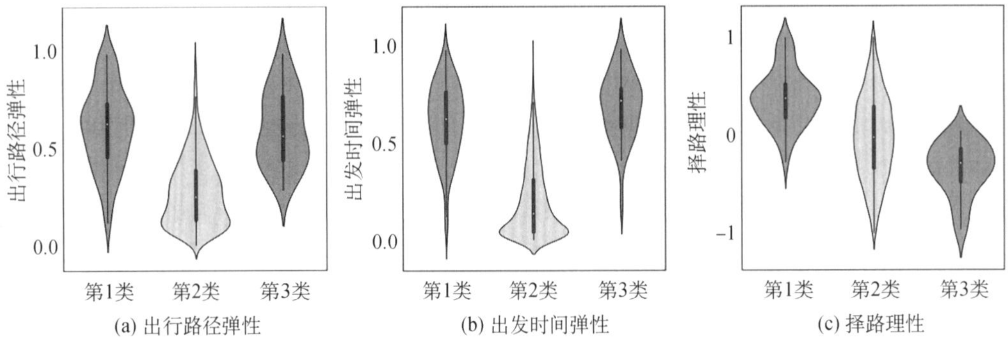

图 8-14 三类家用车使用者在聚类指标上的分布对比

第 1 类是高出行弹性、低出行理性的出行者。该类出行者的出发时间不稳定,且在同 OD 间会选择不同的出行路径,但不依赖最短路径出行。

第 2 类是低出行弹性、中出行理性的出行者。该类出行者数量占比最大,其出行路径和出发时间均较为固定且依赖习惯路径,对最短路径及交通状态变化不敏感。

第 3 类是高出行弹性、高出行理性的出行者。该类出行者的出发时间不稳定,在同 OD 间会选择不同的出行路径,但更偏好按最短路径出行。

结合车辆使用模式分类结果,样本数据中家用通勤车和家用非通勤车的数量占比如图 8-15 所示。高出行弹性的车辆使用者(第 1 类和第 3 类)中家用非通勤车比例约为 80%,而在低出行弹性的车辆使用者(第 2 类)中家用通勤车的数量占比更高。

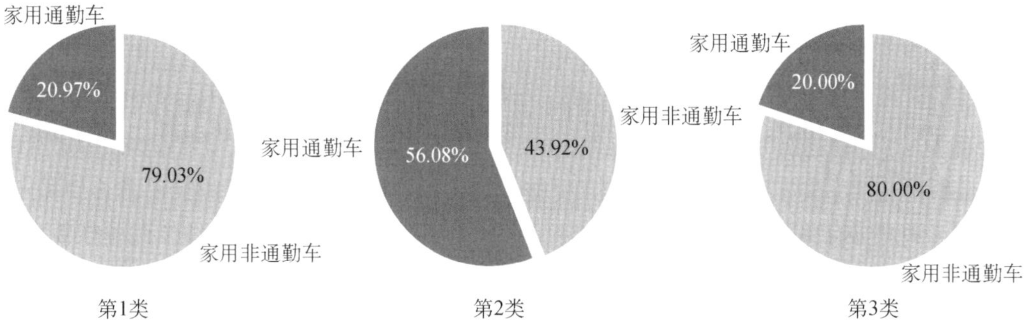

图 8-15 车辆分类与车辆使用特征分类

这种分类分析可用于预判家用车使用者出行行为调节的可能性。从调节的难易程度来看,高出行弹性的出行者是具有出行可调节性的群体,更容易触发路径更换或出发时间更改的行为,是需求管理的首要对象。高出行理性的出行者(第 3 类)表现出明显的最短路径偏好,通过导航软件或可变信息板提供更精确的路况预测或适度的激励措施,可使该类出行者有更大概率选择躲避拥堵的出行方案。对于数量占比最大的低出行弹性出行者,引导信息和激励性措施对其出行行为的调节效果有限,可能需要考虑额外的惩罚性措施使其改变出行路径或出发时间。对家用车使用者进行分类,考虑出行弹性和择路理性的差异,可进一步为优化个体路径选择行为模型提供支持。

8.2.3 家用车使用高快速路出行及错峰出行的选择行为

高快速路是高峰时段路网拥堵的主要路段。出行距离、备选路径的可用性、道路状况和出行成本等会影响出行者对高快速路的使用选择;而出行时间灵活性、出行信息可及性以及激励和奖励的程度则会影响出行者选择错峰出行的意愿。本节对家用车使用者时空出行特征进行分析,针对家用车使用者的高快速路选择行为与错峰出行选择行为进行建模。设定二元变量来表征车辆是否选择高快速路(选择—1,未选择—0)以及是否错峰出行(完整避开高峰时段—1,其他—0),其中错峰出行仅针对工作日高峰时段(6:00—11:00 和 16:00—20:30)进行讨论。使用高快速路出行及错峰出行的出行数量信息见表 8-10。

表 8-10 使用高快速路出行及错峰出行的出行数量

因变量	家用通勤车			家用非通勤车		
	工作日		非工作日	工作日		非工作日
	使用高快速路	错峰	使用高快速路	使用高快速路	错峰	使用高快速路
0	10 976	14 221	4 113	6 895	5 603	2 302
1	12 350	3 855	3 358	5 199	1 844	1 752

使用高快速路出行和错峰出行的选择行为均是个性化决策。假设任何一个选择行为都遵循二项分布,那么可使用极大似然法来估计参数。家用通勤车和家用非通勤车使用者在各场景中自变量的符号、含义及主要统计值见表 8-11 和表 8-12。

表 8-11 家用通勤车使用者在各场景中自变量的符号、含义及主要统计值

类别	变量名	含义	工作日								非工作日			
			使用高快速路				错峰				使用高快速路			
			均值	标准差	最小值	最大值	均值	标准差	最小值	最大值	均值	标准差	最小值	最大值
出行目的	home-home	出行的起讫点均为家	0.03	0.18	0.00	1.00	0.03	0.17	0.00	1.00	0.09	0.28	0.00	1.00
	home-work	出行的起点为家，终点为工作地									0.10	0.30	0.00	1.00
	home-other	出行的起点为家，终点为其他地点	0.07	0.25	0.00	1.00	0.07	0.25	0.00	1.00	0.24	0.43	0.00	1.00
	work-home	出行的起点为工作地，终点为家	0.28	0.45	0.00	1.00	0.30	0.46	0.00	1.00	0.09	0.29	0.00	1.00
	work-work	出行的起讫点均为工作地	0.03	0.16	0.00	1.00	0.02	0.14	0.00	1.00	0.01	0.10	0.00	1.00
	work-other	出行的起点为工作地，终点为其他地点	0.08	0.27	0.00	1.00	0.07	0.25	0.00	1.00	0.04	0.21	0.00	1.00
	other-home	出行的起点为其他地点，终点为家	0.10	0.30	0.00	1.00	0.07	0.26	0.00	1.00				
	other-work	出行的起点为其他地点，终点为工作地	0.05	0.22	0.00	1.00	0.03	0.18	0.00	1.00	0.03	0.18	0.00	1.00
	other-other	出行的起讫点均为其他地点	0.04	0.19	0.00	1.00	0.02	0.16	0.00	1.00	0.14	0.35	0.00	1.00
出行距离	Travel distance	出行路径的距离/km	17.97	13.06	1.10	147.00	18.23	12.78	1.10	147.00	17.02	14.57	1.10	149.00
出行起讫点位置	central-central	出行的起讫点均在中心城内	0.33	0.47	0.00	1.00	0.33	0.47	0.00	1.00	0.30	0.46	0.00	1.00
	central-suburban	出行的起点在中心城内，终点在郊区	0.15	0.36	0.00	1.00	0.15	0.36	0.00	1.00				
	suburban-central	出行的起点在郊区，终点在中心城内									**0.13**	**0.33**	**0.00**	**1.00**
	suburban-suburban	出行的起讫点均在郊区	0.37	0.48	0.00	1.00	0.36	0.48	0.00	1.00	0.45	0.50	0.00	1.00
出发时间所处时段	Morning (weekdays)	出发时间在工作日的 7:30—10:30 之间					—	—	—	—	—	—	—	—
	Noon (weekdays)	出发时间在工作日的 13:30—15:30 之间	0.06	0.23	0.00	1.00	—	—	—	—	—	—	—	—
	Evening (weekdays)	出发时间在工作日的 17:00—19:30 之间	0.23	0.42	0.00	1.00	—	—	—	—	—	—	—	—
	Other time (weekdays)	出发时间不在工作日的三个高峰时段	0.51	0.50	0.00	1.00	—	—	—	—	—	—	—	—
	Morning (weekends)	出发时间在非工作日的 9:00—12:00 之间	—	—	—	—	—	—	—	—	0.07	0.25	0.00	1.00
	Afternoon (weekends)	出发时间在非工作日的 13:00—19:00 之间	—	—	—	—	—	—	—	—				

（续表）

类别	变量名	含义	工作日								非工作日			
			使用高快速路				错峰				使用高快速路			
			均值	标准差	最小值	最大值	均值	标准差	最小值	最大值	均值	标准差	最小值	最大值
出发时间所处时段	Other time (weekends)	出发时间不在非工作日的两个高峰时段	—	—	—	—	—	—	—	—	0.53	0.50	0.00	1.00
	Morning	出发时间在工作日的 6:00—11:00 之间	—	—	—	—					—	—	—	—
	Evening	出发时间在工作日的 16:00—20:30 之间	—	—	—	—	0.49	0.50	0.00	1.00	—	—	—	—

注：1. 表中阴影格子表示对应变量在相应场景下作为参照（不纳入模型），并不表示没有数值。
2. "—"表示该场景下没有此自变量对应的数据。
3. 出行目的、出行起讫点位置和出发时间所处时段对应的自变量均为 0-1 二元变量。

表 8-12 家用非通勤车使用者在各场景中自变量的符号、含义及主要统计值

类别	变量名	含义	工作日								非工作日			
			使用高快速路				错峰				使用高快速路			
			均值	标准差	最小值	最大值	均值	标准差	最小值	最大值	均值	标准差	最小值	最大值
出行目的	home-home	出行的起讫点均为家	0.18	0.38	0.00	1.00	0.21	0.41	0.00	1.00	0.14	0.35	0.00	1.00
	home-other	出行的起点为家，终点为其他地点									0.32	0.47	0.00	1.00
	other-home	出行的起点为其他地点，终点为家	0.31	0.46	0.00	1.00	0.28	0.45	0.00	1.00				
	other-other	出行的起讫点均为其他地点	0.21	0.41	0.00	1.00	0.15	0.35	0.00	1.00	0.20	0.40	0.00	1.00
出行距离	Travel distance	出行路径的距离/km	16.49	14.95	1.10	236.00	16.49	14.97	1.10	236.00	17.34	17.10	1.20	204.00
出行起讫点位置	central-central	出行的起讫点均在中心城内	0.36	0.48	0.00	1.00	0.36	0.48	0.00	1.00	0.34	0.47	0.00	1.00
	central-suburban	出行的起点在中心城内，终点在郊区	0.11	0.32	0.00	1.00	0.10	0.30	0.00	1.00				
	suburban-central	出行的起点在郊区，终点在中心城内									0.12	0.32	0.00	1.00
	suburban-suburban	出行的起讫点均在郊区	0.42	0.49	0.00	1.00	0.43	0.49	0.00	1.00	0.43	0.50	0.00	1.00
出发时间所处时段	Morning (weekdays)	出发时间在工作日的 7:30—10:30 之间					—	—	—	—	—	—	—	—
	Noon (weekdays)	出发时间在工作日的 13:30—15:30 之间	0.13	0.34	0.00	1.00	—	—	—	—	—	—	—	—

（续表）

类别	变量名	含义	工作日								非工作日			
			使用高快速路				错峰				使用高快速路			
			均值	标准差	最小值	最大值	均值	标准差	最小值	最大值	均值	标准差	最小值	最大值
出发时间所处时段	Evening（weekdays）	出发时间在工作日的 17:00—19:30 之间	0.13	0.34	0.00	1.00	—	—	—	—	—	—	—	—
	Other time（weekdays）	出发时间不在工作日的三个高峰时段	0.52	0.50	0.00	1.00	—	—	—	—	—	—	—	—
	Morning（weekends）	出发时间在非工作日的 9:00—12:00 之间	—	—	—	—	—	—	—	—	0.16	0.37	0.00	1.00
	Afternoon（weekends）	出发时间在非工作日的 13:00—19:00 之间	—	—	—	—	—	—	—	—				
	Other time（weekends）	出发时间不在非工作日的两个高峰时段	—	—	—	—	—	—	—	—	0.42	0.49	0.00	1.00
	Morning	出发时间在工作日的 6:00—11:00 之间	—	—	—	—					—	—	—	—
	Evening	出发时间在工作日的 16:00—20:30 之间	—	—	—	—	0.42	0.49	0.00	1.00	—	—	—	—

注：1. 表中阴影格子表示对应变量在相应场景下作为参照（不纳入模型），并不表示没有数值。
2. “—”表示该场景下没有此自变量对应的数据。
3. 出行目的、出行起讫点位置和出发时间所处时段对应的自变量均为 0-1 二元变量。

1. 描述性结果分析

在峰时长比例的定义为一次出行处于高峰时段的时间与其总出行时间的比值。家用车使用者在工作日和非工作日选择高快速路出行以及错峰出行的情况存在差异。

对于家用通勤车而言,工作日通勤出行使用高快速路的里程比例均值高且方差较小;而在非工作日,与居住地相关的出行使用高快速路的里程比例同样呈现均值高、方差小的特征。从郊区到中心城的出行使用高快速路的里程比例高于从中心城到郊区的出行,这说明进城出行对高快速路的使用强度更大。然而,不同时间段的出行使用高快速路的里程比例十分相近,这说明出发时间对于家用通勤车使用者选择高快速路出行的影响有限。对于错峰出行,不同出行目的的在峰时长比例均值差异明显,但方差差异不大,错峰出行的选择较为稳定,出行方向和出发时间段对家用通勤车使用者的影响有限。

对于家用非通勤车而言,无论是在工作日还是非工作日,车辆使用者对高快速路的依赖程度仍然较高,出发时间对是否选择高快速路的影响有限。与家用通勤车使用者不同的是,家用非通勤车使用者在晚上出行的在峰时长比例要高于早晨。

2. 使用高快速路出行选择行为的影响因素

分别建立工作日和非工作日考虑个体异质性的家用通勤车使用者选择高快速路出行的二项 Logistic 模型。结果显示,无论是工作日还是周末,随着出行距离的增加,出行者选择高快速路的可能性也随之增加。

工作日上班通勤出行(home-work)最倾向于使用高快速路,而其他目的的出行对高快速路的选择没有明显偏好。在非工作日,与工作地点相关的出行仍然更倾向于选择使用高快速路,这一方面说明非工作日的交通状况与工作日已无明显差异,另一方面也证明个体出行的时间价值与出行目的显著相关。同样地,建立工作日和非工作日家用非通勤车使用高快速路出行的二项 Logistic 模型。与家用通勤车的情况一致,无论是工作日还是非工作日,家用非通勤车出行者选择高快速路的可能性随着出行距离的增加而增大。但是,所观察到的 home-home 出行倾向于规避使用高快速路。分析其原因,可能是由于家用非通勤车通常是家庭的第二辆车,在高峰时段大多被用于接送孩童上下学或临时购物。

3. 错峰出行选择行为的影响因素分析

对于家用通勤车使用者,相较于上班与下班通勤,其他活动更显著倾向于选择错峰出行。对于家用非通勤车使用者,除回程 other-home 出行,其他目的的出行均表现出显著的错峰出行偏好。这说明车辆属性与使用目的是影响高峰出行的主要要素。换言之,随着家庭拥有小汽车数量的增加,平均出行强度特别是高峰时段、高快速路的交通负荷并不会同步增长。

但是,无论是对于家用通勤车还是家用非通勤车,随着出行距离的增加,其使用者错峰出行的可能性显著降低。相比于早高峰,晚高峰时段出行者更愿意选择错峰出行,这表明出行者在晚间的时间弹性更大。

4. 基于模型结果的讨论

高快速路作为城市交通设施中的稀缺资源,缓解其拥堵状况对于改善城市整体路网的交通运行状态具有重要意义。以往的经验表明,粗放的管理策略对于减少城市高快速路拥堵收效甚微,因此城市管理者越来越期望采用更为精细化的出行管理措施。根据车辆的使用模式,可以从出行目的、出行距离、出行方向和出发时间这四个方面，分别针对工作日和非工作日制定可行的管理策略，以减少出行者对高快速路的依赖。

激励错峰出行是一种主动交通需求管理策略。通过研究车辆出行的地点属性、连续轨迹与时段特征，不仅观察到不同目的出行实际存在的错峰出行行为特征，而且建模结果也表明，可以根据出行距离、出行方向和出行时段，针对不同使用类型的车辆，制定差异化、更具针对性的错峰出行管理策略。

8.2.4 家用通勤车辆高峰时段的出行路径弹性

可采用广义加性模型(Generalized Additive Model, GAM)来描述早晚通勤家用车使用者的路径稳定性和选择要素之间的关系。GAM 是广义线性模型(Generalized Linear Model, GLM)的扩展，其用平滑函数而不仅是线性函数来拟合因变量与自变量之间的趋势。

首先，确定解释变量与因变量的关系。快速路里程比例、每公里交通灯的数量、出发地的道路密度和目的地的道路密度不仅影响通勤出行路径选择，而且这些变量会因出行方向的不同而有所差异。出发时间、通行费用、出行距离、使用快速路比例、路径上每公里交通灯的数量以及起讫点区域的路网密度，都与路径选择的稳定性呈现出显著的相关关系。其中，通行费用、使用快速路比例、起讫点区域的路网密度对路径稳定性的影响趋势在早晚两个高峰时段较为相似。无论出行者对于快速路的偏好强还是偏好弱，随着快速路里程占路径比例的增加，路径选择的稳定性都会增加；而当出行者对快速路的偏好降低时，路径稳定性也会随之下降。此外，起讫点区域路网密度越高，出行者的路径稳定性越低。提早出发的通勤者对于交通拥堵状况更为敏感，并且更有可能选择熟悉的路线出行。具体而言，提前至少 30 分钟出发与在高峰时段出发相比，出行者的路径更稳定。

此外，还可以使用 XGBoost 回归模块探索家用通勤车使用者的路径稳定性与解释变量之间的非线性关系。XGBoost 是一种高效解决多种数据分析的机器学习算法，具有高性能、高准确性、能有效防止过拟合和处理缺失值的优势。

研究发现，出行空间弹性较高的出行者是交通需求管理调节措施最可能的响应者。早晨 7:00 之前和 8:00 之后以及晚上 6:30 之后，出行者的路径弹性较高；早晚高峰出行距离在 15 km 以上的出行者的路径弹性较高。路径中每公里交通灯数量小于 0.5 个或处于 0.8～1.0 个之间的出行者的路径弹性较高，相应的起讫点区域路网密度越高，路径弹性就越强。

1. 对于制定针对通勤出行管理策略的启示

在不能迅速扩张交通设施供给而市民出行需求与日俱增的背景下，管理并调节居民的出行需求已成为当前大城市缓解道路网交通拥堵的主要手段。通过对家用通勤车使用者在早晚两个场景中的通勤出行路径稳定性分析可知，在实施具体策略时，应从出行时段、起讫点区域路网密度、出行方向等方面入手，优先考虑具有可调节性的出行者，其次考虑具有潜在可调节性的出行者，制定更具有针对性的调节策略。

2. 优化路径选择模型的讨论

拥挤管理的本质是调节出行者的驾车路径或出发时间，以减缓拥挤路段或区域的交通量。

通过路径选择模型来评估不同类型家用车使用者的行为选择及其变化，是为决策提供支持的主要技术手段。本节的研究结果为衡量出行者异质性提供了更多的数据支持，并发现出发时间及其稳定性对路径弹性的影响不仅显著而且至关重要，在获得更多数据支持的情况下，应构建时间-路径双层路径选择模型。

8.3 家用车出行调节方法

基于家用车使用者个体及出行的差异性，可量化其在不同出行场景中的择路偏好，并根据这些偏好讨论可行的出行调控策略。针对主要的出行场景，可构建路径选择模型，从而明确影响择路行为的因素。进一步地，可针对家用车出行建立出行调控策略的情景分析框架，如图8-16所示，并定量评估调控效果。

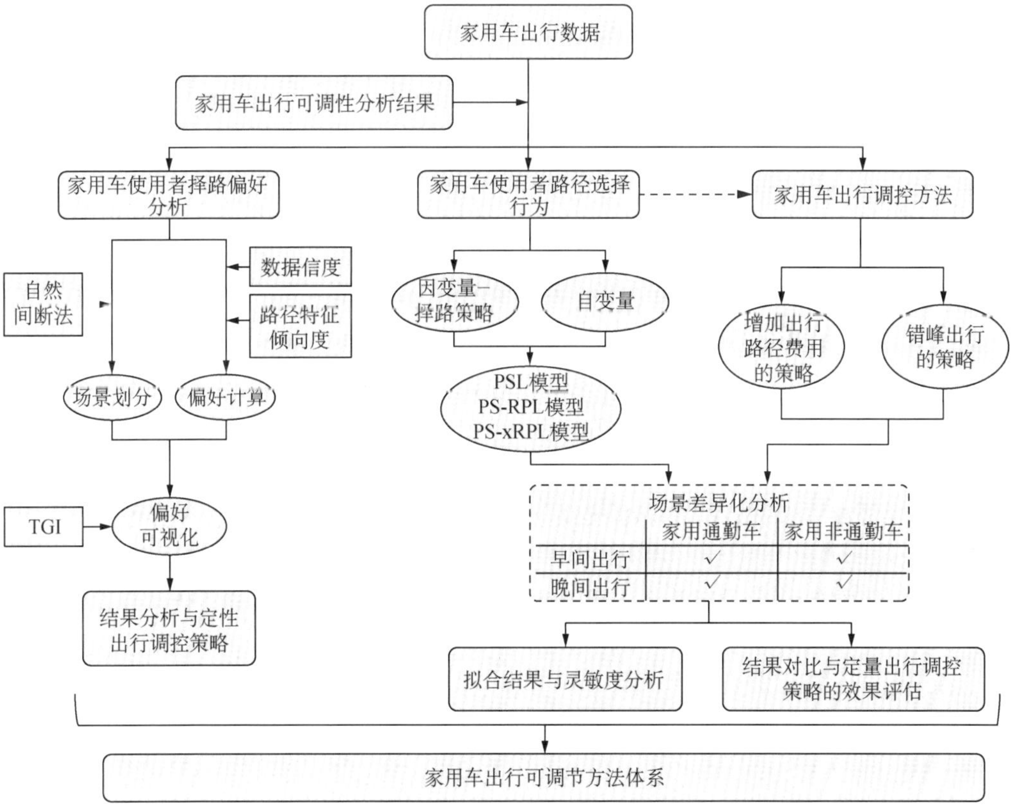

图8-16 家用车出行调节及评价方法框架

8.3.1 考虑出行场景差异的家用车使用者择路偏好

传统的路径选择模型假设出行者遵循最大效用目标来规划最优出行路径。然而，如前两节的数据分析与模型结论所示，出行者在不同的出行目的、时段等情况下，路径选择的决策要素是不同的。通过大数据环境下出行者真实、长周期的驾车轨迹数据，可量化工作日不同场景下家用车使用者的择路偏好，为路径选择行为建模提供场景化支持。

可采用自然间断法划分出行场景。在任何序列中，都存在着一些具有统计显著性的自然（非人工）断点，利用这些断点，可将序列划分为具有相似属性的组。自然间断法借鉴了聚类的思想，即最大化每个组内的相似性，同时使外部组之间的差异性达到最大。与聚类不同的是，自然间断法要求每组中元素的数量和范围尽可能接近，其结果直观且易于解释。

本节讨论按起讫点直线距离、起讫点位置、出行目的类型、时间类型和起讫点土地利用混合度（Land Use Mix, LUM）进行划分的 5 类出行场景。其中，某一地点土地利用混合度的计算方法如下：

$$LUM = \sum_{i=1}^{n} - p_i \ln(p_i) \tag{8-17}$$

式中，p_i 表示该地点对应的网格区域（边长为 500 m 的正方形区域）内第 i 类 AOI 区域面积的比例。如果某些区域的兴趣面（AOI）数据缺失，可使用土地利用数据作为补充。

利用上海市出行样本数据，基于自然间断法对连续型出行场景进行分类。将起讫点直线距离划分为 5 个类别：短距离（0～5.9 km）、较短距离（5.9～12.4 km）、中等距离（12.4～20.7 km）、较长距离（20.7～32.8 km）和长距离（32.8～82.3 km）；将起点土地利用混合度划分为 3 个类别：低土地利用混合度（0～0.47）、中土地利用混合度（0.47～1.01）、高土地利用混合度（1.01～1.95）；将终点土地利用混合度也划分为 3 个类别：低土地利用混合度（0～0.47）、中土地利用混合度（0.47～1.02）、高土地利用混合度（1.02～1.95）。

划分出行场景后，可量化出行者在各个场景下的择路偏好，计算所有出行者对路径特征倾向度的加权平均值。路径偏好分析除了获取样本实际出行路径及其潜在路径外，还需要收集区域建成环境和交通状态数据。在此基础上，引入目标群体指数（Target Group Index, TGI），用以可视化家用车使用者在不同出行场景下的择路偏好。在市场研究中，TGI 通常用于反映特定要素范围（如地理区域、人口统计领域、媒体受众、产品消费者）内目标群体的优势或劣势。其计算方法如下。

步骤 1：在场景 u 下，计算第 k 次出行中第 j 项特征在第 y 个类别的基于倾向度 p_{kj} 的特征值：

$$\bar{p}_{uyj} = \frac{\sum_{k \in A_{uy}} p_{kj}^{w}}{\sum_{k \in A_{uy}} w_{kj}} \tag{8-18}$$

步骤 2：计算所有特征在第 u 类场景的基于倾向度的加权平均值：

$$\bar{p}_{u} = \frac{\sum_{y=1}^{n_u} \sum_{j=1}^{J} \left| \sum_{k \in A_{uy}} p_{kj}^{w} \right|}{\sum_{y=1}^{n_u} \sum_{j=1}^{J} \sum_{k \in A_{uy}} w_{kj}} \tag{8-19}$$

步骤 3：在场景 u 下，计算第 j 项特征在第 y 个类别的 TGI：

$$TGI = \frac{\bar{p}_{uyj}}{\bar{p}_u} \times 100 \tag{8-20}$$

以上式中 n_u——第 u 类场景下的场景类别数目；

J——路径特征变量的数目；

A_{uy}——第 u 类场景下第 y 个类别的出行序号的集合；

p^w_{kj}——第 k 次出行第 j 项特征的熵权倾向度；

w_{kj}——第 k 次出行中第 j 项特征值的数据信度。

一般地，当 TGI 绝对值大于 100 时，可认为处于强倾向区间；当 TGI 绝对值小于 100 时，可认为处于弱倾向区间。

本节选取 7 个路径特征：路径距离、每公里左转车辆数量、每公里右转车辆数量、每公里交通灯数量、出行费用、高快速路里程比例和拥挤状态里程比例。在不同出行场景下，家用车使用者对各路径特征的偏好 TGI 结果见表 8-13。

表 8-13 不同出行场景下家用车使用者对各路径特征的偏好 TGI

出行场景	类别	路径距离	每公里左转车辆数量	每公里右转车辆数量	每公里交通灯数量	出行费用	高快速路里程比例	拥挤状态里程比例
起讫点直线距离	1～5.9 km	40.3	−95.9	−139.8	−100.3	−625.4	−196.2	−143.4
	5.9～12.4 km	32.3	−113.8	−112.0	−70.8	−718.5	44.8	−82.4
	12.4～20.7 km	−20.6	−113.8	−98.6	−130.8	−575.2	115.6	−64.5
	20.7～32.8 km	−90.5	−114.7	−114.7	−105.7	−479.3	61.8	−68.1
	32.8～82.3 km	−115.6	−106.6	−151.4	−132.6	−385.3	99.4	−74.4
起讫点位置	内环内—内环内	106.7	−132.7	−136.3	−123.8	0.0	110.3	−209.0
	内环内—内外环间	80.7	−121.1	−164.1	−125.6	0.0	120.2	−147.1
	内环内—外环外	−17.0	−127.4	−125.6	−197.3	−511.2	223.3	−130.0
	内外环间—内环内	60.1	−164.1	−106.7	−111.2	0.0	57.4	−22.4
	内外环间—内外环间	61.9	−114.8	−143.5	−146.2	−896.9	8.1	−88.8
	内外环间—外环外	−9.0	−101.3	−133.6	−135.4	−535.4	129.1	−170.4
	外环外—内环内	−8.1	−108.5	−110.3	−165.0	−448.4	139.9	51.1
	外环外—内外环间	−25.1	−151.6	−133.6	−118.4	−573.1	56.5	21.5
	外环外—外环外	−19.7	−78.0	−101.3	−35.0	−539.0	−131.8	−116.6
出行目的类型	基家上班	−21.5	−130.2	−89.9	−89.0	−566.5	16.9	97.4
	非基家上班	15.0	−125.5	−161.1	−102.1	−484.1	56.2	−145.1
	其他	40.3	−108.6	−137.7	−107.7	−533.7	60.9	−175.1
	下班回家	−50.6	−94.6	−134.8	−105.8	−634.9	44.0	−131.1
	下班不回家	42.1	−108.6	−129.2	−110.5	−546.9	46.8	−159.2

(续表)

出行场景	类别	路径距离	每公里左转车辆数量	每公里右转车辆数量	每公里交通灯数量	出行费用	高快速路里程比例	拥挤状态里程比例
时间类型	平峰	8.1	−119.9	−141.2	−119.9	−639.1	67.1	−229.6
	早高峰	13.2	−125.0	−118.9	−91.4	−577.1	21.3	32.5
	晚高峰	−4.1	−110.7	−140.2	−111.8	−626.9	39.6	−129.0
起讫点土地利用混合度	低—低	−80.3	−77.5	−114.0	13.1	−510.0	−217.6	−69.1
	低—中	−57.0	−94.3	−106.5	−57.0	−601.6	−71.9	−110.2
	低—高	−97.1	−135.4	−73.8	−59.8	−551.1	24.3	−32.7
	中—低	−27.1	−83.1	−134.5	−57.9	−548.3	−22.4	−62.6
	中—中	7.5	−97.1	−128.9	−102.8	−594.1	21.5	−88.7
	中—高	43.0	−147.6	−100.9	−131.7	−525.9	89.7	−39.2
	高—低	−39.2	−96.2	−169.1	−80.3	−538.1	43.9	−78.5
	高—中	49.5	−105.6	−137.3	−132.6	−553.0	99.0	−161.6
	高—高	64.5	−131.7	−161.6	−126.1	−524.0	85.9	−132.6

结果显示，家用车使用者在不同出行场景中都表现出明显的择路偏好差异。在起讫点直线距离场景中，短途出行驾驶者不介意最短路，更倾向于避免高速以及选择路况较好的路径。长途出行驾驶者更愿意选择较短路径，更倾向于使用高快速路，同时对路况的宽容度较高。

基家上班的通勤者更偏好选择最短路径，而不追求良好路况。其他目的的出行者则更倾向于选择路况良好的道路，而不在意路径距离。导致这一现象的原因可能有两个方面：一方面，通勤者对时间约束更高，因此不愿承担由换路避堵带来的不确定性；另一方面，通勤路径拥堵更易发，所以通勤者对良好路况的期望较低。出行者在时间类型场景中所表现出的偏好规律与通勤类型场景基本一致。

与短途出行者相比，长途出行者更倾向于选择较短路径。从上海样本数据来看，随着起讫点直线距离的增大，在大约 17 km 阈值附近，出行者对高快速路的态度由消极转变为积极；在大约 7 km 阈值附近，出行者对路况的偏好由强调通畅转变为追求平衡；高峰时段的出行者对高快速路表现出更强的厌恶，而非高峰时段的出行者则对拥挤道路表现出更明显的厌恶。由此可见，家用车使用者的出行路径偏好与建成环境密切关联，出行者期望有更多的路径可以选择以规避交通拥堵，这也从另一个角度证明了增加路网密度的重要性。

对择路偏好的研究发现可为需求管理提供指向性：

(1) 针对早高峰时段的交通瓶颈，管理者应仔细分析交通活动目的组成，重点对非通勤出行进行调整。如果通勤出行占比较大，应提供个性化的激励措施，鼓励一些通勤者改变出行路线。

(2) 郊区通勤者的路径选择不如市中心通勤者多样，较难通过改变路径来避开拥堵。交通管理者应重点改善郊区常发性拥堵道路的交通状况，以提升出行者的驾驶体验。

(3) 交通管理者需要提供更丰富的出行服务以提高出行者对交通状况的敏感性，从而使得出行者的出行选择更加灵活。

8.3.2 考虑多场景的家用车路径选择行为

本节区分家用通勤车和家用非通勤车，构建工作日早间（6：00—11：00）和晚间（16：00—21：00）路径选择模型。由于家用车出行者在相同起讫点间的不同路径往往不独立，故本节引入一种新的路径选择模型，该模型不仅考虑备选路径之间的重叠效应，还考虑变量对随机参数均值和方差的影响。

1. 路径选择模型的变量设计

出行者往往基于不同的策略来选择路径，例如避免收费、高速优先等。基于居民出行调查结果，并结合在线地图所能提供的路径规划方案，可将出行者一次出行的可选路径按照策略分为五类，然后比较这些路径与真实出行所对应路径的相似度，以此分析出行者在特定场景下的择路策略。

根据本书 8.2.4 节中关于车辆出行路径弹性的研究结果，本节确定了影响出行者路径选择行为的 4 类因素：路径特征、交通状况、个人出行特征和出行者属性。表 8-14 给出了其变量符号表达及含义描述。

表 8-14 影响出行者路径选择行为因素的符号及含义

类别	符号	含义
路径特征	DIS	出行路径的距离（单位：km）
	TOLL	出行费用（单位：元）
	LEFT	出行路径中的左转车辆数量
	RIGHT	出行路径中的右转车辆数量
	LIGHT	出行路径中所经过的交通灯数量
	H_E	出行路径中高快速路里程的比例
	P	出行路径中主要道路里程的比例
	S	出行路径中次要道路里程的比例
	T	出行路径中支路里程的比例
交通状况	AMBL	出行路径处于缓行状态下道路里程的比例
	CNGS	出行路径处于拥挤状态下道路里程的比例
	BLCK	出行路径处于阻塞状态下道路里程的比例
个人出行特征	IF_CMUT	二元变量，1 表示该次出行为通勤出行，0 表示该次出行不是通勤出行
	ST	多分类变量，表征该次出行的出发时间所处的时间段：早于高峰时段、处于高峰时段以及晚于高峰时段。在拟合模型时，本节对该变量进行了哑元处理
出行者属性	PRSN	多分类变量，表征出行者的类型：高出行弹性、低出行理性出行者；低出行弹性、中出行理性出行者；高出行弹性、高出行理性出行者（来源及方法参见本书 8.2 节）。在拟合模型时，本节对该变量进行了哑元处理

2. 家用通勤车路径选择建模及影响因素分析

随机效用理论是构建路径选择模型时应用最广泛的理论，最常用的路径选择模型是多项式 Logit(Multinomial Logit, MNL)模型。常用的 PSL(Path-Size Logit)模型无法刻画出行者在各次出行中影响因素的异质性，因此，考虑引入具有异质性均值和方差的随机参数(x Random Parameters Logit, xRPL)模型。在基于路径尺度修正项的 xRPL(PS-xRPL)模型中，随机参数多元 Logit 路径选择模型中的固定效用函数可表达为

$$V_{i,n}=\beta_{i,n}x_{i,n}+\beta_{ps}\ln(ps_{i,n}) \tag{8-21}$$

式中 $V_{i,n}$——固定效用；

$\beta_{i,n}$——对应的待估计参数向量；

$x_{i,n}$——影响因素向量；

$ps_{i,n}$——路径尺度修正项，反映了备选路径之间的重叠程度；

β_{ps}——ps 项的待估计参数。

在早、晚两个出行场景中，相比于 PSL 模型和 PS-RPL 模型，PS-xRPL 模型的 McFadden Pseudo R-squared 和 Log-likelihood at convergence 更高，可以认为建模效果最佳，见表 8-15 和表 8-16。PS-xRPL 模型各变量的弹性系数见表 8-17。

表 8-15 家用通勤车使用者在早间出行场景中路径选择模型参数拟合

变量	PSL		PS-RPL		PS-xRPL	
	β	Z 值	β	Z 值	β	Z 值
路径特征						
DIS[S10]	−0.023***	−7.84	−0.030***	−8.06	−0.051***	−9.46
DIS[S13]	0.025***	6.81	0.025***	6.26	0.022***	5.49
TOLL[S13]	−0.132***	−5.10	−1.315***	−2.58	−1.034***	−3.93
LEFT[S10]	−0.086***	−5.31	−0.098***	−5.13	−0.090***	−4.77
RIGHT[S10]	−0.073***	−4.69	−0.092***	−4.96	−0.079***	−4.27
H_E[S10]	2.260***	13.97	2.449***	13.15	1.423***	5.47
随机参数 H_E 均值的标准差[S10]			2.246***	10.24	2.065***	9.55
H_E[S12]	1.542***	8.35	0.920***	3.83	0.911***	3.79
随机参数 H_E 均值的标准差[S12]			2.004***	6.73	2.047***	7.07
H_E[S14]	2.410***	9.88	2.186***	8.53	2.112***	8.26
H_E[S19]	4.404***	14.67	4.219***	13.38	4.202***	13.26
P[S14]	−0.657**	−2.33	−0.716**	−2.43	−0.747**	−2.52
S[S12]	0.476***	3.21	0.535***	3.37	0.611***	3.83

(续表)

变量	PSL		PS-RPL		PS-xRPL	
	β	Z 值	β	Z 值	β	Z 值
T[S10]	−1.013***	−5.31	−1.028***	−5.02	−1.198***	−5.78
T[S13]	−1.776***	−6.47	−1.815***	−6.33	−1.861***	−6.47
T[S14]	−1.676***	−4.03	−1.796***	−4.15	−1.830***	−4.22
交通状况						
CNGS[S10]	−0.698**	−2.23	−0.857**	−2.37	−0.788**	−2.19
个人出行特征						
STLABLE1[S10]	0.308*	1.88	0.318*	1.70	0.359*	1.93
STLABLE1[S13]	0.233**	2.51	0.228**	2.28	0.232**	2.33
STLABEL1[S14]	0.280**	2.43	0.298**	2.41	0.301**	2.44
STLABEL2[S10]	0.356**	2.24	0.378**	2.10	0.395**	2.20
路径尺度修正项						
ln(*ps*)	4.177***	56.68	4.761***	45.47	4.748***	45.57
随机参数异质性均值						
DIS:H_E[S10]					0.049***	5.19
TOLL:H_E[S12]					−0.075***	2.75
模型评估指标						
McFadden Pseudo R-squared	0.306		0.519		0.521	
Log-likelihood at convergence	−6 557.0		−6 494.3		−6 466.5	
AIC	13 161.9		13 042.5		12 993.0	

注:1. STLABEL1 指出发时间在高峰时段之前,STLABEL2 表示出发时间处于高峰时段之中。
2. 显著性标识符:*** 表示<0.01,** 表示<0.05,* 表示<0.1。

表 8-16 家用通勤车使用者在晚间出行场景中路径选择模型参数拟合

变量	PSL		PS-RPL		PS-xRPL	
	β	Z 值	β	Z 值	β	Z 值
路径特征						
DIS[S10]	−0.047***	−13.51	−0.051***	−13.01	−0.052***	−12.96
DIS[S12]	−0.045***	−10.35	−0.046***	−9.89	−0.044***	−8.41
TOLL[S13]	−0.487***	−5.52	−0.510***	−5.68	−0.541***	−5.89
TOLL[S14]	−0.674***	−3.56	−0.702***	−3.66	−0.734**	−2.41
LEFT[S10]	−0.162***	−7.48	−0.174***	−7.48	−0.177***	−7.59

(续表)

变量	PSL		PS-RPL		PS-xRPL	
	β	Z 值	β	Z 值	β	Z 值
LEFT[S12]	−0.044*	−1.73	−0.040*	−1.81	−0.040*	−1.75
RIGHT[S10]	−0.044**	−2.34	−0.055***	−2.73	−0.055***	−2.64
RIGHT[S13]	0.052**	2.04	0.048*	1.86	0.049*	1.84
LIGHT[S14]	0.028***	4.57	0.027***	4.33	0.027***	3.84
H_E[S10]	1.205***	7.04	1.369***	7.30	1.555***	7.29
随机参数 H_E 均值的标准差[S10]			1.346***	5.17	1.439***	5.81
H_E[S12]	0.838***	4.27	0.580**	2.36	0.644***	2.66
随机参数 H_E 均值的标准差[S12]			1.348***	3.80	1.251***	3.80
H_E[S14]	1.946***	7.72	1.957***	7.60	1.975***	7.26
H_E[S19]	3.525***	9.68	3.500***	9.37	3.405***	9.23
S[S14]	0.717***	2.69	0.738***	2.71	0.765***	2.88
T[S10]	−0.506***	−2.96	−0.533***	−3.00	−0.577***	−3.34
T[S13]	−0.670***	−2.65	−0.675***	−2.62	−0.691**	−2.35
T[S19]	1.598***	3.36	1.636***	3.36	1.619***	3.08
交通状况						
AMBL[S12]	−0.417**	−2.36	−0.344*	−1.77	−0.354*	−1.86
AMBL[S13]	0.416**	2.09	0.456**	2.20	0.464**	2.20
AMBL[S19]	−0.918**	−2.33	−0.891**	−2.19	−0.842*	−1.81
CNGS[S12]	−0.989**	−2.48	−1.643***	−2.62	−1.703**	−2.54
随机参数 CNGS 均值的标准差[S12]			2.902***	2.84	2.948***	2.77
个人出行特征						
IF_CMUT[S10]	−0.146*	−1.92	−0.145*	−1.81	−0.147*	−1.77
IF_CMUT[S12]	−0.243***	−2.74	−0.251***	−2.67	−0.259***	−2.68
STLABEL1[S10]	−0.373***	−3.55	−0.400***	−3.57	−0.404***	−3.58
STLABEL1[S13]	−0.275**	−2.14	−0.301**	−2.26	−0.303**	−2.20
STLABEL1[S14]	−0.557***	−3.32	−0.575***	−3.33	−0.575***	−3.22
STLABEL2[S12]	0.468***	4.88	0.507***	4.98	0.509***	5.01
出行者属性						
PRSN1[S10]	−0.357**	−2.04	−0.371**	−1.99	−0.382**	−1.98
路径尺度修正项						
ln(*ps*)	4.066***	52.63	4.311***	44.26	4.351***	50.02
随机参数异质性均值						
P:H_E[S10]					−1.141**	−2.07
TOLL:H_E[S12]					−0.174**	−2.56

（续表）

变量	PSL		PS-RPL		PS-xRPL	
	β	Z值	β	Z值	β	Z值
随机参数异质性标准差						
TOLL:H_E[12]					0.112**	2.48
模型评估指标						
McFadden Pseudo R-squared	0.312		0.524		0.525	
Log-likelihood at convergence	−5 744.3		−5 732.4		−5 726.3	
AIC	11 554.5		11 536.8		11 534.6	

注：1. STLABEL1 指出发时间在高峰时段之前，STLABEL2 表示出发时间处于高峰时段之中，PRSN1 表示高出行弹性、低出行理性的出行者。

2. 显著性标识符：*** 表示<0.01，** 表示<0.05，* 表示<0.1。

表 8-17　家用通勤车在早、晚出行场景中 PS-xRPL 模型的弹性系数

类别	变量	早间出行场景					晚间出行场景				
		择路策略S10	择路策略S12	择路策略S13	择路策略S14	择路策略S19	择路策略S10	择路策略S12	择路策略S13	择路策略S14	择路策略S19
路径特征	DIS	−0.346		0.344			−0.359	−0.584			
	TOLL			−0.084					−0.225	−0.309	
	LEFT	−0.122					−0.258	−0.117			
	RIGHT	−0.118					−0.086		0.172		
	LIGHT									0.404	
	H_E	0.298	0.525		0.649	1.352	0.161	0.299		0.582	1.024
	P				−0.184						
	S		0.095							0.169	
	T	−0.059		−0.212	−0.224		−0.033		−0.087		0.223
交通状况	AMBL							−0.051	0.076		−0.156
	CNGS	−0.012						−0.016			
	BLCK										
个人出行特征	IF_CMUT						−0.029	−0.102			
	STLABEL1	0.053		0.083	0.118		−0.037		−0.063	−0.133	
	STLABEL2	0.073						0.221			
出行者属性	PRSN1						−0.004				
	PRSN2										

注：STLABEL1 指出发时间在高峰时段之前，STLABEL2 表示出发时间处于高峰时段之中，PRSN1 表示高出行弹性、低出行理性的出行者，PRSN2 表示低出行弹性、中出行理性出行者。

交通状态是影响出行者路径选择的重要因素，模型参数体现了早、晚时段出行者对择路要素的不同响应。随着出行距离的增加，出行者选择最短用时路径的概率会下降。在早高峰时段，出行者对出行时间更为敏感，所以更倾向于选择付费的高速道路。而晚间缓行道路里程比例的增加会提升出行者避开含有高速路径的概率，但中度拥堵里程比例的增加并不会提升出行者选择非拥堵路径的概率，通勤出行者对拥堵的敏感性随着拥堵程度的增加而降低。

值得注意的是，相比于高出行弹性和高出行理性的出行者，晚间高出行弹性和低出行理性的出行者选择最短用时路径的概率有所下降。这可能是因为驾驶经验欠缺的出行者对于最短用时路径的感知有限，但对高快速路存在内生性偏好，所以更换路径的可能性较低。

同样地，可以建立家用非通勤车路径选择模型，并分析其影响因素。基于各场景下的最优模型，计算变量的弹性系数，如表 8-18 所列。

表 8-18 家用非通勤车在早间出行场景中 PS-xRPL 模型和在晚间出行场景中 PS-RPL 模型的弹性系数

类别	变量	早间出行场景					晚间出行场景				
		择路策略 S10	择路策略 S12	择路策略 S13	择路策略 S14	择路策略 S19	择路策略 S10	择路策略 S12	择路策略 S13	择路策略 S14	择路策略 S19
路径特征	DIS	−0.096	−0.363		0.271		−0.209	−0.199			
	TOLL			−0.241	−0.247				−0.237	−0.175	
	LEFT	−0.148	−0.388				−0.167	−0.241			
	RIGHT	−0.029				0.475	−0.118				
	LIGHT			−0.377				−0.184		0.370	
	H_E				0.502	0.828	0.080			0.680	1.496
	P										0.653
	S								−0.106	0.275	0.792
	T			−0.150		0.303		0.153	−0.120		0.512
交通状况	AMBL			0.115							
	CNGS										
	BLCK		−0.025								
个人出行特征	IF_CMUT										
	STLABEL1		−0.061	0.065		0.442					−0.435
	STLABEL2					1.174					−0.454
出行者属性	PRSN1								−0.006		
	PRSN2				−0.324						

3. 基于模型结构的家用车出行管理策略有效性讨论

根据表 8-17 和表 8-18 中所列路径弹性系数，归纳整理不同类型车辆使用者在早、晚两种场景下，对“最短时间路径”“拥堵路径”“收费路径”和“包含快速路路径”的择路倾向，见表 8-19 和表 8-20。由于城市快速路是关键且稀缺的道路资源，因而在考虑出行调控策略时，快速路是重点关注对象并进行单独讨论。

表 8-19 家用通勤车使用者在不同场景下的路径选择倾向

变量	最短时间路径	拥堵路径	收费路径	包含快速路路径
出行距离	早:(−) 晚:(−)	晚:(0)	早:(−)	早:(−) 晚:(−)
出行费用			早:(0) 晚:(0)	早:(0) 晚:(0)
拥堵程度	早:(−)	晚:(0)	晚:(−)	早:(−) 晚:(0)

（续表）

变量	最短时间路径	拥堵路径	收费路径	包含快速路路径
通勤出行	晚：(－)	晚：(0)		早：(0) 晚：(－)
高峰前出发	早：(＋) 晚：(－)		早：(－) 晚：(0)	早：(＋) 晚：(－)
高峰间出发	早：(＋)	晚：(＋)		早：(＋) 晚：(－)
PRSN1	晚：(－)			早：(0) 晚：(－)
PRSN2				早：(0) 晚：(0)

注：“早”表示早间出行场景，“晚”表示晚间出行场景。

表 8-20 家用非通勤车使用者在不同场景下的路径选择倾向

变量	最短时间路径	拥堵路径	收费路径	包含快速路路径
出行距离	早：(－) 晚：(－)	早：(0) 晚：(0)	早：(－)	早：(－) 晚：(－)
出行费用			早：(0) 晚：(0)	早：(0) 晚：(0)
拥堵程度		早：(0)	早：(－)	早：(0) 晚：(0)
高峰前出发		早：(0)	早：(＋) 晚：(－)	早：(＋) 晚：(0)
高峰间出发			早：(＋) 晚：(－)	早：(＋) 晚：(0)
PRSN1			晚：(0)	早：(0) 晚：(0)
PRSN2			晚：(0)	早：(0) 晚：(0)

注：“早”表示早间出行场景，“晚”表示晚间出行场景。

用符号来标识出行者的倾向，没有明显的正向倾向或负向倾向用符号(0)表示，负向倾向用符号(－)表示，正向倾向用符号(＋)表示。其中，(－)和(＋)意味着出行者具有潜在的自发更换路径动力，(0)意味着只有在更多外界压力，例如激励手段或惩罚措施时，才有可能更换路径。由于选择“最短时间路径”的出行者比例最高，因此，鼓励该部分出行者更换路径是缓解路网交通拥堵的一种可行策略。

对于早高峰出行的家用通勤车使用者而言，随着出行距离和拥堵程度的增加，他们具有自发避开城市快速路的倾向，最短时间路径并非其主要偏好。从资源配置公平性的角度出发，对于较短距离的出行者以及对拥堵路况不敏感的出行者，可以考虑给予一定的激励或惩罚措施，以减少其对城市快速路的依赖。在高峰期前和高峰期间出发的出行者，均表现出对最短时间路径和城市快速路的正倾向，因此可动态选取一定数量具有出行弹性的出行者，通过给予一定的激励或惩罚促使其提早出发或更换路径。在晚间出行的家用通勤车使用者中，高弹性低理性出行者以及高峰期前和高峰期间的出行者，均表现出对城市快速路的自发性躲避倾向。针对这类出行者，可考虑给予更多的激励，鼓励其提早或延后出发时间，或更换路径。另外，随着出行距离、拥堵程度的增加，出行者不会主动避开拥堵路径，也不会主动选择通行状态更好的路径，高峰期间出行者甚至表现出一定的对拥堵路径的正向倾向，而晚间出行的出行者对拥堵状况更加不敏感。

家用非通勤车使用者早间出行的择路倾向与家用通勤车使用者类似，但他们对拥堵状况更加不敏感，需要采取特殊的激励措施来鼓励其选择非拥堵路径出行。晚上出行的家用非通勤车使用者，在高峰期前和高峰期间更不愿意选择收费路径，对此可通过收费手段降低其对城市快速路的依赖。对于出行理性不高的出行者，可以考虑给予一定的激励来鼓励其少使用收费路径和含有快速路的路径。

8.3.3 基于路径选择行为的家用车出行调控方法

基于个体行为的不同场景路径选择建模与择路倾向分析，说明了在交通设施容量以及出行者职住地无法轻易更改的情况下，基于出行场景和出行个体差异来调控驾车者出行行为的方法是缓解交通拥堵的可行手段。本节主要讨论基于情景的分析框架和调控方法，该分析框架也是一种测试工具，能够衡量在不同调控方法下道路拥堵的缓解效果。

调整路径费用和出行者的出发时间是常用且有效的拥堵管理手段，快速路是大城市交通拥堵的常发、易发区域。依据择路弹性系数，可分别计算家用通勤车和家用非通勤车在早、晚场景中，路径费用变化以及错峰策略下受影响的出行者数量与城市快速路的车公里数变化率，以此来反映快速路可能的缓堵程度。

1. 路径改变对快速路负荷变化率的计算方法

择路弹性系数给出了当某一变量变化一个单位时，出行者在选择对应的择路策略下路径概率的变化情况。首先，计算基准状态下出行者所选路径中快速路的车公里数；其次，在调控策略下，依据初始状态的择路策略概率以及变量的变化幅度，确定改变出行路径的出行者及所有可选路径的选择概率，并计算这些路径中快速路依概率对应的车公里数；最后，根据差值计算快速路的车公里数变化率。图 8-17 给出了计算方法示例。当一定比例的出行者在调控策略下改变路径时，计算快速路的车公里数变化率，须同时计算未改变路径的出行者使用快速路的车公里数。

2. 出行路径费用变化策略下的情景分析框架

出行路径费用变化策略下的情景分析框架如图 8-18 所示。

在改变出行路径费用情景的分析计算中，基本假设如下。

假设 1：各被选路径的出行时间均可被出行者接受，且出行者不会因此表现出对被选路径的选择倾向性差异；

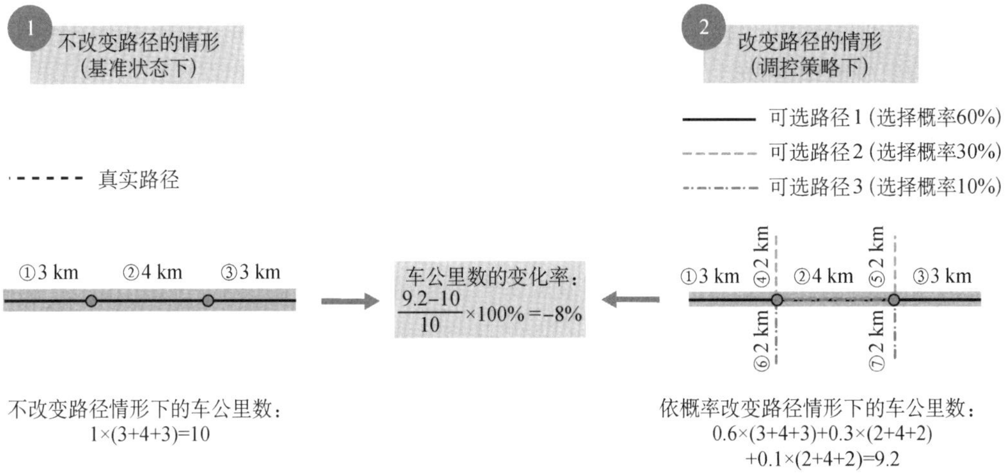

图 8-17 调控策略实施前后快速路车公里数变化率计算方法示例

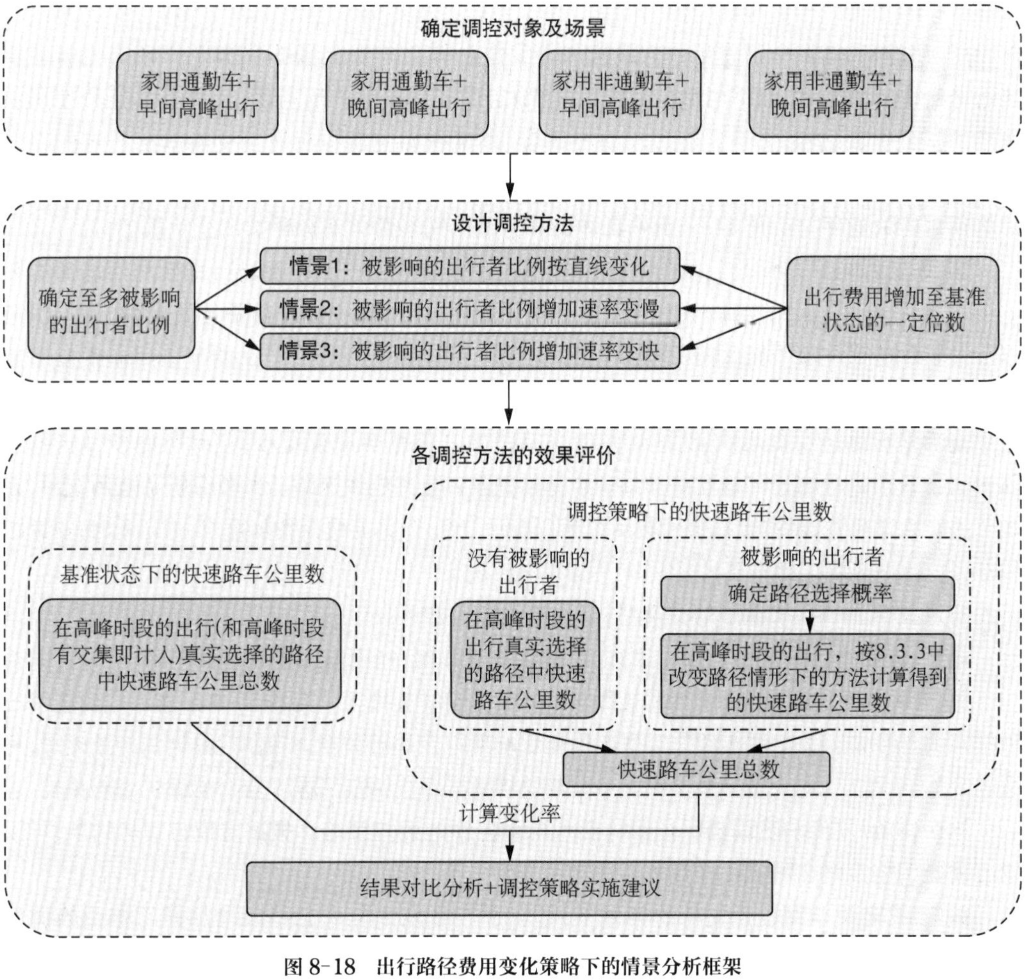

图 8-18 出行路径费用变化策略下的情景分析框架

假设 2：其他变量对出行者择路偏好的影响不会因出行路径费用改变而改变；

假设 3：仅有一定比例而非全部的出行者会受到出行路径费用增加的影响，且当出行路径费用增加时，受影响的出行者比例会上升；

假设 4：出行者个体择路概率和样本总体所表现出的择路概率分布一致；

假设 5：由于车辆数与出行数均十分有限，故忽略半商用车与商用车对快速路的额外使用。

针对家用通勤车和家用非通勤车在早间和晚间两种场景，评估出行路径费用变化对快速路车公里数变化的影响。随机抽取受影响的出行者，假设出行路径费用增加 5～100 倍，被影响的出行者比例至多为 80%，并给出了三种不同的被影响出行者比例随出行路径费用增加而变化的情景：情景 1 即被影响出行者比例按直线变化（$y=0.8x$，其中 y 为被影响出行者比例，x 为出行路径费用增加的倍数）；情景 2 即被影响出行者比例增加速率变慢（$y=-0.008x^2+1.6x$）；情景 3 即被影响出行者比例增加速率变快（$y=0.008x^2$）。

在评价各调控策略的效果时，考虑仅调节家用通勤车、仅调节家用非通勤车和同时调节两类家用车三种情形。下面以早间出行和仅调节家用通勤车为例，说明计算过程。首先，基于样本数据和上文路径选择模型拟合结果，计算无调节措施时快速路的车公里数，即早间出行时段所有家用通勤车出行使用快速路的车公里数之和。其次，计算调控策略下所有出行使用快速路的车公里数，由以下两个步骤组成：①确定没有被影响的出行者，计算其出行所使用快速路的车公里数之和；②确定被影响的出行者，计算在相应调控策略下受影响出行者的路径选择概率，并计算出行可选路径中快速路的车公里数之和。最后，根据基准状态和调控策略下计算得到的快速路车公里数，分析各具体调控方法下路网整体车公里数的变化率。

图 8-19 给出了早间出行场景下城市快速路车公里数的变化率随出行路径费用增加的变化情况。在仅调节家用通勤车情况下，由于高频使用同一路径，当出行路径费用增加时，快速路车公里数的变化率下降，但快速路的车公里数下降存在一定限度。在调节家用非通勤车或同时调节两类车情况下，当出行路径费用增加时，快速路车公里数的变化率先下降后上升，即增加高额出行路径的费用，不仅不会使得快速路的车公里数明显减少，还有可能使得出行者因对出行费用的敏感性降低而更加偏好选择驾驶条件更好的快速路。当考虑所有家用车时，在本节的实验背景中，平均出行路径费用约为 0.5 元，当出行路径费用增加至 15～40 元时，快速路的车公里数下降幅度相对更大。

通过收费调节拥挤道路的交通量，需要预估调节效果。

第一，需要考虑被调控对象。例如，早高峰与晚高峰，所有车辆还是通勤车辆。

第二，需要确定增加通行费用时被影响群体数量的增长模式。图 8-19 中三条曲线对应了三种不同类型的增长模式，快速路车公里数的变化幅度存在明显差异。在制定具体调控策略时，可通过 SP 调查等方式量化受众群体对相应策略的接受程度，以确定被影响群体数量的增长模式。

第三，针对早间和晚间出行场景需要考虑差异性的调控策略。根据建模与实验结果，可以看出收费调控策略在早间出行场景中的效果更好。

第四，在有更丰富数据支持的条件下，可以进一步精细化考虑路段增加通行费用的调控效果。

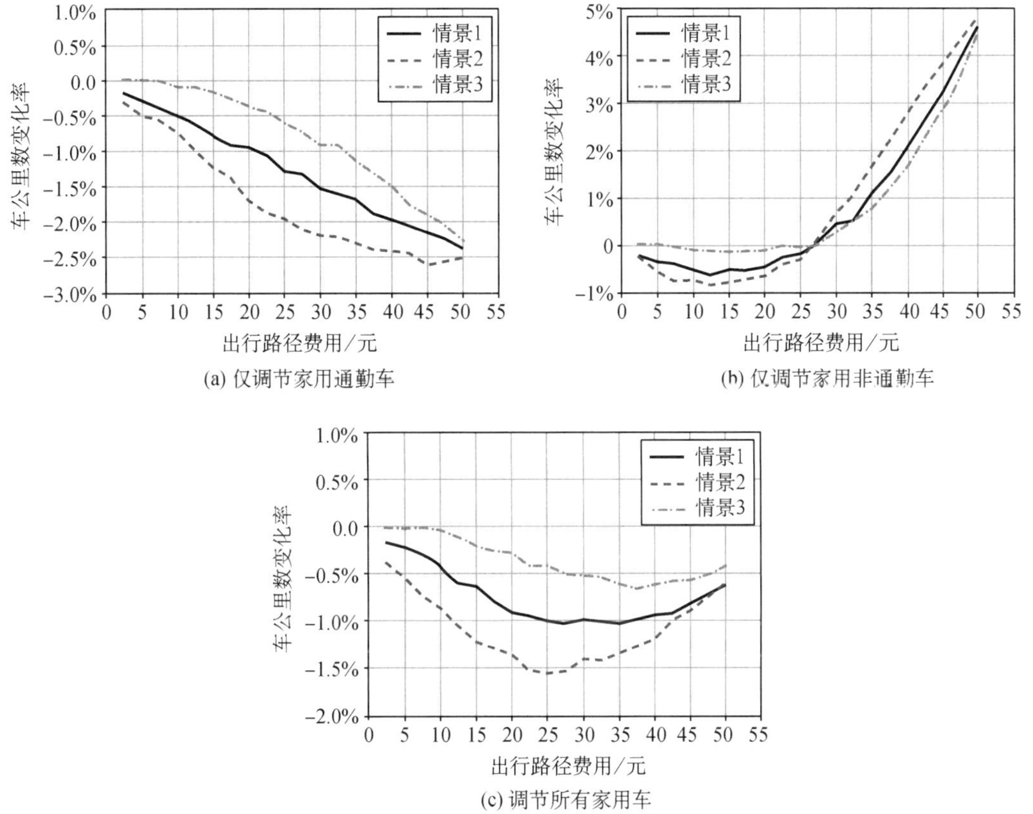

(a) 仅调节家用通勤车

(b) 仅调节家用非通勤车

(c) 调节所有家用车

图 8-19 早间出行场景下城市快速路车公里数的变化率随出行路径费用增加的变化情况

3. 错峰策略下的情景分析框架

错峰策略下的情景分析框架如图 8-20 所示。

对于错峰相关的情景分析，基本假设如下。

假设 1：各被选路径的出行时间均可被出行者接受，且出行者不会因此表现出对被选路径的选择倾向性差异；

假设 2：其他变量对出行者择路偏好的影响不会因出发时间的改变而改变；

假设 3：在改变出发时间前后，相同路径的行程时间不变；

假设 4：在固定出发时间的错峰策略中，出行者个体的基础择路概率和样本总体所表现出的择路概率分布一致；

假设 5：在不固定出发时间的错峰策略中，出行者的择路行为不会因从高峰转移至高峰前而变化。

错峰情景下调控对象与场景分组与改变出行路径费用的情景一致。假设被影响的出行者比例在 1%～30%间变化，随机抽取。高峰时段为 7：30—9：00，调控策略分为两种：①提前至某一时刻出发，即被影响的出行者从早高峰提前至早高峰前的 6：45、7：00 和 7：15 出发；②提前/延后一定时间出发，即被影响的出行者分别在早高峰提前或在晚高峰延后 15 min、

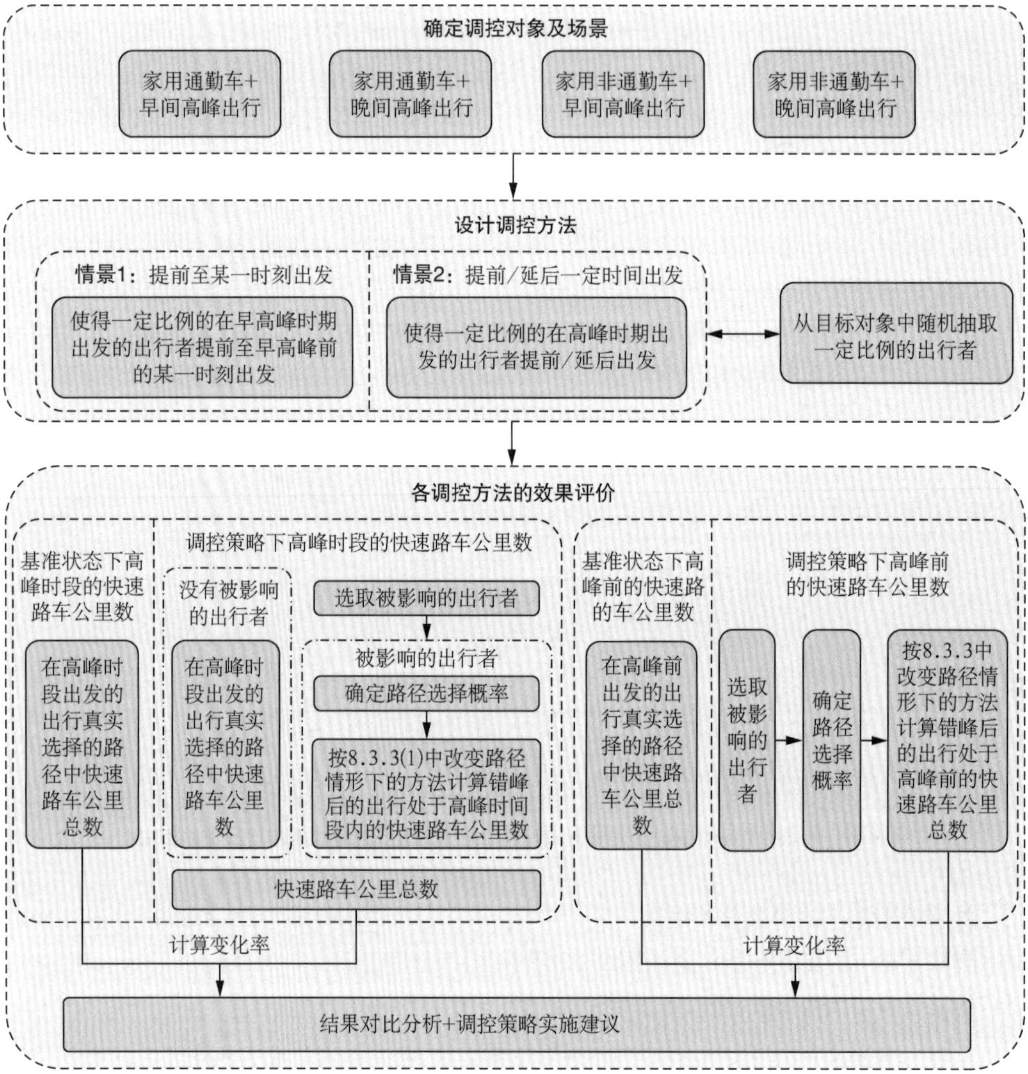

图 8-20　错峰策略下的情景分析框架

30 min 和 45 min 出发。

在评价各调控策略的效果时，可考虑计算高峰时段快速路车公里数的减少比例以及高峰前时段快速路车公里数的增加比例这两种情形。下面以早间出行的家用通勤车为例，说明被影响的家用通勤车比例为某一特定值时策略实施效果的计算过程。

针对第一种情形，首先计算无调节措施时所有出行中使用快速路的车公里数。其次，针对错峰调节策略，计算：①确定没有被影响的家用车出行者，计算其出行处于高峰时段的路径中快速路的车公里数之和；②确定被影响的家用通勤车出行者，估计在相应调控方法下出行者路径选择概率，并依据路径选择模型计算这些出行者的可选且处于高峰时段的路径中快速路的车公里数之和。最后，计算各具体调控方法下路网整体车公里数的变化率。

针对第二种情形，计算过程类似，但需要增加计算被影响的家用通勤车出行者，其可选路径处于高峰前时段或高峰后时段占用快速路的车公里数之和，分析高峰前或高峰后错峰策略起效、快速路车公里数的变化率。

图 8-21 给出了在不同错峰策略下，在早高峰期间和早高峰前两个时段，当被影响的家用通勤车出行者比例增加时，快速路车公里数变化率的变化情况。可以看出，无论采用哪一种错峰策略，高峰期间快速路车公里数均有所下降，但实施错峰出行会导致高峰期前快速路车公里数的增加，且增加幅度高于高峰期间。因此，评估错峰出行策略效果时，要同时评估两个时段车公里数的变化，使被影响出行者数量既控制在较低比例，又能达到期望的高峰缓堵效果且不延长高峰时长。在错峰策略中，提前出发的时刻越早、提前出发的时间越长，快速路车公里数变化幅度越人，且这种变化速率呈现出非线性增加趋势。

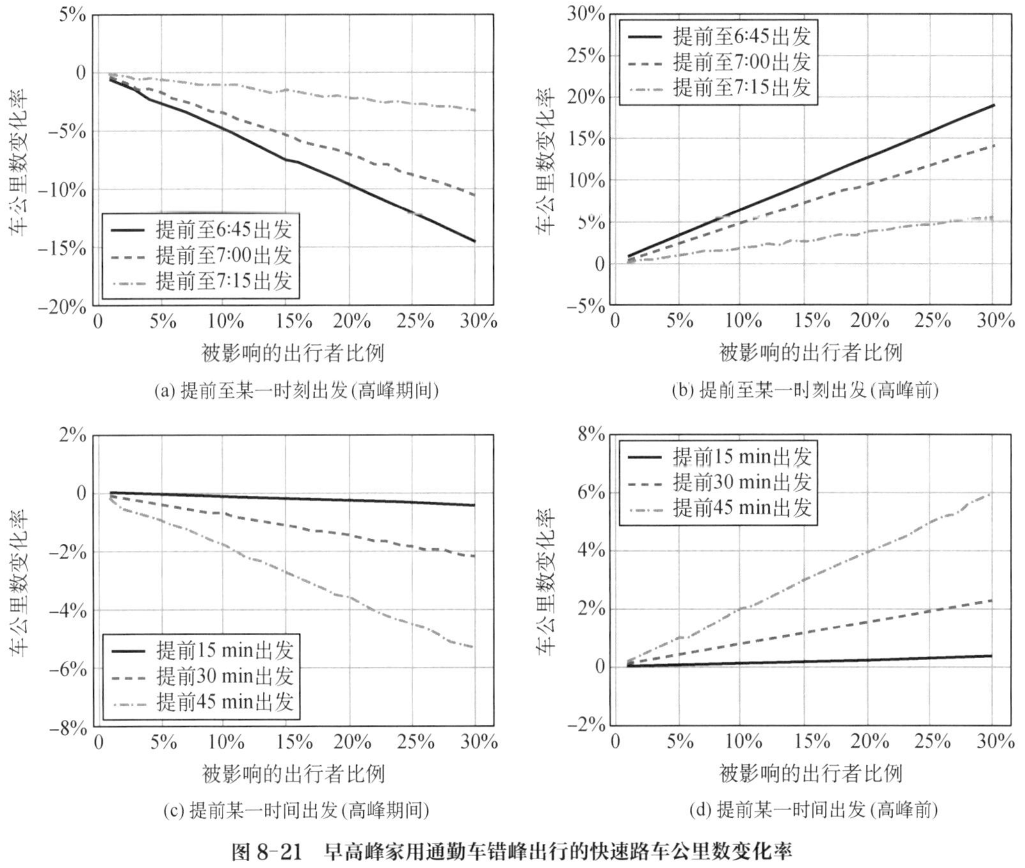

(a) 提前至某一时刻出发(高峰期间)　(b) 提前至某一时刻出发(高峰前)

(c) 提前某一时间出发(高峰期间)　(d) 提前某一时间出发(高峰前)

图 8-21　早高峰家用通勤车错峰出行的快速路车公里数变化率

同样地，可以估计家用非通勤车受错峰调节影响的效果。采用相同的错峰策略，当影响相同比例的出行者时，家用通勤车使用者的错峰行为对快速路的拥堵缓解效果更显著，为家用非通勤车调节效果的 2～3 倍。

另外，也可分析晚间出行场景下，当被影响的家用通勤车和家用非通勤车出行者比例增加时，不同错峰策略对高峰期间和高峰前两个时段快速路车公里数变化率的情况。总体来看，与早间出行场景提前某一时间出发的趋势基本一致，但晚高峰期间快速路车公里数的降低幅度明显低于早高峰期间，约为早高峰期间的一半，但晚高峰后快速路上车公里数的增加幅度高于早高峰前。与早间出行场景类似，在同类错峰策略中，延后出发的时间越长，快速路车公里数变化幅度越大，且这种变化速率呈现非线性的增加趋势；在相同的错峰策略中，当影响相同比例的出行者时，家用通勤车使用者的错峰行为对快速路的拥堵缓解效果更显著，为家用非通勤车的2～4倍。

采取错峰策略的效果分析应关注以下几个方面。

第一，需要区分被调控对象。与增加路径费用的惩罚性调控策略不同，错峰出行属于激励型调控策略，实施错峰策略时，可以充分考虑不同类型车辆使用者的差异性和出行偏好，针对容易被调节的出行者先行实施错峰策略。例如，可以结合出行者类型，针对高出行弹性的出行者，鼓励其在早高峰提前或在晚高峰延后出发时间。

第二，需要确定给予激励的量级和错峰方案。不同类型以及不同偏好的车辆使用者，在不同量级的激励措施下，对不同的错峰出行调控措施有着不同的接受程度。例如，对于出行弹性较高的出行者，给予较低程度的激励（如数额较小的返现）即可使其选择较长时的错峰出行，而对于出行弹性较低的出行者，则需要给予其更多的激励才能促使其选择短时错峰出行。因此，须根据多源用户出行数据来确定激励量级、激励形式和错峰方案。

第三，需要预估被调控出行者的数量。确定被影响的出行者数量实际上是一个博弈的过程。一方面，政策制定者希望减少高峰期间快速路上的拥堵，表现为降低车公里数；另一方面，政策制定者也不愿看到非高峰期间快速路上的车公里数大幅增加。因此，在选定调控对象和合适的激励量级后，就需要通过多轮计算模拟，从中选取缓堵效果好、被调控出行者数量尽可能少的方案。

第四，可以考虑同时实施拥堵收费和错峰出行的组合策略。依据调控策略实施前后的路径选择结果，对快速路网运行状态进行仿真，以评估快速路的服务水平变化，从而确定最佳的费用区间和被影响的出行者比例。

参考文献 REFERENCES

[1] 易汉文.出行预测方法从出行模型到行为模型的变革[J].城市交通,2007,5(1):72-79,24.

[2] 叶建红.欧盟"可持续城市移动性规划"理念与编制方法[J].交通与运输,2018(1):10-12.

[3] 陈曦,彭蕾,李炜.基于计算实验的公共交通需求预测方法[J].自动化学报,2017,43(1):60-71.

[4] 卫龙,高红梅.城市居民职住空间关系研究进展综述[J].交通运输工程与信息学报,2016,14(4):55-63.

[5] 汪光焘.城市交通治理的内涵和目标研究[J].城市交通,2018,16(1):1-6.

[6] 王静霞.新时期城市交通规划的作用与思路转变[J].城市交通,2006,4(1):17-22.

[7] 全永燊,潘昭宇.对我国城市交通规划发展的认识:新中国成立60周年城市交通规划发展回顾及展望[J].北京规划建设,2009(6):23-27.

[8] 黄大荣,宋军,李淑庆,等.网络化动态调控下城市路网交通拥堵控制技术综述[J].交通运输工程学报,2013,13(5):105-114.

[9] 陆化普,孙智源,屈闻聪.大数据及其在城市智能交通系统中的应用综述[J].交通运输系统工程与信息,2015,15(5):45-52.

[10] 上海市城乡建设和交通发展研究院.上海市第五次综合交通调查主要成果[J].交通与运输,2015(6):15-18.

[11] 李庆印.基于信息技术的交通管理创新机制研究[D].北京:中国矿业大学(北京),2011.

[12] 孔令斌.城市职住平衡的影响因素及改善对策[J].城市交通,2013(6):1-4.

[13] 孙明贵.我国交通经济转型期的交通政策[J].兰州大学学报(社会科学版),2002(1):129-137.

[14] 何玉宏.城市交通问题的社会性与生态性[J].现代城市研究,2002,17(3):57-61.

[15] 张尊栋.城市道路交通网络多模态动态性建模研究[D].北京:北京交通大学,2011.

[16] 熊杰,陈彪,李向楠,等.大数据支撑下的交通需求管理体系研究[J].城市交通,2019,17(3):39-47.

[17] 孙超,陈小鸿,张俊峰,等.基于熵权TOPSIS法的交通需求管理多维综合评价[J].城市交

通,2021,19(4):112-119.

[18] 晏克非.交通需求管理理论与方法[M].上海:同济大学出版社,2012.

[19] 汪光焘,陈小鸿,等.中国城市公共交通优先发展战略:内涵、目标与路径[M].北京:科学出版社,2015.

[20] 汪光焘.中国城市交通问题、对策与理论需求[J].城市交通,2016,14(6):1-9.

[21] 汪光焘,陈小鸿,殷广涛,等.新常态下城市交通理论创新与发展对策研究[R].北京:国际欧亚科学院中国科学中心,2017.

[22] 汪光焘,陈小鸿,叶建红,等.城市交通治理现代化理论构架与方法初探[J].城市交通,2020,18(2):1-14.

[23] Gonzalez-Feliu J, Pronello C, Grau J M S. Multi-stakeholder collaboration in urban transport: State-of-the-art and research opportunities[J]. Transport, 2018,33(4): 1079-1094.

[24] Nimtrakool K, Gonzalez-Feliu J, Capo C. Barriers to the adoption of an urban logistics collaboration process: A case study of the Saint-Etienne urban consolidation centre[J]. City Logistics 2: Modeling and Planning Initiatives, 2018: 313-332.

[25] 殷继旺.基于多个城市因子分析模型的北京市交通拥堵治理策略研究[D].北京:北京交通大学,2012.

[26] 谢璐瑶.感知不确定性下公众对拥堵收费接受意愿的实证研究[D].北京:北京交通大学,2017.

[27] Liu Q, Lucas K, Marsden G, et al. Egalitarianism and public perception of social inequities: A case study of Beijing congestion charge[J]. Transport Policy, 2019, 74: 47-62.

[28] Ye J, Wang D, Jia Y, et al. Competition or cooperation: Relationship between carsharing and other travel modes[J]. International Journal of Sustainable Transportation, 2022,16(7): 610-626.

[29] 陆明.城市轨道交通系统综合效益研究[D].北京:北京交通大学,2012.

[30] 陈露.基于公交专用道设置的乘客出行时间效益研究[D].大连:大连交通大学,2017.

[31] 迈克尔·D.迈耶,埃里克·J.米勒.城市交通规划(原著第2版)[M].北京:中国建筑工业出版社,2008.

[32] The City of New York. One NYC 2050: Building A Strong and Fair City[EB/OL]. https://onenyc.cityofnewyork.us/wp-content/uploads/2019/11/OneNYC-2050-Full-Report-11.7.pdf.

[33] 洪智勇,王愈,陈志杰,等.基于复杂网络的公共汽车线网拓扑模型[J].城市交通,2022,20(6):29-37.

[34] Boeing G. OSMnx: New methods for acquiring, constructing, analyzing, and visualizing complex street networks[J]. Computers, Environment and Urban Systems, 2017, 65: 126-139.

[35] Lozano A, Storchi G. Shortest viable hyperpath in multimodal networks[J]. Transportation Research Part B: Methodological 2002, 36(10): 853-874.

[36] Sheffi Y. Urban Transportation Networks[M]. New York: Prentice Hall, 1985.

[37] 李志纯,黄海军.弹性需求下的组合出行模型与求解算法[J].中国公路学报,2005,18(3):94-98.

[38] 林徐勋.多方式换乘动态路径选择建模研究[D].上海:上海交通大学,2009.

[39] Pi X, Ma W, Qian Z S. A general formulation for multi-modal dynamic traffic assignment considering multi-class vehicles, public transit and parking[J]. Transportation Research Part C: Emerging Technologies, 2019, 104: 369-389.

[40] Tong L, Pan Y, Shang P, et al. Open-source public transportation mobility simulation engine dtalite-s: A discretized space-time network-based modeling framework for bridging multiagent simulation and optimization[J]. Urban Rail Transit, 2019, 5(1): 1-16

[41] 诸大建,于立,杨东援,等.全球化时代的城市发展与合作治理[J].城市交通,2019,17(1):121-126.

[42] Reck D J, Martin H, Axhausen K W. Mode choice, substitution patterns and environmental impacts of shared and personal micro-mobility [J]. Transportation Research Part D: Transport and Environment, 2022, 102: 103134.1-103134.18

[43] 杨东援.城市交通的智慧赋能[J].交通与港航,2021,8(2):1.

[44] 孟真.共享单车寻找时间对居民出行方式选择的影响研究[D].北京:北京交通大学,2022.

[45] 郝俊.城市轨道交通换乘影响区的共享单车设施布局配置研究[D].南京:东南大学,2020